科學技術與人文藝術

一個校長的思考 三

陳力俊——著

自序

　　「一個校長的思考」系列「第一冊」於2018年九月底出版，原來出書動機主要是對個人過往行述，留個紀念，並與親朋好友分享，因此以贈送為主，少部分則經由網路書店銷售。出版後得到不少迴響，也有校友以團購方式分贈友朋，銷售情況遠遠超過預期；另一方面，從整理講稿到出書的經驗，對一位藝文界的朋友名言：「沒有紀錄，就等於沒有發生」，有了更深刻的體會；出書記錄的功能，可能更甚於紀念。

　　系列「第一冊」的副標題是「教育的職業與志業──清華文史與校務」，「第二冊」則是「教育的職業與志業──清華校務與教育成果」，主要涵蓋在清華舉辦的活動包括頒贈名譽博士、特聘講座、各院系週年慶與活動、建物捐贈動土、上樑、啟用與落成、單位成立設施啟用、各項文物與捐贈、各項合作協議、記者會與成果發表會、原住民專班與國外招生、與國際、大陸各項交流、各項高中活動、企業招商與學生就業活動、紀念會與告別式以及本人曾擔任會長的「東亞研究型大學協會」與「斐陶斐榮譽學會」、曾擔任董事長的「同步輻射研究中心」以及個人專業之家「中國材料科學學會」活動。

　　「第三冊」「科學技術與人文藝術」則包含校內外各種活動，如文藝活動與演出、校內演唱會、文藝展覽、新書發表、諾貝爾獎得主演講、名人演講與通識講堂、各項座談、跨領域研討會、人文領域研討會、理工領域研討會、各項論壇、各項會議與協會、各項里程活動致詞、科學科技講座與其他校外活動。

　　由於近年來智慧手機攝影機的精進，在社會大眾「人手一機」的今日，人人都成了業餘攝影師。晚近出外旅遊時攝取照片常以千計，隔了一段時候在電腦中檢視，仍覺旅程「歷歷如繪」，威力著實驚人。在前書出版後，很多朋友都表示對其中所附照片特別有感，所以在編輯「第二、三冊」時也刻意注重配

置活動照片。由於「第一冊」多收錄在全校性事務場合致詞稿，所以在「清華首頁」以及「影音分享網」中可以找到不少照片。「第二冊」重點在校內各單位活動，「第三冊」更多涉及在校外舉辦之活動，由於當時未刻意收集相關照片，事過境遷後就困難得多，因而展開「收尋之旅」，也頗有一得；這裡要特別感謝「人文社會學院」蔡英俊前院長，提供本人所有參與「人文社會學院」活動的精華照片，當接獲所贈收錄相關照片光碟片時，以「如獲至寶」形容，毫不為過。

其他收尋到的照片主要來源還是來自各相關單位及主辦機構網站。在過程中，發現有些單位與機構是道道地地的圖示紀錄事件「模範生」，有些則較疏於經營，同時收錄是否完整，又似與主管更迭及重視程度有別息息相關；像片有迅速勾起回憶的作用，在記錄與紀念的功能上，常能發揮「勝於千言萬語」的效果。在現今資料存儲日益簡易與廉宜時代，基於保存「紀憶」以及宣導的強大威力，應值得各單位在記錄活動方面，多付一分心力。

本系列書籍出版，主旨在記錄個人在清華擔任校長後相關活動行述，由於長年受惠於清華同仁盡心盡力的貢獻以及友朋的鼓勵，所以「第一冊」以贈送為主。但出書之際，自然也很關心贈書對象是否有興趣。另一方面，書籍單位印製成本在基本數目外，大幅遞減，以「書贈有緣人」為理想，但不希望被「束諸高閣」，而陷入目前手頭與通路存書均瀕臨告罄的窘境，以廣流通，所以「第二、三冊」出版本有意以預購方式測水溫，來決定印製本數，但發覺過程甚為繁複而作罷，因此「第二、三冊」改以主要借助出版商電子通路行銷，希望出版的書籍能真正為「愛書人」所持有，另一方面也可協助活絡一下面臨寒冬的台灣出版業經濟。

本系列「第二、三冊」能順利出版，要感謝多位清華同仁協助，包括細心校對在本人擔任校長期間所有致詞稿件的彭琇姬秘書，多位清華同仁費心錄存及提供活動照片。黃鈴棋小姐全程精心編輯與校對，讓本書得以順利問世，更是功不可沒。

目次
CONTENTS

自序　003

一、文藝活動與演出

是誰傳下這詩人的行業？
　　——鄭愁予教授八十壽誕詩樂禮讚　016
鄭愁予教授榮獲「周大觀文教基金會2011年全球
　　生命文學創作獎章」頒獎典禮致詞　019
吳興國藝術總監《李爾在此》演出致詞　021
世界家園——校園公共藝術節開幕致詞　023
觀賞莊靜潔同學參與夢想者聯盟音樂會演出感言　025
「夢想者聯盟」演出致詞　027

二、校內演唱會

全校運動會選手之夜演唱會致詞　032
「清清紫荊」演唱會致詞　034
清華合唱團五十周年音樂會致詞　036
「海鷗・K人聲合唱團」畢業演唱會　038

三、文藝展覽

「感恩・分享——王琇璋作品個展」開幕典禮
　　致詞　042
「走過～李慎梅個展」開幕典禮致詞　044

「羅世長個展」開幕茶會致詞 046

藝文走廊三周年慶與展覽致詞 048

奕園公共藝術邀請比件展開幕致詞 049

簡吉與日據臺灣農民運動特展開幕致詞 051

藝文走廊開幕致詞 053

「藝文走廊」聯展致詞 055

「不二法門・陳珠櫻　科藝之旅」開幕致詞 057

「科學與藝術：傑出學人書法展」致詞 059

科學與藝術——東和鋼鐵國際藝術家駐廠創作

　　成果發表會致詞 062

四、新書發表

《父子雙傑　清華傳承》新書發表會致詞 066

《張立綱傳》新書發表會致詞 069

羅聿《在世界盡頭遇見台灣》新書發表會致詞 071

清華藝術家朋友新書發表會致詞 073

《遊藝清華II》新書發表會致詞 075

洪淑芳女士新書發表會致詞 077

《陳守信院士回憶錄》新書發表會致詞 080

《從困境中奮起——另眼看1945年後的東亞史》

　　新書發表會致詞 083

上官鼎（劉兆玄）先生《從台灣來》

　　（Out of Taiwan）新書清華分享會與談引言 087

侯貞雄先生傳記「誠與義」新書發表會致詞 090

五、諾貝爾獎得主演講

諾貝爾獎得主Dr. James Watson演講致詞   094

諾貝爾生理醫學獎得主Francoise Barre-Sinoussi

     演講致詞（中英文）   097

2010諾貝爾物理獎得主Dr. Konstantin Novoselov

     演講致詞（中英文）   100

2011諾貝爾化學獎得主Dr. Dan Shechtman

     演講致詞（中英文）   104

諾貝爾化學獎得主Dr. Martin Chalfie

     「綠色螢光蛋白：使生命發光」演講致詞   108

諾貝爾物理獎得主Dr. Cohen-Tannoudji

     「光和物質」演講致詞   110

諾貝爾化學獎得主Dr. Ada Yonath與Dr. Aaron

     Ciechanover演講致詞   113

諾貝爾化學獎得主根岸英一教授演講致詞   116

諾貝爾化學獎得主李遠哲先生演講致詞   119

諾貝爾物理學獎得主楊振寧先生擔任君山講座

     演講致詞   122

六、名人演說與通識講堂

印度前總統Dr. Abdul Kalam演講致詞（中英文）   128

「馬英九vs王力宏　夢想造就軟實力」對談致詞   132

「大師講座」丘成桐院士演講致詞   134

中研院近代史所長黃克武與出版人林馨琴對談
「百年中國的知識份子」致詞　　　　　　137

楊福家校長演講「教育的普世理念
　　──兼談中、英、美大學的差異」致詞　139

「通識講堂」鄭愁予教授「第三個百年
　　──和平永續」演講致詞　　　　　　141

清華通識講堂「呂正理董事長」開講
　　──一個業餘史家如何用另眼看歷史致詞　143

李羅權教授「太空科學與地震預報」演講致詞　146

「遠方的祝福──卓以玉的詩與畫」演講致詞　147

劉兆玄會長「漢字文化對於世界文明的影響」
演講致詞　　　　　　　　　　　　　　150

通識講堂「中國新時期文學成就、現況與展望」
致詞　　　　　　　　　　　　　　　　153

通識講堂「數位時代外交之潛力與問題」演講致詞
　　（中英文）　　　　　　　　　　　　155

陳國球院長主講「朱自清：文學教育與清華記憶」
致詞　　　　　　　　　　　　　　　　160

青輔會陳以真主委演講「青年有感　打造未來」
致詞　　　　　　　　　　　　　　　　164

「從中國古典詩到台灣現代詩」通識講堂致詞　166

奕園公共藝術楊尊智藝術家演講致詞　　　170

翁文祺大使台印關係演講致詞　　　　　　172

通識講堂王健壯先生「知識份子——一個正在
　　消失的名詞」演講致詞　　　　　　　175

吳清基總校長「教育政策發展與優質人才培育」
　　演講致詞　　　　　　　　　　　　179

黃春明先生「人生與創意」演講致詞　　　181

清華學堂「從胡適的詩看中國夢」演講致詞　183

黃應貴特聘教授就職演講會致詞　　　　　186

「國家安全與台灣的未來」演講致詞　　　189

「生命故事講堂」王健壯先生演講會致詞　192

李歐梵院士主講「文學、科技與日常生活」通識
　　講堂致詞　　　　　　　　　　　　194

梅竹講堂「我的人生‧我的抉擇」講座致詞　196

吳興國藝術總監「李爾在此——當莎士比亞
　　遇上戲曲」講座致詞　　　　　　　199

通識講堂王邦雄教授講座「儒道對話」致詞　201

通識講堂「中國崛起，美國衰落了嗎」致詞　204

李歐梵院士現代文學系列講座：「現代文學中的
　　地方精靈（genius loci）」引言　　207

王浩一「在易經裡　十年磨一劍」講座致詞　210

與李歐梵院士科技與人文對話：人類大歷史
　　（節錄）　　　　　　　　　　　　214

張系國教授「黑天鵝和白大象
　　——大數據時代的科幻與視覺語言」演講　217

張系國教授「從烏托邦到反烏托邦的科幻小說

　　發展史」演講致詞　　　　　　　　　　219

七、各項座談

影像博物館座談會致詞　　　　　　　　　222

2013年度全國大專校院性別平等教育委員會

　　座談會致詞　　　　　　　　　　　　224

八、跨領域研討會

台灣聯合大學系統「建構國際競爭力」研討會

　　致詞　　　　　　　　　　　　　　　228

2012年移民政策「全球人才競逐」國際研討會

　　開幕致詞　　　　　　　　　　　　　233

101年度高等教育論壇──大學國際化研討會

　　引言　　　　　　　　　　　　　　　235

社會企業研討會與觀摩會引言致詞　　　238

「台灣高等教育危機：亞洲其他國家的經驗比較」

　　研討會致詞　　　　　　　　　　　　240

九、人文領域研討會

臺北「金萱會」開幕致詞　　　　　　　246

「文學與語言：中國文學批評研究工作坊」

　　開幕致詞　　　　　　　　　　　　　248

「東亞書院與科舉」研討會致詞　　　　252

人文社會學院「流動議題與兩岸社會發展研討會」
　　致詞　　　　　　　　　　　　　　　　254

「東亞脈絡下的釣魚台：保釣精神的繼承與轉化」
　　研討會致詞　　　　　　　　　　　　256

「歷史與敘述」研討會致詞　　　　　　　259

宋朝的文學與思想研討會致詞　　　　　　263

第一屆學習科學研討會致詞　　　　　　　267

亞洲政策中心「台灣的亞洲政策與未來發展」
　　研討會致詞　　　　　　　　　　　　269

十、理工領域研討會

2010環境分析與綠色科技研習會
　　（EAGT Workshop）開幕典禮致詞講稿　276

「百年清華生醫啟航研討會」致詞　　　　278

國際資訊科技前瞻展望研習會開幕致詞
　　（中英文）　　　　　　　　　　　　280

第五屆台法科學前沿研討會致詞　　　　　283

第六屆台法前鋒科學論壇致詞　　　　　　285

第七屆台法前鋒科學論壇預備會致詞　　　288

兩岸尖端奈米材料與元件研討會致詞　　　290

第十一屆電力電子研討會致詞　　　　　　292

海峽兩岸光學科技研討會致詞　　　　　　294

2013電腦圖學研討會致詞　　　　　　　　297

力學學會年會及研討會致詞　　　　　　　299

2013國際奈米科學與技術研討會致詞　　302

台灣與以色列生命科學研討會致詞　　304

2013國際系統性創新與電腦輔助創新研討會致詞　　307

台日國際光譜與表面科學研習會致詞　　309

「AI對科技經濟社會政治產業領域的挑戰與影響

研討會」開幕致詞　　311

「AI對科技經濟社會政治產業領域的挑戰與影響

研討會」圓桌論壇引言　　313

十一、各項論壇、會議與協會

「繁星招生之回顧與前瞻論壇」致詞　　318

頂尖大學聯盟高等教育論壇

「學術倫理：教育與推廣」開幕致詞　　320

2012高等教育國際論壇圓桌論壇致詞　　323

「食品衛生管理法修訂」公共論壇致詞　　325

中華民國科管年會二十週年大會開幕致詞　　328

2013海峽兩岸人類學論壇致詞　　330

第三十五屆全國比較文學會議致詞　　332

2013清華先進醫院管理論壇致詞　　335

新時代圖書館規劃與發展趨勢國際論壇致詞　　338

第十四屆海峽兩岸繼續教育論壇歡迎詞　　341

亞洲前沿有機化學國際會議致詞（中英文）　　343

第七屆全球華人物理學大會開幕致詞　　347

第二十一屆國際科技管理協會大會開幕致詞

（中英文）　　　　　　　　　　　351

世界微機械高峰會晚宴演說（中英文）　355

GRE亞洲諮詢委員會會議致詞　　　　358

2014台灣磁性技術協會年會暨第26屆磁學與磁性

技術研討會及兩岸磁學與磁性會議致詞　360

2014先進矽化物技術國際會議與暑期研習班

晚宴致詞　　　　　　　　　　　362

十二、各項里程活動致詞

2010年中技社獎學金頒獎典禮致詞　　366

簡禎富教授「紫軾書院」植樹紀念致詞　368

「科技創新與園區轉型」公共論壇開幕致詞　371

關東鑫林雲林廠竣工典禮致詞　　　379

元智大學新舊任校長交接典禮致詞　381

東海大學王茂駿校長就職典禮致詞　383

接受台灣鍍膜科技協會「終身成就獎」致詞　386

就任「中華教育文化基金會」董事致詞　389

ECS理事長郭育教授演講引言　　　391

十三、科學科技講座

全球化與數位科技雙重推力對人類社會的衝擊　396

領導力──清大領袖材子營演講　　403

聯華電子講座：數位科技引導的未來   411

從plasmonics談科學發展

  ——2016田家炳光電講座   418

「生涯規劃——奇景光電菁英論壇」

  「人生思考題」演講   424

合勤講座——台灣高等教育問題與對策   431

淡江大學大師講座——「人工智慧對科技經濟

  社會政治產業領域的挑戰與影響」   439

一、文藝活動與演出

編錄鄭愁予壽誕音樂禮讚、吳興國《李爾在此》、校園公共藝術節開幕音樂表演、「夢想者聯盟」演出等動態文藝活動致詞。希冀清華教職員工與學子，能共享精緻文藝的成就、澤潤與感動。

是誰傳下這詩人的行業？
——鄭愁予教授八十壽誕詩樂禮讚

2013年4月10日　星期三

　　今天很高興與大家一起慶祝鄭愁予教授八十壽誕，清華「旺宏館國際會議廳」預定明天舉行正式啟用典禮，慶祝會巧在前一晚舉行；「詩聖」杜甫有詩云；「蓬門今始為君開」，清華人企盼已久的「國際會議廳」今晚為大詩人而首先啟用，是很適切的場合。

　　在清華為華文世界有數的新詩師人祝壽有其特殊意義；清華第二屆直接留美生胡適先生以提倡白話文出名，同時也於民國八年出了中國第一本個人新詩集《嘗試集》，開拓了與古典詩歌涇渭分明的詩歌形態，不少人開始創作新詩；最負盛名的「新月詩社」，除徐志摩外，胡適、梁實秋、聞一多、沈從文、葉公超、林徽因等人都是清華人，連「新月」之名也是受時任清華教務長的張彭春先生建議所取；張教務長一向崇拜印度大詩人泰戈爾，喜愛他的詩歌，因泰戈爾著有詩集《新月集》，不僅先將女兒取名「新月」，並推薦給共同籌備組織文學社的朋友，大家欣然接受，於是就產生了「新月社」；新月派不滿於「五四」以後，「自由詩人」散文化傾向以及忽視詩藝的作風，舉起了「使詩的內容及形式雙方表現出美的力量，成為一種完美的藝術」，也就是「使新詩成為詩」的旗幟。

　　聞一多與徐志摩並稱「新月雙璧」、「新月詩神」，為詩學理論大師，在《詩的格律》中提出了著名的「三美」主張，即「音樂美、繪畫美、建築美」，音樂美指每節韻腳都不一樣，好像音樂一樣，建築美是指格式好像建築一樣，繪畫美指的是每節都是一個可畫出的畫面；新月派糾正了早期新詩創作過於散文化弱點，也使新詩進入了自主創造的時期，其詩學主張和藝術成就，對整個新詩的發展，有著深遠的影響；另一方面，長期擔任清華中文系系主任

的朱自清先生除為散文大家外，新舊詩都很有造詣，曾於1935年主編《中國新文學大系詩集》，在對日抗戰期間，西南聯大時代的教師陳夢家、穆旦等都是有名詩人。因此今天在清華慶祝鄭愁予教授八十壽誕，是一個清華新詩傳統的華麗篇章。

去年底大陸作家協會代表在本校「從中國古典詩到台灣現代詩」通識講堂中提到，目前大陸在網路上每天會出現約一萬首新詩，可見新詩創作的蓬勃；相較於古典詩，新詩在形式和內容的表達上有了更多發揮的空間；另一方面，白話文是「我寫我口講」，較平實易懂，但普羅大眾對古典詩的熟悉度甚至喜好度似乎遠勝新詩，很多人可以從李白、杜甫起數出一長串古典詩人與其作品，但對新詩相對陌生，鄭愁予教授的新詩是少數的例外；就文學歷史發展來看，不能說「後不如前」，正如王國維先生在《宋元戲曲考》中說：「一代有一代之文學」，在《人間詞話》有云：「故謂文學後不如前，余未敢信」；「何以致之？孰以致之？」可能不止是是否為中、小學教本收錄，而是值得深思的問題；設想一、兩百年後，大家應仍會對數十甚至上百首古典詩吟詠不已，新詩會有幾首呢？

鄭愁予教授是我當年唸新竹中學的學長，去年又有緣到清華客座一年，新竹是風水寶地，鄭教授則無疑的是現代華人詩壇巨人，新竹中學曾長期是台灣的合唱音樂巨人，今天在人傑地靈的清華邀請到「聲動樂團」、「清華樂集」、「實驗高中」、「新竹高中」音樂社團共同為鄭教授舉辦詩樂禮讚，「天時、地利、人和」齊備，「為仁者壽」，別具意義。

▲ 浪漫、熱誠、豪放的氣質，悲天憫人的情懷

▲ 蓬門今始為君開

鄭愁予教授在清華客座期間，我有緣與其較常接觸，可充分感受到他浪漫、熱誠、豪放的詩人氣質，悲天憫人的詩人情懷；大思想家與哲學家培根（Francis Bacon）曾說：「我永遠不會變老，對我而言，老年人是比我大十五歲的人」（I will never be an old man. To me, old age is always 15 years older than I am）；欣逢鄭教授八十華誕，「老當益壯」似不如「青春永駐」是較為貼切的形容，讓我們一起祝鄭教授生日快樂。

鄭愁予教授榮獲「周大觀文教基金會2011年全球生命文學創作獎章」頒獎典禮致詞

2011年12月20日　星期二

　　很感動參加今天的頒獎典禮。清華大學講座教授鄭愁予，所完成百年詩歌、萬載承平——《和平的衣缽》大作，榮獲推動全球熱愛生命運動舵手的周大觀文教基金會——2011年全球生命文學創作獎章，為清華大學增添卓越的詩篇，這是清華之光、生命之光，全球清華學子同沾榮耀。

　　清華大學有幸在建校百年之際請到名詩人鄭愁予教授為講座教授並為莘莘學子授課。據了解，愁予筆名出自屈原〈九歌・湘夫人〉：「帝子降兮北渚，目眇眇兮愁予；嫋嫋兮秋風，洞庭波兮木葉下。」及辛棄疾〈菩薩蠻〉：「青山遮不住，畢竟東流去。江晚正愁予，山深聞鷓鴣。」鄭愁予教授人如其名，與歷史上兩位愛國詩人一樣，譜出謳歌生命的千古絕唱。1948年，鄭愁予教授15歲時所寫的第一首詩〈礦工〉發表在校刊上。16歲時，出第一本詩集《草鞋與筏子》。兩年後，創作〈老水手〉一詩。成為在台灣發表的第一首詩。從此他開始在新詩刊物上發表作品，名聲漸揚。而今經六十年的歷練，從為誰寫詩，到為靈性寫詩；從為藝術寫詩，到為國魂寫詩；從為中國寫詩，到為和平寫詩。一代詩人，作品總是引人入勝，讓人沉浸醺郁，含英咀華。

　　今年八月二十三日，適與鄭教授同在金門慶祝世界和平日，承蒙鄭教授贈予新近完成大作《和平的衣缽》，拜讀之餘，不勝欣喜。和平不僅是屢經戰亂黎民大眾所共同嚮往，也是普世共同追求的理想。我國在近世紀飽受軍國主義強敵侵略摧殘，加以內戰頻仍，生民塗炭，所幸兩岸已多年無戰事，平和交流日益緊密，目前正是休養生息之大好時機，允應把握歷史機遇，為萬世開太平。只有打開和平之門，我們才能一起飛揚，跨越海峽、跨越世界。鄭教授一本任俠的精神和悲憫的無常觀，詩寫生命、詩寫家國、詩寫天下，深富情感與

美感，這本《和平的衣缽》期能引發共鳴，得到廣大迴響，為生民幸，為家國幸，為人類幸。歡迎大家人手一冊《和平的衣缽》，到清華大學成功湖等十大校園美景走讀，一定能欣賞仁俠詩人鄭愁予輕靈筆觸、柔美詩質與浪漫情懷，一定能解開仁俠詩人鄭愁予「和平的密碼」。

　　周大觀小朋友的童詩「用詩的歡愉來征服生命的悲哀」與事蹟，動人的詩句、純潔的心靈，多年來感動無數的成人與孩童，周大觀文教基金會發揚大觀勇敢、達觀、不屈不撓、大愛大願的精神，繼續嘉惠人群，照耀人間。如今鄭教授獲頒周大觀文教基金會──2011年全球生命文學創作獎章，確屬實至名歸。今天承蒙高齡的單國璽樞機主教抱病蒞臨參加，讓我們一起為令人感佩的大觀、悲天憫人的鄭愁予教授以及傳播大愛的單國璽樞機主教致敬與歡呼。

▲ 清華之光、生命之光

▲ 譜出謳歌生命的千古絕唱

吳興國藝術總監《李爾在此》演出致詞

2013年4月20日　星期六

今天很高興來觀賞本校駐校藝術家「當代傳奇劇場」吳興國藝術總監演出《李爾在此》。吳總監自三月六日起在本校主持「東方戲曲劇場【Workshop】工作坊」；工作坊術科課程歷時九週，另有六週專題講座，同時並進，從京戲基礎知識開始，帶領學員認識傳統戲曲，學習生旦淨丑等行當，訓練基本功、身段、臉譜教學並教授折子戲，最後於期末舉行成果展，作為學習呈現，探索開發學員的表演潛能，內容紮實，今晚又在此演出《李爾在此》，實為清華年度藝文盛事。本人有幸在約半年間，有兩度機會聽吳總監演講，不僅唱作俱佳，舉手投足，滿身都是戲，也可充分感受到他對發展當代戲劇的成就感與使命感。

吳總監多才多藝，能演、能作、能導，為橫跨電影、電視、傳統戲曲、現代劇場以及舞蹈之傑出表演藝術家，在各種表演藝術上，均有精湛表現，並屢得大獎；他於1986年創立「當代傳奇劇場」，創團宗旨為「探索當代中國戲劇新型態」，嘗試突破京劇的模式，從事創新工作；「當代傳奇劇場」先後推出莎士比亞名劇、希臘悲劇等大戲，如藝評家王安祈女士所說：「一是藉由陌生西化題材以刺激轉換現有之表演體系，一是借重世界經典以補強傳統戲曲中一向深度較弱的思想性」，加強「理性思維」、「哲思的體現」，對台灣戲曲界最大的貢獻是「開發新表演形態」，「將現代氣質注入古典戲曲」，帶領京劇走入現代並產生質變，成為臺灣劇場跨文化改編的代表。既開啟臺灣京劇發展的重大轉向，更帶動當代戲劇的「新型態」；今天演出改編自莎翁名劇《李爾王》的《李爾在此》，一人飾十角，串演全體劇中人物，演盡瘋子、傻子、瞎子、騙子、女子、孩子、私生子等，揭開中國劇場獨角戲系列，照德國《明鏡報》評論：「是個偉大的演出」。

今天的藝術盛宴是在清華校慶前夕獻給「清華百人會」以及所有愛好藝術的朋友；「清華百人會」是清華慶祝百周年，號召清華校友所組成的，當初希望有一百位校友各捐贈至少一百萬元，募得一億元，協助學校興建多功能體育館，獲得校友們熱烈響應，總共有145位校友會員，捐款達1.72億元，多於興建總經費，現新體育館已於去年11月15日落成啟用，並命名為「校友體育館」，所以將今天駐校藝術家吳興國總監演出獻給百人會會員，以示感謝，這裡要特別透露吳總監也是清華子弟，他的母親張雲光女士，曾在西南聯大就讀，而西南聯大是清華大學、北京大學與南開大學在對日抗戰時期在後方昆明設立的聯合大學；另一方面，今天的場合也是希望引介吳總監的不凡藝術造詣，希望以後能對「當代傳奇劇場」多所支持，譬如說可在相關企業周年慶或年終犒賞員工時節，能掀團到劇場觀賞世界級的演出，不僅能鼓勵深具使命感、勇於創新的卓越藝團，也讓員工們共享精緻藝術的成就與澤潤，一舉兩得。

同時我要感謝吳總監及其幕後支柱林秀偉女士，能撥冗到清華擔任駐校藝術家，嘉惠清華學子，協助落實本校透過多元、充實、豐富的校園生活，培養學生未來活出精彩人生的能力教育理念，掀起一片風潮，是清大師生同仁之福。

最後我要借羅馬哲學家Lucius Seneca所說一席話：「人生如戲劇，重要的不是長度，而是演出的精彩度」（Life's like a play; it's not the length but the excellence of the acting that matters），祝大家在欣賞吳總監精湛演出，享受難得的藝術饗宴之際，有所啟發。

◀ 人生如戲劇，重要的不是長度，而是演出的精彩度

世界家園——校園公共藝術節開幕致詞

2013年5月18日　星期六

很高興來參加校園公共藝術節開幕，剛才開場表演由三位同學演奏西班牙音樂，並由本校來自西班牙的留學生唱西班牙歌，感覺聲調與慷慨激昂的唱法與中文歌很不一樣，切合本活動「世界家園」主題，更象徵多元文化交流的重要意義。

與現在同時，學校內另有兩項活動，我選擇來這裡，一方面因為活動的趣味性，另一方面，也是由於其重要性；藝術一般並不會被列為人生緊要事項，但卻能發揮很大的功能；民國初年大教育家蔡元培先生提倡「以美育取代宗教」，即有見於此；這次在本校「清齋新建工程公共藝術設置計畫」中，很感謝執行團隊「陽光國際藝術公司」以及「楊智富創作團隊」合作策劃並執行長達近一個月的校園公共藝術節活動，讓卓越藝術家走入校園，活化校園藝術氣氛，別具意義。

公共藝術必須具有「公共性」與「藝術性」，是在公共空間的藝術創作，但必須有民眾參與，有人認為由不具專業的民眾對藝術作品指指點點，不是很恰當的做法，但藉由與民眾的對話，提升社會對藝術的了解與欣賞水準，而內化藝術素質，雖對執行效率上有所妨礙，但是有意義的教育與溝通過程；「文化藝術獎助條例」規定以公有建築經費的1%，作為其公共藝術基金，而相關法條規定「公共藝術審議委員會」要有社區或公益團體代表，同時負責辦理輔導民眾參與公共藝術及推廣公共藝術理念等其他相關事宜，「公共藝術執行小組」應辦理民眾參與等作業，「公共藝術設置計畫書」內容應包括民眾參與，「公共藝術徵選結果報告書」內容應包括民眾參與過程，多處明列民眾參與方式，是很有遠見與深意的。

校園公共藝術節為「清齋新建工程公共藝術設置計畫」活動之一，著重民

眾參與的精神。計畫包含1件永久設置、6件臨時性作品、1組表演團隊；策展人楊智富先生帶領藝術家團隊展開系列專題講座，從「知」的學習，帶領校園內的「住民」與社區朋友，認識公共藝術。接著展開一連串工作坊，由8位藝術家帶領學員創作，從繪畫、裝置、地景藝術、舞蹈、影像創作，激盪學員創意。這些創作成果，在藝術節期間展示於校園內，並且能夠持續與作品發生互動與對話！藝術節期間搭配豐富的導覽活動、與公共藝術作品共同發生的表演活動，主要範圍在宿舍區與人潮聚集處，因為：「宿舍」就是一個家園、一個世界。

清華的公共藝術作品膾炙人口的很多，包括學習資源館前的羅丹「沉思者」雕像，工科館前新宮晉「無聲的對話」等，經常看到校內外人士或攜家帶眷結伴而來，或單獨流連忘返，觀賞、攝影、素描，很能感受到公共藝術大眾共享的喜悅與價值；同時本校最新公共藝術作品「奕園」現已設置完成，即將於六月一日正式開幕，未來必會成為世界馳名的公共藝術作品以及圍棋勝地，在此並預告本校於三個月內，有五棟大型建築即將動工，屆時將增添不少公共藝術作品，希望各位藝術家朋友能踴躍參與。

觀賞莊靜潔同學參與夢想者聯盟音樂會演出感言

2013年9月13日　星期五

　　本校資工所莊靜潔同學於13歲那年，被診斷出患有罕見的少年型視網膜黃斑部病變，視力持續惡化，但靜潔同學卻以驚人的毅力，透過一般生甄試入學的管道，考上本校資工系。四年的大學生涯，她在資工系提供滑鼠型擴視機的輔助下，克服諸多學習上的困難，不僅獲得三次書卷獎，畢業時，更獲頒發本校最高榮譽的梅貽琦紀念獎章；2011年在母校推薦下，更榮獲「總統教育獎」。

　　今年，靜潔再度給自己新的挑戰，加入了「夢想者聯盟」2013全台巡迴音樂會的演出。上月底靜潔專程來我辦公室邀請我參加，我除了當場答應外，並決定鼓勵本校主管以及校友參加，今晚也欣見多位同仁與校友「共襄盛舉」。

　　「夢想者聯盟」音樂會是一場感人而高水準的音樂會，演出者包括視障、聽障、肢障、情緒障礙、自閉症等多重障別學員；他們克服排練時的種種考驗合力展現身殘志不殘的精神，以夢想者自居，與其他學員組成夢想者聯盟，將以最不簡單的方式傳遞夢想與勇氣，開啟屬於《夢想者聯盟》的追夢旅程，將不凡的真實身世以舞蹈及演唱傳遞溫暖及感動。

　　「夢想者聯盟」除演出歌唱及舞蹈外，不少學員都具備創作能力，團體中兩位弱視演唱者洪新智及張哲瑞，皆以吉他創作，兩人以故鄉為背景唱出生命當中不可抗力的無奈與心情，相當令人動容；另一位創作人黃瑋琪，罹患先天性小耳症，右耳沒聽力，左耳中重度聽障，幾近全聾，靠著一個「調音器」完成創作及演唱，歌詞娓娓道出聽覺以外的生活及心情，讓人驚呼的是她的天籟美聲，很難想像是一位失去聽力者所能表達的演出；重度肢障魏益群則在輪椅上，以宏亮以及充滿中氣的歌聲精彩演出；多重障礙廖庭澔在父母悉心培養照

顧下，手風琴演出很具專業水準。

「夢想者聯盟」中的舞蹈團體「視輪傳動」苦力練舞，博得滿堂彩。成立於2012年的舞蹈團體「視輪傳動」，是目前台灣第一支由視障者與輪椅舞者所共同組成的舞蹈團體，輪椅舞者靠著靈活的雙輪，視障舞者憑藉著信任與默契，才能夠舞出優美且精準的舞姿舞蹈，協調性上相當具有難度。靜潔在練習過程中，多次因自己肢體動作不協調大聲痛哭，但是，看著其他團員們的用心，她勇敢的站上舞台，用自己的努力和故事鼓勵所有人，是所有演出者的寫照。

音樂會的成功演出，不僅是由於演出者動人的決心與毅力，也由於許多擁有愛心人士的付出，包括主辦單位身心障礙者藝文推廣協會、歌唱以及舞蹈指導老師、舞台工作者以及許多義工、贊助者，尤其是父母與家人，都值得我們喝采與敬佩。

靜潔是一個眼睛只看得見10公分世界、卻依舊熱情面對人生的視障女孩！她告訴我，她如何自行從住處到學校，在路上行走與搭車，尤其到陌生地方，要比常人多花幾倍的精力；例如到台北搭捷運，通常要詢問不止一個人，免得誤會，才敢搭上車；但她以樂觀態度面對自己的不幸，請父母不要太擔心而讓她單獨在外生活；她認為四處演講激勵學子是她最好貢獻社會的方式，而近年來一直身體力行，這種抱負、胸襟，讓人敬佩，在艱辛中付諸行動是很少明眼人做得到義舉，是所有清華人的典範，讓我們為自強不息、勇敢逐夢的莊靜潔同學喝采，我們也應盡力協助逐夢女孩靜潔飛得更高更遠。

◀ 以舞蹈及演唱傳遞溫暖及感動

「夢想者聯盟」演出致詞

2013年11月19日　星期二

　　很歡迎大家今晚到清華大禮堂來觀賞「夢想者聯盟」演出；「夢想者聯盟」是由一群視障、聽障、肢障、自閉症等身心障礙表演者組成的，他們以夢想者之姿克服障礙，用最不簡單的歌舞，呈現出夢想與勇氣，展現出不凡的生命力。該團成員包括本校資工系校友莊靜潔同學，她秉持著對於自我的價值與肯定，以及對家人的愛，抱持感恩的心，學習知足和珍惜身邊所擁有的一切，充分展現本校「自強不息」的校訓精神。

　　感謝所有清華人共同努力全員參與，使本校榮獲第23屆「國家品質獎」，創下公立學校獲獎的記錄；由於「國家品質獎」是對校務全面的檢視，有功同仁眾多，無法像以往一樣辦理「慶功宴」來慶祝，幾經思索，認為如果邀請「夢想者聯盟」這群勇者到清華演出，更有意義。一方面以高水準的節目代表學校對所有同仁的感謝，一方面也希望能為清華人帶來深刻的感動，為勇者喝采，為自己激勵，為來者與需要的人奉獻。

　　九月十三日我曾在靜潔的邀請下到「新竹縣藝文中心」觀賞「夢想者聯盟」音樂會演出，與部分同仁與校友共同欣賞到一場高水準而感人的音樂會，不僅是由於演出者動人的決心與毅力，也由於許多擁有愛心人士的付出，場面溫馨而歡樂；隔幾天，靜潔又親自到學校向師長道謝，她帶著喜悅說，在我當晚代表清華獻花時，看到我穿的是黑色西裝，這對視覺沒有障礙的人是理所當然的事，但對視障嚴重的靜潔則是一種成就，也讓人更佩服靜潔以及「夢想者聯盟」成員的決心與毅力。

　　在「夢想者聯盟」預定在清華演出，並在清華「臉書」宣布後，靜潔在網頁中留言：

「親愛的清華大學,謝謝你,

我很榮幸能成為你的一份子,

求學期間,受到你各方面的協助,

行動不方便,你請人帶我行走,

課業跟不上,你請學長姊為我輔導,

上課求學有困難,你購買專門設備輔助我。

不喜歡麻煩他人的我,總是假裝堅強,

但師長與同學的協助卻溫暖了我那顆脆弱的心。

感謝學校對一群生命鬥士無悔的付出和支持,

這幾年來,我一直告訴自己,

今日我以清華為榮,

他日我一定要讓清華以我為榮!

謝謝你,我的母校——清華大學!」

感人至深!

◀ 為清華人帶來深刻的感動
▲ 為勇者喝采,為自己激勵,為來者與需要的人奉獻

靜潔的故事，是一個勇者的畫像；她在13歲那年，被診斷出患有罕見的少年型視網膜黃斑部病變，視力持續惡化，但靜潔卻以驚人的毅力，透過一般生甄試入學的管道，考上本校資工系。四年的大學生涯，她在資工系提供滑鼠型擴視機的輔助下，克服諸多學習上的困難，不僅獲得三次書卷獎，畢業時，更獲頒發本校最高榮譽的梅貽琦紀念獎章；2011年在母校推薦下，更榮獲總統教育獎。靜潔以樂觀態度面對自己的不幸，請父母不要太擔心而讓她單獨在外生活；她認為四處演講激勵學子是她最好貢獻社會的方式，而近年來一直身體力行，這種抱負、胸襟，讓人敬佩，在艱辛中付諸行動是很少明眼人做得到義舉，是所有清華人的典範；我想所有清華人都會告訴靜潔，我們一直以妳為榮；妳所帶給清華的榮耀，展現的人性光輝，遠比清華人為妳做份內理所當然的事更為崇高偉大。

二、校內演唱會

　　紀錄在清華校內所舉辦
「清清紫荊」演唱會、全校
運動會選手之夜演唱會、
「海鷗・K人聲合唱團」畢
業演唱會，及清華合唱團
五十周年音樂會之活動致
詞。展現清華學子動聽優美
的歌聲，與共同為音樂狂歡
的青春活力。

全校運動會選手之夜演唱會致詞

2011年11月15日　星期二

　　很高興參加兩岸清華最樂盛事，全校運動會選手之夜演唱會。這是新竹清華傳統，為全校運動會熱身所辦的演唱會。今晚演唱會的主題是「百大清年站出來、兩岸清華樂百歲」，當然因為今年兩岸清華同慶百歲，也因為是兩岸清華「共襄盛舉」，出動雙方菁英校友與同學，「卡司不凡」，共辦的演唱會。

　　今晚我特別穿著紫色新裝上場，主要是這件新衣對兩岸清華具有多重意義，其一是紫色是兩岸清華校色，代表中西會通的源流與精神，也因為紫色是紅色與藍色的混合色，而紅色與藍色分別象徵熱情與智慧，「紫色清華，王者風範」是清華在各種公眾場合的呼喚；其二這件新衣是上週北京清華校友高爾夫球隊為來台與新竹清華校友聯誼特製帶來的，也是兩岸清華一家親的具體事證；其三衣服上面的Logo顯示《易經》中的乾坤二卦，而清華校訓「自強不息，厚德載物」，正是源自二卦卦辭「天行健，君子以自強不息；地勢坤，君子以厚德載物」，對清華來說，別具意義而備感親切。北京清華校友在贈送新衣時特別解釋說，他們不直接用北京清華校徽作Logo，是因為兩岸清華校徽略有不同，怕在交流之際，引起不必要的誤會。我告訴他們說，兩岸清華是一家人，不用擔心這些細微末節，但不是所有人都了解，新竹清華的校徽是用百年前清華建校時的校徽，上面清華的英文Tsing Hua兩字是分開的，同時外有代表光芒的芒尖，不是清華人通常無法分辨，可以做通關密語之用；另一方面，新竹清華不管是中、英文校名、校徽、校歌都是原汁原味，從清華在北京建立傳統起，不曾更動過，北京清華師生、校友們要了解歷史源流，不需外求，只要看看新竹清華的例子就對了。

　　今晚很感謝本校熱舞社，由大陸清華校友組成的知名樂團，「水木年華」，與台灣天團——「蘇打綠」，以及本校電機系畢業，超級星光大道優勝

李杰宇校友所屬的「SIGMA」樂團參加演出，是兩岸清華難得的藝文盛會，所謂「以文會友」，必然精彩轟動，並加深兩岸清華情誼。今晚天氣稍涼，新竹風也為遠客展現了威力，看到現場熱鬧滾滾，大家熱情不稍減，精彩可期。有些同學不一定熟悉，SIGMA在數學中是加總的代號，今年上海交大的大學評比結果，在兩岸四地三千多個大學中，北京清華第一，新竹清華第四，如果考慮規模因素，新竹清華是第一。兩岸清華如密切合作，必可打遍天下無敵手，1+1遠大於二，願兩岸清華共創第二個燦爛百年，攜手共進世界前百大。

　　今天早上我有機會與「水木年華」校友見面，繆傑校友提到今年五月在北加州兩岸清華共慶百歲校慶晚會中，我致詞的時間比他演唱時間還長，為避免憾事重演，我就在此打住，祝大家有個愉快的夜晚，high到最高點。

▲ 兩岸清華密切合作，打遍天下無敵手

「清清紫荊」演唱會致詞

2013年2月27日　星期三

今天是抱者複雜的心情來參加演唱會；今晚演唱會名為「清清紫荊」演唱會，傳統上是「梅竹音樂會」；有同學說今年的替代方案「清華台大友誼賽」沒有竹，所以還是可以叫「沒竹音樂會」，只是把梅花的梅改成沒有的沒。

梅竹賽是清華、交通兩校每年初春時節共同的盛事。但有時會有爭議而暫停，不幸今年就是暫停年，我們希望兩校主辦同學有智慧促成明年的復賽。

清華與交大為緊鄰，幾乎在同時建校，兩校師生、校友間有深厚的情誼與密切的合作關係；根據去年十月的一份統計資料，於2006－2010五年間，在全球最大的論文資料庫Scopus所載論文中，清華所出的論文與交大、中研院、台大合作者分居第一、二、三名，各占8.9%、8.5%與6.9%，而在同一統計基礎上交大與清華；工研院、台大合作者分居第一、二、三名，各占7.3%、6.5%與5.7%，可見清華與交大分別為對方最緊密的研究伙伴，同時師生共享教學與研究資源，交大的一位副校長、主秘與研發長是清華校友，清華原來有一位副校長、現任研發長是交大校友，兩校校友在外創業、事業與工作上互相扶持，不勝枚舉；今年清華的學務長曾提議由兩校校友會會長裁決，解決「梅竹賽」糾紛，雖未獲兩校同學共同組成的諮詢會採納，未來仍是一個很好的參考方向。

「清清紫荊」是取自《詩經‧鄭風‧子衿》篇「青青子衿」諧音；我們常說「一日不見，如隔三秋！」應源自該篇「一日不見，如三月兮！」原詩頭四句為「青青子衿，悠悠我心。縱我不往，子寧不嗣音？」也就是青青是你的衣領，悠悠是我的心情，雖然我沒有去看你，你怎麼就跟我斷了音訊？下四句「青青子佩，悠悠我思。縱我不往，子寧不來？」意思是青青是你的衣帶，悠悠是我的思緒，雖然我沒有去看你，你怎麼也不來看我？最後四句「挑兮達

兮，在城闕兮！一日不見，如三月兮！」設想兩校同學漫步於各自校園，一日不見，如隔三秋！我想兩校主辦同學都以「縱我不往，子寧不嗣音？」、「縱我不往，子寧不來？」、「一日不見，如三月兮！」心境與友校同學協議，以後「梅竹賽」沒有辦不成的理由。

最後我要嘉許「梅竹工作會」的同學，在正式「梅竹賽」破局情況下，鍥而不捨，仍努力辦理各項相關活動，大家都知道，清代表清華，紫是清華校色，所以「清清紫荊」演唱會很「清華」；但副標題留下伏筆：「勇往直前，不能沒有」，「不能沒有」可解釋為不能沒有演唱會，也可解釋為不能沒有交大的參與；盼望「梅竹工作會」的「勇往直前」的努力，為明年「梅竹賽」的復賽，作了最佳的準備。

清華合唱團五十周年音樂會致詞

2013年4月21日　星期日

　　很高興參加清華合唱團與畢業多年的校友聯合舉辦五十周年慶音樂會；上個月我剛參加過清華數學系五十周年慶，清華數學研究所是清華第二個研究所，1958－1963清華每年約有畢業生十五人，到1964年，清華開始設立大學部，當年原子科學研究所與數學所各畢業15與5人，所以本校合唱團成立，是早在學校草創，全校不到五十位學生時期，是元老級社團，年屆半百，可喜可賀。

　　唱歌幾乎是全民運動，可想像是古今中外皆然，很少人不喜歡聽好歌，哼兩句，有天分的更可乘興高歌，自娛娛人，交流情感和生活體驗，帶給人美的感受；合唱團是由有天分、有一定音樂素養、共同雅趣的成員組成，要靠恆心、紀律、相互協調唱出美麗的歌曲，一方面有娛樂效果，同時也培養了可貴的做人做事的基本能力，有人說：「在大學交到好朋友，是給自己最好的禮物」，參加合唱團無疑是交友的好機會，而從許多畢業多年的校友都回來參加音樂會來看，這份情誼更跨越世代，彌足珍貴，因此是非常值得鼓勵的課外活動；幾個星期前，我收到93級的彭遠清校友邀請的e-mail，在一分鐘內就表示如果行程許可，我一定來參加音樂會，據了解彭遠清校友與94級陳惠青校友的美滿婚姻就是結緣於合唱團，這又是參加合唱團的另一項好處了，這裡我不免要提醒一下，婚姻與交友是不同的緣份，有緣最好，但不可強求。

　　清華合唱團長久以來是校園動人的人文風景之一，我當校長以後，每年聖誕節前後最愉快的事，莫過於合唱團的同學到家裏來報佳音，看到合唱團的同學在輕鬆友愛的氣氛下，以悠美的聖誕歌聲傳播美與愛，令人無比欣悅與感動；另外，有很多合唱團員也參加的「海鷗‧K人聲合唱團」因在國內外許多競賽中表現優異，經常受邀在校內各項活動中表演，以致於有位團員向她也是

校友的父親抱怨說她看見校長的機會比看到他爸爸多；總之，由於大家的用心與努力，讓校園生活更精彩與美好，在此我要代表清華向大家道賀與致謝。

今天有許多校友回母校一起歡慶合唱團五十周年，讓我想起剛好約五十年前由Peter. Paul and Mary（Peter Yarrow, Paul Stookey and Mary Travers）組成的三重唱風行一時的合唱曲「綻放的花朵那兒去了？」（Where have all the flowers gone?）大多數清華的學生有如家長與師長在溫室栽培的花朵，我們要問畢業多年的校友「這些年你們到那裡去了？做了些什麼？」（Where have all the flowers gone?）畢業校友與在校同學「什麼時候能了解生命的真諦？」（When will they ever learn?）校友們也許可以跟大家分享「闖蕩社會的心得」（What have I learned）。

另一首差不多同時期的歌「往日時光」（Those Were The Days）歌詞中有「你可曾記得我們在一起如何歡笑渡日，夢想美妙的未來，那是我們以為永遠不會過去的往日時光」（Remember how we laughed away the hours, and dreamed of all the great things we would do. Those were the days, my friend, we thought they'd never end）「我們過自己選擇的生活，盡力而為就無所謂成敗；如今我們年齒漸長，但並沒有更聰明些，因為我們不改初衷，夢想如昔」（We'd live the life we choose. We'd fight and never lose. Oh my friend we're older but no wiser. For in our hearts the dreams are still the same），而在有六十年歷史由法蘭克辛那屈（Frank Sinatra）唱紅的老歌「Young at Heart」中有「你豈不知擁有一顆年輕的心是無價之寶？」（Don't you know that it's worth every treasure on earth to be young at heart?）「如此你年老時才會驚歎生命的無限可能」（And if you should survive to 105, look at all you'l derive out of being alive），最後我要借另一首老歌「青春永駐」（Forever Young）之名，祝大家永遠保有一顆年輕的心（Forever young, forever young）。

「海鷗‧K人聲合唱團」畢業演唱會

2013年6月6日　星期四

　　很高興來參加「海鷗‧K人聲合唱團」畢業演唱會；剛才我從本校為運動代表隊在「大專運動會」優異表現所舉辦的慶功宴趕過來，沒能趕上開幕；在進入「國際會議廳」後，看到人潮滾滾，「海鷗‧K」在即使期末考將屆之際，仍能吸引滿座聽眾，可見累積的人氣不同凡響；「海鷗‧K人聲合唱團」與本校運動代表隊一樣都是清華的驕傲，現在有些團員要畢業，適時舉辦演唱會，是非常有意義的活動。

　　我在三年多前初任校長時，看到「海鷗‧K」的字眼，不曉得代表什麼意思，後來才弄懂是「還OK」的意思，取諧音而有諧趣，可謂「先聲奪人」；在今晚演唱節目單上，看到列舉的「海鷗‧K」近年來公開演唱的時間與地點，勾起我不少鮮明與美好的回憶，而略為估算一下，發現有我在場觀賞的演出不下二十場，因此有團員甚至跟她同是校友的父母說，看到我的時間比他們多；事實上「海鷗‧K」是清華的驕傲，學校舉辦重要活動時，如需要有暖場或串場表演，常會想到「海鷗‧K」，而「海鷗‧K」必會讓聽眾與觀眾眼睛一亮，讚不絕口，驚豔不已；同時幾年來「海鷗‧K」南征北討，參加韓國「人聲樂團亞洲大賽」、2011年「香港無伴奏合唱比賽」，均順利為台灣抱回大賽冠軍，為校與為國爭光，是清華的「金字招牌」。

　　在我收到的邀請函中，有「海鷗‧K」是否仍然OK字句，「海鷗‧K」在我印象中是自然OK，很高興看到「海鷗‧K」果然OK，OK一說是從all correct而來，「海鷗‧K」也可以Hi OK表示，這就是文字的巧妙了；我在美國唸書時，有一本由Thomas A. Harris醫生所寫的有關人際關係心理分析名為「*I'm OK, You're OK*」的書，在出版以後，迅速進入「紐約時報暢銷書」排行榜，並持續長達兩年，據統計共銷售了一千五百萬本，有十幾種不同語言的

翻譯本；該書強調四種人際關係（I'm Not OK, You're OK; I'm Not OK, You're Not OK; I'm OK, You're Not OK; I'm OK, You're OK）以I'm OK, You're OK為最佳，如此達到We're OK的境地，他並將其論點延伸到團體間與國家間關係，頗值得一讀；另一方面，也有人以I'm OK, You're OK為名作曲，大意是我離開，妳留在此，而You're OK，而不免有些酸味，因此負氣說，妳留在此，我離開，I'm OK，歌詞簡單而輕鬆動聽，饒有趣味，大家不妨上YouTube點選聽聽。

　　這幾年每次看到「海鷗‧K」精彩的演出，讓我印象最深刻的是團員們「樂在其中」，看到一群有天分的學生，真心喜樂的唱歌，除歌聲優美外，聲音動作，充滿默契，既自娛亦娛人，是相當令人愉悅的；另外我剛才看到在台上八、九位團員，衣著各具特色，而顏色各擅勝場，配合的恰到好處，也很讓人賞心悅目；清華以擁有「海鷗‧K」為榮，除衷心祝畢業同學鵬程萬里外，在追逐精彩人生路途上順利，也希望「海鷗‧K」能永續經營，產生許多小海鷗，生生不息，成為豐富清華美麗人文風景線的「長青樹」。

▲一群有天分的學生，真心喜樂的唱歌

三、文藝展覽

匯集王琇璋、李慎梅及羅世長之作品個展；藝文走廊展覽；科藝系列展覽；奕園公共藝術邀請比件展、簡吉與日據臺灣農民運動特展開幕等靜態展覽致詞。期望藝術盛宴能激發清華師生創新的靈感以及對藝術探索的興趣。

「感恩・分享──王琇璋作品個展」
開幕典禮致詞

2011年12月30日　星期五

　　很高興參加王琇璋女士的作品個展開幕典禮。本校會計室是很特別的會計單位，在公餘推動行政大樓藝文走廊活動。過去兩年多已有清大師生同仁、退休人員及眷屬超過兩百件作品展出。今年並集結以「遊藝清華」為名出書，而琇璋是藝文走廊主要推手。清華教授，有名的文學家錢鍾書說：「附庸風雅會養成內行的鑒賞」，清華大學很感謝多才多藝的琇璋積極的與社會大眾，特別是清華人分享。

　　藝術與人文修養對一個人的養成，有深刻的影響。我小學讀「竹師附小」，一、二年級的美術老師孫邦震先生，在講解「蒙娜麗莎的微笑」時煥發的音容像貌，至今歷歷在目。在「新竹中學」唸高中時，美術老師李宴芳先生除了嚴格要求繪畫品質外，常以幻燈片講解世界名畫，從印象派、後印象派到野獸派，獲益良多，至今難忘。英國浪漫詩人濟慈（John Keats）曾說，「A thing of beauty is a joy forever」。也就是說「美的事物是永恆的歡愉」。西哲柏拉圖有云：「美不是別的，只是『善』看的見的形式」。琇璋的畫作令人賞心悅目，與她與人為善的個性相合，予人溫暖健康的感覺。

　　清華大學深刻瞭解到藝文為大學發展無形資產的重要性，在二十年前即設立藝術中心，藉此幫助同學建立藝術的欣賞能力，提升人生境界，培養創造力與包容的胸臆，增加校園的藝術人文氣氛，發揚大學教育精神。另一方面，學校也積極營造藝文氛圍，除引入羅丹、新宮晉、楊英風、高燦興等大師公共藝術作品，目前正規劃「奕園」的設立。上一與現學年度並分別開始招收音樂、美術資優生，讓原本以理工為主的校園，多了些不同專長領域的生力軍。同時已與台北藝大與台南藝大簽署合作協議，清華與兩校學生自100學年度起可

進行相互交換學習，藉由不同的學習場域來激發創意思維，拓展與豐富學習成果。

今天有很多藝文界先進在座，在此除感謝諸位蒞臨，預祝展出圓滿成功外，並盼與諸先進共同努力，普及並發展校園藝術工作。

▲①賞心悅目，與她與人為善的個性相合，予人溫暖健康的感覺
▲②附庸風雅會養成內行的鑑賞
③美的事物是永恆的歡愉

「走過～李慎梅個展」開幕典禮致詞

2012年2月9日　星期四

　　很高興參加李慎梅女士個展開幕典禮。剛才洪主任說感謝清華校長到交通大學共襄盛舉。事實上，清交一家親；吳校長是清華的媳婦，張校長的公子是清華畢業生，在場的許千樹副校長、張翼研發長、裘性天主秘都是清華畢業生。兩校關係盤根錯節，親密非常。方才吳校長提到的今年梅竹賽賽程爭議是小case，一定可以圓滿解決。

　　以前看到李慎梅女士多是與張校長夫唱婦隨，兩夫妻鶼鰈情深，並不了解張夫人身懷不凡才藝，以後還要請慎梅女史多指教一二。英文有句話說：「Either you have it or you don't」，以才藝來說，人可以分兩種，一種是有才藝，另一種是沒有才藝。我個人從小受到很好的學校藝術教育，唸的中小學從「竹師附小」到「新竹中學」，都是認真推行五育並重的學校，美的欣賞其實也是普世情懷。但比較遺憾的是，在追求美的過程中，也瞭解自己缺乏藝術創作細胞，所以對能將胸中錦繡表達於畫作上的藝術家總會肅然起敬。這次有機會上網先欣賞慎梅部分作品，包括靜物、人物、風景、花卉。印象最深刻的幾幅，如「過客」讓人聯想到李白「夫天地者，萬物之逆旅，光陰者，百代之過客」詩句，「背影」則引人想起清華大學中文系教授朱自清感人的〈背影〉一文，風景、花卉正如清朝大畫家鄭板橋所云「一枝一葉總是情」。總體而言，可謂有意境。清華國學院四大導師之一的王國維先生曾說：「有感情方有意境」，我們在李慎梅女士畫作上可感受到熱情、感情與溫情。

　　據了解這次個展是慎梅第一次個展，初試啼聲，即如黃鶯出谷，宛轉清脆，悠揚悅耳。黃鶯即黃鸝鳥，杜甫有詩「兩個黃鸝鳴翠柳，一行白鷺上青天」，希望慎梅再接再厲，精益求精，未來以更精彩的畫作飛上青天，滋潤人生。

▶ 將胸中錦繡表達於畫作上

「羅世長個展」開幕茶會致詞

2012年2月11日　星期六

　　很高興參加羅世長先生個展開幕典禮。世長是我「竹一中」和「新竹中學」同學，青少年期間即充分展現其藝術才華，為同學們所欣羨。

　　「新竹中學」在辛志平校長時代是認真推行五育並重的學校，對美術、音樂的訓練以及體育要求非常嚴格，常有學生因為美術、體育、音樂等所謂「副科」不及格而留級。美術老師李宴芳先生嚴格要求繪畫品質，給不具才藝細胞的同學莫大的壓力。世長在輕鬆悠遊於畫境之餘，不吝對苦於創作的同學指點一二。本人也是當年受益人之一。四十幾年後，在此再一次向世長致謝，也屬人生奇緣。

　　世長於台大人類學系畢業，留校任助教三年多後到加拿大進修。曾獲英屬哥倫比亞大學（UBC）人類學碩士，多倫多大學博物館學碩士。1989年三月辭去皇家安大略博物館（Royal Ontario Museum）工作，舉家遷居溫哥華，專志畫業迄今。出國前曾兩次入選台陽美展，臺北市美展，全省美展及全國美展。專職畫業後，曾多次入選或應邀參與國際版畫展，並曾在台灣、日本、加拿大等地舉辦過多次個展。羅世長的畫，色彩雋永沉靜，是透過細膩講究的用色而慢慢達到與內心契合的感覺的藝術作品。明心見性，寧靜致遠。有其獨特的個人風格。他自述「儘管每天對著窗外山水尋思作畫，最終我發現，我只是在畫自己的心境情感和氣質而已」，是最好的寫照。

　　對於藝術作品，「外行人看熱鬧，內行人看門道」。我是外行人，一向是看熱鬧，欣賞寫實的印象派。由於與世長是青少年時期相知的朋友，再參照一些藝評，所以也許能略窺世長作畫門道。世長用色淡雅，畫面簡單，返璞歸真，脫俗耐看。以半抽象的手法，重寫意，以形寫神，與蘇東坡論畫主張「神似」相契合，誠如藝評家曹星原教授所言，沉思於米芾墨點與秀拉（Seraut）

色點之間而展現個人風格，由點陣筆觸以同類色相但不同深度的色彩平鋪、重疊、並置，而得到了情感的抒發。

　　前天與世長及嫂夫人見面的時候，世長談及他從小即熱愛繪畫，談到未來的追求，他說要畫得更好，據了解，世長二十多年來，多半在溫哥華家裏的畫室，面對湖光山色的窗景，以各種角度，在不同季節、時刻作畫，其熱情執著令人感動，正如現代陶淵明，「結廬在人間，而無車馬喧」，「此中有真意，欲辯已忘言」。世長在深情、真誠、執著之外，又有十分自信，耐得住孤獨寂寞，李白在〈將進酒〉中有云「自古聖賢皆寂寞」，但同時又說「天生我材必有用」。以世長對生活的熱愛和對自然的細膩觀察，未來繪畫精進可期。在此衷心祝福世長能持續攀登藝術高峰。最後，也是最重要的，我也要恭賀與感謝嫂夫人諸佳利女士，有妳無怨無悔鼓勵與支持，才有世長今日的非凡成就。

藝文走廊三周年慶與展覽致詞

2012年4月25日　星期三

　　今天很高興來參加藝文走廊三周年慶與展覽。藝文走廊除了可提供教職員工生及眷屬作品的展示空間外，也讓同仁在辦公之餘暫拋俗塵煩囂來一趟賞心悅目之旅，並同時培養生活品味，藉由多元作品的展出，提升同仁的藝術素養。三年來藝文走廊展示數百件清大師生同仁們以及不少退休人員及眷屬作品，對協助營造校園文藝氛圍，功不可沒。去年慶祝百歲清華出版《遊藝清華》新書，集結了超過兩百件作品而完成，收錄的作品類型多元且豐富，可謂已初步交出漂亮的成績單。

　　會計室藝文走廊一向由胡益芬主任熱心推動，過去三年來主要由王琇璋女士細心策劃張羅。前一陣子，琇璋因職務調動，藝文走廊有暫時息燈打烊之虞，幸好有游麗秋女士適時同意接棒。據了解麗秋的先生自軍職退休後，一直從事中小學藝文推廣工作，未來可預見一人當差，兩人服務佳話，是很令人期待的。在此我也要代表學校向胡主任、琇璋、麗秋致謝。

　　「愛美才會美」，上週科管院「孫運璿科技講座」由法藍瓷總裁陳立恆先生主講「品牌之路」的演講。陳先生提到一件好的藝術作品有四個要素，啟發想像（Inspire your imagination）、豐富生活（Enrich your life）、感動心靈（Touch your heart）、傳達情意（Express your feelings），以此標準，藝文走廊作品，多自寫實出發，以「人同此心」的喜愛進行創作，以大眾看得懂的方式呈現，可能也是業餘藝術家最適合的展示園地。我們期望藝文走廊在未來能繼續發揮功能，嘉惠大清華社群。

奕園公共藝術邀請比件展開幕致詞

2012年8月10日　星期五

　　很歡迎大家來參加「奕園」公共藝術邀請比件展開幕。建設「奕園」是沈君山前校長的願望。他在2006年曾手書略為：「余自1956年與清華結緣，1953年長期返台，迄今已33年，以後亦不會離開清華園，故對新竹清華有特殊感情，擬捐助奕園，原則如下：一、地址須在清華校園、二、園中不砍一樹，全園少用水泥（最好不用）」，並表示將捐出在美國的退休金，以興建「奕園」。可惜不久後，沈前校長即因再度中風而不省人事，學校為完成沈前校長的心願，在劉炯朗與陳文村前校長努力下，先在本校南校區生態區建設「奕亭」，已於2010年元月20日揭牌啟用。而進一步造景建設「奕園」則在沈前校長昔年棋友蔣亨進教授等倡議下，於去年十月起開始啟動；籌建小組提議蒐集圍棋大師墨寶及珍局展現於園中，同時公開徵求設計團隊，在蒐集圍棋高手墨寶及珍局方面，適巧林海峰國手夫婦於去年十月來校探訪沈前校長，在得知籌建小組規劃後，慨然應允協助，並蒙林國手在返日後即積極進行，在去年十二月蒐集到所有原規劃六位圍棋大師，包括吳清源、林海峰、日本木古實、韓國曹薰鉉、中國大陸聶衛平以及陳祖德大師墨寶及珍局，讓奕園深具潛力成為未來的世界圍棋勝地。在去年十二月「奕園」規劃討論會並決議由藝術中心主辦，未來結合圍棋主題與融合於環境的公共藝術方式進行，建議可採公共藝術邀請比件方式，並為求時效性委託經紀公司進行文化局送審相關文件作業；另一方面，沈前校長胞妹慈源女士與妹婿盧博榮博士在得知學校規劃後，決定將他們代管的沈前校長在美國的退休金匯回作為興建「奕園」費用，因此也完成了沈前校長捐款興建「奕園」的心願，別具意義。

　　這次邀請比件展，承蒙公共藝術核心執行小組諸位委員的指導協助，尤其是多位公共藝術類專家學者以及校內教授等人費心費力，藝術中心工作同仁的

努力，也謝謝大家的光臨。今天在場的藝術中心前主任劉瑞華教授在「奕園」公共藝術設置案中擔任執行小組主席盡心盡力，厥功甚偉；劉主任雖在月初因六年任滿卸任，但我仍情商劉教授繼續協助推動，在此要特別感謝他過去的貢獻與未來的協助。

今天開始的邀請比件展依照公共藝術設置方式辦理，遵守嚴謹的程序進行；開放時間自八月十日至十六日，備有觀眾問卷調查，歡迎於現場填寫問卷，各位的意見將為未來評選重要的參考。

▲ 奕園深具潛力成為未來的世界圍棋勝地

簡吉與日據臺灣農民運動特展開幕致詞

2012年5月3日　星期四

　　很感謝大眾文教基金會在清華舉辦「簡吉與日據臺灣農民運動特展」，誠如楊渡先生在其著作《簡吉：臺灣農民運動史詩》所說，是給台灣歷史「補課」，尤其為多數政治人物避談的「左半部」。

　　簡吉先生是一位日據時代傑出的農民運動家、革命家，他先擔任受人敬重的小學教師，因眼見農民貧苦而飽受剝削與農民子弟常因過度勞動影響上課學習的困境，四年後毅然放棄教職而全力投入農民運動。由農民組合抗爭到與階級、民族意識糾結，演變成殖民地解放運動，最後與台共合流，在日據時代坐了十一年牢，二二八事變後，潛入地下，三年多後被補，次年遇害。

　　簡吉先生的生平事蹟以及後來發展提供台灣社會一個很好的反思機會。一個有理想的年輕人，投身處於弱勢的農民運動，農民生活困苦，多不識字而怕事，推動樸實的農民為自身權益而抗爭備極艱辛，但簡先生義無反顧，全島奔波聯絡，四處演講，換來在日據時代十一年牢獄之災，而在國民政府時代更因政治活動，被捕遇害，犧牲了家庭生活、個人生命，留下了孤苦無依的妻兒，以及永遠不可平撫的創傷。

　　無可諱言的，簡先生是因參加共黨活動而遇害。國共之間自1927年國民黨「清黨」，造成白色恐怖，結下血海深仇。國民政府在大陸失利後，被迫遷台，「一朝被蛇咬，十年怕草繩」，對共黨「寧可錯殺，不可錯放」，是國家暴力的極致。更令人髮指的是同案中，多位原來判刑較輕之人，數年後可因審判時未「全盤」吐實，而改判死刑槍決。

　　在1920－1940年代，大陸曾有「有良知的年輕人，一定會同情共產黨」的說法。共產主義在二十世紀前半期對許多人有很大的吸引力，但正如抗戰時期在西南聯大，一個由清華、北京、南開大學在抗戰後方臨時組成的戰時大

學，任教的美國教授易社強（John Israel）所著《戰爭與革命中的西南聯大》（*Lianda: A Chinese University in War and Revolution*）一書中說西南聯大許多激進師生強烈抨擊國民政府貪腐、無能、專制，迎來了加倍貪腐、無能、專制的共產政權，這些人在共黨當權後有許多也遭遇到家破人亡慘劇，歷史的弔詭，發人深省。歷史發生與評價往往要看當時的情境，歷史學者史景遷（Jonathan D. Spence）在《天安門》（*The Heavenly Peace Gate*）一書中提到「時代的先行者」也容易較別人早一步捐軀。以今是而非昔並不足取；共產主義的失敗並不能抹殺簡先生捨己為人、追求公義的理想性。

今天我們以很沉重的心情來參加「簡吉與日據臺灣農民運動特展」開幕典禮。我們可慶幸隨著台灣解嚴，今天大家可以開放的胸襟追述討論這段悲傷的歷史，重新認識與評價簡吉先生的生平事蹟，以及台灣的左翼歷史，可以將史實完整地呈現於台灣社會面前，提供人們作理性的判斷和冷靜的思考。簡吉先生堅持追求社會公義的理想，是我們應當敬重與發揚的，這樣雖不能補償簡先生家人傷痛於萬一，正義的伸張應是簡先生在天之靈所樂見的。

▲ 提供台灣社會一個很好的反思機會

藝文走廊開幕致詞

2012年6月20日　星期三

　　上星期校務會報時，胡主任預告今天藝文走廊推出的展覽，是由校內主管「共襄盛舉」，當時我說屆時大家可以體會「濫竽充數」成語的意義。事實上我是被「逼上梁山」；不過我不能代表其他主管說話，他們最少也是「沒有三兩三，怎敢上梁山」，前人認為膽重三兩三銖，意為是有膽識的。

　　我的作品以往被張貼示眾的都是作文，很明顯的，假如作文也算才藝的話，我僅得「獨沽一味」。另一方面，如果要問我有什麼看家本領，在以往或可說攝影成像，我在做研究生起，就以電子顯微鏡為主要研究工具。早期，電子顯微鏡的操作與試片製作都較困難，能攝得清晰美觀的照片要有點本事，像差調整、聚焦、電子束均勻度與強度、曝光時間要配合的剛剛好，而在這方面我累積了一些經驗，因此平常攝影，聚焦、設定光圈、取景比一般業餘者稍佳，還稍稍贏得一些美譽。不幸由於科技的進步，這項技術被傻瓜相機擊敗，只好退出江湖，列於「無才藝」之林。

　　清華大學中文系前系主任朱自清先生在〈關於傳統對自然與藝術態度〉一文中提到，清朝大畫家王鑒說：「人見佳山水，輒曰：『如畫』，見善丹青（國畫），輒曰：『逼真』」，如畫與逼真都是有價值的評語，到底如畫好呢？還是逼真好呢？

　　先有真才有畫，但在我國典籍中，《後漢書》首記：「馬援為人明鬚髮，眉目如畫」，如畫指形狀勻稱，線條分明。中國畫東晉時山水主要為人物之背景，直到唐朝，仍以故事、人物為主，但山水畫的數量開始增加，並分為李昭道的「青綠山水」與王維的「水墨山水」兩派各自發展。蘇東坡〈念奴嬌〉有云：「江山如畫，一時多少豪傑」；國畫南派寫意，北派寫實；南派王維畫中有詩，出常理外，如畫指其意境。另一方面，作畫常有「美化」之舉，如聖誕

卡中景色常帶美感，滿目風景，唯有美者才如畫。逼真意為與實物貼似，道家如老莊謂自然，逼真首見《水經注》：「山石似馬，望之逼真」，靜物而顯氣韻生動。西洋畫由寫實、寫意，而印象而抽象，逐漸脫離逼真。

有學者將五幅海報展示給學生做實驗，瞬間能決定喜好的人，數週後大都維持不變，經仔細檢視的人，反常改變意見。瞬間決定是利用潛意識，透過聯想，將多種因素納入考量，衡量重要性，而展開平行思考，在找尋連結、模式與相似性過程，追蹤心理感應、情緒、身體知覺與隱喻等，將所有心理工具用上。用意識思考的時候，傾向一步步推進，專注於少數幾個核心事實與原則，比對新情境與舊模型，試著把支離破碎的問題拼湊完成。潛意識對藝術欣賞有很重要的影響。

攝影是將影像透過攝影器材存入記憶媒體的過程。許多得獎作品是「一按快門而成歷史事件」，一剎那成永恆，講究的是掌握動作及時性，稍縱即逝。把所拍到的影像與原物作比較應屬逼真，但是否能恰確擷取景觀、捕捉風景流光、人物之情緒神韻、藝術品特色、場合氣氛等常是見仁見智的，也是可訴諸公論的。與之相較繪畫經藝術家刻意營造畫面，將概念溶入畫筆，作合理化處理，容許反覆雕琢，較無現場感。

總之，藝術有五花八門，欣賞自在人心，大家同樂就達到效果，又何樂不為？

「藝文走廊」聯展致詞

2013年4月9日　星期二

　　2002年諾貝爾經濟獎得主康納曼於上月底應邀來台發表「快思慢想，做對決策」專題演講；康納曼有「當代最偉大的心理學家」、「行為經濟學鼻祖」之譽，從心理學角度，切入人的經濟理性，以簡單易明的實驗，證實人類思考有許多不理性的盲點。在星期六下午吸引滿座一千四百人聽講，可謂台灣美麗人文風景之一。

　　在清華的美麗人文風景之一就是「藝文走廊」，康納曼研究一個重要發現就是促發（priming）效應，由於聯結活化（associative activation），例如字會激發記憶，記憶激發情緒，情緒激發臉部表情和其他反應，產生自我強化的認知、情緒和生理反應狀態，由聯結記憶，激發很多念頭；神奇的促發作用，不限於文字，意念影響動作，動作亦影響意念，如愉快會帶來微笑，反之亦然；所以如果心有錦繡，會行諸於外，所謂「秀外慧中」、「腹有詩書氣自華」；反之多接觸美的事物，心靈得以洗滌淨化，潛意識受到促發，也有益於身心健康，因而提倡藝文，有其重大深遠的意義。

　　「藝文走廊」在主計室推動下，即將屆滿四週年，由於活動對協助營造校園文藝氛圍，深具意義，本人自99年上任以來，每次藝文走廊的開展及週年慶相關活動，必定撥空參加，每一次都發現展出的內容越發多元化，展出主題也各不相同，舉凡繪畫、書法、攝影、彩繪、中國結及兒童作品等等，次次都有意外驚喜，顯見清華的同學、同仁及眷屬們個個臥虎藏龍，只待有適當園地發揮；很高興本校同仁能主動提出藝文走廊的構想，又協助落實，讓大家有了展現藝術天分及多元風貌的機會。

　　以平均每年4－5次的展期，在所有藝術園丁辛勤的灌溉下，如今的藝文走廊早已成長茁壯為行政大樓所有同仁生活的一部分，也是平日大家交流情感的

管道之一，每每經過走廊，總見有人放慢腳步駐足欣賞牆面上的作品，日積月累之下，對於同仁紓解工作壓力和陶冶身心方面，確實發揮了極大的功效。

這次「藝文走廊」聯展，廣邀與清華素有淵源的各界知音同好，本人雖應邀共襄盛舉，窘於素無才藝，頗有「趕鴨子上架」之感，無奈之下，只有攜相機在校園取景攝影以冀一得，不致貽笑大方；在路上剛巧看到一隻小松鼠口啃著一朵粉撲花爬到樹枝上吃，但還未來得及拍下「難得鏡頭」，小松鼠已跑開，讓人覺得「煮熟的鴨子飛了」，所以隨後在相思湖畔，看到兩隻鴨子「目標一致，勇往直前」，不經思索，趕快拍下，所得作品雖屬於「濫竽充數」，也算是被促發一例，對心理學還是有貢獻。

今年藝文走廊即將屆滿第4年，感謝胡主任和主計室同仁的用心經營，使原本單調的走廊生色不少；時值清華102年校慶暨學習資源中心「旺宏館」啟用之際，藝文走廊再次將這兩年來的作品及旺宏館校友聯展作品集結成冊，出版了《遊藝清華II》，本人也樂見同仁們持續沐浴於藝文氣息中，讓清華大學除了科技、人文的學術專業之外，也是個充滿多彩藝術內涵的一流大學。

▲勇往直前

「不二法門・陳珠櫻　科藝之旅」
開幕致詞

2013年5月20日　星期一

　　很高興來參加「不二法門・陳珠櫻　科藝之旅」開幕茶會；上星期六在綜三穿堂外參加校園公共藝術節開幕，承賴小秋老師邀請，先來跟正在準備今天展覽的陳教授打個招呼，了解到陳教授為巴黎第八大學教授，同時是美學與藝術科技博士，2010年通過嚴格的教授資格考核，是台灣首位獲法國國家高等教育部頒予「教授」榮銜的學者，這學期剛好在其母校新竹教育大學休假訪問，而有緣在清華舉行個展。

　　陳教授是美學與藝術科技博士，讓我想起前北大校長蔡元培先生，蔡先生以前清翰林之身，接近四十歲時，留學德國四年，三年間，修了四十門課，遍及文史哲及社會科學，最後以美學及美學史為學術主業；返國後擔任民國第一任教育總長。將清季學部的「忠君、尊孔、尚公、尚武、尚實」五項宗旨加以修正，改為：軍國民教育、實利主義教育、公民道德教育、世界觀教育及美感教育五項；重視公民道德教育及息息相關的世界觀與美學教育，開現代五育並重全人教育的先河。

　　現代學術分科，文理涇渭分明，藝術與科學似如平行線，但在古代並非如此；說起來藝術與科學也有一番糾纏的歷史，早期認為藝術需以某種規則的知識為基礎，又把勞心者稱為「自由藝術」，勞力者稱為「通俗藝術」或「機械藝術」，中世紀「自由藝術」分為七大藝術，幾乎全為科學，與其對應的七種「機械藝術」，並不見繪畫、雕塑等，原因是「工匠級的工作對人生無足輕重」，到文藝復興時期，中產階級崛起，提升了藝術家的地位，但又產生與科學分割的問題，因為關係到「工匠」與「學院」學理與法則問題，但科學要求產品相同，與藝術注重個人創意發揮，也有顯著差別，到文藝復興末期，才出

現明顯的排除呼聲，獨立出來過程緩慢。

另一方面，藝術又與科學無法分割，十九世紀中期，攝影機與攝影技術的發展，衝擊當時為主流的學院寫實派畫家，甚至部分畫家的生計，再加上物理學對光的了解、化學在顏料製作方面的進展，促成以巴黎為中心以絢爛的筆觸與色彩為特色的印象畫派興起，「初期印象派」充分運用科學觀點，強調光與色的亮度與純度，不著重於形狀的描繪，而是重視視覺的整體印象；再歷經「新印象畫派」企圖以更科學的方法，以點描法保持色彩本身的純度和明度，並利用光學中的補色原理，由人們的眼睛自行混合色彩，使畫面色調鮮明而活潑，到後印象畫派，反對把物體分解成支離破碎的「光」和「色」，而追求事物本身永恆的形體，並把事物的內在生命和畫家自己主觀的感情表達出來；畢卡索是二十世紀最知名藝術家之一，他的許多創新得力於新材質的開發；二十世紀電影與電視藝術，以及網路及數位藝術，又讓藝術與科技緊密結合。

陳教授專長是美學與藝術科技，據我看到的資料，她五十歲之前為藝術而藝術，五十歲之後的藝術是為奉獻給無數生命，佛家說法是眾生有八萬四千煩惱，故佛乃為之說八萬四千法門，「不二法門」是獨一無二的方法；我們很期待看陳教授如何結合藝術與科技來表達，另外本展覽英文是「second order」，據想是不同層次之意，如譯為「The only way」，就有一以貫之的意義了。

▲ ①開現代五育並重全人教育的先河
▶ ②藝術與科學有一番糾纏的歷史
　　③「不二法門」一以貫之

「科學與藝術：傑出學人書法展」致詞

2013年11月11日　星期一

　　很高興「科學與藝術：唐詩、宋詞、元曲——傑出學人書法展」到清華展出，很感謝開展的書法大師親臨盛會，並歡迎大家來參觀，這次書法展邀集兩岸三地包括：中國工程學院潘雲鶴院士、何繼善院士、謝和平院士、徐揚生院士，以及鄭培凱教授、金耀基院士與王汎森院士等學者共五十三件書法作品展出，期能透過科學與藝術的對話，開啟理性與感性的激盪。展期自11月11日至12月1日，剛好三星期。

　　書法是我國獨特的傳統藝術，流傳許多佳話逸事，如書聖王羲之因練字而「墨池」，他曾經在池塘邊練字，每次寫完，就在池塘裡洗筆硯。時間一久，整個池塘的水都變黑了；另有一次，別人將他寫在木板上的字，拿去給木匠雕刻，木匠在雕刻時發現王羲之寫的字竟然已經深入木頭達三分，因而有「入木三分」之說；同時他寫的千古傳頌〈蘭亭集序〉，其中有二十個「之」字，寫法各不相同，也讓人驚嘆不已，宋代米芾稱之為「天下行書第一」；傳說唐太宗李世民對〈蘭亭集序〉十分珍愛，死時將其殉葬「昭陵」，留下來的只是別人的摹本。

　　另一方面，歷朝皇帝中，宋徽宗自創「瘦金體」，得到很高的評價，但徽宗任用奸相，大斥神宗熙寧、哲宗元祐時代反對新政的人士，追貶官爵、開列名籍，指為「奸黨」，「皇帝書而刊之石，置於文德殿門之東壁，永為萬世臣子之戒」，稱為「元佑黨籍碑」，包括大文學家與書法家司馬光、蘇軾、蘇轍、黃庭堅、秦觀等309人為奸黨，令人唏噓不已，是書法令人扼腕的一例。

　　在清華大學，最醒目的書法是出自胡適、于右任與金庸三位先生之手，由於胡適是清華第二屆直接留美生，對北京清華與新竹清華都有重大貢獻，所以新竹清華校方在正式場合所用「國立清華大學」六字是胡先生墨寶；而在大禮

堂正面上方牆壁上，清華校訓「自強不息　厚德載物」八字以及紀念梅貽琦校長的「梅園」勒石則為于右任先生墨寶，另外由沈君山前校長捐建的「奕園」則由金庸先生題字。另外，在去年春節前，承蒙王汎森院士贈送「嫺靜高明，清華朗潤」春聯，因為其中包含有清華兩字，也可視為送給清華的聯語；大家可能知道，清華大學是因設立在北京清華園而得名；至於清華的典故，一說是遠溯於東晉文學家、名相謝安之孫兼駙馬謝叔源〈游西池〉詩「景昃鳴禽集，水木湛清華」。另有一說是出自唐太宗李世民〈大唐三藏聖教序〉「有玄奘法師者，法門之領袖也，幼懷貞敏，早悟三空之心；長契神情，先包四忍之行。松風水月，未足比其清華；仙露明珠，詎能方其朗潤」。由於北京清華近鄰北京大學有「朗潤園」，所以有人認為可能出自後者；而有趣的是，在「西遊記」最後一回，即第一百回，載有〈大唐三藏聖教序〉全文。

　　書法與文字的巧妙結合，是獨特的表現藝術；在中國文化中，唐詩、宋詞、元曲，可以「千古美文、絕代風華」形容，國學大師王國維說：「唐之詩，宋之詞，元之曲，皆所謂一代之文學，而後世莫能繼焉者。」詩和詞既各有所長，又互為補充，「清華國學院」四大導師之一的王國維先生認為：「詞之為體，要眇宜修，能言詩之不能言，而不能盡言詩之所言。詩之境闊，詞之言長」，又讚譽：「元曲是中國最自然的文學」、「傑出之處在於『自然』、『有意境』」，是中華文化的瑰寶；非常感謝香港城市大學郭位校長之引介，清華始有機緣與香港城市大學、逢甲大學「共襄盛舉」，邀請兩岸三地七位傑出學人之書法作品在學習資源中心展覽廳展出。展出作品的學人，都是學有專精且有卓越學術成就的學者，並同時具備了優秀的中國文學底蘊與書法造詣，是博學多藝的複合型人才；他們的學術專業與書法作品說明了科學之真、人文之善、藝術之美是共容並存的，也見證了科學與藝術的相得益彰與交相輝映；期待這場藝術盛宴激發清華師生創新的靈感以及對藝術探索的興趣。

▲ ①科學之真、人文之善、
　藝術之美共容並存
　②科學與藝術的相得益彰
　與交相輝映

▲ ③書法與文字的巧妙結合，是獨特的表現藝術

科學與藝術——東和鋼鐵國際藝術家駐廠創作成果發表會致詞

2017年12月6日　星期三

今天帶著很期待的心情來參加這個別開生面的盛會。東和鋼鐵是國內少有雅好藝術的企業；執行長早在1978年即創立知名的「春之藝廊」，鼓勵藝術創作並致力於藝術生活化及藝術思潮之推展；曾擔任「當代藝術基金會」董事長，積極推廣當代藝術，而侯氏兩位公子，分別往藝術與企業發展，在台灣大企業第二代中，也是相當獨特的。

當初欣然受邀來參加盛會，沒想到執行長又邀請我致詞，本來有些躊躇，因為我知道侯太太推廣現代藝術不遺餘力，曾在一次受訪中說：「一九七八年春之藝廊開始的時候，所有人的腦海裡，包括學院，大家還停留在印象派裡。但你看，一九七八年已經離印象派多遠了！」，「可是因為我們的美術教育，過去只限於師大美術系，一般人沒有受到教育。所以他們停留在印象派。」而我對藝術欣賞並沒有跟上時代。但我無法拒絕執行長的邀請，所以我今天以一個藝術愛好者以及有興趣了解當代藝術的科學人，簡短的談談我的看法。

二十世紀初期可能是科學與藝術交會最密切的時期。畢卡索（1881-1973）與愛因斯坦（1879－1955）堪稱二十世紀藝術與科學天王巨星，代表性人物。而兩人的生平，又有驚人的契合之處。他們出生年份只相隔兩年，同時約在二十世紀前十五年，也就是在他們二十幾到三十幾歲時，大放異采。愛因斯坦建立了現代物理學的兩大支柱之一的相對論，畢卡索立體派主要的創始者。從他們創作達到高峰的過程，可以看到科學與藝術平行而緊密的發展。

在愛因斯坦和畢卡索的時代，傳統上以直覺來了解時間和空間已不適用。在科學方面，於19世紀最末幾年，更精確來說，即1895年，發現的X光使得內、外、透明、不透明、兩度或三度空間含混不清。人類的感官知覺有限，

不僅看不到X光，空間還充滿其他各種射線，讓以孔德（1798－1859）與馬赫（1838－1916）為代表的實證主義（positivism）主張，不可見和不可形容即不存在的主流思想，受到致命打擊。電話、無線電報、電影、汽車、飛機等的發展，大幅改變人類對時間和空間的觀念。愛因斯坦的相對論更將時空融為一體，在高速度以及強重力影響情況，才是正確解釋自然現象的理論。

藝術家受到影響，感到他們可以像科學家一樣，揭露看不到的真實意象。從文藝復興以來，以達文西為代表的三維寫實繪畫觀念，外形和透視一直是繪畫的要素，受到挑戰；被尊稱為「現代繪畫之父」的塞尚畫作在早先即表現出結實的幾何體感。畢卡索對塞尚甚為推崇，又深受當時科學發展，如X光的發現，以及時間與空間關係觀念的調整，畫作中將絕對不同的觀察點所看到的同一物件，描繪在同一圖中，從各方的外觀同時表現，同時將視覺意象用幾何學語言表達，成為立體主義的先驅。

愛因斯坦和畢卡索的創作，同樣被一般人認為不容易懂。從我本身的了解，要領悟愛因斯坦的狹義相對論，至少要有大學「普通物理學」的程度；若對廣義相對論要有了解，沒有較高深的物理學基礎，是難以達成的。因而可以想知，解讀畢卡索的立體主義，必需要下一番學習、研究的功夫。何況近一百年來，科學與藝術都有抽象化的趨勢，更與直覺遠離，教育就特別重要。個人非常感佩東和鋼鐵尤其是執行長多年來推廣現代藝術，今天我們有緣聆聽兩位創作大師現身說法，必定能獲得許多啟發。

清華大學在台灣建校，先成立理學院與工學院，再擴及其他領域。去年與新竹教育大學成功合校，一個重要因素是竹教大藝術學院具有優良傳統，以後將更有科學與藝術平行發展的機會。希望未來，能與不遺餘力推動現代藝術的東和鋼鐵公司，能有更進一步的合作機會，共同為科學與藝術的發展努力。

▲科學與藝術都有抽象化的趨勢，教育就特別重要

四、新書發表

載錄參加各大新書發表會之致詞，其中新書發表作者有清華前校長、清華校友及與清華密切關聯之藝術家等，展現清華濃厚文藝氣息與底蘊；同時培養開卷有益及以文會友的讀書風氣。

《父子雙傑　清華傳承》新書發表會致詞

2012年7月6日　星期五

　　很歡迎大家來參加「父子雙傑　清華傳承」新書發表會。古今中外「父子雙傑」，大家都可想到一些先例，如「唐宋八大家，一門三學士」的蘇洵、蘇軾、蘇轍，法國文豪大、小仲馬，美國老布希與小布希總統，但是父子皆為同一所大學名校的校長即使不是空前，也應該是極為少見的機遇，清華大學很幸運有同為中央研究院院士的徐賢修、徐遐生父子先後在58歲時放下美國的教學研究生涯，來到臺灣擔任校長。

　　我與徐賢修校長在1966年，也就是民國55年即結緣，當時我就讀臺灣大學物理系二年級；清華開設暑期研習班，邀請許多國外華裔學者來臺灣短期講課。那年暑假授課的學者，包括應用數學方面的徐賢修教授、普度大學物理系教授范緒筠院士、及任職於美國貝爾實驗室的施敏博士。由於我家就住在光明新村，離清華校園僅一牆之隔，暑假回家上課很方便，記得上課地點就在現在化工系館位置的舊物理館。

　　整個暑假我都在清華暑期研習班聽課，課程結束以後，我代表臺大物理系同學訪問徐賢修教授，為物理系刊「時空雜誌」寫稿。採訪是在一個晚上，我與物理系四位同學一起前往，那時他住在新南院教授宿舍，就是現在的第一綜合大樓原址。訪談之後，我寫了一篇訪問稿，對他的印象是口才很好，講話很能振奮人心，對年輕人也有一番訓勉。

　　仕琦幫我找出45年前在《時空雜誌》寫的〈徐賢修博士訪問摘記〉，他談到政府對於科學發展應朝何種方向努力，徐教授認為「應從基本科學做起，基本二字或嫌空洞，也許說『實用科學』要明白些，如Solid State Physics（固態物理）的應用、電子工業等，由於人才、設備等客觀因素所限，只有選擇與工業發展有關的科學，以已有之研究設備及工業，集中作線型的發展」。

徐校長的這些想法，後來於1970年擔任清華校長時，逐漸開始實現。他為清華設立了工學院，陸續成立動力機械工程、工業化學、材料科學工程、及工業工程等科系。在當年時空下，政府不希望每所大學重複設系，因此清華工學院各系，在當年的系所名字都很特別。例如化學工程初創時名為「工業化學」，電機系1976年設立時的名字是「電機電力工程系」，但「動力機械工程」則維持原名，至今仍是臺灣唯一的科系。

「材料系」的成立尤為特別。世界上的第一個材料科學系，是美國西北大學在1960年設立，清華在1972年就有材料系，也是台灣的第一個，這就算放在世界材料科學領域，都是很早的教學研究單位。應用數學背景的徐校長，預見了材料科學的重要性，在清華設系，經過了四十年的發展；如今清華工學院四系都是居台灣學界龍頭地位的系所，奈米工程與微系統研究所更有「亞洲第一」之譽，無論在學術界或產業界，影響力有目共睹。

徐賢修校長當年規劃的工學院系所都極具遠見，為清華大學後續的長遠發展奠定紮實基礎，之後他擔任國科會主任委員，推動新竹科學園區成立，使得台灣經濟發展邁向另一階段，這層影響力就不只嘉惠清華校友而已了。由於他的卓越貢獻，清華在2001年由工學院提名頒予徐校長名譽博士學位。

徐校長也以樂觀出名，據沈君山校長在自傳中述及，在徐校長勸沈校長回國服務時，曾大談在臺灣海峽開採石油的遠景，當沈校長表示不以為然時，徐校長說：「也許會成功也不一定」，讓人印象深刻。

本書中，徐遐生校長回憶昆明出生、移民美國初時的清苦生活，乃至成年後在學術研究的層層突破，在美國學術界成為巨擘，這是個大時代華人遷徙生根的故事。他到原來並不熟悉的清華擔任校長，當然受到老徐校長的經歷影響，而懷著滿腔抱負。我對徐遐生校長的最初印象，是知道徐賢修校長有位公子為傑出的天文物理學家，但直到2001年，我擔任清華大學校長遴選委員會的副召集人後，才與他初次見面。這裏順便透露一點祕辛，在遴選委員會中徐遐生校長名字第一次浮上枱面，是由我主動蒐集並提供學經歷適合的中央研究院院士名單開始，因此他到清華擔任校長我至少有間接提名之功。後來他來到清華擔任校長時，有三年半時間，我仍是工學院院長，與他在公務上有長期合作關係。整體印象是他是位令人敬重，正直而認真的學者。清華很感謝他任校長四年中始終如一，無怨無悔的奉獻。

徐校長卸任後，回到科學研究領域，開始新的研究方向。回想四十多年前拜訪他父親徐賢修校長時的侃侃而談，徐氏父子對於清華、對於台灣科學界的貢獻，都值得我們尊敬與佩服。

▲①父子皆為同一所世界名校的校長
　②令人敬重，正直而認真的學者
◀③徐賢修校長推動新竹科學園區成立

《張立綱傳》新書發表會致詞

2012年6月29日　星期五

　　清華大學出版社在約兩年前擬議出版「中央研究院院士系列」，主要是基於中研院院士為華人世界頂尖菁英，學術地位崇隆，學思歷程必然精彩，足為後生學子典範。清華大學建校百年來，大師雲集，清華園中多英傑，深知學術大師的影響澤被深遠。是以首先鎖定與清華關係密切院士。張立綱（Leroy Chang）院士是清華大學長期的襄贊者也是我的良師益友，很自然應是「中研院院士系列」傳主之一。雖然張院士已於2008年8月10日溘然長逝，但張夫人與親朋好友多健在，一生事蹟仍有機會忠實傳錄，很感謝林基興博士慨然接受本校邀請，致力於張立綱院士傳記撰寫工作。

　　我在2009年8月13日「中央研究院」為張院士舉辦的紀念會中，在立綱親友聚集的場合講幾句話追思故友，曾說Leroy是一個good man，great man and noble man，也就是立綱是好人、偉人，同時有高貴的心靈。

　　朋友們都會同意Leroy熱誠，和善，Leroy聰明睿智，談笑風生，與Leroy在一起是最愉快的。有一次我遇到一位在香港科大任教的大陸籍教授談到Leroy，他對Leroy非常崇仰，特別是說他對人從校長到工友一樣和善真誠，Leroy是一個good man, nice man and kind man.

　　Leroy是一個great man，他有諾貝爾級的學術成就，難得的四科院士，同時有卓越的行政能力與服務精神，1998年清華大學在遴選校長之時，到香港科大打聽Leroy在擔任理學院院長的政績，得到的答案是「佳評如潮」。後來遴選委員會以全票通過向教育部推薦Leroy為校長人選，很可惜最後他因個人因素沒有到清華來。由於我當時擔任校長遴選委員會副召集人，有較多與Leroy接觸機會，從此與他較深結緣。

　　Leroy是一個nobel man，是正人君子，豪爽率真，但心思細密，有高貴的

心靈。他對朋友的真誠，熱心，讓人十分感佩。孔子說：「益者三友，友直、友諒、友多聞」。Leroy是我們的好榜樣，對長期處於較單純學術界的個人，多所勉勵鼓舞，於我實有知遇之恩。他最後一次返國，也是我們最後一次見面之時，是在2006年院士會議之時，他除在院士選舉前很長一段時間以及選舉中盡心盡力外，選舉後還主動幫我推介新工作，並以他自己為例，認為他從IBM轉到香港科大工作是很正確的抉擇，勸我加以考慮。雖然我當時決定「一動不如一靜」，對他的友情則是永遠的感念。2008年開始，我到國科會服務，2010年回到清華擔任校長，立綱給予的「勇於接受新挑戰」鼓勵也確實發揮了決定性的作用。

　　朋友們都很慶幸有Leroy這樣的朋友。如果世界上多一些像Leroy一樣的好人、偉人與正人君子，將是多麼美好。立綱讓我們分享多彩多姿的豐富人生，他的音容像貌將長存於我們內心深處。

◀ ①難得的四科院士，同時有卓越的行政能
　　力與服務精神
▼ ②是好人、偉人，同時有高貴的心靈
　　③讓我們分享多彩多姿的豐富人生

羅聿《在世界盡頭遇見台灣》新書發表會致詞

2013年1月31日　星期四

　　旅行可以增廣見聞，壯遊可以鍛鍊體魄，堅實心志，遠行則能賦予人莫大的勇氣和毅力；在地球村時代，年輕人有很多機會遠行或壯遊，而羅聿同學正是極少數能把握機會，創造大多數人「心嚮往之，未能致之」抱憾之外可能的年輕人。

　　每一年出國交換的學生很多，但羅聿是第一位到了國外還去關心當地華僑，為思鄉的遊子寫故事的清華學生。羅聿用行動表達了他對社會的關懷，也讓我們知道，原來在遙遠的國度裡，有一群和我們一樣的故鄉人。「他們的故事，是歷史的縮影，他們的無奈，是歷史的無奈」，「國籍再怎麼換，不變的是內在的中華文化，華人勤儉的精神」，感人至深。

　　羅聿延續著他在2010年以單車挑戰青藏高原的意志，一個人獨自騎單車跑遍了大半個瑞典，穿過廣大的森林、睡過陰森的墓地，走進了北極圈，他追逐的夢想鼓舞著我們，而他的實踐讓我們相信，一切都有可能。尤其難得的是，他捨棄挑戰青藏高原的高檔單車不用，改用一台沒有避震，通勤用的二手菜籃車，證明只要有夢，菜籃車也能帶我們走到遠方，讓美夢成真。羅聿說：「夢想在平凡裡藏著，經過偶然的觸動，才發現原來夢想就在我們身旁」。

　　這一趟千里尋訪的冒險旅程中，有溫馨、有孤獨和驚悚，看到羅聿一個人在荒野中淋著雨騎車，在高速公路上遇到爆胎事故，我們都忍不住為他緊張起來；看到他在北極圈的小村子裡幫助領養過臺灣孩子的瑞士婦人，我們的心都有了一份溫暖。

　　清華大學的教育理念是藉由充實、豐富與多元的校園生活，培養未來能活出精彩人生的清華人；校園生活廣義的說，是在校學習時期的生活，包括「走

出去」的體驗；羅聿不僅坐而言，並起而行，完成了許多成年人都不能做到的壯舉；同時在瑞典「林雪平大學」交換學習之餘，能妥善規劃利用暑期時間，以單車為交通工具，獨自上路繞行大半個瑞典，親訪關懷遠居異鄉的華僑，是清華校訓「自強不息，厚德載物」的具體實踐；他認為「走的越遠，看見的世界越大，走的越蒼涼，面對世界的勇氣越強」，豈是在當前流行的臉書「按一個讚」了得，而是非常值得嘉許；他能善用在大學的黃金時間，堅持「關懷世界」初衷，促成自己在見聞、體魄、心志、勇氣和毅力各方面均出類拔萃，精彩人生可期。

國立清華大學一直以來以培養關懷社會的領導人才為教育目標，也鼓勵年輕人逐夢，因而有「逐夢獎學金」的設置，贊助懷抱著夢想，並且勇於實踐的學生們，多年來，協助許多清華在校生圓夢，其中有多梯次的國際志工團以及羅聿的壯遊；另一方面，境外學習經驗也是拓展開闊人生的一環，因而與多國學術單位簽訂交換生計畫，包括羅聿所參與的與瑞典「林雪平大學」交換生計畫，讓同學們有機會在不同風土民情的學習環境有所體驗，加強外語能力，從事國民外交，培養國際觀，以冀在全球化時代，為個人與社會積聚競爭力。

去年在分批與清華課外活動表現優異同學座談之時，了解羅聿曾去非洲當國際志工一個月以及與朋友以單車挑戰青藏高原的壯舉，換取「千金難買」的經驗，今年又欣見他在課餘以單車繞行大半個瑞典關心當地華僑，「騎單車去找華僑」，為他們寫故事出書；誠如羅聿在自序中所說，這是清華出版社第一次為學生出書，這本書是很多夢想的結合；希望羅聿的故事可以感動更多的年輕人，讓我們的社會上，多一點這樣溫馨的故事，也祝福羅聿再接再厲，再創驚奇。

▼①用行動表達了他對社會的關懷
②夢想經過偶然的觸動，才發現原來就在我們身旁
③遙遠國度故鄉人的無奈，是歷史的無奈

清華藝術家朋友新書發表會致詞

2013年4月15日　星期一

　　歡迎大家來參加清華藝術家朋友新書發表會；愛爾蘭詩人，Narnia小說系列作者C.S. Lewis說過：「朋友像藝術、哲學等一樣，對人的生存不是必要的；但他們賦予人類種族要求生存的意義與價值」（Friendship is unnecessary, like philosophy, like art... It has no survival value; rather it is one of those things that give value to survival），前衛藝術家安迪‧沃荷（Andy Warhol）也說：「藝術家是創作人們不需要擁有或應用作品的人」（An artist is somebody who produces things that people don't need to have）；人的日常生活，確實不會因為沒有朋友和藝術而中斷，但沒有朋友和藝術的人生是很枯燥無味的。

　　藝術作品並非食衣住行必需，所以也沒有一定市場價值，歷史上很多知名畫家潦倒以終的例子，但最知名也最潦倒的梵谷（Vincent Van Gogh）曾說：「如你聽到一個聲音告訴你：『你沒有足夠的天分』，你要堅持下去，那聲音將會消止」（If you hear a voice within you say 'you cannot paint,' then by all means paint, and that voice will be silenced），藝術家堅持執著，「衣帶漸寬終不悔」，有人說：「藝術家不可能失敗，因為成為藝術家就是可貴的成功」（An artist cannot fail; it is a success to be one），是很有道理的。

　　另一方面，猶太裔美籍社會批評家Fran Lebowitz曾說：「很少人具有真正的藝術天分，所以你不要努力想加入藝術家行列，讓情況變得更糟」（Very few people possess true artistic ability. It is therefore both unseemly and unproductive to irritate the situation by making an effort.），她雖然以詼諧方式道來，恐怕也說出很多藝術家的困境；在一般社會不能提供大多數未成名藝術家基本生活所需之際，要有相當的自信心，才能持續努力，苦撐待變，到底是什麼因素，促使藝術家堅持下去，追求藝術的高峰？歷史上藝術理論家、美學家

嘗試解答藝術是什麼？分別有藝術是一種直覺、表達、產生美、產生美感、產生激動、再造現實、創造形式與結構等說法，也有人認為藝術有關創造，不能事先定義下來，各位接受召喚（calling），長期創作，有所體驗，盼望諸位能有所分享。

　　清華藝術家朋友是歷年來與清華有相當互動的藝術家；清華雖然至今都還是沒有藝術相關院系的學校，但體認藝術的重要，早在約二十五年前，就籌設藝術展覽活動中心，原名之為「清華藝廊」；但顧及其在美育目標中所擔任的教育設計功能及更長遠發展上的意義，隨後乃定名為「藝術中心」，目標是提升人生境界，培養創造力與包容的胸臆，增加校園的藝術人文氣氛，發揚大學教育精神；在「藝術中心」的各種活動中，與藝術家互動，包括舉辦個展與聯展，以及聘任「駐校藝術家」等，結交了許多朋友，在此我要感謝各位高朋，多年來對清華的協助，豐潤清華的校園生活。

　　在兩年前清華歡慶百周年校慶，曾舉辦「畫我清華」活動，頒獎時，發現除一個佳作獎外，得主都不是清華的學生，這反應清華學生群中，有天分並有興趣參與畫美麗校園的同學不夠多；但這種情況應該在下次類似活動中改觀，因為清華自100學年度開始招收美術績優生，以延後分流設計，每年十位，入學後主要先由「藝術中心」照顧，以後還希望諸位藝術家朋友「愛屋及烏」，多加指導。

　　這次清華將部分藝術家朋友作品彙集出書，除表示感謝、紀念與彰顯藝術家成就外，也是希望藉新書，能傳播傳承藝術種籽，讓世界更美好。

◀成為藝術家就是可貴的成功

《遊藝清華II》新書發表會致詞

2013年4月24日　星期三

　　很高興來參加《遊藝清華II》新書發表會；藝文走廊啟動至今，已屆滿四週年，對協助營造校園文藝氛圍，功效已逐漸顯現；自4月9日藝文走廊聯展開幕、4月10日鄭愁予教授八十壽誕詩樂禮讚、4月13日許芳宜舞蹈表演、4月15日誕生於清華的藝術份子聯展、同日清華藝術家朋友新書發表會、4月20日駐校藝術家吳興國總監演出「李爾在此」、4月21日清華合唱團五十周年音樂會、今天新書發表會以及晚間微電影發表會、明天《百年追憶──王國維之女王東明回憶錄》新書發表會、4月26日校慶演唱會，4月28日影像博物館巡迴演講，一連串的藝文活動，熱鬧非常；前一陣子與一位學校有美術系與音樂系的大學校長談起，他說幾乎每天都有美術展或音樂會，讓人好生羨慕；清華雖沒有藝術相關院系，美術、音樂活動不遑多讓，讓校園充滿藝文氣息。

　　剛才提到明天將舉行《百年追憶──王國維之女王東明回憶錄》新書發表會，王國維先生是清華國學院四大導師之一，被認為是中國近代美學最早的開拓者；早在1902年，他翻譯日文書，用了「美學」、「美感」、「審美」、「美育」、「優美」、「壯美」等詞彙，並介紹「美學者，論事物之美之原理也」。1906年，王先生並主張文科大學的各分支學科，都必須設置美學課程，提高學生素養，在潛移默化中培養優美情操；清華校友、文學與語言學家季羨林先生留學德國十一年，回憶幾乎所有德國大學都設有藝術史系，俄國則要求文科大學學生定期參觀普希金畫廊，算是上課，可見對藝術教育的重視；他曾撰文緬懷美學大師朱光潛先生，回憶在清華上其所授「文藝心理學」課不同凡響，是他最滿意的一門課，聽起來津津有味，每周盼望上課，成為樂趣；另外敘述其在「文化大革命」時與朱先生關在同一「牛棚」情景，他說朱先生在「牛棚」打太極拳、練氣功，有一份對生命的執著，不像許多其他學者感到對

前途絕望；朱先生有「人生藝術，藝術人生」之說，認為「藝術是人生情趣的表現，以藝術家的眼光，觀察人生，超越功利，人生才有情趣」，「把自己的事業當做一件藝術品來看，只求滿足理想與興趣」；朱先生引用西人所言：「藝術家將他們的眼光借給我們來看世界光景」（Artists lend their eyes for us to see），見到事物的真實面，而「藝術具釋放性」（art is liberative），能開放心胸，富於想像，道德起於仁愛，仁愛就是同情，同情起於想像，藝術可使人達到道德之善，因而由美而求真求善，從兩千多年前柏拉圖以來，被公認的人生三種最高價值真善美可由藝術出發至而次第達成，非常發人深省。

陣子有調查顯示，台灣去年一年出約四萬本書，台灣人一年平均讀兩本書，扣除大賣暢銷書，如《快思慢想》銷售超過十四萬本，也就是說平均一本書賣不到一千本，所以出版業是艱苦行業，一般出書要有些勇氣；《遊藝清華II》新書將藝文走廊這兩年來的作品及旺宏館校友聯展作品集結成冊，為參與藝文走廊活動的師生同仁、校友以及家屬與舊雨新知留下永久紀念，傳播美的種子，別具意義；在此要感謝今天到場的各位「藝術家作者」熱情參與，策劃同仁的費心編輯，讓精美的新書得以在今年校慶前如期面世。

▲ 協助營造校園文藝氛圍，功效已逐漸顯現

▲ 藝術家將他們的眼光借給我們來看世界光景

洪淑芳女士新書發表會致詞

2014年1月11日　星期六

　　很高興來參加本校校友洪淑芳女士《人間有情天：最是愛情》新書發表會，淑芳同時也是本校通識教育中心導師，善於觀察大自然景物之細膩，進而闡述生命中的珍藏與感動，寫作題材與攝影作品皆以有情天地為題，作人世間真情詮釋。

　　淑芳詩集體裁屬於新詩範圍；清華第二屆直接留美生胡適先生於民國八年出了中國第一本個人新詩集《嘗試集》，開拓了與古典詩歌涇渭分明的詩歌形態，不少人開始創作新詩；最負盛名的「新月詩社」，除徐志摩外，胡適、梁實秋、聞一多、沈從文、葉公超、林徽因等人都是清華人，連「新月」之名也是受時任清華教務長的張彭春先生以建議所取；張教務長一向崇拜印度大詩人泰戈爾，喜愛他的詩歌，因泰戈爾著有詩集《新月集》，不僅先將女兒取名「新月」，並推薦給共同籌備組織文學社的朋友，大家欣然接受，於是就產生了「新月社」；新月派不滿於「五四」以後，「自由詩人」散文化傾向以及忽視詩藝的作風，舉起了「使詩的內容及形式雙方表現出美的力量，成為一種完美的藝術」，也就是「使新詩成為詩」的旗幟。另一方面，長期擔任清華中文系系主任的朱自清先生除為散文大家外，新舊詩都很有造詣，曾於1935年主編《中國新文學大系詩集》，在對日抗戰期間，西南聯大時代的教師陳夢家、穆旦等都是有名詩人。

　　清華在台灣與新詩的交會，最著名的可能是在早年詩人余光中首次應邀清大演講時，有教授質疑他寫「台北的天空很希臘」不合邏輯，余光中後來批評清華「文化沙漠、瘋子樂園」，不過，事隔多年，余光中再受邀演講、參觀校園和藝術中心，印象完全改觀。另一方面，本校中文系唐捐教授，頗有詩名，工科系梁振宏教授則屢得各種詩歌獎，所以淑芳在清華多有同好。

淑芳的詩作有許多有關清華校園中熟悉的景物，包括「人間四季」、「花漾花語」、「星月呢喃」等卷，莫不引人入勝。愛爾蘭詩人Paul Muldoon曾說：「人在讀過佛洛思特（Robert Frost）的詩後，將不會再以同樣眼光看一棵樺樹。」（One will never again look at a birch tree, after the Robert Frost poem, in exactly the same way.）而佛洛思特自己說：「情緒勾勒思緒，而詩是思緒發現適當字句表達出的作品。」（Poetry is when an emotion has found its thought and the thought has found words.）淑芳詩集圖文並容，於詩文與影像大自然中看見文學，自文學中想像天地萬物真情，讓希臘哲學家布魯達克（Plutarch）之言：「繪畫是無言的詩，詩是會說話的繪畫」（Painting is silent poetry, and poetry is painting that speaks.）更有現代性的闡釋；淑芳是在清靜時刻寫詩，與大詩人華斯華茲（William Wordsworth）說：「詩是強烈感覺自發流露，起源自在靜謐時光追憶的情緒」（Poetry is the spontaneous overflow of powerful feelings: it takes its origin from emotion recollected in tranquility.）若合符節。另一方面，淑芳認為「人類文明最珍貴的是：它可以用非常優美的語言，來描述生命的過程。」這又與20世紀重要的文學家之一，英國－美國詩人奧登（Wystan Hugh Auden）所說「詩人最大的特質是熱愛語文」（A poet is, before anything else, a person who is passionately in love with language.）不謀而合。

　　2012年底大陸作家協會代表在本校「從中國古典詩到台灣現代詩」通識講堂中提到，目前大陸在網路上每天會出現約一萬首新詩，可見新詩創作的蓬勃；淑芳詩集錄有約一百首新詩，可謂「滄海中之一粟」，這就關係到詩人為什麼要寫詩，為什麼要出詩集，淑芳在序文中說：「本詩集描寫著天地間種種美麗與真情，而生命中最令人魂縈夢繫的，莫過於人世間的愛情」，「是一雙不能停止編織的手，透過觀察與感受，將我的心情故事抒情於文字。」由於「詩文影像在網路上發表，收到許多讀者的迴響與共鳴，才有了出書的動念。」

　　大文豪蘇東坡在〈前赤壁賦〉中寫道：「寄蜉蝣於天地，渺滄海之一粟，哀吾生之須臾，羨長江之無窮」，人在天地中何其渺小，生命何其短暫，但蘇東坡卻極為達觀「惟江上之清風，與山間之明月，耳得之而為聲，目遇之而成色。取之無盡，用之不竭。是造物者之無盡藏也，而吾與子之所共適。」淑芳說：「上天給我一份極為珍貴的禮物——樂觀」，「為詩作樂，出書是一個偶

然與夢想邂逅的果實」，「希望這本圖文詩集，不但能帶給讀者賞心悅目之感，亦能滋潤讀者的生命，感受每日平凡事物的美麗」，「人間有情天，處處皆是愛，願讀者在有情的世界裡，永不放棄愛在生命帶來的驚喜。」我想淑芳的詩集應可滿足她的希望，最後祝出版成功。

《陳守信院士回憶錄》新書發表會致詞

2014年6月26日　星期四

　　很高興來參加《陳守信院士回憶錄》新書發表會，中央研究院院士一般都具有崇隆的學術地位，出類拔萃，在求學與研究生涯中，一定精彩獨到，人生經驗寶貴，值得後進學習效法，引為典範，也可激勵年輕一代的莘莘學子，所以清華出版社在約三年前，推出「院士傳記系列」叢書，鎖定與清華淵源深厚的院士們，以彰顯行誼。邀請他們以口述方式，由出版社延聘文筆流暢的作者執筆，兩年前陸續推出張立綱院士與徐賢修、徐遐生院士父子雙傑兩本書，因為各種因素，今天才見到院士傳記系列第三本書面世，有句英文俗話說：「better late than never」，也就是雖遲些，也遠較沒有出版好，仍是一件值得慶賀的盛事。很感謝陳院士首肯為其出版自傳，為「院士傳記系列」更添光華。

　　承蒙陳院士邀請，本人很榮幸為回憶錄作序，也有幸一窺本書的初校稿，讀來可以精彩動人、引人入勝形容；陳院士是我台大物理系的學長，所以他選擇物理系為第一志願的心路歷程，我很能感同身受；同時他又是清華大學在台復校後最先設立的「原子科學研究所」第一屆畢業校友，書中特別令人感受深刻的是，陳院士熱愛母校；緣起他於1956－58在清華短暫的二年學習期間，由梅貽琦校長親自擔任班上15位同學的導師，在物質條件艱苦的當時，師生情感密切，同學相互砥礪，出國時又受梅校長多方協助，他說道：「梅校長是有眼光，具遠見並富領導力的真正教育家」；他回憶在進清華以前，老師多「把物理教得像哲學」，在清華原科所，眾多客座教授帶回來美式教學，讓學生深受啟發，清華在校園裡為教師刻意搭建舒適的獨棟宿舍，學生也一律住校，彼此間多互動來往，關切與溫暖油然而生，讓他對清華有特殊的感情，形成院士日後對母校的深厚感念並具體轉化為積極回饋母校的驅動力；陳院士於2006年膺選本校傑出校友，2001年起擔任本校原子科學研究院榮譽講座教授，並慷慨捐

款，協助規劃、促成母校於去年成立「陳守信中子科學講座」，表彰清華大學在台復校以原子科學為先發領域的重要意義，並持續推動我國中子科學之尖端研究，為國家社會培育高科技人才。

回憶錄生動的記述傳主的求學以及教學研究的過程，從在物理系成為熱門科系以前，即鎖定物理為終生志業，六十餘年來專心致志在領域中耕耘，發光發熱；另一方面，陳院士在學術生涯中，有許多不凡的遭遇，例如他拿到博士學位後，受聘於滑鐵盧大學（U. Waterloo），擔任四年助理教授，但僅需教書一年，期間並可長期在國內外其他學術研究機構從事研究工作；他到哈佛大學做博士後研究一年後，即由MIT「找上門來」主動邀請，省略面談程序，聘請擔任助理教授，並於二年後升任副教授，再四年升正教授，一方面可看出陳院士因傑出表現所受到的重視；同時也可見到美、加學術單位用人的彈性。在陳院士學術生涯中，與四位諾貝爾獎得主結緣共事並有深厚交情，顯示陳院士有高超學術研究品味，發揮選擇合作對象與題目的獨到眼光，往往得到很好的成果，也受益良多。

陳院士在2000年，六十五歲時，突因遺傳性類巴金森氏症病發，像是「一夜之間掌管四肢的橡皮筋斷了」，意志無法自由控制四肢的動作，兩年後，才在上海由醫生正確診斷，開出適當藥方，能控制病況，但無法根治，自2002年末起，陳院士每天早、午、晚每天固定時間服藥五次，並「發明」一套體操，每次服藥後必定接著做大約一小時體操，以增強藥效，近十二年來定時服藥，定時運動，從不間斷，展現驚人的毅力，仍集中精力獻身科學，令人敬佩。

陳院士事母至孝，與兄姊和樂相處，與夫人相知相愛，鶼鰈情深，在事業上互相扶持，奉養岳母至逾百高齡辭世為止，膝下二女一男，各有成就，與父母親情濃密，以此一隅，已可見陳院士做人成功的一面；陳院士一生中經歷無數甘苦故事，但他總是帶著正面思考，而在回憶錄中也可深切感受到陳院士與師友學生的溫厚深情，維持長期合作關係，他的長期合作者稱讚他：「誠實、效率、公平、嚴謹、開放、和藹、真性情」、「有耐心的指導者」、「熱情的探索者」、「殷勤的主人」、「既聰明個性又好的科學家」，感人而真誠，為成功學人的典範。

回憶錄以近半篇幅敘述陳院士的學術歷程，可一窺陳院士治學的嚴謹與執著；他的合作夥伴敘述他有「厚實理論基礎」、「思考透徹」、具「通盤眼

光」，總在思考「最困難的問題在哪裡？」、「如何突破？」善於看出「最需要解決的問題」、「最關鍵的問題」，在尋求「最具挑戰性、最尖端的題目」時異常敏銳，而因思考通透，並運用厚實理論知識，配合電腦模擬，協助估計可能的答案，每每建功；另一方面，陳院士勤於教育與培養學生，樂於與人分享知識，並熱心從事研究領域推廣工作；同時回憶錄在陳院士卓有貢獻的光關聯散射、中子散射、複雜流體、膠體、低溫水等各領域多有著墨，將成為各該領域不僅在美國，而廣及國際間發展史不可或缺的篇章與史料。

本人有幸在校長任內，與陳院士有較密切的接觸與認識，在拜讀傳記初稿時，原先的敬佩更添加了幾分景仰，典範足式，也很感謝陳院士為本人在校長任內推動的清華「院士傳記系列」加持，據了解，陳院士夫人為此書付出許多心力，用她的熱忱、奉獻與愛來述說陳守信院士一生的經歷，讓這本回憶錄更彌足珍貴；特別值得一提的事，陳院士夫人在清華百年慶時，協助清華主持建立內容豐富、極具紀念價值的「水木清華網」（Memory Net），也一併在此致謝，最後請大家不忘推介這本遠不止開卷有益的好書。

▲①既聰明個性又好的科學家
②展現驚人毅力，集中精力獻身科學，令人敬佩
◀③勤於教育與培養學生，樂於與人分享知識

《從困境中奮起——另眼看1945年後的東亞史》新書發表會致詞

2016年6月1日　星期三

　　今天很高興來參加《從困境中奮起——另眼看1945年後的東亞史》新書發表會，也很榮幸受邀擔任對談人。

　　本書作者呂正理董事長畢業於清華大學化學系及化學研究所，曾任跨國企業台灣及中國總經理，現從事企業顧問工作。作者業餘研究歷史，曾於2010年出版第一本著作《另眼看歷史：一部有關中日韓台灣的多角互動歷史》，榮獲2011年台北國際書展非小說類大獎。2012年4月20日，清華通識講堂邀請呂正理董事長談「一個業餘史家如何用另眼看歷史」，本人以校長身分為演講開場，被業餘史家呂正理董事長評定為業餘歷史愛好者，也是今天對話的淵源。

　　本書為作者第二本著作，敘述1945至1999年間的東亞史，是一段日本、台灣、南韓及中國大陸分別遭遇種種的困境，卻都能經由持續的改革而先後奮起的歷史；其過程及結果塑造了你我的今日，無疑也將影響你我的將來。有別於《另眼看歷史》之通史，可謂斷代史，對正理兄、林副校長與本人而言是當代，記憶中戰後各國領導人物如吉田茂、李承晚，不用說蔣介石、朱毛匪幫等，書中重要事蹟，大多有所聽聞，甚至親歷其境，極有臨場感。

　　以著「英國史」（History of England）而享譽史學界的十九世紀英國歷史學家麥考萊（Thomas Macaulay），曾列舉理想中的史學家具備的特徵，其中適合非專業史學作者包括：

一、作品具體而微地展示出一個時代的性格和精神。

　　在全球化時代，東亞文明日益受到注目，一部中、日、韓、台灣及周邊世

界的多角交織歷史適時反應世人與時代需要。

東亞地區在現今世界中，佔有相對獨特的地位，日本在明治維新以後迅速的西化，到第二次世界大戰以前，已是世界強國，二戰後又迅速捲土重來，GDP長期高居世界第二，韓國與台灣則是世界級少數自二戰以後，得以晉身於開發中國家之林地區；中國則歷經動亂，改革開放後，先轉化為世界工廠，現已成為世界主要市場，GDP在2010年已超越日本，目前約為落居第三的日本一倍，成為一個高度經濟發展區塊；從世界發展任何角度看，是非常值得注目的一個地區。

尤其如果要以一個名詞概括東亞文明，可能以「漢字文化圈」較為適切，也許是受到儒家思想的影響，共同特色是注重教育，為人詬病的升學主義，補習班猖獗，歷久不衰，但也養成許多勤奮努力、循規蹈矩、兢兢業業的各行各業從業人員，為經濟發展奠定堅實的基礎；當然也讓人擔心是否能在講求創意創新的時代脫穎而出，當然各國各有不同發展軌跡，歷經相互間為敵友，以致競合的複雜糾葛，也是需要多加玩味的。

二、廣為蒐集重要事件資料、整理知識，敘述的事實和其中人物，言而有據。

作者與多位研究各種不同領域的專家學者討論驗證，力求內容嚴謹，下筆客觀、中肯。據了解，正理兄廣閱五百本相關書籍，列舉百本參考資料，尤其多所取材於傳記與教科書，旁徵博引，甚為難得。

三、文字洗鍊，善於鋪陳，引人入勝。

從此觀點，《從困境中奮起——另眼看1945年後的東亞史》無疑是一部優秀的歷史著作。

本書跨越二次世界大戰結束後的1945年，到上世紀末的1999年，分為三個時期；即動盪（1945－1961）、困惑（1961－1976）、改革（1976－1999）時期，記述分析日本、台灣、南韓及中國大陸分別發展過程與互動經過。本人在閱讀全書後，有幾點與各位分享，並就教於正理兄；

第一、二戰後東亞史可謂東亞強權史，前十年有蘇聯參與的重頭戲，但從頭一直到現在，從中國來講，蘇聯在東北接受日本投降，讓中共在東北坐大，是國共戰爭的轉捩點，而美國的調停，讓國軍進退失據，也讓中共能迅速席捲

大陸，到1950年韓戰爆發，中國抗美援朝，美國協防台灣，讓台灣轉危為安；到1953年停火，此後中國一度全面倒向蘇聯，到1950年代末期交惡為止，此後中共在越戰中積極援助北越，與美國抗衡，此後歷經乒乓外交、1973年尼克森訪中，1979年中美建交，開放投資、提供市場、接納留學生等，讓中共得以大國崛起，先成世界工廠，漸成世界市場，終致陷入修昔底德陷阱，千方百計想要維持美國百年霸權。期間美國對台灣予以軍經援助，以贈與、貸款、投資方式，協助產業發展，由於台灣經濟發展漸上軌道，經援於1965年停止；1979年，台美雖在正式外交關係上斷交，但仍維持密切的非官方關係，而美國對台灣政經的影響力仍然不容小覷。

日本在二戰後，先由盟軍，其實就是美國佔領，天皇制度獲得保留，韓戰爆發後，日本成為支援後勤基地，產業得以藉機復甦，到1964年成功舉辦東京奧運，樹立了其世界現代化強國的地位，1970年代，更挾科技優勢、以品質優良汽車及電子產品，成為世界經濟霸權，1980年代初期，「日本第一」一度成為顯學，但1985年美國主導的「廣場協議」促使日圓快速升值，其後歷經「失落二十年」，地產和股價泡沫化，日本親眼目睹其經濟結束起飛後快速竄升之勢，逐漸演變為緩慢增長、停止增長乃至嚴重衰退，至今仍在力爭上游。

韓國在二戰後，以北緯三十八度為界，南北韓分由美、俄佔領，韓戰後，南北韓仍以北緯三十八度為界；在停戰後美軍未撤離並且簽訂合約，於1954年起長期駐留南韓，美國也長期在經濟上予以援助，而南韓歷經政變頻仍、強人統治，經濟發展迅速，目前已成工業大國，受到世人矚目。

第二、東亞地區在1980年代以及之前，日本無疑扮演主要的腳色，早期東亞國家經濟發展是雁行理論的型態，以日本為雁頭，其次為亞洲四小龍（包含韓國、台灣、香港、新加坡），繼之以中國與東協各國（包含印尼、馬來西亞、菲律賓、泰國等）。

而中國有相當時間處於鎖國狀態，忙於各種政經運動與內鬥，十年文革浩劫後，改革開放，造就世界工廠，在轉化為世界主要市場，日本GDP長期高居世界第二，直至2010年始為中國超過；1990年代以後，中國開始嶄露頭角，漸成為區域重心，與日本相較，消長之勢明顯。

有所就教於正理兄的是，本書跨越1945年，到1999年，共54年分為三個時期；所以平均一個時期約18年；1999年迄今，也有17年，這段時期，東亞地區

無疑地又產生的巨大的變化，未來又會有甚麼演變？以一個優秀的業餘史家而言，正理兄必然有其洞見，希望也能在此場合，與大家共享。

▲ 具體而微地展示出一個時代
　的性格和精神

▲ 整理知識，言而有據

▲ 文字洗鍊，善於鋪陳，引人入勝

上官鼎（劉兆玄）先生《從台灣來》（Out of Taiwan）新書清華分享會與談引言

2017年3月18日　星期六

　　今天很榮幸能與上官鼎先生就其新作《從台灣來》與談，剛才林館長說是論劍，上官鼎先生是鼎鼎大名的武俠小說作家，本人既無武功，也從未寫過武俠小說，所以不敢說是論劍，勉強可以說是問劍罷了。

　　今天來問劍，也算是別有機緣，因為我跟上官鼎先生的本尊，也就是劉兆玄先生，一方面是多年同事，同時也是他擔任行政院院長期間的國科會副主委，有長官部屬關係。因此他每有新作，總是迫不及待，想要先睹為快。這包括2014年以明代靖難之變為背景的武俠小說《王道劍》、2015年的抗戰小說《雁城諜影》，去年十二月底發表第三部小說《從台灣來》，各有風格與勝場，今天我們自然聚焦於《從台灣來》。

　　《從台灣來》一書以文類來看，是屬於小說中的fiction，也就是虛構的故事，同時偏重推理冒險；男女主角是從台灣出發的退休警官，在異邦加拿大多倫多短暫邂逅，又由女主角的核能材料科學家丈夫遭到綁架，發展到牽涉俄國、烏克蘭、土耳其、美國各國情治單位、軍火販子，並與庫德族建國運動以及國際陰謀相連結。在明快的節奏下，高潮迭起，扣人心弦，頗能打破框架，不落俗套。因而本書兼具國際視野以及歷史縱深，並包含很重的台灣元素，事實上也穿插了新竹與清華的地景人情；這因為女主角梁菊與他的科學家先生均出身於新竹，清華是台灣唯一有核子工程系所的大學，材料科學與化學都是強項，同時在對女主角居住眷村水塘邊四季景色的描繪中，也彷彿可以清華校園常見花草樹木來替代，對於清華人來說，倍感親切。

　　本書場景發生在2014年俄羅斯的索契冬季奧運期間，橫跨台灣、加拿大、俄國、烏克蘭、土耳其各國，在正文前，附有一張小說主要地理關係圖，是一

大特色;引線是發生在烏克蘭首都基輔的科學家綁案,背後則牽涉到下世代潔淨能源「熔鹽反應爐」發展的突破與庫德族建國運動的想望,從黑海沿岸克里米亞場景引出俄國與烏克蘭之間的恩怨糾葛,穿插可能有美國軍方或情報單位如CIA背景跨國企業以及軍火販子的野心,都有很細膩的描繪;其中主軸「熔鹽反應爐」發展以及庫德族建國運動都是現今與未來世界所需要關注的議題。「熔鹽反應爐」發展的背景其實也與三個清華前校長有關,這是因為清華徐遐生前校長在另外兩位前校長分別擔任行政院院長與國科會副主委期間曾向國科會提出發展「熔鹽反應爐」建議,國科會也資助了可行性研究,後因故作罷。至於庫德族建國則是西方列強在第二次世界大戰後,強行劃分中東地區邊界釀成的歷史悲劇,讓三千萬庫德族人成為土耳其、伊拉克、敘利亞以及伊朗四國受欺壓的少數民族,屢次被列國在地緣政治的爭鬥中,以協助建國為餌,誘使投入當地的國際衝突,事後又遭到無情的出賣;這場景甚至目前正在美國要殲滅盤據伊拉克、敘利亞的ISIS戰亂中上演,而前景也不樂觀;作者在這部分以相當的篇幅加以鋪陳,很能增加讀者對歷史事實的認知與關注。作者自述「很同情這個民族的遭遇」,相信必能引起相當的共鳴。

看一部推理冒險小說,首先要看其可讀性,是否精彩好看,有完整布局、發展,充分的展現人物性格,描述人物所處的社會生活環境,絲絲入扣,而引人入勝。同樣重要的是格局、深刻的主題、啟發性以及人道關懷。在邏輯推理、處理技巧方面,遵循俄國文學家契訶夫為名的小說定律「在第一幕出現的槍,在之後必會發射」,另一方面,置入庫德族狙擊手鷹眼、俄國女間諜/體育新聞記者、美國情治人員等正邪難辨人物,以曲折的手法,營造懸疑氣氛,導入意想不到的結局等,相當縝密與細緻;從這些觀點來看,本書無疑是上乘之作;另一方面,可能是受「新武林」文類以及短暫幾天的緊湊時程影響,對於人性面對困局的兩難所做的決定較少涉及。

最後我有幾點感想與三個問題;首先我很好奇的是,以作者豐富的歷練,可以致力的工作很多,為何近年決定將主要的心力放在寫作上?其次是作者曾任校長與閣揆,寫作是否有身段之累,在情節處理上較受限制?再者,下一步出書計畫為何?據了解有作者友人認為可能是一部有關未來之作,由於科技的加速發展,未來人類將在各方面必將遭遇極為困難的抉擇,可以期待作者在這部分發揮盡致。在感想上,第一是作者博學多聞,才華洋溢,舉凡人文、

史地、政治、軍事、科技等在其中都優游自在，出入自如，不禁讓人想到清華國學院四大導師之一的趙元任先生六世祖趙翼名句「國家不幸詩家幸，賦到滄桑句便工」，無可諱言的是目前國事蜩螗，反而讓作者寄情寫作，充分發揮才情，連續三年每年有一部極具分量的作品；今天我們同時也見證作者將本書手稿捐贈清華大學，令人難以置信的是，本書確實是由作者親筆書寫而成，而據說通常是下筆千言，甚少刪改，而是一氣呵成，讓人驚嘆不已；第二是作者的想像力極為豐富，述說故事有很高的功力，所以能生動繪造出自台灣作品中罕見的場景，創造特殊的文類；第三則是根據作者在序言中所說，在寫作中，一度寫得筆不暇接，不停地穿插切換，熱血幾乎為之沸騰，讓人嚮往不已，創作之心，油然而生，個人困於才情，只好作罷，但可與讀者諸君共勉之。

最後，因賀陳校長出國，囑我代表學校向作者致謝，將本書手稿捐贈清華大學；昨天林館長曾與我談起，從台灣來的情節中，有熔鹽反應爐的相關情境，與清大創校在原子科學與能源方面的學術與科技關係密切。因此，基於故事情節和劉校長與清華的關係，圖書館希望有機會來典藏從台灣來的手稿。如今喜獲劉校長的慨允，將是清大圖書館珍貴的典藏，也是清大校史的佳話。

◀ 增加讀者對歷史事實的認知與關注
▼ 國家不幸詩家幸，賦到滄桑句便工

侯貞雄先生傳記「誠與義」新書發表會致詞

2017年11月13日　星期一

今天很高興參加侯貞雄董事長新書發表會，我也深感榮幸為新書寫序。由於貞雄兄是產業界巨擘，對國家社會有重大貢獻，足以為人稱頌的事蹟很多，套句曾經風行一時的流行語，是「罄竹難書」，所以我受邀寫序時決定要將重點放在我所認識「原汁原味」的貞雄兄，因此最後將序文標題訂為「真情豪氣的不凡企業家」，應為貞雄兄行述的忠實寫照。

貞雄兄是寡言君子，但是「言必行，行必果」，所以我們可以從他說過的話，發表過的文章，揭示的理念，了解他的為人。限於時間，我在此各舉一個簡短的例子，說明我所了解的貞雄兄。

一是他在「嘉中1958畢業50周年紀念冊」中，以清華國學院四大導師之一的王國維先生「人生三境界」演繹他的人生歷程，最先是「獨上高樓，望盡天涯路。」他在高中時代，即研讀佛經，探索人生哲理，立定志向；其次是「衣帶漸寬終不悔。」把握方向，努力不懈，奮力而為，練成一身功夫，養成見人所不能見，識人所不能識的能力。最後達到「驀然回首，那人卻在燈火闌珊處。」功不唐捐，在不忮不求中，成就彪炳的事業，造福社會，貢獻國家。

貞雄兄是清華大學的名譽工學博士，在他對清華大學2010年畢業生致詞時，曾引美國大學籃賽傳奇教練John Wooden名言：「Talent is God-given. Be thankful. Fame is man-given. Be humble. Conceit is self-given. Be careful.」勉勵畢業生。也就是說「人幸而有好的資質與家世，要感謝上天的賜與，名譽是世人給予的，要懂得謙卑，自滿則是自己賦予的，要特別戒慎。」可以看出一個謙謙君子，對令人稱羨的成就不志得意滿，而充滿感謝。他待人誠懇慷慨，勵行「取之與社會，用之於社會」美德，確實做到「誠與義」。

東和鋼鐵「律己、愛智、樂觀」之經營理念，已成企業文化，觀諸貞雄兄為人行事，不啻為其恪守的座右銘。自律嚴謹，豪放樂觀。尤其在愛智部分，早在1991年，即設立【侯金堆傑出榮譽獎】，獎勵優秀學者，在基金會董事會中，對得獎學者特殊貢獻，都詢問甚詳，在清華大學設立【侯金堆講座】，協助延攬大師級學者。知名企業家中，喜歡看書的不少，但會購置全套五百冊《四庫全書薈要》，作為藏書，即使是充點門面，恐怕不會多，何況貞雄兄平素博學好問，對知識有極大興趣，行事有古風，顯見浸淫其中，得到許多啟發。

最後我要特別感謝貞雄兄「惠我良多」，早在1993年就親頒【侯金堆傑出榮譽獎】「材料科學類」獎，在我擔任【中國材料科學學會】理事長期間，積極贊助學會來各項活動，本人接任清華大學校長，在半年內即決定捐贈兩億元，在【清華大學】設立【侯金堆講座】，協助清華大學禮聘國際知名學者，長期到清華任教，發揮了很大功效。種種義行，可謂貴人中的貴人，讓人終生銘感。

今天欣見貞雄兄傳記出版，在現在人心浮動，社會不安時代，貞雄兄代表的「誠與義」的典範，正是現實社會所迫切需要的養分。希望大家能「共襄盛舉」，協力將這本傳記推廣熱賣，嘉惠大眾。

▲ 見人所不能見，識人所不能識

五、諾貝爾獎得主演講

集聚清華邀請包含
James Watson、Francoise
Barre－Sinoussi、Konstantin
Novoselov等諾貝爾獎得主
演講之致詞，其中包含簡述
大師行宜及其研究創見。期
望清華師生在世界級大師的
薰陶下，學習大師風範，並
往學術桂冠邁進。

諾貝爾獎得主Dr. James Watson演講致詞

2010年4月3日　星期六

Dr. Watson、各位貴賓、各位同學，還有各位清華的同仁：

　　非常歡迎大家今天來參加Dr. Watson的演講盛會，Dr. Watson四月一日在清大先給了一個比較專業的演講，感謝他今天又蒞臨本校，對一般民眾，尤其是許多高中同學作科普演講。Dr. Watson在前天演講時，曾期勉大家做個成功的科學家，今天大家也會聽到他以「Becoming A Scientist」為主題的勉勵。

　　他在前次演講中提到要做成功的科學家，一方面要讀很多好書，一方面要在一個一流的大學受一流的教育，他說他很幸運在芝加哥大學受到非常好的教育，芝加哥大學是當時美國最好的學校，就像清華大學在台灣一樣。Dr. Watson對清大的研究給予高度肯定，這次能幸運邀請他來台灣，主要是他對清大生命科學院江安世教授在腦科學上傑出研究感到興趣。

　　他提到他這一輩子有四個最大的成就，第一個是發現DNA Double Helix的結構，第二個是促成啟動人類基因體計畫，第三個是建立了世界一流的癌症研究室（Cold Spring Harbor Laboratory），也就是冷泉港實驗室，第四個則是推動腦神經科學的研究。Dr. Watson看到江安世教授的研究覺得非常的驚訝，江教授能在有限資源下做出領先世界的成果，甚至比Cold Spring Harbor的研究更先進，所以他期許清華大學在腦神經科學能繼續努力，並預估將有機會領先世界幾十年，我們一定會好好把握這個契機。

　　Dr. Watson四月一日接受清大榮譽特聘講座的聘請，並同意我們把生科院演講廳命名為James D. Watson Hall，也首肯未來新設立的腦神經科學中心命名為James D. Watson Institute；清大一定會朝這個方向努力，讓我們繼續在世界領先。四月一日下午我們去晉見馬總統時，總統提到清華大學是1911年利用

1908年美國老羅斯福總統簽署的法案，把庚子賠款付給美國的部分約一半還給中國政府，清大就是利用這筆庚子賠款設立的，當時並依協議派遣招收的學生赴美留學，而這項國際化的傳統也一直延續到現在，甚至到今天基金會仍定期提供庚子賠款的投資利潤給清大，所以清華在這方面是相當獨特的。當天晚餐時，Dr. Watson提到，芝加哥大學當年有李政道跟楊振寧兩位諾貝爾得主，他們就是因為國際交流在美國受到很好的教育，得以在學術上大放異彩，我馬上就告訴他，李政道跟揚振寧都是清華的畢業生，而另外一位諾貝爾獎得主李遠哲也是新竹清華1961年的畢業生，他同時也是芝加哥大學的教授。

清大多年來保持著優良的學術傳統，培養一流的人才。打造清華校園為人文薈萃的殿堂，一直是清華師生努力的方向，清華有兩岸三地最優秀的師資，在很多指標上，教師人均表現都是第一名，另外，我們有非常優秀的學生，於台灣畢業的約有五萬人，在各行各業都有非常傑出的表現。

這次我們很幸運邀請到Professor Watson到清華來，兩個禮拜以後，也就是4月20日，同樣在這個大禮堂，華人裡面唯一的諾貝爾文學獎得主——高行健先生也要來這邊演講，七月份，美國麻省理工學院（MIT）Noam Chomsky（杭士基）教授也將來清華，他是一個語言學和社會學的大師，根據某機構統計在約二十年間，他的言論是人類有史以來第八個被引用次數最多的人或書：第一個是列寧，第二個是馬克思，第三個是莎士比亞，第四個是柏拉圖，第五個是阿里斯多德，第六個是聖經（Bible），第七個是佛洛依德，第八個就是他，也就是說他是現在活在人世被引用次數最多的人。在清大我們致力打造人文薈萃的殿堂，除了讓清華師生能夠浸浴在世界級大師的薰陶下，我們也希望台灣學術界能夠共享榮光，因此在這裡首先歡迎大家儘早預訂席位，相關訊息我們會很快在網路上公布。

最後，非常感謝大家的光臨，也非常謝謝Dr. Watson，謝謝。

▲ 推動腦神經科學的研究是四大成就之一

▲ 讓清華師生浸浴在世界級大師的薰陶下

諾貝爾生理醫學獎得主Francoise Barre-Sinoussi演講致詞（中英文）

2010年10月5日　星期二

　　後天免疫缺陷症候群（Acquired Immunodeficiency Syndrome），通常稱為愛滋病（AIDS），是由「人類免疫缺陷病毒」（Human Immunodeficiency Virus，HV）引起的人體免疫系統疾病。愛滋病現在是大約一個世紀來最肆虐的流行病。自1981年發現以來至2006年，已有超過2,500萬人死亡。據估計，2007年全世界有3,300萬人患有愛滋病，而造成約210萬人死亡，其中包括330,000名兒童。愛滋病於1981年首次得到美國疾病控制和預防中心的認證。在得知這種新疾病的醫學報導後，在1983年，Barre-Sinoussi教授和Montagnier博士就迅速地首次發現HIV是導致愛滋病的罪魁禍首。

　　根據諾貝爾獎委員會的說法：「科學和醫學從來沒有能這樣訊速地發現、確定疫病實體起源並提供新的治療方法」。

　　由於他們在發現導致愛滋病的病毒方面的突破性工作，Barre-Sinoussi教授和Montagnier博士以及Zur Hausen博士在「人類乳突病毒」（Human Papillomvirus，HPV）方面的工作共同榮獲2008年諾貝爾醫學獎。

　　Barre-Sinoussi教授不僅是一位傑出的科學家，也是一位偉大的人道主義者。多年來，她一直廣泛參與全球愛滋病防治項目，特別是在新興國家，挽救了無數婦女和兒童的生命。她推動了基於實驗室研究和當地教育和治療中心合作的方式，以控制疾病。

　　憑藉她對愛滋病毒／愛滋病的精闢見解和對全人類的慈悲心，今天Barre-Sinoussi教授在清華大學的演講座必定會激勵年輕學生和教師們挑戰重要的生物醫學問題。在此要特別一提的是，清華大學正全力推動創新生物醫學研究，我深切期盼我們有朝一日也可以培養出我們自己的諾貝爾獎得主，能跟隨

Barre-Sinoussi教授的腳步，進一步了解和治療重大的人類疾病，並為增進全人類的福祉帶來希望。

現在容我謹代表國立清華大學，熱烈歡迎今天的嘉賓和主講貴賓Francoise Barre-Sinoussi教授給我們精彩的演講。

Welcome Remarks — Francoise Barre-Sinoussi

Acquired Immunodeficiency Syndrome, commonly known as AIDS, is a disease of the human immune system caused by the human immunodeficiency virus (HIV). AIDS is now the pandemic in about a century. It has killed more than 25 million people since its discovery in 1981 to 2006. In 2007, it was estimated that 33 million people lived with the disease worldwide, and that AIDS killed an estimated 2.1 million people, including 330,000 children. AIDS was first recognized by the U.S. Centers for Disease Control and Prevention in 1981. After learning the medical reports of this new disease, Professor Barre-Sinoussi and Dr. Montagnier were the first, as early as 1983, to identify the Human Immunodeficiency Virus (HIV) to be the culprit that leads to AIDS.

According to the Nobel Assembly: "Never before have science and medicine been so quick to discover, identify the origin and provide treatment for a new disease entity."

Because of their groundbreaking work in uncovering the virus responsible for AIDS, Prof. Barre-Sinoussi and Dr. Montagnier, together with Dr. Zur Hausen for his work on (Human Papillomavirus) HPV, won the Nobel prize for medicine in 2008.

Prof. Barre-Sinoussi is not only an eminent scientist but also a great humanist. Throughout the years, she has been extensively involved in AIDS control programs worldwide, especially in the emerging nations, saving countless lives of women and children. She has promoted a combined approach of lab-based research and locally based education and treatment centers for the control of the disease.

With her brilliant insights on HIV/AIDS and compassion for humanity, Prof.

Barre-Sinoussi' lecture at our university today will certainly inspire the young students and faculty members alike to challenge important biomedical problems. With the university's commitment to promote innovative biomedical research, I hope we could someday produce a Nobel laureate of our own, that could follow the footsteps of Prof. Barre-Sinoussi for a better understanding and treatment of critical human diseases, and to provide hope for welfare of all human beings.

On behalf of National Tsing Hua University, I welcome our guest of honor and maestro speaker of today, Prof. Francoise Barre-Sinoussi.

▲ 傑出的科學家與偉大的人道主義者

2010諾貝爾物理獎得主Dr. Konstantin Novoselov演講致詞（中英文）

2010年11月16日　星期二

　　大家下午好！我很榮幸在今年諾貝爾獎得主康斯坦丁・諾沃肖洛夫博士（Novoselov博士）關於石墨烯的特別演講前致詞。首先我謹代表國立清華大學對Novoselov博士的來訪表示誠摯的歡迎。這也許是NTHU首次接待尚未正式領獎的諾貝爾獎得主。因此，我也要祝賀諾沃塞洛夫博士獲得當之無愧的崇隆獎項。

　　Novoselov博士和他的同事Andre Geim教授因發現神奇的石墨烯而獲得2010年諾貝爾物理學獎。Geim教授幾年前還是Novoselov博士的博士生導師。兩位得主都在曼徹斯特大學工作，兩人都來自俄羅斯。根據諾貝爾獎委員會的新聞稿：「嬉玩是他們的特色之一，人們總能在這個過程中學到一些東西，誰知道，有一天你甚至可能因此獲得大獎。就像現在他們用發現石墨烯一樣，把自己寫進了科學史」。在大科學的時代，看到具有重大影響的小科學確實令人耳目一新並得到啟發。

　　石墨烯是由一層碳原子構成的材料。如果我們將大塊結晶石墨比喻為一本教科書，那麼石墨烯就是書中的一片葉子。由於幾個世紀以來我們已經使用並從這本非凡的書中學到了很多東西，現在我們終於有機會翻開新的單頁並詳細閱讀它。

　　在2004年之前，科學家基於熱力學常識認為任何二維的獨立單晶都是不可能的。然而，Novoselov博士和Geim教授在2004年通過一個非常聰明但簡單的方式，也就是用膠帶剝離法，將石墨烯分離出，震驚科技界。這聽起來像一個簡單的，甚至有點粗糙的方法，但你可以肯定這不是一個簡單的過程，否則早會被其捷足先登。石墨烯的發現，提供了研究量子物理學中新現象的實驗可能

性。它具有非凡的導電和散熱特性，非常強固。在他們開創性的工作之後，科學家們已經展開了大量的研究。現在看來，包括新材料的合成和創新電子產品的製作都可能有各種各樣的實際應用。

中國著名小說家張愛玲曾經說過：「如果可能的話，儘量在你年輕的時候成名」。雖然我們中的許多人也渴望獲得諾貝爾獎，但眾所周知，這個獎項真的非常難以獲得。因此，我敦促Novoselov博士，在你擁有它的同時，特別是在你年輕的時候，盡情的享受它。對於Novoselov博士來說，一個好消息是，根據美國的一項研究，著名學者的壽命通常比同齡人長。在這些學者中，諾貝爾獎獲得者的平均壽命最長，理論上很可能是他們的生活更令人滿意，這真是雙重的福份。

今年早些時候，發現DNA結構的James Watson博士訪問了我們的校園。Watson博士於1962年在34歲時獲得了諾貝爾生理學醫學獎。可以說Watson博士從那時起已經歷了48年的輝煌，但他也在啟動人類基因組計畫方面發揮了決定性的作用。我們祝福Novoselov博士，創造獲得獎項更長時間的世界紀錄，並在未來獲得另一個諾貝爾獎。

這次Novoselov博士的訪問和他的演講一定會給臺灣的石墨烯研究社群帶來巨大的推動力。最重要的是，Novoselov博士將為我們所有的年輕科學家實現他們的夢想提供寶貴的見解和激勵。最後我再次歡迎並感謝Novoselov博士，我期待聆聽他接下來的精彩演講。

▲ 把自己寫進了科學史

Good afternoon everyone! It is my privilege to address at the occasion of this special talk on grapheme by the honorable Nobel laureate Dr. Konstantin Novoselov. On behalf of the National Tsing Hua University, I would extend my sincere welcome for Dr. Novoselov's visit. It is perhaps for the first time that the NTHU receives a Nobel laureate before his/her formal acceptance of the prize. I would therefore also like to congratulate Dr. Novoselov for the well-deserved and prestigious Prize.

Dr. Novoselov and his co-worker Prof. Andre Geim were awarded 2010 Nobel Prize in physics for their work in discovering the miraculous graphene. Prof. Geim was also the PhD advisor of Dr. Novoselov a few years ago. Both laureates are working at Manchester University, and both were originally from Russia. According to the press release of Nobel Prize Committee: "Playfulness is one of their hallmarks, one always learns something in the process and, who knows, you may even hit the jackpot. Like now when they, with graphene, write themselves into the annals of science." In the age of big science, it is indeed refreshing and stimulating to see small science with big impact.

Graphene is a material with one atomic thick made of carbon atoms. If we describe bulk crystalline graphite as a text book, then graphene would be a single leaf in this book. Since we have already used and learned so much from this remarkable book for centuries, now we finally have a chance to turn over a new single leaf and read it in detail.

Before 2004, scientists believe that any freestanding single crystal in 2D is just impossible based on a common sense of thermodynamics. However, Dr. Novoselov and Prof. Geim surprised us in 2004 by separating the graphene with a very brilliant, but simple, idea of using sticky tape to peel the layers off. It sounds like a simple, even a little bit crude, idea but you can be sure that it was not an easy process otherwise other people would have done it before. Graphene makes experiments possible that give new twists to the phenomena in quantum physics. It possesses extraordinary properties for conducting electricity and heat and is very strong. A great deal of research has been carried out following their pioneering work. Also a vast variety of practical applications now appear possible including the creation of new materials and the manufacture of innovative electronics.

The famous Chinese novelist Chang Ai-Ling once said: "if possible, be famous while you are young." Although many of us also aspire to have a Nobel Prize, the Prize is well known to be really, really difficult to come by. Hence I urge Dr. Novoselov, while you have it, enjoy it and enjoy it tremendously, especially when you are young. A good news for Dr. Novoselov is that, according to a U.S. study, prominent academics often lived longer than their peers. Among those academics, the Nobel Prize winners live the longest in average with the theory that they have a more satisfying life. It is really a double blessing.

Earlier this year, Dr. James Watson, who discovered the DNA structure, paid a visit to our campus. Dr. Watson received the Nobel Prize in physiology or medicine in 1962 at the tender age of 34. It can be said that Dr. Watson has basked in glory ever since, for 48 years now, but he has also been instrumental in initiating the human genome project. It will be wonderful for Dr. Novoselov to set a world record to hold the Prize for even longer time, and possibly pick up another Nobel Prize sometimes in the future.

Dr. Novoselov's timely visit and his talks will certainly give a tremendous boost to graphene community in Taiwan. Most importantly, Dr. Novoselov will provide valuable insight and inspiration for all our young scientists to realize their dreams. Once again, I would take this opportunity to welcome Dr. Novoselov, and I am looking forward to his marvelous talk. Thank you very much.

2011諾貝爾化學獎得主Dr. Dan Shechtman 演講致詞（中英文）

2012年5月14日　星期一

　　清華大學今天非常榮幸能邀請Shechtman博士來到清華訪問並發表關於準晶體發現的演講。剛好在一百年前，偉大的德國物理學家馮勞厄（Von Laue）使用X射線繞射來決定硫酸銅的晶體結構。一舉發現X射線是一種波動，並證明晶體結構是週期性的！這是現代晶體學的開始。從那以後晶體被認為必然是週期性的。事實上，晶體被定義為有序的週期性結構。正如每本關於晶體學的教科書所指出的那樣，週期性結構只能具有1,2,3,4和6次的旋轉對稱性。1982年4月8日，當Shechtman博士發現準晶體時，這個典範被粉碎了。準晶體的電子繞射圖具有五次的旋轉軸，而且不具週期性！

　　作為一名電子顯微鏡專家，對Shectman博士在保存的筆記本頁面影本上用我熟悉的文字繪製的圖表特別有興趣，例如BF（明視野），DF（暗視野），SAD（選區繞射）和36K、50K、100K的放大倍數等。有一條線以SAD開頭並以問號結束，「十次？」其餘已成為具有里程碑意義的歷史。Shechman博士的同事之一John Cahn博士因亞穩相分解（spinodal decomposition）研究而聞名，他在1985年初與哈佛大學的Turnbull教授一起在這個校園開授了相變的短期課程。通過這個短期課程，在清華的教師們是世界上最先接觸這一令人驚訝的發現的科學家之一。值得一提的是，應台灣科普雜誌「科學月刊」的邀請，在1986年我曾寫過一篇題為「準晶體的發現—晶體學革命」的短文，事實上，這一發現確實是一場革命。在準晶體中，原子排列是規則的——它們遵循數學規則但從不重複。

　　我相信Shechtman博士今天早上會告訴你他偉大發現的故事。它是如何展開的？他遇到的困難，他是如何與當時建制科學界展開激戰的？而且得到最後

的勝利。我們的學生應該學到的一個教訓是，下次當你向指導教授提出新的成果並遇到冷淡的反應時，不要絕望並急於放棄你的想法和資料，畢竟這可能不是不值一顧的垃圾！

今天上午的講座將是2012年的清華校園諾貝爾得主大師講座系列首場演講。儘管諾貝爾得主訪問清華並不是新奇，但從今天，5月14日，到6月19日，連續有五位諾貝爾得主到訪則是空前的盛事。

作為一所具有前瞻性的研究型大學，我們珍視與世界上最優秀的學者建立密切關係的經驗。我們希望不僅要瞭解他們所學到的知識，而且要從根本上瞭解他們如何通過自己的方式來進行這種高效的知識探索。事實上，在短期內有五位偉大的科學家來到我們的校園，是為我們建立了一個新的里程碑。我們同時注意到，在五位科學家中，其中三位諾貝爾獎獲得者來自以色列這樣的小國。這不僅對清華，臺灣一般的大學也有有特殊的意義——如果一個只有六百萬人口的國家可以產生這麼多的諾貝爾獎得主，為什麼人口多幾倍的臺灣卻還做不到呢？這確實是我們可以而且應該努力學習的一個教訓！

We are extremely honored to have you here at NTHU for a visit and to present a lecture on the discovery of quasi-crystals. Exactly one hundred years ago, the great German physicist von Laue used the x-ray diffraction to determine the crystal structure of copper sulphate. In one stroke, x-ray was found to be a wave and crystal was deemed to be periodic! It was the beginning of modern crystallography and crystal is considered to be periodic ever since. In fact, crystal was defined to be of ordered and periodic structure. As every text book on crystallography indicated, the periodic structure can only have 1-, 2-, 3-, 4- and 6-fold rotational symmetry. That paradigm was shattered by our honorable speaker, Dr. Shechtman when he discovered the quasi-crystals on April 8, 1982. Electron diffraction from quasi-crystals has five-fold rotational axes and it is NOT periodic! As a fellow electron microscopist, it is fascinating to see the viewgraph of a photocopy from a page of the notebook kept by Dr. Shectman with familiar words, such as BF(bright field), DF(dark field), SAD(selected area diffraction) and 36K, 50K, 100K in magnification etc. There is one line starts with SAD and ends with a question mark, "ten-fold?"

The rest is history and a landmark one. One of Dr. Shechman's co-workers, Dr. John Cahn famous for his research on spinodal decomposition, gave a short course here on this campus on phase transformation with Prof. Turnbull of Harvard University in early 1985. With this short course, faculty members at NTHU were among the first group of scientists in the world to be exposed to the astonishing discovery. In fact, at the invitation of a local popular magazine, Science Monthly, I wrote a short article entitled "The Discovery of Quasi-crystals; a Revolution in Crystallography" in 1986. The discovery is indeed a revolution. In quasi-crystals, the patterns are regular---they follow mathematical rules but never repeat themselves.

I believe Dr. Shechtman will tell you this morning the story of his great discovery. How it unveiled? The difficulty he had endured. How he fought a fierce battle against the established science? And, finally the ensuing triumph. One lesson that our students shall learn is that, next time when you present something new to your advisor and met with a lukewarm response, do not despair and rush to discard your idea and data---it may not be a piece of rubbish after all!

It is a great delight that this morning's lecture will inaugurate the Months with Noble Masters on Tsing Hua campus in 2012. Although having Nobel Laureates visiting us is not a novel event, having five of them visiting, starting today, May 14th through June 19th, is truly a first!

As a forward looking research university, we cherish the experience of developing person-to-person relations with the best scholars around the world. We hope not only to learn what they have learned but more fundamentally how they conducted themselves to achieve such fruitful intellectual pursues. The fact that we have five great scientists descending on our campus is indeed a milestone for us. However, among the five, there is an interesting fact that is worth mentioning. Three of these Nobel Laureates are from a small country such as Israel. This should have a special meaning not just for us here at NTHU but also for Taiwan in general--- if a country with only six million people can produce so many Nobel Laureates, why Taiwan, with larger population, cannot do the same? This is, indeed, a lesson we in Taiwan can and should try to learn!

◀如何通過自己的方式來
進行高效的知識探索
▼發現準晶體，粉碎了晶
體結構是週期性的典範

諾貝爾化學獎得主Dr. Martin Chalfie 「綠色螢光蛋白：使生命發光」演講致詞

2012年5月24日　星期四

　　首先歡迎Dr. Martin Chalfie蒞校以「綠色螢光蛋白：使生命發光」為題演講。今天的演講會是本年清華諾貝爾大師月五場演講中的第三場。由於到場的有許多是高中學子，為讓同學們對大師行宜有較深刻了解，今天我也徵得Dr. Chalfie同意用中文開場。

　　如果我們看Dr. Chalfie的履歷表，知道他三十歲拿到博士學位，做了長達五年的博士後研究員，三十五歲時任助理教授，七年後才升副教授，學術生涯原來並不順利，但在此後二十年內榮獲諾貝爾獎的桂冠。從他的自傳中，我們可看出平凡中的不平凡，而深受機遇、運氣、個人執著與貴人的影響。

　　Dr. Chalfie出生於一個美國猶太人小康家庭，父親只有高職學歷，母親唸大二時因無力支付學費而輟學，但雙親熱愛學習，並極力培養其三兄弟唸最好的大學。Dr. Chalfie在高中畢業時，曾經歷徬徨少年時，不能確定要唸科學還是其他學科，因而與家鄉藥廠提供鼓勵唸科學的獎學金失之交臂。在哈佛大學大三暑假，參與實驗室專題研究，單打獨鬥的情況下極不順利，而決定改唸社會科學。大四時選了許多課後，發現以為社會科學容易唸是偏見，到大學畢業時，再度徬徨，先當了兩年高中老師，在這時期經同事介紹，暑期到耶魯大學實驗室工作，領會到向人請教以及與人合作的重要，並重燃對科學研究的興趣，而回到學校唸研究所，並在一位好老師指導下完成博士論文工作。

　　在獲得博士學位後，他在高中同學兼好友Bob Horvitz推薦下到劍橋大學Sydney Brenner教授研究組從事博士後研究工作。Brenner研究室除設備精良外，有許多對求知與科學研究充滿熱忱的同事與學生，經常熱烈討論科學問題，期間並深受John Sulston教授的啟發。這三人（Brenner，Horvitz，

Sulston）日後因「器官發展與細胞程式化死亡遺傳規律的發現」榮獲2002年諾貝爾生理醫學獎。與三位諾貝爾大師的密切交會，對他往後研究產生了決定性影響。

Dr. Chalfie在劍橋大學一待就是五年，1982年才應聘到哥倫比亞大學任教，因他一向都有發表完整研究結果理念，1987年整年甚至沒有發表一篇論文。這在早已瀰漫「不發表論文即面臨無法生存（publish or perish）」的學術界是異數，讓當初延攬他的系主任擔心不已。幸好後來及時峰迴路轉，到1989年四十二歲時得到長聘副教授職位。因此Dr. Chalfie的前半段學術生涯，並不平順，但實際上與他堅持理念，有所執著有關，終能成就大事業。

從Dr. Chalfie諾貝爾獎之路來看，與猶太家庭重視教育、學習的傳統，以及他能在挫折中獲取教訓，學會向人請教以及與人合作，在一連串機遇下，由貴人指引，把握學習機會，在適當研究環境中茁壯，同時能不隨流俗，專心執意，按部就班，終於在綠色螢光蛋白研究上出類拔萃，登上學術最高殿堂，是很值得大家深思學習的。

諾貝爾獎是學術桂冠，如所有難得獎項一樣，有運氣成份，而常有遺珠之憾，但得獎人往往實至名歸。諾貝爾獎大師一般都平易近人，思路清晰，善於溝通，知識淵博，精於表達。如果在座青年學子，未來有意問鼎諾貝爾獎，就從學習大師風範開始吧！

▲深受機遇、運氣、個人執著與貴人的影響

諾貝爾物理獎得主Dr. Cohen-Tannoudji 「光和物質」演講致詞

2012年5月22日　星期二

　　首先歡迎Dr. Cohen-Tannoudji蒞校演講「光和物質」。由於今天到場的聽眾有許多是高中學子，為讓同學們對大師行宜有較深刻了解，剛才我徵得Dr. Cohen-Tannoudji同意用中文開場。

　　今天的演講會是本年清華諾貝爾大師月五場演講中的第二場，也是唯一的一場諾貝爾物理獎得主演講，其餘四場都是由諾貝爾化學獎得主演講。Dr. Cohen-Tannoudji為極低溫凝態物理開山祖師之一，而清大在此領域有許多教授從事傑出研究，從演講與交流必能獲益良多。

　　根據Dr. Cohen-Tannoudji自傳，Cohen-Tannoudji意為來自摩洛哥坦吉爾的Cohen，Cohen是猶太大姓，像在台灣的陳林等常見的姓一樣。由於猶太人分布在世界各國，而Cohen一姓在歐美國家教育、文化、科學、新聞、財經、娛樂、運動界都很顯赫，可謂一個世界性的大姓。1986年諾貝爾生理醫學獎得主是Stanley Cohen，前天我在南京大學校慶遇到的1998年化學獎得主Walter Kohn的Kohn是由Cohen轉來，同時至少有兩位諾貝爾獎得主，即1980年化學獎得主Walter Gilbert，1995年生理醫學獎得主Frederick Reines，母親來自Cohen家。

　　在大師獲得非凡成就的科學旅程中，他特別提出幾點與大家分享：

一、父親與猶太傳統價值的影響

　　Claude從小在法屬阿爾及利亞長大，他的父親沒有受過特別的正式教育，但對宗教、哲學、心理分析、歷史等知性活動充滿好奇心，熱愛閱讀、討論、辯論，而將猶太傳統價值注重教育、學習、與人分享知識的基本價值深植於

Claude心中。猶太人把讀書看作人生的樂趣，因此他們教師的理念首先就是培養小孩對學習的愛好，酷愛讀書是重視教育的標誌。據聯合國教科文組織的調查，全世界每年閱讀書籍排名第一的是猶太人，平均每年讀64本書。猶太人把讀書作為傳承教育、傳統、知識的手段。全世界約僅有一千五百萬猶太人，不到世界人口的千分之三，但產生了約四分之一的諾貝爾獎得主，他們能取得如此輝煌成就，與注重教育，酷愛讀書學習傳統關係密不可分。

二、良師益友的啟發

在大師到巴黎唸大學求學過程中，最值得一提的是他原較喜好數學，但受到一位深具魅力的物理老師Alfred Kastler激勵，而決定選物理為專業，是一個良師影響到未來諾貝爾獎得主一生的佳話。後來唸研究所時加入Alfred Kastler規模很小的實驗室，但得與老師與同學們，在二次大戰後不久經費短缺、設備不佳的情況下，以充滿對研究的熱誠，日以繼夜工作，經常討論，而仍能有優異的成果，對大師未來學術生涯發展有決定性的影響。

三、法國學院的經驗

Claude在1962年拿到博士學位後先到巴黎大學教書，平均每年僅收一位研究生，進行原子與光子作用研究，發現許多新物理現象。1973年獲聘為以富彈性著名的法國學院（College of France）教授。當時法國學院在各領域共有五十二位教授，特色是教授可自選所教課程，但每年必須教不同課程，同時課程採完全開放式，不授學位，不收註冊學生。如此開課方式對教授是很大的挑戰，但也促成教授擴展知識範圍，嘗試新領域，而他榮獲諾貝爾獎的代表作，即是他在進法國學院以後投入新領域的成果。清華第二屆直接留美生胡適先生曾說「為學要如金字塔，要能廣博要能高」，「凡一流的科學家，都是很淵博的人，取精而用宏，由博而反約，故能有大成功」。反過來說，只於狹窄專業鑽研，是不可能有出類拔萃大成就的。

最後我要一提的是，與Dr. Cohen-Tannoudji同時得獎，現任美國能源部部長的朱棣文教授是清華子弟。朱教授的父親朱汝瑾院士是北京清華畢業生與教

授。清華在新竹建校後，朱汝瑾院士也屢來新竹講學，梅貽琦校長在日記中有當年朱院士帶年約十歲的朱棣文教授到紐約見面的記載，所以清華與極低溫凝態物理也早有不尋常的淵源。

▲注重教育、學習、與人分享知識的基本價值

諾貝爾化學獎得主Dr. Ada Yonath 與Dr. Aaron Ciechanover演講致詞

2012年6月19日　星期二

　　首先歡迎兩位諾貝爾化學獎得主Ada Yonath與 Aaron Ciechanover教授蒞校分別演講「壽命期盼、預測與現實」與「個人醫療革命：我們能治癒所有疾病以及用何種代價」。今天的演講會也是本年「清華諾貝爾大師月」五場演講中的最後兩場，由於到場的有許多是高中學子，為讓同學們對大師行宜有較深刻了解，今天我也徵得兩位同意用中文開場。這次演講會以雙重饗宴為名；在國內有機會聽一位諾貝爾獎得主演講已是十分難得，一天早上能聆聽兩位世界級學術祭酒分享他們的智慧光華，實屬有幸，是名副其實「滿漢全席」級的盛筵。

　　在諾貝爾獎官方網站中，通常可看到諾貝爾獎得主的自傳。兩位大師都來自以色列，成長軌跡有許多相似處；

一、都出生於清寒之家。Ada父親長年生病而在她十一歲時去世，她雖打各種零工幫助家計，仍不足以維生，搬到姨媽們附近，才稍好轉。Aaron在未成年前，父母雙亡，靠親人幫助長大，大一就開始半工半讀，維持生活。但不管是Ada母親或Aaron親人都重視教育與學習，而讓他們有機會深造。

二、都從小就具有好奇心與冒險精神，Ada五歲做實驗，爬到她用疊羅漢方式堆疊的桌椅上量測陽台的高度，不慎跌下後院，折斷手臂；Aaron從小收集製作花、葉以及烏龜、蜥蜴等動植物標本，以生物學為最愛。

三、都受到好老師影響，貴人相助，Aaron且與指導教授Avram Hershko與Irwin Rose共得2004年諾貝爾化學獎，從旁學習他們做研究的態度與

思考方式，獲益良多。

四、都有境外學習經驗，長期與其他國際團隊合作，他們都在美國做博士後研究，Ada在Mellon Institute與MIT，Aaron在MIT與加州大學舊金山校區都工作了好幾年，Ada與Aaron分別與德國與美國團隊長期密切合作。

五、長期投入並不畏挫折，Ada在1970末期，即建立第一個生物結晶學實驗室，要決定極難結晶而複雜的ribosome（細胞中的核酸醣小體）結構，以了解蛋白質的生物合成，由於被認為不可能，曾被譏為所謂科學家、傻子、有幻想症、做白日夢，超過二十年後才達成目標；Aaron則從唸博士階段，即注意到Ubiquintin的重要性，開始三十多年的航程，研究成果由於與當時主流意見不同，也飽受譏評與抨擊。

六、都從基礎研究出發，Ada對細胞中的核酸醣小體結構的研究導致對某些重要抗生素機能的了解，協助最有效率抗菌藥品開發，並對二十一世紀最大的醫學挑戰「如何對付拒斥抗生素細菌」有所助益；Aaron發現Ubiquintin並非無所不在（ubiquitous），在真核細胞中才存在，進而發現其能由移除不正常蛋白質產生對細胞品質管製作用，不正常蛋白質經Ubiquintin註記，即被鎖定送到廢棄物處理器分解。由於蛋白質不正常劣化代表病原，Ubiquintin研究對辨識病原與藥物開發有很重要的影響。

　　如果說諾貝爾獎大師風格都一樣也未盡真實。在諾貝爾獎官方網站中，Ada的自傳僅2,200字，Aaron的自傳則長達12,000字，所以Aaron的自傳相對的詳盡。Ada行文較幽默，談到以色列人把她的捲髮與ribosome聯結到一起，說捲髮人充滿ribosome，她接受五歲的孫女邀請到幼稚園談ribosome，Aaron則較嚴肅，他歷數猶太建國的意義，猶太人的愛國精神，服兵役五年的經驗，直到現在，他還定期參加一個由猶太牧師學者主持的討論與現代醫學與科學有關倫理道德問題的研討會。他也談到在研究所階段，學習到如何面對科學問題基本與關鍵道理；一是選擇重要，最好是不很明顯與非主流，的生物學問題，二是此問題可實驗分析驗證，三是不求近功，不投機、炒短線而有所堅持，要以寫長篇小說的態度做研究，從機制上深入探討，解開複雜問題的謎團，不追逐時髦，注意細節，仔細檢驗線索，要執善固執，不惜逆勢而戰，最重要的要具批

判性，以明辨真假。唯有如此，才能產生重大影響，留下印記。

　　今天兩位諾貝爾大師到生科院演講，正逢生科院慶祝成立滿二十周年，今年也是生科院學術成果大放異彩年，同時是NSC年。NSC原為國科會（National Science Council）的英文簡稱，二月十日清大生命科學院江安世教授在「科學」（Science）期刊報導發現儲存長期記憶的腦細胞，二月十七日張壯榮助理教授與陽明大學等研究團隊在全球生化及分子生物領域排名第一的頂尖科學期刊「細胞」（Cell）上，發表有關減緩腦退化性疾病的分子機制研究成果，四月十九日潘榮隆與孫玉珠教授與中研院研究團隊在「自然」（Nature）上發表「植物液泡的氫離子通道焦磷酸水解酶之膜蛋白分子結構」研究成果，使清大在三個月內分別在nature, science and cell發表論文，也就是達到在NSC發表論文的輝煌成果，另外跟大家報告的喜訊是明天本校將在國科會召開記者會中，報告陳福榮教授與比利時教授於六月十四日在Nature上發表的「決定三度空間原子位置影像處理新方法」研究成果，同時物理系果尚志教授等研究成果也已於六月十四日被Science正式接受，今年本校還欠一篇Cell論文就可使本校創出（NSC）2，也就是NSC平方的歷史佳績，還要靠生科院同仁的衝刺，當然我們希望在全校同仁的努力下，在不久的將來，有NSC三方、NSC四方等的出現。

▲①「滿漢全席」級的盛筵
　②研究成果與當時主流意
　　見不同，飽受譏評與
　　抨擊
▼③成長軌跡有許多相似處
　④今年也是生科院學術成
　　果大放異彩年

諾貝爾化學獎得主根岸英一教授演講致詞

2012年11月29日　星期四

　　首先歡迎2010年諾貝爾化學獎得主根岸英一（Ei-ichi Negishi）教授蒞校演講「過渡金屬的魔力——鈀金屬催化耦合反應及鋯金屬催化不對稱碳鋁化反應（ZACA reaction）」，分享化學世界的奧秘。根岸英一教授是世界有機化學頂尖學者，於2010年與美國德拉瓦大學（University of Delaware）的理查海克（Richard Heck）教授以及日本北海道大學的鈴木章（Akira Suzuki）教授，共同以對「有機合成中鈀金屬催化耦合反應」（for palladium-catalyzed cross couplings in organic synthesis）卓越貢獻而獲得諾貝爾化學獎；有機化學是與碳原子為基（carbon-based）化學，碳原子化學是生命之源並是許多讓人驚嘆不已的自然現象起因。有機化學利用碳原子提供功能性分子構架的能力，製作出許多新藥以及如塑膠等新材料；另一方面，碳原子很穩定而相互之間不容易反應；化學家們原試圖利用許多其他技術使碳原子更具反應性而生成鍵結，但在合成複雜分子時同時會生成眾多無用的副產品；鈀金屬催化耦合反應提供一個遠為精細有效方式，增進了化學家的能力，利用鈀金屬催化原子間耦合反應，得以製作與天然物質一樣複雜的碳基分子化學物質，目前已在全球製藥業與電子業廣為應用。

　　根岸英一教授出生於東北長春，歷經中日戰爭，初中畢業前過著清貧但快樂的生活，雖不太用功但在校成績突出；初中畢業後，進入一所明星高中（湘南）後，一年級時成績平平，才警覺要考上一流大學需要加緊用功，以致到後期又逐漸名列前茅；畢業後順利進入東京大學就讀。在東大一、二年級時，受的是通識教育，雖覺收穫不大，但成績列於同級非生命科學理工科同學前三分之一，而得以選擇最難進的應用化學系，但在大三時，由於課業繁重，上課日每天須花四小時搭乘擁擠而須站著的火車通學，得到嚴重的胃腸病，必須

住院幾星期，而無法參加所有期中考，因而要重讀三年級；多年後他回想這段經歷，認為是因禍得福，因為他得以利用休養時間好好思考，規劃未來計畫以及廣泛閱讀，最後得到人追逐幸福要力求滿足四要素概念：（一）、健康的身體，（二）、與家人與友朋親密而和睦相處，（三）、要選擇並追求有價值的專業生涯，（四）、擁有樂在其中的嗜好（對他來說是音樂），終生受用不盡。

他於1958年大學畢業後，進入帝人（Teijin）公司工作。由於感覺在東大所受訓練不足，不久後從帝人公司留職休薪，在福爾布萊特獎學金（Fulbright Scholarship）支持下，前往賓夕法尼亞大學留學。1963年獲得博士學位；1966年，他赴美國普渡大學赫伯特・布朗（Herbert Brown，1979年諾貝爾化學獎得主）教授的實驗室進行博士後研究。1968年後先後在普渡大學與雪城大學（Syracuse University）擔任教授，1979年又回到普渡大學任教，1999年榮任普渡大學「赫伯特・布朗」講座教授至今。

根岸教授認為人生有許多關鍵步驟（critical step），採取並努力完成這些步驟，人可不斷提昇；對他而言，進入明星高中是一步，自東大畢業是一步，獲得全額獎學金到美國留學是一步，得到博士學位而在大學任教又是一步等，尤其獲得獎學金到美國留學是他人生轉捩點，重要的是，要在每一個步驟，把握機會，在自己的專業領域中做到最好，而且要「持續向上爬升」。譬如說他認為選擇到布朗教授的實驗室進行博士後研究，是他走向諾貝爾獎的開端，最後與布朗教授、鈴木章教授共譜「一門三得主」佳話。

根岸教授特別提到，在1960年前，日本僅出過一位諾貝爾獎得主（湯川秀樹，1949物理獎），諾貝爾獎得主像神話中人物，高不可攀，但他在賓州大學時，有機會聽到十幾位諾貝爾獎得主演講，甚至有機會與他們談話，而大大縮短了距離感，而讓他發想，如他更加努力，說不定有一天也會獲得諾貝爾獎。今天的演講會也是本年第六位諾貝爾大師蒞校演講，清華大學辦理「諾貝爾大師在清華」系列活動，正是因為諾貝爾大師一般除在提升人類知識上的重大貢獻外，思路清晰，見識卓絕，善於溝通，精於表達，希望同學們能從大師們身上學習他們的智慧與知識，有一天也能抱得諾貝爾桂冠歸，將是對清華教育理念最好的弘揚。

▲①碳原子化學是生命之源
　②得以利用休養時間好好思考
▼③得到人追逐幸福要力求滿足四
　要素概念，終生受用不盡
　④要「持續向上爬升」

諾貝爾化學獎得主李遠哲先生演講致詞

2013年12月19日　星期四

　　歡迎大家來參加今天下午的「敢於與別人不一樣」演講會。李遠哲先生是清華、新竹與台灣的驕傲，他是道地的新竹人，出生於新竹。曾就讀新竹中學，台灣大學化學系畢業；1962年赴美國加州大學柏克萊分校化學系進修博士。1986年因發明了交叉分子束方法了解化學反應的過程而獲得諾貝爾化學獎，為第一位獲此殊榮的臺灣人。1994年返國出任中央研究院院長至2006年卸任。現為國際科學理事會會長。在中央研究院院長任內，有效提升中央研究院學術水準，成為國際學術重鎮。

　　李院長的學術研究生涯始於大學時代，由後來長期任教於清華大學化學系的鄭華生（Hua-Sheng Cheng）教授指導，研究用紙電泳分離鍶與鋇。1959年入國立清華大學（新竹）原子科學研究所放射化學組碩士班，論文由濱口博（H. Hamaguchi）教授指導，研究溫泉沉積物礦質北投石含有的天然放射性同位素，於1962年獲得碩士學位。他回憶說：「當時清大原子科學研究所中即有不少鑽研原子、分子碰撞的學者，使我奠下良好基礎。」本校化學系已故張昭鼎教授則是李院長在學生時代即結交的好友；根據清華校方的記錄，清華於1956年開始在新竹設校，僅設原子科學研究所一所，1958年第一屆碩士畢業生才10人，而清華在1959、1960、1961、1962、1963到1964年碩士畢業生分別為15、15、21、16、16、20人，所以估計李院長在清華研究所時，全校學生人數不到50人，如此高的諾貝爾獎的命中率，是清華人所津津樂道的，也是清華永遠的光榮。

　　根據有關李院長的記述，他在中學患病在床休養了一個月，這段期間閱讀到居里夫人的傳記，讓他興起成為一位化學家的想法；讀偉人傳記，了解其事蹟，受到激勵，引為典範，是敦品勵學的動力，「觀前人之光耀，聞一言而

自壯」；今天中午李院長也親自參加「清華名人堂」的揭幕典禮，「清華名人堂」的設立正是因為清華大學建校以來，在理工文史各方面，造就許多傑出人才，培養無數著名校友，日後皆成為國家之大師、思想之領袖、社會之楷模、專業之精英，堪為清華大學最重要之傳統及特色，經過多方面之考量及討論，希望將位於學校中心的多功能活動會所，以表揚傑出清華人為基本精神，同時結合多功能活動為其體，而以「清華名人堂」為名。進口浮雕除梅貽琦校長外，還包括「國學研究院」四大導師——王國維、梁啟超、趙元任及陳寅恪先生。四大導師不僅對後世學術思想有重大深遠之影響，更為清華學校轉型成為清華大學，當時成立「國學研究院」，代表清華大學建校以來，不僅重視大學部之教育，更強調對專門問題之高深研究，堪稱為我國研究型大學之始。

「清華名人堂」成立初期，室內陳列三位具代表性清華名人的半身雕像，分為三位當代雕刻大師之作品：第一位為胡適先生（謝棟梁先生作品），胡適先生及四大導師代表清華大學建校第一階段（1911－1937）的傑出清華人。另一位雕像為楊振寧先生（吳為山先生作品），楊振寧先生1942年畢業於昆明的西南聯合大學（由當時的國立北京大學、國立清華大學及私立南開大學共同組成），1944年西南聯大研究所畢業，考取公費留學赴美。1957年因「宇稱不守恆」理論的貢獻，與另一位也是西南聯合大學校友李政道，共獲得諾貝爾物理學獎，是最早的華人諾貝爾獎得主。楊先生堪為西南聯大時期（1937－1946）之清華代表人物。室內第三座雕像為李遠哲先生（曹崇恩先生作品），為國立清華大學新竹建校以來清華人之代表（1956－）。梅貽琦校長則是貫穿清華前後三時期代表人物，是「兩岸清華永久校長」。

今天李院長的講題是：「敢於與別人不一樣」（Dare to be different），他曾說「我和別人不同的是，對於理想，我堅持了下來。」他的朋友描述他「他決定要做的事情，就一定會去做；很多小孩容易隨著群眾心理而盲從附和，但他不會。」被譽為「物理化學的莫札特」（The Mozart of Physical Chemistry），當然與別人不一樣，他回憶高中臥病期間轉折，「整個想清楚之後，我下了決心，要過一個很有意義的人生，對自己小我開始看得較輕，對社會、人類的大我看得較重。」今天他要告訴我們如何「敢於與別人不一樣」，一定會帶給我們許多啟發。

▲①在清華研究所時，全校學
　生人數不到50人
　②敢於與別人不一樣
▶ ③物理化學的莫札特

諾貝爾物理學獎得主楊振寧先生擔任君山講座演講致詞

2013年12月19日　星期四

　　首先歡迎大家來參加楊振寧先生擔任「君山講座」所發表的「我的學習與研究經歷」演講；「君山講座」是沈君山前校長家屬捐款設立，除彰顯沈前校長愛護清華美意，也希望由禮聘大師演講，嘉惠師生，激勵學子；在校方商議首屆「君山講座」人選時，一致認為楊振寧先生為不二人選，本人在去年11月3日參加「西南聯合大學建校七十五周年紀念大會」曾有機會當面向楊振寧先生提出邀請，蒙楊先生爽快答應，在約一年後的今天，終於落實，值得大家慶幸。

　　楊振寧先生與李政道先生兩位校友在1957年因「宇稱不守恆理論」而獲得諾貝爾物理學獎，是諾貝爾獎自1900年設立以來，首度由華人得獎；而當時中國不僅陷於長期積弱而在現代化努力上屢經挫折困局，在由於國共內戰，正隔台灣海峽而分治，政治專權，經濟不振，年輕人多感前途茫茫，楊、李兩先生榮獲諾貝爾桂冠，頗為振奮全球華人人心，尤其在台灣，長期激勵學子，包括本人以及許多在座的師長，以第一志願投身物理學，影響極為深遠，在此要特別留下記錄的是，沈君山前校長雖是崇仰楊先生的物理學後輩之一，但他在楊先生得獎前，已從台大物理系畢業，某種程度上是搭上了物理熱潮的「順風車」，但從另一角度看，也可謂有「先見之明」。

　　楊振寧先生與清華結緣是由於其尊翁楊武之教授於一九二九年到清華大學任數學系教授，全家在清華園一共住了八年，他回憶在清華園的八年是非常美麗、非常幸福的。「在我的記憶裡頭，清華園是很漂亮的，我跟我的小學同學們在園裡到處遊玩。幾乎每一棵樹我們都曾經爬過，每一棵我們都曾研究過。」、「在西南聯大從一九三八到四二年我唸了四年的書，我進西南聯大報

考的是化學系，但一進去後就改唸了物理系。」、「西南聯大的教學風氣是非常認真的。我們那時候所唸的課，一般老師準備得很好，學生習題做得很多。所以在大學的四年和後來兩年研究院期間，我學了很多東西。」、「我在四二年西南聯大畢業以後，進入西南聯大的研究院，又唸了兩年得到了碩士學位。」、「一九四四年至四五年之間，我在聯大附中教了一年書。」、「在聯大給我影響最深的兩位教授是吳大猷先生和王竹溪先生。以後四十年間，吳先生和王先生引導我走的兩個方向——對稱原理和統計力學——一直是我的主要研究方向。」

　　楊先生與新竹清華歷年來有相當多的互動，梅校長日記中至少有兩次相關記載，一次是1956年3月28日與楊先生在美國紐約附近會面晤談，另一次是1957年10月31日，「欣聞楊振寧與李政道榮獲諾貝爾獎，頗為興奮愉快。」根據清華檔案，有六次楊先生訪問清華的記錄，包括；

一、在1991年，清華慶祝80周年校慶，四位頂尖科學家清華校友，即楊振寧、李政道與李遠哲先生、數學沃爾夫獎得主陳省身先生，同時蒞臨新竹校園，與劉兆玄校長共同促成兩岸清華從1949年以來，第一次的正式「通話」。

二、於1996年畢業典禮接受沈君山校長頒贈楊振寧先生本校名譽博士學位，同時是新竹清華第一位「名譽博士」。

三、於1997年5月22日參加吳大猷博士九秩祝壽活動。

四、在2001年，清華慶祝90周年校慶，出席蔡康永主持的「歲月的智慧——大師真情」與聖嚴法師、金庸先生、劉兆玄前校長會談，發表「美與物理學」演講，並為國科會國家理論科學中心的發展提供建議。同時出席吳大猷基金會的會議。

五、2008年7月5日，獲頒「梅貽琦榮譽特聘講座」，楊振寧教授致答時則表示，此講座對他而言，別具意義。主要是除了曾與梅貽琦校長有著深厚的因緣，而居中牽成的，更是他的摯友——沈君山校長，因此他是以非常高興的心情，來接受此榮譽任務；此外，楊教授亦逐一述說自小至今，與清華之間的緊密緣分。

六、2009年3月12日，以「梅貽琦榮譽特聘講座」身分，到清大訪問，演講「物理學的誘惑」到清大梅園，拜謁清大創校校長梅貽琦的墓園，

並探望病中好友沈君山。

　　但昨日與楊先生晤談之下，又增加了兩次；一是1986年，也就是1971年以後十五年，楊先生再度來台，另一次則是1992年，清華為楊先生辦「七十壽辰研討會」之時，而且楊先生各講了一段軼事，甚為有趣；楊先生以九一高齡記憶力驚人，令人嘆為觀止。

　　楊振寧先生在物理學上的貢獻，是眾所周知的，1991年長期任美國《物理教師》期刊編者Cliff Swartz列舉歷史上最偉大的十八位物理學家，包括伽利略、哥白尼、牛頓、法拉第、愛因斯坦、波爾、海森堡、薛洛丁格、居理夫人、哈伯等人，楊先生是唯一的東方人以及唯一在世並列於「英雄榜」的物理學家，歷史地位非凡，楊先生的睿智以及學術與為人的風範，皆不愧為一代偉人。

　　今天我們歡迎楊院士再度回到母校，親自參加「清華名人堂」開幕典禮，以及由吳為山大師銅雕塑像揭幕，同時在「君山講座」發表「我的學習與研究經歷」演講，不僅是清華的年度盛事，而且具歷史意義，楊院士與清華淵源深厚，是清華永遠的驕傲，讓我們以熱烈的掌聲歡迎楊院士。

▲ 在北京清華園的八年是非常美麗、幸福的

▲ 歷史上最偉大的十八位物理學家之一

六、名人演說與通識講堂

輯錄清華舉辦名人演說與通識講堂之致詞，涵蓋文學藝術鑑賞、教育政策發展、政治與國際關係、人生智慧等主題。在名人與學者各自專精的領域中，藉經驗、知識的對談交流，激發跨域創新的思維。

印度前總統Dr. Abdul Kalam演講致詞（中英文）

2010年12月4日　星期六

　　我很榮幸地向大家介紹今天的特邀演講人印度共和國前總統阿卜杜勒卡拉姆（Abdul Kalam）博士閣下。

　　眾所周知，印度是世界上人口第二多的國家，人口超過12億，同時是世界上人口最多的民主國家，其悠久而豐富的歷史可以追溯到5000年前。世界主要宗教之一——佛教起源於印度。今天的印度已成為世界上增長最快的經濟體之一。

　　在Kalam博士於2002年至2007年擔任該國總統期間，印度經歷了快速的經濟發展，並促成了其在世界舞臺上的崛起。您可能認為Kalam博士一定是專業政治工作者，但他實際上是一名訓練有素和專業的航空工程師。他於1957年畢業於馬德拉斯理工學院（Madras Institute of Technology），積極參與，並擔任專案總監，印度第一顆本土衛星運載火箭（SLV-3）的開發，該火箭於1980年7月成功投射了羅希尼衛星（Rohini satellite）到近地球軌道上，使印度成為專有的太空俱樂部的成員之一。同時Kalam博士還在印度的戰略導彈系統及其核能力的發展中發揮了關鍵作用。

　　作為「印度技術資訊，預測和評估委員會」主席以及身為傑出科學家，Kalam博士領導該國500名專家，擬定印度2020年技術願景（Technology Vision 2020），制定將印度從目前的發展中國家轉變為發達國家路線圖。為了實現其目標，他以通過與全國各地的學生會面來點燃年輕人對國家發展熱情為使命。在過去的十年中，Kalam博士已經為超過500萬17歲以下的青年發表了講話，並激勵他們成為2020年印度願景的積極參與者。

　　作為一位傑出的科學家，Kalam博士于2007年10月獲得科學和技術的「查

理斯二世國王勳章」（King Charles-II Medal）和2008年的「伍德羅威爾遜獎」（Woodrow Wilson Award）。倫敦皇家工程學院於2009年6月授予他「國際獎章」（International Medal）。

我認識到，這是一次難得的非常寶貴的機會，可以親自聽到Kalam博士的演講。現在請和我一起歡迎我們的演講嘉賓Abdul Kalam博士閣下

閉幕詞

我們剛剛聽取了卡拉姆博士關於技術對一個國家經濟發展可以發揮的關鍵作用的強有力和發人深省的演講。他的評論啟發並鼓勵我們從不同的角度看待經濟發展。這真的是鼓舞人心和深具遠見的。

我謹代表所有觀眾，向閣下表達衷心和誠摯的感謝，感謝您與大家分享願景和知識。

Kalam博士今天下午即將離開臺灣。我們敬祝他有個非常愉快的旅程回到印度。非常感謝閣下！

主席先生，女士們，先生們，讓我們再度感謝Kalam博士。同時非常高興並謝謝大家今天下午和我們在一起。

Fellow Faculty Members, Students, Ladies and Gentlemen:

It is my honor and privilege to introduce our guest speaker for today, His Excellency Dr. Abdul Kalam, former President of the Republic of India.

As we all know, India is the world's second-most populous country with over 1.2 billion people and the most populous democracy in the world. Its long and rich history can be traced back to 5000 years ago. One of the world's major religions – Buddhism has its origin in India. Today's India has emerged as the one of the world's fastest growing economies.

During Dr. Kalam's term of office from 2002 to 2007 as the President of his country, India experienced rapid economic development and fueled its rise on the world stage. You might think Dr. Kalam must be a politician, but actually he is an aeronautical engineer by training and profession. A graduate from the Madras Institute of Technology in 1957, he was the Project Director and heavily involved in the development of India's first indigenous satellite launch vehicle (SLV-3) which successfully injected the Rohini satellite in the near earth orbit in July 1980, and made India one of the exclusive members of Space Club. Dr. Kalam also played a key role in the development of India's strategic missile systems and its nuclear capability.

As Chairman of Technology Information, Forecasting and Assessment Council and as an eminent scientist, Dr. Kalam led the country with the help of 500 experts to arrive at Technology Vision 2020 giving a road map for transforming India from the present developing status to a developed nation. In order to achieve its objective, he took a mission to ignite the young minds for national development by meeting school students across the country. During the last decade, Dr. Kalam has addressed over five million youth below the age of 17 and inspired them to become an active participant of India Vision 2020.

As a distinguished scientist, Dr. Kalam was awarded with the "King Charles-II Medal" for Science and Technology in October 2007 and the "Woodrow Wilson Award" in 2008. The Royal Academy of Engineering, London conferred on him the "International Medal" in June 2009.

I recognize that this is a rare and extremely valuable opportunity to hear Dr. Kalam's speech in person. Now please join me in welcoming our guest speaker His Excellency Dr. Abdul Kalam

Closing remark

We have just listened to Dr. Kalam's powerful and thought provoking speech on the critical role technology can play and impact on the economic development in a country. His remarks inspire and encourage us to look at economic development from a different perspective. It is truly inspiring and visionary.

On behalf of all the audience, I would like to express our heartfelt and sincere thanks to Your Excellency for sharing your vision and knowledge.

Dr. Kalam is about to leave Taiwan this afternoon. We wish him a very pleasant journey back to India. Thanks! Your Excellency!

Mr. Chairman, ladies and gentlemen, once again I want to state that we are all most grateful to the speaker on this stage. We thank you for being with us this afternoon - it's been a great pleasure.

Thank You Very Much!

▲ 對於印度的快速發展厥功甚偉

「馬英九vs王力宏　夢想造就軟實力」對談致詞

2011年3月29日　星期二

　　清華大學在歡慶百歲活動中，非常榮幸主辦今天「馬英九vs王力宏　夢想造就軟實力」對談。馬總統是上一代的青年才俊，王力宏先生則是現世代的青年楷模，在建國百年青年節之際，選擇在創校百年，在我國高教史上屢創璀璨新頁，人才輩出的清華大學對談「夢想造就軟實力」，深具歷史性的意義。

　　馬總統與清華大學互動頻繁，一個月前，馬總統曾專程蒞校看望與其在行政院同任政務委員而有共事之緣，並結成忘年之交的沈君山前校長。本月初梅竹賽，也特別承蒙馬總統錄製影音短片在開幕典禮中為清華交通兩校同學加油。下個月24日，適逢清華大學百年校慶之慶典日，馬總統也答應親臨勉勵。同時在上次探望沈君山前校長時，馬總統曾提起有多位清大教授或校友是他同學與好友，我們歡迎並盼望馬總統以後能維持這樣的頻率，至少每個月都有機會到清華大學走走。

▲ 與清華的淵源錯綜複雜

▲ 上一代的青年才俊與現世代的青年楷模

王力宏先生與清華的淵源可謂錯綜複雜；他的祖母許留芬女士是清華1937年經濟系畢業，三姨婆許有榛女士是西南聯大1945經濟系畢業校友，三姨公邢傳盧先生是西南聯大1945機械系畢業校友。邢先生尊翁邢契莘先生是清華第一屆直接留美的學生，和當時從全國招考，由「庚子賠款基金」支持留美的全國俊彥如梅貽琦校長等同時出國唸書，著名的歷史學家許倬雲先生和曾任本校教授、原子能主委的許翼雲先生都是許有榛女士的弟弟。王力宏先生另一位姨公李模先生是1944法律系肄業校友，民歌手前輩李建復與前工程會副主委李建中均是其堂舅，而大姨父劉容生教授目前在清大任教。由於這些淵源，我們可以說王力宏先生是不折不扣的清華人的子弟。

　　各位貴賓，今天有幸躬逢清華人的子弟王力宏先生與我們敬愛的馬總統作世紀對談，是大家所迫切期待的，讓我們拭目以待。

「大師講座」丘成桐院士演講致詞

2011年10月6日　星期四

　　首先非常感謝丘大師蒞臨大師講座演講。丘院士是公認的當代最具影響力的數學家之一，同時他也長期關注華人地區數學發展與教育，促成1998年國科會理論科學中心在本校的設立，並擔任理論科學中心顧問委員會主席多年。

　　約兩個月前承蒙丘院士見贈他與科普作家Steve Nadis合著的*The Shape of Inner Space*一書，拜讀之餘，一方面興味盎然，對丘院士學思歷程略有了解，另一方面則勉力為之，對丘院士成名作Calabi-Yau Manifold以及String Theory有了初步認識。很高興今天擠滿講堂的許多聽眾是莘莘學子，藉此機會，略敘我閱讀丘院士大作與求學以及研究相關部分所得：

　　一、成功的人，往往是很用功的人，非常成功的人，常是極為用功的人。丘院士僅花了兩年時間在二十一歲時即獲得博士學位，1982年三十三歲時獲得有數學諾貝爾獎之稱的菲爾茲獎，1985年獲得有天才獎之稱的麥克阿瑟獎。大家因此可能以為丘院士天縱英才，談笑間，難題源源而解。但據丘院士自敘，他是極為用功的人。他很服膺孔子：「吾嘗終日不食，終夜不寢，以思；無益，不如學也。」之說，另一方面，他的成就也很符合數學家英雄出少年的剪影。

　　二、做研究要學會問問題、選題目、選工具。丘院士博士論文指導教授陳省身院士曾建議他去解「Riemann hypothesis」，但他認為要解這麼難的題目，必需要打心底感到興奮，有內在的熱情，而他對幾何學才有無比的熱情，因此沒有接受，而「Riemann hypothesis」一直到現在還未解開。另一方面，丘院士1979年在普林斯頓高等數學研究所擔任教授時，曾邀請全球十餘位幾何學者共同商討，確認幾何學待解決的約有120個重要問題，而這些問題如今一

半以上已完全解開。常言道「如果你手握一把鎚子，所有的問題都像釘子。」手握鎚子的人碰到問題會傾向用鎚下釘子方法解決。解問題有適當工具很重要，而丘院士習以幾何分析為主要工具，由於精熟而常得心應手。同時丘院士提醒找到適合個人天分與思路的題目有時要靠運氣，而證明Calabi conjecture是他學術生涯的高點，並主要因此得到菲爾茲獎。

　　三、丘院士說每個人生長都有他的特殊使命召喚（calling），也就是天生我才必有用，而Calabi-Yau manifold正是他命中註定的特殊使命。丘院士是數學，尤其是幾何學，最佳代言人。全書常見以elegance, beauty, majesty, power, magical, mysterious, master, dynamic, thriving形容數學。

　　四、學物理的人必然會感受到數學的威力，知道數學好是學物理的先決條件。由牛頓力學定律與萬有引力定律，可導出「克卜勒行星三大定律」；由Maxwell方程式可看出電場與磁場的對等性，預測位移電流、電磁波；了解繞射現象，Fourier轉換是關鍵；由Dirac方程式可預測正子的存在等，不能不讓人嘆為觀止。丘院士提到，理解在相對論裏，重力與時空曲率是一体兩面，使他開始對幾何學著迷。而與Calabi-Yau manifold對應的弦論可能是統一重力、電磁力、強與弱作用力理論的關鍵。專家們常思索數學到底是發明或發現，也由於幾何分析與弦論的交互作用，賦予新的意義。幾何分析不僅因弦論而貴（廣受注目），弦論非祇因幾何分析而富（內涵豐富），幾何分析與弦論都因而有極大的進展（富而貴）。數學既是發明，也是發現，視各別情況而所佔比例不同。

　　五、數學問題一旦經嚴密邏輯推理證明，是永恆的，物理問題雖經百般驗證，當量測尺寸、精確度不同時，可以有新的詮釋，如牛頓力學與量子力學、相對論的關係。丘院士證明Calabi conjecture是在弦論發展以前，而弦論尚未經實驗證實也未歷經測試。要證實Planck長度（10−30cm）尺寸弦論目前似毫無頭緒，但未來並非絕無可能。另一方面從數學是理論物理驗證主要工具來看，弦論背後的數學具備一致性，預測與粒子物理現象一致，並與屢經測試的量子場論一致，與廣為接受的規範理論緊密相聯，而其又是量子化重力適切理論，

已確保其在物理學有力工具地位。丘院士認為物理學家主要聚焦於現今實體空間，數學家則對整體空間有興趣，物理與數學相互為用，可能有助於尋求對實體空間有用之通用法則與指導原則。

今年適逢清華大學百周年校慶。清華大學百年來出了許多數學巨擘，包括在世界數學界揚名立萬的華羅庚、陳省身先生，他們都是中央研究院第一屆院士。華羅庚先生曾識拔本校徐賢修前校長在美修習製造原子彈科技，陳省身先生為丘院士博士論文指導教授，而兩人同於2001年成為本校名譽博士。三段佳話，都是清華數學光榮傳統的一部分。本校數學系擁有多位教育部國家講座、學術獎，國科會傑出研究獎、吳大猷獎學者，有相當優良的表現，但仍有很大進步空間。清華很榮幸為國科會理論科學中心東道主，希望以後理論科學中心與丘院士創辦的北京清華數學論壇中心密切合作，幫助數學系更上層樓，願與大家共勉之。

◀①數學問題經嚴密邏輯推理證明，是永恆的
②非常成功的人，常是極為用功的人
▼③每個人都有他的特殊使命召喚

中研院近代史所長黃克武與出版人林馨琴對談「百年中國的知識份子」致詞

2011年10月21日　星期五

　　今年六月中透過「時報悅讀俱樂部」買到大陸作家岳南撰述、由時報出版社出版的《南渡北歸》（分《南渡》、《北歸》、《傷別離》三冊）這一套以抗戰到內戰時期知識份子遭遇為主題的書。當初是被該套書副標題「二十世紀學術大師們的情感命運之書」吸引購買。一讀之下震撼不已，不禁蕩氣迴腸。書中第一章，就有副標題「慌亂大逃亡／別了」，「北總布胡同三號／大師雲集清華園／梁啟超與李濟的友誼」，引人入勝，而作者也沒有讓人失望，以順暢的文筆、緊繃的情節，自1925年清華成立國學院振動學術界一路鋪陳下來，到抗日戰爭爆發，大師們輾轉集體南渡，抗戰勝利前後，學術大師們各自的思想變化與不同的人生遭際，最後則敘及兩岸局勢成形之後，這群知識分子的群體命運出現了分叉流轉的各種面貌。時報出版社為本套書所出專刊中，列舉二十八位學術大師，其中至少有十九位為清華人。書中曾引原清華大學文學院院長馮友蘭先生在西南聯合大學紀念碑碑文中敘南渡之史：「南渡之人，未有能北返者；晉人南渡，其例一也；宋人南渡，其例二也；明人南渡，其例三也。吾人為第四次南渡，乃能於不十年間，收恢復之全功。」書中又敘及身為清華大學國學院四大導師之一的陳寅恪先生在對日抗戰初期曾有詩「南渡自應思往事，北歸端恐待來生」，不禁令人惻然。無奈北歸歡慶之餘，不旋踵，因國共內戰又展開了另一波南渡。從一個清華人的觀點來看本書，感覺處處皆見清華人，處處皆見清華事，該書篇幅雖長達一百二十萬字，但劇力萬鈞，讓人不能釋卷，時而不勝唏噓，時而扼腕浩歎，是一個難得的閱讀經驗。

　　今年七月十九日，岳南先生專程到清華拜謁梅貽琦校長墓園。本人適因在台北開會，未能親自接待，乃相約於時報出版社見面。晤面當天又剛好碰到時

報出版社安排岳南先生與中研院近代史研究所黃克武所長在當晚於台北誠品書店對談，本人也就欣然受邀參加對談。另一方面，也趁機邀請岳南先生到清華大學擔任駐校作家，獲得正面回應，據教務長告訴我說，迄今接洽與辦理手續都相當順利，預期岳南先生大約下月初即可到校，也算是分外有緣。同時也要特別感謝黃克武所長與林總編輯，不僅為美事佳話無意間做了冰人，今晚並專程來校為清華通識講堂就「百年中國的知識份子」對談。誠如《南渡北歸》書中所展現，清華人在百年中國知識份子群中，占有舉足輕重地位，兩位的精闢對談，必將更豐富聽眾對近世中國士人的認識，讓我們一起洗耳恭聽。

▲ ①南渡之人，未有能北返者
　②劇力萬鈞，讓人不能釋卷
◀ ③豐富對近世中國士人的認識

楊福家校長演講「教育的普世理念
——兼談中、英、美大學的差異」致詞

2011年10月21日　星期五

　　很歡迎楊福家校長今天蒞校演講。楊福家校長是中國著名的核物理學家，1991年當選中國科學院院士。楊校長是英國首位華人大學校長、自2001年起擔任英國諾丁漢大學總校長，2004年兼任寧波諾丁漢大學校長至今，在1993至1999年曾任復旦大學校長，在全球化橫掃世界，各國名校莫不追求國際化的今天，楊福家校長是站在一個曾分別擔任中國與英國名校校長的獨特制高點，與我們分享今天演講的主題「教育的普世理念——兼談中、英、美大學的差異」。清華大學在一百年前，利用美國退還多索庚子賠款建校，曾是一個高度國際化的大學，曾有多年美籍教師要比華籍教師多，英國學術大師羅素在1920年代訪問中國時，曾有「清華大學很像一個由歐美移植來的大學」的觀察；同時利用庚子賠款基金，歷年送出近一千位赴美留學生，這些優秀的留美生學成返國後，大多成為各行各業領袖，對中國現代化發揮了很大的力量，同時也清華大學發展成國內的頂尖大學。

　　另一方面，民國以來，累經軍閥專政、抗日戰爭、內戰、兩岸分治，大陸經文革動亂後的改革開放，台灣則努力於經濟轉型，以致到近二、三十年，兩岸才分別有一個較富足與安定環境來發展學術。大約兩週前，當代最具影響力的數學家之一，丘成桐院士在數學系以「從清末與日本明治維新到二次大戰前後數學人才培養之比較」演講，曾列舉出生於十九世紀，歐洲頂尖數學家超過百人，而提到出生於二十世紀，華裔與之同等級的數學家屈指可數，丘院士指出歐洲這些頂尖數學家都有生活無虞的環境，反觀中國，在二十世紀大多處於貧困戰亂中，即使最不需要資源的數學界，受到生活磨難，無暇專注學術，發展都有困難，遑論其他領域。另一方面，中國從不曾以數學大國著稱，是否有

偏重實用的深層文化問題，值得探討。總之，學術發展，非一蹴可幾，需要良好的環境孕育，才可期待開花結果。

　　近年海峽兩岸，均以積極措施，支持重點大學邁入頂尖之林，而在許多數據上，也呈現長足的進步。但也有數位英、美名校校長屢屢放話，華人大學要躋身世界頂尖大學之林，仍須相當時日，非積年累月不為功，雖有潑冷水之譏評，不是全無道理，值得深思檢討。1936年，哈佛大學華人畢業生為其建校三百年紀念立碑，有云：「創始也艱，自是光大而擴充之，而其文化之宏，往往收效於數百年間而勿替」。楊校長的建言，當彌足珍貴。吾人尤須珍惜歷史機遇，難得歷經百年現代科學洗禮，積數十年富足與安定環境下發展學術，攜手並進，追求卓越，為人類文明做出重大貢獻。

▲①站在一個曾分別擔任中國與英國名校校長的獨特制高點
　②學術發展，需要良好的環境孕育，才可期待開花結果
▼③創始也艱，自是光大而擴充之
　④文化之宏，往往收效於數百年間而勿替

「通識講堂」鄭愁予教授「第三個百年——和平永續」演講致詞

2011年12月26日　星期一

　　很幸運參加今晚的演講會。鄭愁予教授是本校講座教授，為莘莘學子授課，引領藝文風氣，豐富校園文化，本校由於鄭愁予教授的加入，星光更為璀璨。上星期二，喜逢鄭愁予教授以所完成百年詩歌、萬載承平——《和平的衣缽》大作，榮獲推動全球熱愛生命運動舵手的周大觀文教基金會——2011年全球生命文學創作獎章盛會，這是清華之光、生命之光，全球清華學子同沾榮耀。

　　「熟讀唐詩三百首，不會作詩也會吟」，讀詩是每個愛好文學的人，豐美的經驗。今晚許多聽眾一定拜讀過鄭愁予教授新詩〈錯誤〉，誰能忘懷詩中「我達達的馬蹄，是美麗的錯誤，我不是歸人，是個過客」佳句，鄭教授在創作時，應有想到李白〈春夜宴從弟桃花園序〉中「夫天地者，萬物之逆旅，光陰者，百代之過客，而浮生若夢，為歡幾何？古人秉燭夜遊，良有以也」句。古詩十九首亦有云「生年不滿百，常懷千歲憂。晝短苦夜長，何不秉燭遊？」幸好鄭教授秉燭夜遊的時間不多，接受李白的勸告，「況陽春召我以煙景，大塊假我以文章。不有佳詠，何伸雅懷？」因而佳作連連，以優美的詩篇滋潤人生，為讀者蒼生福。

　　兩週前我到日本京都大學參加「東亞研究型大學協會」（Association of East Asian Research Universities, AEARU）會議，京都大學松本校長曾提到清華大學國學院四大導師之一的王國維先生曾在該校講學數年。王先生《人間詞話》有云「詩人對宇宙人生，須入乎其內，又須出乎其外。入乎其內，故能寫之。出乎其外，故能觀之。入乎其內，故有生氣。出乎其外，故有高致。」又有人說「眼睛看得到的是視力，眼睛看不到的是洞見」，成功的詩人能見人所

不能見，將浮生百態，簡潔呈現之外，更能發人深省，沉吟不已。

　　上週與鄭教授餐敘時，鄭教授提到正著手撰寫有關曹操一書。曹操是一個充滿爭議性的人物，一方面「挾天子以令諸侯」，另一方面能忍受誘惑，終其身未篡位自立。曹操曾自云：「使天下無有孤，不知當幾人稱帝，幾人稱王」。受《三國演義》影響，一般人均以奸雄視之，至多為「治世之能臣，亂世之奸雄」，而《三國志》陳壽評價曹操為「為非常之人，超世之傑矣」，同時曹操文學素養很高，〈短歌行〉中，「青青子衿，悠悠我心；但為君故，沉吟至今。山不厭高，海不厭深；周公吐哺，天下歸心」，〈龜雖壽〉中「老驥伏櫪，志在千里；烈士暮年，壯心不已」等名句，均為人傳誦沉吟不已。蘇東坡〈前赤壁賦〉曾說他「橫槊賦詩，固一世之雄也」。最近我剛好看到一本《說曹操，曹操就到》新書，書名取自俗語，用以形容曹操用兵如神，而兵貴神速，但他一生征戰，曾多次屠城。鄭愁予教授素有仁俠詩人之美譽，仁者與詩人如何看充滿矛盾的曹操，與今天的演講一樣，是很值得期待的。

▲①以優美的詩篇滋潤人生，為讀者蒼生福
　②眼睛看不到的是洞見
　③不有佳詠，何伸雅懷？

清華通識講堂「呂正理董事長」開講
——一個業餘史家如何用另眼看歷史致詞

2012年4月20日　星期五

　　這學期清華通識講堂開講，首由呂正理董事長談「一個業餘史家如何用另眼看歷史」，呂董事長為清大化學系72級及應化所76級校友，現亦擔任清大化學系系友會會長兼水木化學文教基金會董事長。他也是清大校友會理事，對學校校務發展多方協助。前年七月承蒙呂正理校友餽贈大作《另眼看歷史》，深受啟發，也很高興得知該書榮獲2011年台北書展「非小說類」大獎。

　　《另眼看歷史》是呂正理校友花了兩年時間寫成的一部有關中、日、韓、台灣及周邊世界的多角交織歷史。呂校友並不是專業學歷史，只是在業餘喜好研究歷史。據他在序中述及：他對歷史的濃厚興趣，並沒有因為讀理、工科系而減少；歷史讓他在工作及生活上得到許多啟發，也帶給他無窮的樂趣。而他寫本書是要寫成給一般大眾看的「史普」書，希望像他喜愛的一些「科普」書一樣，易讀而有趣。他寫本書有三個主要目標：

一、是要寫一本客觀而簡要的通史，把中國、日本、韓國、台灣等國家或地區裡各個民族的起源、朝代興衰，以及歷史上的雙邊或多角互動關係都包括在裡面。

二、是希望探討各種不同的思想、宗教及價值觀，因為他深信凡人的一言一行，除了來自於先天的性格以外，無不受到那個時代的思想潮流及社會價值觀的重大影響，類似的歷史事件之所以重複發生是根源於某些驅之不散的特定思想及價值觀。

三、從歷史借鏡，引唐太宗言：「夫以銅為鏡，可以正衣冠；以古為鏡，可以知興替；以人為鏡，可以明得失。」加入自己的觀點，提供給讀者們參考。

以著「英國史」（History of England）而享譽史學界的英國歷史學家麥考萊（Thomas Macaulay），曾列舉理想中的史學家具備的特徵，其中適合非專業史學作者包括：

一、作品具體而微地展示出一個時代的性格和精神。在全球化時代，東亞文明日益受到注目，一部中、日、韓、台灣及周邊世界的多角交織歷史適時反應世人與時代需要。

二、敘述的事實和其中人物，言而有據。作者與多位研究各種不同領域的專家學者討論驗證，力求內容嚴謹，下筆客觀。

三、文字洗鍊，善於鋪陳，引人入勝。

從此觀點，「另眼看歷史」無疑是一部優秀的歷史著作。

對個人來說，這部書對中、日、韓、台灣及周邊世界的多角交織歷史提供了一個很好的切入點，而在歷史借鏡部分則更發人深思。孟子說：「孔子作春秋，而亂臣賊子懼」，但歷史上不懼的亂臣賊子多有，如民國初年大小軍閥據估計約三千人，未聽說何人懼春秋之筆而導正；如認為軍閥皆屬不學無術之輩，司馬光是北宋文學家、史學家、政治家，主編《資治通鑑》獲得很高評價，但本人深陷黨爭，批評王安石變法的理由之一是南人不可當政，似未從歷史記取教訓；近代人毛澤東熟讀史書，但曾說：「二十四史是假的」，相信「治亂迭乘，自然之律」，不惜屢次掀起動亂，為害最烈。前賢有言「閱萬卷書，所見非一，慧見生焉」。讀歷史個人體會不同，毛澤東對曹操最為佩服，顯然認為其數次屠城，最多屬三七開層次，種下禍因。治史貴求真，然後呢？如何從知識化為智慧，而成普世價值，是文明的挑戰。在沒有「抬頭三尺有神明」宗教信仰制約下，倫理教育成為一道重要防線。思想與價值觀在諸多情況下對歷史進程發揮的影響力是無比重要的。

今天很高興呂校友能蒞臨母校現身說法，必然精彩非常。希望大家學歷史，在可靠的事實基礎下，共造人類未來光明的前程。

▲ 對中、日、韓、台灣及周邊
世界的多角交織歷史提供很
好的切入點
◀ 閱萬卷書,所見非一,慧見
生焉

李羅權教授「太空科學與地震預報」演講致詞

2012年4月26日　星期四

今天很歡迎李羅權教授到通識講堂主講「太空科學與地震預報」。前幾天清華住宿學院李家維院長轉來一位大陸交換生返回大陸後發表的感言，關於校長部分，他說一個學期在大型學生活動與A咖演講時看到我七次，這點我必需要澄清，我聽演講並不看講者是A咖或B咖。雖說如此，今天的講者的的確確是A咖。2008年5月我接受被任命為國科會主委的李教授邀請擔任副主委，所以他是我在國科會的長官。

我在國科會工作二十個月後返校擔任校長，曾發念要將國科會的經歷做一記錄，因忙於手邊之事，一直未能啟動。國科會副主委是政務官，在公務體系職級為十四級，與清華編制內同仁最高職級為十級比較可謂高官。可是在國科會上班第一天，我督導的人事室主任問我是否要參加總統就職大典，如果要的話，他會幫我登記，才領會到原來副主委是總統就職大典可有可無的角色。清末有人說「不到北京，不曉得自己官小」，看來現在是「不到台北，不曉得自己官小」。在國科會我的主要工作是督導科學園區、工程處與人文處。以前在公共場所曾看到一則廣告詞：「錢多事少離家近，位高權重責任輕」，我在國科會工作說是：「錢少事多離家遠，位高權重責任重」，可能是相當貼近的寫照。但整體而言是相當寶貴而愉快的經驗，這點我要十分感謝李主委。

今天很歡迎李主委到通識講堂主講「太空科學與地震預報」。我所知道的李主委有三個最愛，一是太空科學，二是在阿拉斯加十七年的生活，以及自己開車在台灣各地旅遊，常講的眉飛色舞，三是酒量驚人，我曾親見他一人以高粱酒敬幾桌，打通關的壯烈場面，總之李主委是熱愛人生的人，今天講他熱愛的太空科學，必然精彩非常。

「遠方的祝福──卓以玉的詩與畫」演講致詞

2012年5月9日　星期三

　　很感謝與歡迎卓以玉教授到清華來演講。在科技界，本校校務諮詢委員卓以和院士大名如雷貫耳。很早就聽說卓院士有位多才多藝的姐姐。去年十二月舉行校務諮詢委員會時，與卓院士談起清華國學院四大導師之一的梁啟超先生，其曾孫女梁帆女士現為本校客座教授，才知卓、梁兩家有姻親關係，而卓以玉教授不久前曾在中研院講述其家學淵源。當時我就表示希望邀請卓教授能就便到清華來演講，有道是「心想事成」，很高興卓教授今天能翩然蒞臨，給予我們「遠方的祝福」。

　　一般與藝文有關的演講，少見既談詩又說畫，尤其是自己的詩與畫。卓教授詩畫雙絕，也以作曲知名。大概很少人不喜歡潘越雲的〈天天天藍〉，正是由卓教授作詞，她的〈相思已是不曾閒〉則是由卓教授以中國傳統的古箏譜曲，更彰顯了卓教授非同一般的文學、美學與音樂造詣。

　　詩情畫意，如詩如畫，生動地形容有如詩畫般美好浪漫的感受。文學的詩情與繪畫的畫意恰是我國審美意趣所追求的。一首好詩可以呈現出一幅優美的畫面，傑出的畫作，常別有詩情。我國本就有文人畫傳統；蘇東坡讚王維「詩中有畫，畫中有詩」，而蘇東坡本人則是多面性天才詩人，創新的畫家，他提出「詩畫本一律，天工與清新」，並主張畫以「神似」為上，「論畫以形似，見與兒童鄰」，詩畫可以互相闡發；「詩是無形畫，畫是有形詩」，詩畫關係密切，但有時又有互補性，鄭板橋讚揚歐陽修論寫蘭「蕭閒疏淡之致，惟畫筆偶能得之，此真知畫者也」。前人云「畫難畫之畫，以詩補足；吟難吟之詩，以畫助成」。

　　十八世紀德國藝術評論家萊辛（Gotthold Lessing）在一本論畫與詩的散文

集，*Laocoon*，中強調詩與畫的差異，認為詩與劃分別為語言與視覺藝術，以語言與線條彩色等自然為媒介符號，各適合表現在時間中先後承續的動態事物與空間中同現的靜態事物。另一方面，自藝術理想來說，繪畫最主要在追求美，詩則正反兼收，喜怒哀樂皆在旨中。中國文學中，自司馬遷起，「詩可以怨」是主流，文窮而後工，白居易在讀李杜詩集後嘆曰「天意君須會，人間要好詩」，西洋文學中，也屢見「病蚌生珠」之說。此間聯繫，相信能詩善畫的卓女士必能給我們帶來許多啟發。

卓女士出自藝術世家而與清華的淵源很深。祖父卓君庸先生有臺灣章草第一家的美譽，當年所有中國駐外大使合買了一件刻有卓先生書法：「子曰舉直錯諸枉，則民服」的水晶送給老總統蔣介石。同時蔣經國先生任行政院長時，曾每週親自到卓先生臨沂街寓所學習書法。祖母林嫄民女士，其兄林長民是卓教授的大舅公，為林徽因父親，是以林徽因為卓教授表姑，而林徽因與梁思成結婚是由梁啟超與卓君庸先生主持。另外林覺民先烈為林嫄民女士堂兄弟，參加美國越戰紀念碑設計競賽，獲得第一名的林瓔，其父林桓為林徽因異母弟弟。

另一方面，卓教授大舅舅陳岱蓀教授長期任清華法學院院長，是中國近代經濟學泰斗。外婆李季束之父李宗言，其外婆林普晴為林則徐的女兒，沈葆楨夫人。一個家族出了這麼多歷史人物，讓人嘆為觀止。

今天很高興請到卓以玉女士到清華來演講，是清華與卓女士結緣之始。很感謝卓女士有意將其珍藏的十八幅原版畫作捐贈給清華，盛情隆誼，實為清華之幸。我已經請圖書館典藏組與藝術中心了解典藏需要，在準備充分後，再擇期舉行捐贈儀式。現在讓我們以熱烈的掌聲感謝並歡迎卓以玉教授。

▲ ①詩畫雙絕，也以作曲知名
▼ ②詩畫本一律，天工與清新
　　③詩是無形畫，畫是有形詩

劉兆玄會長「漢字文化對於世界文明的影響」演講致詞

2012年5月23日　星期三

今晚很歡迎文化總會的劉兆玄會長蒞校演講。劉會長在清大任教多年，在校長任內被徵召擔任交通部部長，後來陸續擔任國科會主委、行政院副院長、院長等職，是清華之光。劉會長在中華文化總會弘揚漢字藝術不餘遺力，今天返校正是演講「漢字文化對於世界文明的影響」。

由於文字是傳遞思想的主要工具，文明的建立與文字有密不可分的關係，有文字為開啟通往文明的密碼之說。《淮南子‧本經》記載「昔者倉頡作書，而天雨粟，鬼夜哭。造化不能藏其密，故天雨粟；靈怪不能遁其形，故鬼夜哭。」北京清華中文系教授朱自清論述為「人類對傳播革命的天生恐懼；眾人皆可食矣，魑魅聞之懼焉」，總之驚天動地。我國雖有倉頡造字傳說，但多認為造字非一時一地一人之功，戰國七雄時代，七國文字「異構叢生，形體雜亂」，秦始皇命李斯、趙高等整理使「書同文」，才統一文字，一方面使統一文字綿延兩千年，同時讓漢字成為世界連續使用最久的文字，另一方面也維持華夏地區「分久必合」的局面。

文字的發明是由發明文字衍生。東漢許慎編寫《說文解字》，創立了六書理論，把漢字的構成和使用方式歸納成六種類型，總稱「六書」。漢字以象形字為基礎，發展成表意文字，增加了其他的造字方法，以拼合、減省或增刪象徵性符號而成。發展指事、會意、形聲、假借、轉注。象形、指事是「造字法」，會意、形聲是「組字法」，轉注、假借是「用字法」。《說文解字》收9,353字，其中象形、指事、會意、形聲約各佔4%、<1%、13%、82%。形聲以形符喻義，聲符傳聲，是漢字主要造字方法，假借、轉注則佔很小比率。另外有人認為指事、會意可以歸為象形字，象形、假借、形聲是文字發展邏輯程

序。一般認為「六書說」只能夠代表東漢以前最典型漢字組織特性，有些不完備清楚之處，而目前所用漢字，形聲字已占九成以上。但「六書說」對於漢字如何形成與分析有助解構漢字，對文字的認讀及字義的理解亦有幫助。

漢字為視覺文字，單音獨體。《說文解字》錄9,353字，清朝《康熙字典》共有47,035字，教育部的《異體字字典》共有106,230字，電腦的Big－5字集共有13,056字，電腦的Big－5E字集共有17,010字，「中文標準交換碼全字庫」共有76,067字。值得一提的是教育部的《異體字字典》，最新版為民國九十三年一月正式第五版，內容含正字與異體字，將字典加以數位化，檢索甚為便利。

一般認為常用漢字約三至五千字，九十六年版的《國語小字典》收4,305字，應足夠閱報無礙。根據中央研究院鄭錦全院士分析，《史記》用5,122字種；二十四史，除《清史稿》用近八千字種，其餘多在六千字種以下。另外中研院鄭錦全與曾志朗院士曾分析金庸多部著作，最長的《天龍八部》、《鹿鼎記》兩部書，各約一百萬字，用字都不超過4500字種，約與長約73萬字《一百二十回紅樓夢》相當，與此相應的許多西洋名著，用詞也在五、六千詞種之內，故有「詞涯八千」之說，認為人類語言符號認知上限是八千。

漢字具有「形、音、義」特點。漢字為形符文字，音義宗乎形，音符文字有音有義，義符文字有義無形，如科學符號。以現已習用的科學符號，形符與音符文字皆非對手。在表達思想語言上，形符與音符文字各有勝場。音符文字為語言工具，受語言習慣制約、限制，語言傳遞思想在瞬間，形符文字可細看，要求較嚴。在觸控輸入時代，形符文字在資訊科技的應用上更趨利便，可兼顧地域個性與生活特性。另一方面，漢字的書法藝術，韻律與空間之美，則是舉世獨步。

文字、語言與思想一貫相聯，互為表裏。柏拉圖說：「思想是靈魂在對自己說話。」但文字、語言與思想也常有一定的距離，老子《道德經》開宗明義即說：「道可道，非常道，名可名，非常名」，文字、語言未得思想精微希微，而顯得粗疏，「無詞以對」，「文不達意」，「欲辯已忘言」，清華才子錢鍾書曾引經據典有言：「從具體到抽象而表達事物，總不能絕對準確的表達人意」，「像一隻笨拙的百靈鳥，不斷的繞者不可言傳的事物鳴叫盤旋」，是所有文字的挑戰。

▲ 文字為開啓通往文明的密碼

通識講堂「中國新時期文學成就、現況與展望」致詞

2012年9月24日　星期一

　　首先歡迎大家來參加今天「中國新時期文學成就、現況與展望」通識講堂，也感謝中國作家協會副主席何建明先生主講與協會成員閻晶明先生、彭學明先生、王久辛先生分別闡述中國文學評論、散文、詩歌等成就、現狀與展望。

　　這次邀請大陸重量級作家來訪，主要緣起本校駐校作家岳南先生，去年先有幸拜讀岳南先生大作《南渡北歸》，該書是以民初到內戰時期知識份子遭遇為主題；從一個清華人的觀點來看本書，感覺處處皆見清華人，處處皆見清華事，劇力萬鈞，內心震撼不已，是一個難得的閱讀經驗，後來也順利邀請到岳南先生擔任駐校作家；岳南先生於去年十月初到校，除講學外，並積極主導及參與各項活動，包括四月份邀請清華名師後裔來訪，以及今天的活動，同時他也會在下月二十六日舉行的「梅貽琦校長逝世五十周年紀念會」演講，在此也特別感謝岳南先生對清華的協助與貢獻。

　　誠如《南渡北歸》書中所展現，清華人在百年中國知識份子群中，佔有舉足輕重地位；清華自1925年設立國學院，延聘四大導師，震動學術界，即建立起卓然的人文傳統；以到台灣的清華人而言，今年三月底台師大修復梁實秋先生的故居「雅舍」，正式開放參觀，成為台北市第五個文學家故居。在此之前台北市有四位文學家，包括胡適（第二屆直接留美生）、林語堂（教授）、錢穆（西南聯大教授）、殷海光（西南聯大哲學系，清華大學哲學研究所畢業）諸先生的故居開放參觀，這五位先生的共通點是他們都是清華人；另一方面，大陸在1952年科系調整後，清華人文社會科系受到重創，依據今年中國校友會網發佈的「2012中國大學傑出校友排行榜」，1952年（含）以後畢業傑出

校友，在政界英才、兩院院士、社科學家、億萬富豪中，北京大學分別有48、144、182、82人，共456人，清華大學分別有49、144、18、84人，共292人，清華大學在其他各項均與北京大學在伯仲之間，唯有社科學家類大幅落後，學術受政治干擾，莫此為甚。新竹清華大學在1984年方成立人文社會學院，1990年成立國內第一個通識教育中心，2000年則成立國內第一個科技管理學院，人文社會領域教師約占全校教師之百分之三十，歷年來，在教學研究上有相當優異的表現。

清華作家中，在台灣最知名的應是「腹有詩書氣自清」朱自清先生，他的散文作品：〈背影〉、〈荷塘月色〉、〈匆匆〉、〈春〉等均曾收錄在中、小學教科書中，自清先生所以能有此際遇，也正因他在國民政府遷台前已經溘然長逝；另一方面，台灣在1987年解除戒嚴，廢除「台灣省戒嚴期間新聞紙雜誌圖書管制辦法以前」，查禁魯迅、巴金、茅盾、老舍、沈從文等留在中國大陸的五四運動後的知名作家，他們的著作、翻譯書籍都被列在查禁的範圍內，清華大學名譽博士「腹有詩書氣自華」的金庸先生，是公認的武俠小說大師，他的作品在台灣長期被禁，也因被標明為「左傾文人」之故；當然「陷匪」、「附匪」文人作品，如聞一多、穆旦等清華名家，更不能倖免，種種顯示兩岸文學交流的意義。

朱自清先生在〈文學的標準〉一文中，以為中國封建集團主導的傳統文學標準大概可以「風流儒雅」一語來代表。載道或言志的文學以「儒雅」為標準，緣情與隱逸的文學以「風流」為標準。曹丕的《典論•論文》，明白揭示文學價值，「蓋文章，經國之大業，不朽之盛事」，而不再是依附在「載道」重任下的附庸。另一方面：「年壽有時而盡，榮樂止乎其身，二者必至之常期，未若文章之無窮」，是古今的對話。自清代中業，西力東漸，國學國故在現代化浪潮下，備受西方文明考驗與衝擊。文學不僅是古今的對話，也是中外的對話，如今更是兩岸的對話，希望這次中國作家協會的參訪，能對兩岸文學的交流，有長足貢獻。

通識講堂「數位時代外交之潛力與問題」演講致詞（中英文）

2012年10月18日　星期四

　　很歡迎司徒文博士（Dr. Bill Stanton）到「通識講堂」以「數位時代外交之潛力與問題」（Digital Age Diplomacy: Potential and Problems）為題演講。通識講堂自去年百年校慶推出，邀請許多名家作精闢演講，非常受到歡迎，已經建立優良傳統；而今天的「通識講堂」更推陳出新，原因是今晚的講者司徒文先生非常特別，不僅因為他是「通識講堂」第一位「老外」，更由於他是剛卸任的美國在台協會駐台北辦事處處長，也是第一位選擇在台長期定居的美國大使級外交家。

　　司徒文博士為美國北卡大學教堂山分校（University of North Carolina, Chapel Hill, UNCL）英語文學博士，退休前是有三十四年資歷的資深外交官，曾經派駐巴基斯坦、黎巴嫩、南韓及澳洲，並曾兩度派駐北京的美國大使館。2009年至2012年間曾任美國在台協會台北辦事處處長，任內成就包含台灣獲加入免美簽計畫候選國以及促成美國資深官員來訪等，卸任後於台北美國學校任教，2012年7月17日獲頒大綬景星勳章，同年8月1日獲頒表徵在台外國人士特殊成就的外僑永久居留證「梅花卡」。前些時與他有機會晤談，瞭解他當年申請研究所時，曾面臨要到康乃爾大學（Cornell University）或UNCL的選擇，由於Cornell大學常為一般人首選，當其招生組人員知道他選擇去UNCL，大為吃驚，直問為什麼？司徒文博士以其本身體驗答覆：「they are nicer」，可見其為性情中人，是a man of character and affection。

　　我們希望，而且很可能司徒文博士到清華會有「賓至如歸」（feel like home）的感覺，一方面因為清華大學與美國的淵源深切，是華人地區沒有任何一個其他大學可以比擬的；約一百年前滿清政府在北京利用美國退還多索的

庚子賠款（庚款）建校，另一方面，歷年來利用由庚款建立的「清華基金」，在全國選拔了近一千位優秀青年，以公費支持到美國名校就讀；這些學子在學成後，絕大多數回到中國，在許多行業成為領導人物，對中國現代化產生很重大的影響並有具體實質的貢獻，同時也帶動留學美國風潮，培養了一代又一代的知美與親美領導人物；這裡值得特別一提的是清華人曾在民國外交界大放異彩，先後有胡適、葉公超、蔣廷黻博士曾任我國駐美大使，其他也有多位校友擔任大使及公使，在民國外交界舉足輕重。在此特別值得一提的是1905年至1909年任美國駐華大使的柔克義（William Woodville Rockhill）先生，他在任上成功協助清廷駐美公使梁誠先生堅持將美國退還多索的庚款作為教育之用，對清華的建立，功不可沒。柔氏為美國資深外交家，曾任美國駐韓國參贊、駐羅馬尼亞、土耳其與俄羅斯大使，與司徒文博士有相似資歷。

司徒文博士本人與清華也有一段淵源，龍應台文化基金會全英語「台北沙龍」（Taipei Salon），在前年7月10日，邀請司徒文博士主講「以矛攻盾的美國」（The Paradox of America），探討來自南轅北轍的文化族群的三億人口，怎麼組成一個相對繁榮而和諧的國家？正是在本校台北月涵堂舉行，當日本人也應邀與會，與司徒文博士餐敘並第一次見面，可謂「無巧不成書」（No good book is written without coincidence.）。

司徒文博士自美國在台協會/台北辦事處處長任內退休後，現在台北美國學校教授「台－美－中三邊關係」（Trilateral Taiwan-U.S.－PRC relationship），「美國政府與各種政治系統」（American government and comparative political systems），「有政治意含的英語文學」（English literature with political themes），這些課題與今天的講題「數位時代外交之潛力與問題」，顧名思義，都是清華師生同仁有高度興趣的主題，希望今天的第一次接觸（close encounter of the first kind）是未來司徒文博士與清華緊密互動的先聲。

Good evening and welcome to the Tsing Hua General Education Lecture Series. Tonight we have a distinguished speaker, Dr. Bill Stanton, to share with us his insights on "Digital Age Diplomacy: Potentials and Problems." Knowing the fact that Dr. Stanton is an outstanding diplomat who has just retired from his post as the

Director of American Institute in Taiwan, one of the most delicate positions that a U.S. diplomat can hold, I believe we are in for a real treat!

The Tsing Hua General Education Lecture Series was launched last year during our Centennial Celebration. This Series was so well received that the Office of Academic Affairs has decided to continue this intellectual feast and make it a fine tradition on our campus.

Dr. Stanton received his Ph.D. in English Literature from the University of North Carolina, Chapel Hill in 1978. He went on almost immediately to serve in the U.S. diplomatic corps. For 34 years, he served honorably and successfully in many strategic posts such as Pakistan, Lebanon, South Korea, Australia, and served twice in China. During his tenure as the Director of AIT, he has enhanced the friendship between Taiwan and the U. S. vigorously. One of his important contributions in building a stronger tie between the two peoples has been the inclusion of Taiwan in the U. S. visa-waver program which will allow all of us to visit U. S. without the hassle of getting a U. S. visa.

Our distinguished speaker tonight, Dr. Bill Stanton is also a gentleman scholar in the best sense of the words. He is, however, somewhat unique, He is the first "non-Chinese" speaker that we have invited. Moreover, he is the first U.S. career diplomat decided to stay in Taiwan after retiring from his active duty. This decision clearly demonstrated his love for Taiwan and has made him one of the most endearing Americans in our country.

I believe Dr. Stanton will feel at home at Tsing Hua. After all, Tsing Hua was established with the funding from the over-charged Boxer indemnity returned by the U.S. Government in 1909. The returned funds was specifically earmarked to be used for the purpose of enhancing Chinese higher education in an Act adopted by the U.S. Congress largely due to the combined effort of two visionary diplomats; Counselor Liang Chen who stationed in Washington D. C. representing China at that time and his counterpart, U.S. Ambassador Bill Rockhill in Beijing. Remarkably, the stipulation to use the fund for higher education was against the wish of the then Chinese prime minister, Yuan Shi-Kai, who had wanted to use the fund for economical development. Due to their effort, part of the Tsing Hua Funds was used to send nearly one thousand best and brightest Chinese youths to various American campuses for advanced study over a period of twenty years. Almost all of them returned to China after completing their study and became leaders in various sectors of Chinese society; including three Chinese ambassadors to the U.S.; Hu Shih, George Yeh and Ting-Fu Chiang as well as many ambassador-rank diplomats who represented China in various posts in different parts of the world.

The Tsing Hua Fund established with the efforts of these two visionary diplomats is still operative and benefiting the University after more one hundred year of its establishment. It shows what capable and visionary diplomats can do with their foresights and diplomacy.

Personally, I had the pleasure of meeting Dr. Stanton in one of the events organized by Taipei Salon chaired by the current Minister of Cultural Affairs, Dr. Ingtai Long on July 10, 2010. On that occasion, Dr. Stanton gave a stimulating lecture on the "Paradox of America" where he analyzed how 300 million Americans created a prosperous and rather harmonious nation despite of their heterogeneous cultural backgrounds. Incidentally, that particular lecture was given in the auditorium of NTHU's Taipei Office. As the saying goes, no good book is written without coincidence.

I believe tonight's lecture is especially interesting to NTHU faculty and students. As a university, we are well-known for our excellent programs in information science and we have long history with the U.S. Like all of you, I am eager to hear Dr. Stanton's speech, but before turning the podium over, I would like Dr. Stanton to know that we hope this is just the beginning of long and cordial relationship between Tsing Hua and Dr. Stanton.

①10/18 (四)19:00pm 工程一館107 前美國在台協會臺北辦事處處長 司徒文 先生

Digital Age Diplomacy: Potential and Problems

◀①賓至如歸
▼②性情中人
　③第一位選擇在台長期定居的美國大使級外交家

陳國球院長主講「朱自清：文學教育與清華記憶」致詞

2012年11月21日　星期三

很歡迎與感謝香港教育學院語文學院陳國球院長蒞臨通識講堂以「朱自清：文學教育與清華記憶」為題演講；今年六月人社院舉辦「文學與語言：中國文學批評研究工作坊」，有幸首度結識陳國球院長；在那次聚會上，我曾對朱自清先生〈文學的標準〉一文，將標準分為直接承受不自覺的標準與經過衡量的尺度兩類，略有闡述。從蔡院長處喜聞陳院長對朱自清先生很有研究，因此今天的演講至少對我個人而言是盼望已久的。

在一九五零年代以後數十年間，在台灣長大的學子們，應都在教科書中讀過朱自清先生的散文〈匆匆〉、〈春〉、〈背影〉與〈荷塘月色〉等，〈匆匆〉開頭「燕子去了，有再來的時候；楊柳枯了，有再青的時候；桃花謝了，有再開的時候。但是聰明的，你告訴我，我們的日子為什麼一去不復返呢？——是有人偷了他們罷；那是誰？又藏在何處呢？是他們自己逃走了罷；現在又到了哪裡呢？」〈春〉起頭「盼望著，盼望著，東風來了，春天的腳步近了。一切都像剛睡醒的樣子，欣欣然張開了眼。山朗潤起來了，水長起來了，太陽的臉紅起來了，小草偷偷地從土裏鑽出來，」〈背影〉裡「這時我看見他的背影，我的淚很快流下來了。」〈荷塘月色〉裡「月光如流水一般，靜靜地瀉在這一片葉子和花上，薄薄的青霧浮起在荷塘裡，葉子和花彷彿在牛乳中洗過一樣；又像籠著輕紗的夢。」都給人留下不可磨滅的印象，有人形容「讀他的文字常使人感到靈魂被蕩漾一番」，是很真切的寫照，堪稱現代白話文的經典作品。

近年來很驚喜的發現朱自清先生是清華人，而且結緣達二十三年之久，因此不免刻意選購閱讀朱先生的著作，一方面知道他原名自華，改名自清，想是

因為常言「飽讀詩書氣自華」，而「飽讀詩書氣自清」對他的風格與著作形容更為貼切之故，但也巧與「水木清華」合趣；另一方面發現他的學問「博大精深」，閱讀朱先生的大作宛如置身寶庫之中；他的成就，並不限於散文創作，並是一位傑出的學者；朱先生到清華後，即「以國學為職業，文學為娛樂。」自1932年開始擔任中文系系主任後，殫精竭慮注重「古今會通，中外會通」，並親自開課達十六門之多；以北京大學出版社所出崔樹強先生所編《荷塘清韻》中，編選他在文學創作以外最有代表性的學術研究成果與學術隨筆，可謂「洋洋大觀」；第一編〈經典常談〉，選錄其編定出版的古代文化的普及讀物，「包括群經、先秦諸子、幾種史書、一些集部」，也就是經史子集四部要籍的簡要介紹。第二編〈生命吟詠〉，收錄其在詩歌、歌謠與朗讀等方面的研究心得，第三編〈語文影輯〉，搜集其關於日常語言的精微意義的討論，第四編「雅俗共賞」，討論的是文學舊的標準與新的尺度的問題，第五編〈人生一角〉，對人生與生命深刻感悟，他說「我自己只站在『一角』上冷眼看人生，並不曾跑到人生的中心去」；由此選集可看出朱先生為學的廣度與深度；另一方面，他除是散文大家外，既寫新詩，也寫舊體詩，同時寫了不少校歌班歌，同時也留下日記、書信與譯文，「博通古今，學貫中西」，豐富而多元。

　　就做人而言，朱自清先生是一個有真情、很謙虛、很敏感、富正義感的人：

一、真情：他在《新詩雜話》後，自云：「愛不釋手，說我敝帚自珍也好、舐犢情深也好，我認了」，可見一斑，他的〈背影〉與〈給亡婦〉寫父子與夫妻之情，極富有真情實感。

二、謙虛：他在一篇序中說「二十五歲以前，喜歡寫詩；近幾年詩情枯竭，擱筆已久。我覺得小說非常的難寫，不用說長篇，就是短篇，那種經濟的，嚴密的結構，我一輩子也學不來！至於戲劇，剪裁與對話，都有謹嚴的規律，必須精心結撰，方能有成，我更是始終不敢染指；我所寫的大多是散文，即不能運用純文學的那些規律，而又不免有話要說，便只好隨便一點說著，我是自然而然採用。」

三、敏感：他在1931年日記中記載兩次夢到因研究不夠，而被解聘，1936年又夢到被學生縛手，痛責其從不讀書，研究毫無系統，要求他辭職，對一個名滿天下，又長期任清華中文系系主任的學者，從這些夢魘，可看出他對自己的要求很高，部分也反應他在「大師如林」的清

華所受的壓力，

四、正義感：他不是激進的革命者，他的政治立場，既非保守，也不激進，只是一種基於超然的溫和；但親身參與「五四運動」以及反對政府乖張措施行動、他庇護逃避軍閥追捕的同學，在被刺的同事聞一多教授紀念會致詞，主動承擔起整理編輯聞一多遺著的重任，抗議美國扶植日本而拒購美援麵粉，倡導知識分子「向民間去」。

以世俗眼光看，朱自清先生不是一個很幸運的人；他唸大學時，因父親出事引發家庭變故，家道中落，大學畢業後，生活不穩定，五年中，至少任教七所中學，年紀輕輕，家庭負擔很重，而妻子武氏早逝，留下三子三女，後娶陳氏，又添了三子女；到清華十一年後，隨抗戰後撤，流離到昆明「西南聯大」，雖絃歌不輟，入不敷出，生活至為艱困，他的同事，著名的文學家沈從文回憶：「沒有散文沒有詩，默默過了六年，憔悴清瘦的影子，在同住老同事記憶中，終生不易消失」；繼而在國共戰爭方酣，憂慮時局中病逝；甚至在身後三年，長子朱邁先被以莫須有的「匪特」罪處死，年僅33歲。直到1984年平反。

朱自清先生只活了五十歲，創作時間並不長，他為人清雋，為文清新雅潔、文風樸實清新、文筆清麗、意境清雅絕塵、如荷塘清韻、姣月清輝，如一股清風，永遠令人懷念。他的作品「都使人感到是那麼實在、平易、純正、透徹，而沒有絲毫的虛、浮、躁、厲之氣，頗有一些『溫柔敦厚』之風」。郁達夫評價朱自清：「他的散文，能夠貯滿一種詩意。」可代表多數方家的看法。

最後要向大家介紹兩部大書，一為《朱自清經典大全集（超值白金版）》，為中國華僑出版社於2010年12月首印，收入了朱自清的所有經典力作，分為散文和詩歌兩部分，「散文篇」收入《蹤跡》、《背影》、《你我》、《歐遊雜記》、《倫敦雜記》、《標準與尺度》、《論雅俗共賞》、《語文影及其他》等集子。此外，「補遺」還收入了朱自清生前未曾編成集子的散文、雜文、論文、書評、小說等100餘篇。「詩歌篇」共收新詩、歌詞和舊體詩300餘首，所收新詩大部分曾收入朱自清親自編定的集子《蹤跡》以及他與其他詩人作品的合集《雪朝》中，歌詞大部分是校歌或某一年級的級歌，舊體詩絕大部分收在朱自清生前編定的《敝帚集》和《猶賢博弈齋詩鈔》裏，共約一百萬字。編輯甚為細心，印刷也在水準之上，離譜的是定價不到人民幣

三十元，可謂「以白金當銅板賣」，絕對超值，也要佩服中國華僑出版社的大手筆。另一為江蘇教育出版社1997年出齊的12卷本《朱自清全集》，凡400萬字，是迄今收納朱自清作品最齊全、最完整的作品總集；其中共收入日記70萬字，自1924年7月至1948年8月，中間有些殘缺。從中可知朱自清遺留下來的書信是很多的，朱自清生活、思想和感情的世界都鮮明地反映在這裡。

青輔會陳以真主委演講「青年有感　打造未來」致詞

2012年11月27日　星期二

　　很歡迎青輔會陳以真主委蒞臨清華通識講堂演講「青年有感　打造未來」，青輔會是政府設立輔導青年人的單位，陳以真主委於今年2月接任，是歷年來第三年輕的青輔會主委，與青年人年齡最貼近，是不折不扣的青年人，相信能在輔導青年人方面發揮長才。

　　對現今世界年輕人來說，未來是充滿了機會與挑戰；一方面由於科技的進展，物質文明達到高峰，另一方面，自近年美國金融海嘯、歐債危機連串爆發以來，資本主義社會發展出現崩解警訊，不僅「歐豬五國」（Portugal, Ireland, Italy, Greece and Spain, PIGS）高額財政赤字造成的債信問題久久未見轉機，更見失業率持續飆高，歐美已開發國家失業率大多達10－20%之高，尤其以年輕人受到最大打擊；據歐盟統計局資料，今年十月歐元區年輕族群的十月失業率達23.9%，西班牙走高至55.9%，希臘八月青年失業數據也飆上58%，不但都是歐元區的一倍以上，也代表每兩位青年中，就有超過一人沒有工作。加上世界人口爆炸，資源枯竭，環境破壞、氣候變遷等「不可逆」因素，未來舉世面對極大挑戰，尤以青年人在起跑點就飽受考驗，而要承擔所有成年人造成的問題，因而有「失落的一代」、「迷失的一代」之說。

　　台灣自然不能自外於世界局勢，根據「主計總處」公佈：8月台灣青年失業率高達13.61%，雖較歐美已開發國家低，但隱藏在數字背後的嚴重問題是「學用落差」；台灣在一九八零年，有十六所大學、十一所獨立學院及七十七所專科學校，到一九九零年，有二十一所大學、二十五所獨立學院及七十五所專科學校，至二零零零年，有五十三所大學、七十四所獨立學院及二十三所專科學校，以迄二零一一年，有一百一十六所大學、三十二所獨立學院及十五所

專科學校，可大略看出，在一九九零年到二零零零年，大批專科學校「升格」為獨立學院，二零零零年以後獨立學院又大批「升格」為大學，目前很多大學是當年的專科；一方面專科技職教育幾乎消失，一方面導致大學數目暴增，而水準並未相對提升，再加上少子化的衝擊，進入大學門檻大降，而國人重視學位的觀念根深柢固，因而許多尚未「準備好」的大學招收到程度不足或缺乏企圖心的學生，畢業後常缺乏基本就業能力，眼高手低，很難得到雇主青睞，超高失業率就隨之而來；許多年輕人苦於就業困難，薪資、待遇與期望有落差，企業也常困於招募不到適當人才，導致整體競爭力下降，社會彌漫不滿氣氛。

清華的同學是相對幸運的一群，在就業方面壓力較小；清華大學是國內頂尖大學，有責任與義務培育未來社會中堅份子，而學校提供許多機會協助同學成長，就以「清華出版社」即將出版的新書《在世界盡頭遇見台灣》作者羅聿同學來說，他先到非洲擔任國際志工，再以單車挑戰青藏高原，去年更趁到瑞典「林雪平大學」交換學習一年機會，單騎上路繞行大半個瑞典，親訪遠居異鄉的華僑，為思鄉的遊子寫故事；另一方面，清華有「逐夢獎學金」的設置，贊助懷抱著夢想，並且勇於實踐的學生們；多年來，協助許多清華在校生圓夢，包括國際志工與壯遊，另有與多國學術單位簽訂交換生計畫，羅聿把握機會，創造無限可能，極為難能可貴。

在輔導學生就業方面，清華甫與1111人力銀行合作，打造「清華職涯發展專區」，客製化網頁篩選出適合清華人的工作，提高媒合機會。專頁也提供職場情報、薪資調查、職業測評等服務，提供職涯規劃所需的知識及應有的學習態度，讓清華人提前了解職場生態，贏在起跑點。「清華職涯發展專區」在涵蓋面、資訊完備性、方便性皆大大增加，而且不受時、地限制；同時不僅可嘉惠初入職場學子，而且有助於校友因個人生涯發展需要轉換跑道，對在校學生以及校友都是福音。希望同學們能在學校充實自己，未來出了社會，協助解決各項問題，共同為有希望與遠景的未來社會努力。

「從中國古典詩到台灣現代詩」通識講堂致詞

2012年12月6日　星期四

很歡迎大家來參加「從中國古典詩到台灣現代詩」通識講堂；今天活動也是台北「金萱會」會外會；臺北「金萱會」是國立清華大學推動創辦的「漢學與物質文化」國際學術系列沙龍，有意追隨哈佛「紅粥會」和京都「蟠桃會」的腳步，立足台灣，面向全球，希望成為國際國內文史學者以文會友的一個高端的交流場域。今天邀請國際和兩岸詩歌欣賞與研究領域頂尖學者與專家，講述心得，分享研究成果，描繪一幅「從中國古典詩到台灣現代詩」生動地圖，跨越時空，實為難得盛會。

「詩」一般了解，是以簡潔的語文表達深長的意義、深刻的意象，發抒情感與情懷，敘事描景；胡適先生在〈談新詩〉一文將「新詩」對舉於舊詩，泛指五四以來的詩作都叫做新詩。有人將國民政府遷臺後，臺灣的新詩發展稱為「現代詩」或與「現代主義」相關的詩。如此「從中國古典詩到台灣現代詩」，有古典詩、新詩到台灣現代詩的階段。

古典詩常有一定的格式與韻律，《詩經》是中國第一部詩歌總集，收錄自西周至春秋五百年來的詩歌305篇；「詩六義」指「風、雅、頌、賦、比、興」，風雅頌是詩經作品體裁的區分，賦比興是詩經的作法；鐘嶸《詩品》品評了兩漢至梁代的詩人，在《詩品・序》裡，他談到自己對詩的一般看法：「文已盡而意有餘，興也；因物喻志，比也；直書其事，寓言寫物，賦也。若專用比興，患在意深。若但用賦體，患在意浮」，強調賦和比興的相濟為用；朱自清先生說「詩」是精鍊的文字，鐘嶸評漢末古詩：「可謂幾乎一字千金」；因為所詠的幾乎是人人心中所要說的，卻不是人人口中筆下所能說的，而又能夠那樣平平說出，曲曲說出，所以是好。

中國文學以「唐詩」、「宋詞」並稱，唐朝是中國詩歌發展的黃金時代，名家輩出，是古典詩發展的高峰，清康熙年間奉敕編校《全唐詩》，「得詩四萬八千九百餘首，凡二千二百餘人」；宋朝的文學代表是詞，但《全宋詩》收錄超過二十五萬（254,240）首詩，凡九千餘人，而《全宋詩》收錄約兩萬闋詞；蘇軾詩在《全宋詩》中收2814首，詩中「鄉」字出現89首，「夢」字出現200首，於《全宋詩》中收366闋，詞中出現「鄉」字有20闋，「夢」字出現77闋；陸游活到八十五歲，詩有萬首；最熟於詩律，七言律尤為擅長。所以宋朝並不乏作詩的人，但成就很難高出李白、杜甫等人，魯迅就說：「我以為一切好詩，到唐已被做完，」王國維先生《人間詞話》有云：「古詩敝而有律絕，律絕敝而有詞。蓋文體通行既久，染指遂多，自成習套。豪傑之士，亦難於其中自出新意，故遁而作他體，以自解脫，一切文體所以始盛終衰者，皆由於此。」較為公允；另一方面，胡適與朱自清等人認為宋人的七言律實在比唐人進步，胡適提出「要須作詩如作文」，他從近世詩人喜做宋詩中發現了宋詩的長處就是作詩如「作文」，而在古典文學研究界的傳統認識中宋詩如此的「文章化」是它的缺陷性特徵，是宋詩不如唐詩的一個主要理由。

　　據1922年《新詩年選》編者有云：「戊戌以來，文學革命的呼聲漸起。至胡適登高一呼，四遠響應，而新詩在文壇以立。」朱自清先生在1935年〈中國新文學大系詩集導言〉中說：「胡適是第一個『嘗試』新詩的人，起手是民國五年七月。新詩第一次出現在《新青年》四卷一號上，作者三人，胡氏之外，有沈尹默、劉半農二氏；詩九首，胡氏作四首，第一首便是他的〈鴿子〉。這時是七年正月。他的《嘗試集》，我們第一部個人新詩集，出版是在九年三月。」據朱自清先生觀察，1928年出「時代新聲」選本時，新詩已冷落下來，到《中國新文學大系：詩集》編選時最主要感想為：「早期新詩理勝於情的多，形式是自由的」，「編選大半是歷史的興趣，說不上什麼榜樣」，「為了表現時代，我們只能選錄那些多多少少有點兒新東西的詩」，「『新東西』，包括新材料、新看法、新說法，總之，是舊詩裡沒有的，至少是不大有的。」在導言最後：「若要強立名目，這十年來的詩壇就不妨分為三派：自由詩派，格律詩派，象徵詩派。」

　　民國時期五四運動推廣白話文，不少人開始創作新詩，打破了以往詩詞對格律的限制。相較於古典詩，新詩在形式和內容的表達上有了更多發揮的

空間，值得注意的是，新詩大家徐志摩認為新詩也應當要有一種節奏、一種韻律，能夠朗朗上口，並且能體現出作者的思想與情感，這樣的主張便是所謂的格律體新詩，他的名作〈偶然〉、〈再別康橋〉都是格律體新詩；另一方面，白話文是「我寫我口講」，較平實易懂，但普羅大眾對古典詩的熟悉度甚至喜好度似乎遠勝新詩，很多人可以從李白、杜甫起數出一長串古典詩人與其作品，但對新詩相對陌生，除胡適、徐志摩作品較為人熟悉，大家能朗朗上口的新詩就很很少了，「何以致之？孰以致之？」是值得深思的問題；設想一、兩百年後，大家應仍會對數十甚至上百首古典詩吟詠不已，新詩會有幾首呢？

　　台灣現代詩是今天雅集重要主題，本人必需要承認所知極為有限，在我讀中小學時代，國文讀本中是不見台灣現代詩的；去年清華請我在新竹中學時的學長詩人鄭愁予先生來擔任客座教授，了解到他的新詩〈歸人〉已收錄到高中國文讀本中，這應是非常正面的發展，對大多數未刻意或有機緣與新詩接觸的人，正規教育是很好的開始，今晚盛會將是我的補課之旅。就文學歷史發展來看，正如王國維先生《人間詞話》有云：「故謂文學後不如前，余未敢信。」在《宋元戲曲考》中說：「一代有一代的文學」，台灣自一九五零年代中期以還，遠離戰亂，漸無政治肅殺之氣，經濟步入小康，據被郁達夫譽為與朱自清齊名的散文大家冰心女士在〈文學家的造就〉一文中說：「文學家要生在中流社會的家庭」，「自然生在豪富之家，有時奪於豪侈祿利，酒食徵逐，但是生在貧寒家裡，又須忙於謀求生計」她引Dostoyevsky說法，大意是：「陀斯妥也夫斯基（Dostoyevsky）自認可以與屠格涅夫（Turgenev）寫的一樣好，但必

▲ 文學家要生在中流社會的家庭

▲ 一代有一代的文學

須急求完工得錢，所以力有未逮」，我國素有「文窮而後工」，「國家不幸詩家幸，話到滄桑語始工」，要亡國，要顛沛流離才能寫出好詩詞，李後主、李白、杜甫、蘇東坡等都是顯例，但穩定的生活，沒有俗務羈絆，確實有利文學發展，台灣以約一甲子的時間，大部分文人都不虞溫飽，具代表性的現代文學是什麼？現代詩有希望嗎？尚望諸位方家賜教。

奕園公共藝術楊尊智藝術家演講致詞

2012年12月14日　星期五

　　很高興來參加「奕園公共藝術」楊尊智藝術家演講會與頒畫禮，楊尊智老師是本校「奕園」公共藝術邀請比件的優勝者；建設「奕園」是沈前校長的願望。他是本校1956年建校時，首批招募的四個員工之一，赴美深造學成後在美國大學任教，1973年返國服務，擔任「理學院」第一任院長；由於沈前校長有很高的人文素養，並有豐沛的人脈，受託規劃「人文社會學院」，而促成該院於1984年成立，以後以同樣方式促成「生命科學院」與「科技管理學院」分別於1992年與2000年成立，可謂一手協助清華成立四個學院，功在清華。

　　沈前校長是長期奉獻清華，熱愛清華的典範，他讓我想起今晨逝世的周立人教授，周教授是本校材料系校友，後來回到材料系任教，除了研究教學一流外，對清華在招生、延攬人才、校友聯絡與募款有很大的貢獻；昨天下午我去看他的時候他適自彌留中醒來，要求我跟他唱校歌，隔幾分鐘後，又要求再唱一遍，可見他得到相當的安慰；我們可以說沈前校長與周教授是清華精神的代表，有了他們清華才得壯大與偉大。

　　學校為完成沈前校長的心願，在劉炯朗與陳文村前校長努力下，先在本校南校區生態區建設「奕亭」，已於2010年元月20日揭牌啟用。而進一步造景建設「奕園」則在沈前校長昔年棋友蔣亨進教授等倡議下，於去年十月起開始啟動；籌建小組提議蒐集圍棋大師墨寶及珍局展現於園中，同時公開徵求設計團隊，在蒐集圍棋高手墨寶及珍貴棋局方面，在林海峰國手協助下，在去年十二月蒐集到包括吳清源、林海峰、日本木古實、韓國曹薰鉉、中國大陸聶衛平以及陳祖德大師墨寶及珍局，讓奕園深具潛力成為未來的世界圍棋勝地；在去年十二月「奕園」規劃討論會並決議由藝術中心主辦，未來結合圍棋主題與融合於環境的公共藝術方式進行，採公共藝術邀請比件方式，而由楊尊智老師率領

團隊脫穎而出，希望能在明年四月底校慶前興建完成；另一方面，沈前校長胞妹慈源女士與妹婿盧博榮博士在得知學校規劃後，決定將他們代管的沈前校長在美國的退休金匯回作為興建「奕園」費用，因此也完成了沈前校長捐款興建「奕園」的心願，別具意義。

今天另一項活動是頒畫禮，這是許佑嘉同學在欣賞洪天宇藝術家畫作後，精心自動撰寫精彩心得報告，洪藝術家受到感動，特別致贈畫作一幅。英國大思想家Francis Bacon「閱讀使人充實，會談使人機敏，寫作使人精確（Reading makes a full man; conference a ready man; and writing an exact man.）」。良好的寫作習慣是非常值得培養的。

楊尊智老師是今年文化部第三屆公共藝術獎「最佳創意表現獎」得主，今天撥冗將分享公共藝術的創作經驗及介紹奕園公共藝術作品；由於我無法全程聆聽，剛才已徵得楊老師同意，先講述奕園公共藝術部分，在此先表示感謝與表達對奕園建設的殷切期待。

▲ 清華精神的代表，有了他們清華才得壯大與偉大

翁文祺大使台印關係演講致詞

2012年12月22日　星期六

很歡迎與感謝我國駐印度前大使翁文祺先生蒞校演講；去年四月前教育部長吳清基先生率團赴印度訪問，本人是團員之一，承蒙翁大使做了很妥善的安排，除與政府高層會面，並參訪多所大學，並促成與University of Dehli與Amity University簽約合作協議，可謂收穫良多。翁大使在財政部與外交部以及金管會共服務二十九年，在許多重要職位上，多所建樹，尤其自2008年至最近，超過四年期間擔任駐印代表，對提升台灣與印度的實質關係有很大的貢獻，今天「全球化下的臺印關係」研討會邀請翁大使做終場演講，最為恰當。

清華大學與印度有相當的淵源，我國在印度獨立後駐印第一任也是唯一的正銜大使羅家倫先生曾任清華大學校長，抗戰期間率軍駐印名將孫立人將軍也是清華人，清華大學早在約三十年前即開始招收印度籍學生；101學年度印度籍學生共94名，佔我校國際學生人數之冠，另校內尚有印度籍博士後研究員26名；全臺四百餘印度籍學位生中，近四分之一選擇本校就讀。民國98年本校實施「國立清華大學印度籍學生實習推動計畫作業要點」，提供與本校簽約印度姐妹校之大學部大三以上或研究所印度籍學生申請校內實習機會，與本校師生及其他國際學生交流，以促進國際人才合作，並有助於建立本校國際化生活環境及推動國際化相關業務。

Diwali（亦稱Deepavali，中文譯為「排燈節」或「光明節」）重要程度相當印度教徒之新年。本校自民國96年起由校方補助印度學生舉辦Diwali節慶活動，於活動經費、場地商借及貴賓邀請等皆不遺餘力，展現本校對其風俗文化之重視與關懷；本校學生舉辦之Diwali活動規模逐年擴大，今（101）年度Diwali活動於11月10日晚間舉行，參加人數超過500人，盛況空前。

本校多年來耕耘與印度之交流合作，先後與印度頂尖大學簽署合作協議，

包括印度科學學院（Indian Institute of Science, IISc）、印度理工學院德里分校（Indian Institute of Technology, Delhi）、印度理工學院馬德拉斯分校（Indian Institute of Technology, Madras）、德里大學（University of Delhi）、安娜大學（Anna University）、國立伊斯蘭大學（Jamia Millia Islamia，JMI）、亞米堤大學（Amity University），並展開具體交流措施，互相派遣實習生等。民國101年9月更與印度排名首屈一指之尼赫魯大學（Jawaharlal Nehru University，JNU）簽訂姊妹校合約，為我國第一所與其簽訂姊妹校合作備忘錄之大學。

清華大學積極強化與印度之往來，無論是與印度的合作規模或是交流品質，均為國內所有大專院校與學術機構之首，具有紮實基礎；加以我國和印度貿易量急速成長，華語成為不可或缺工具，教育部吳前清基部長於去年參訪印度時，印度人力資源部長提出1萬名華語教師的需求；印度大學協會（Association of Indian Universities, AIU）亦於2010年召開理事會，決議全面承認臺灣大學學歷，顯示其對臺灣教育的信心。因此自民國100年起，教育部大力支持本校於印度設立「印度臺灣教育中心」，開設華語課程、教授正體中文及協助招收優秀印度籍學生來臺並配合推動臺印文教交流。經印度－臺北協會羅國棟會長推動，民國100年8月於印度哈雅納省（Haryana）金德爾全球大學（O. P. Jindal Global University, JGU）設立全南亞地區的第一座臺灣教育中心；100學年度共約40人取得完整華語課程修業證書，101年度學生人數成長至80人。民國100年11月11日與印度新德里之亞米堤大學簽署合作備忘錄，並由教育部林次長聰明主持，駐印度新德里代表處翁代表文祺見證揭幕儀式。自今（101）年開設華語課程以來，修課人數已近140人。今（101）年8月與印度國立JMI大學簽訂合約，於11月份自臺灣派遣兩名華語教師至該校，預計明年1月正式開課；該校獲得印度政府人力資源部經費，由印方負擔大部分華語教師薪資。印度對華語學習的高度需求可見一斑。另正與位於清奈Sri Ramaswamy Memorial University（SRM）以及位於瑪尼帕爾（Manipal）之Manipal University洽談中。

在其他活動方面本校還主辦「印度臺灣高等教育展」邀請國內優秀15所公私立大專院校、中央研究院與臺北市電腦商業同業公會共同赴印招收優秀學生／人才來臺就讀／就業。此為多年來產、學首次於印度展開如此大規模之合作；推動華語文能力測驗（TOCFL）配合駐印度新德里代表處文化組推動華

語文能力測驗，今（101）年11月將首次於印度金德爾全球大學、亞米堤大學及尼赫魯大學舉行預試，以上皆為本校TEC合作學校或姊妹校。

印度為臺灣近期經略全球最重要的據點之一，其崛起之新興勢力須加正視，在本校與印度學術交流與招攬人才的良好基礎上，目前正積極規劃設置「印度研究中心」；除深化學術交流外，由於本校鄰近科學園區，與園區具有良好產學合作經驗及關係；並掌握產業界脈動，瞭解產業界對印度人才之需求，有多位著名企業人士對本校籌設印度研究中心表示肯定，認為符合產業界需求，未來將積極推動；很感謝翁大使對此案表示全力支持，未來向翁大使請益的地方很多，讓我們一起向增進「全球化下的臺印關係」努力。

通識講堂王健壯先生「知識份子──一個正在消失的名詞」演講致詞

2013年3月27日　星期三

很歡迎與感謝王健壯先生到通識講堂作「知識份子──一個正在消失的名詞」演講；王健壯先生自台灣大學歷史學系畢業後，留學美國維吉尼亞大學，擅長新聞評論寫作，曾任《新新聞》週刊社長，《中國時報》記者、採訪主任、總編輯、社長等，是國內知名記者、作家、新聞編輯、政治評論者，王先生博學多識，是國內屈指可數的「公共知識份子」，而他的講題「知識份子──一個正在消失的名詞」，必會讓我們得到許多啟發。

剛才用餐時證實我原先的假設：王先生今晚要談的是「公共知識份子」，即就公共議題，對公眾發表文章、言論及意見的知識份子；上星期在本校舉行了一場「食品衛生管理法修訂」公共論壇，我在致詞中曾提出：「學者專家在提供專業知識外，最有能力扮演『公共知識份子』的角色」，而公共知識份子要發揮影響力，必需要有公信力，公信力的取得則須通過以下的檢驗標準：

一、在知識層面了解問題，具有必備知識，掌握事實，並對象關議題具備常識：長期浸淫或做過充分的準備功課，具有必備知識，掌握可信的數據，支持主張。

二、處理資訊態度嚴謹：在資訊泛濫時代，要嚴謹處理並分辨資訊的正確性，以免以訛傳訛，不傳播空穴來風或捕風捉影之言論。同時須定義清楚。

三、遵守誠信原則：誠信是上策，誠信是長久之策，不對知識作選擇性處理，不誇大有利訊息或淡化不利資訊，羅馬哲學家西塞羅說：「沒有誠信，何來尊嚴？」良有以也。

四、超然無私：超脫於利益與政治之上，如與不論執政或在野政團亦步亦

趨，否則只會被視為化妝師、傳聲筒或外圍組織。

五、公正客觀：不受意識形態影響，因而有不同立場，對近在眼前明顯問題不顧，另做選擇性的撻伐，如對理念有所堅持，即須客觀審視促成之可能途徑。

六、標準一致：只能有一套標準，不應有雙重標準，或甚至多重標準，對己對人一致，不致有時多方曲容，有時又百般挑剔，時而錙銖必較，時而視而不見，真理越辯越模糊，偏見越加越深刻，

七、具有寬廣視野以及批判式思考能力：博學多聞，見多識廣，得以擷精取華，從多面向作合乎邏輯思考，

八、具有道德勇氣：橫眉怒對千夫指，而非隨波逐流，陷於班達（Julien Benda）所謂的集體激情的組織（the organization of collective passions）情結。

在民主自由時代，高等教育普及而生命生計無虞，「公共知識份子」行列反而萎縮，何以致之？孰以致之？是值得深切探討的問題；薩依德（Edward W. Said）在《知識份子論》中分析，「知識份子」受到知識專業化、專業術語化且自成群體、身分（公務員或雇員）限制以及被威脅利誘等壓力，而逐漸成為稀有行業。同時當時現代傳媒的影響，必須正視，薩依德說：「知識份子在最能被聽到的地方發表意見，而且能影響正常進行的過程，有效而長久」，前提是能在被聽到的地方發表意見，健全的媒體扮演了關鍵的角色。

對媒體效應與知識份子的風範，王健壯先生在最近兩篇文章中，有所闡發；一是三月十三日在《聯合報》專欄所發表題為〈拜託別再傷害台灣〉，引述美國電視節目「每日秀」主持人司徒爾特（Jon Stewart）舌戰CNN「火網」（Crossfire）談話性節目的兩位主持人的情節；Stewart受邀上「火網」時，正值2004年美國總統大選，他開口第一句話就問兩位主持人：「你們為什麼要鬥來鬥去？」接著他要求兩位主持人各「說幾句對方候選人的好話」，他說「我每天看你們的節目，卻害怕得受不了」，也修理兩位主持人是政黨的打手，「你們沒有盡到公眾論述的責任」；他甚至數度拜託兩位主持人：「請你們別再傷害美國」。兩個月後，CNN決定停播「火網」，理由是：Stewart的批評言之有理，可嘆的是美國現在的新聞性談話節目內容卻比「火網」更趨極端，而放眼目前台灣，問題可能更嚴重；王先生說：「哪個名嘴不是『隨聲附和』

的盲從？『一知半解』的盲言？『感情衝動、不事詳求』的盲動？『評詆激烈、昧於事實』的盲爭？」。

另一則是在三月二十六日在「天下雜誌周一專欄」發表的〈德沃金（Ronald Dworkin）那隻刺蝟離開以後〉，「Dworkin一向主張言論自由，觀點犀利，但言詞文明，是個具有十足刺蝟性格的人，始終執著於知識與信念，數十年持續不停地在法學、哲學與政治學領域裡與人相互辯難，有人形容他是『最愛辯論也辯論最多的學者』」，但他對與他辯論的學者的態度是「我們從來不是敵人」？他的對手之一桑斯坦（Cass Sunstein）在悼念Dworkin的一篇文章中，寫了這樣一段話：「如果你夠幸運輸掉一場跟他的辯論（要贏他是想都別想的事），你對問題的瞭解將會有難以估量的增進」，而讓王先生我感慨最深的，是像Dworkin那一代的知識分子，在辯論與論戰中所表現出來的那種「文明」（civilized），怎麼在台灣學術或知識分子圈中，就從來不曾讓人有過這樣的感受？

由王健壯先生對媒體效應與知識份子的風範所發表的兩篇文章，我們可預知今晚演講會非常精彩，也希望大家「滿載而歸」之餘，能共同營造知識分子能在社會發揮良性功能的環境。

▲ ①就公共議題，對公眾發表文章、言論及意見的知識份子
　②公共知識份子要發揮影響力，必需要有公信力
　③能在被聽到的地方發表意見，健全的媒體扮演了關鍵的角色
　④在辯論與論戰中表現出「文明」

吳清基總校長「教育政策發展與優質人才培育」演講致詞

2013年5月15日　星期三

　　很歡迎與感謝吳清基總校長蒞臨清華演講「教育政策發展與優質人才培育」；吳清基總校長在2009年9月至2012年2月擔任教育部長，而我第一次與吳清基總校長見面是在某次代表國科會主委到行政院參加院會時，當初經人介紹，除對吳部長舉止溫文爾雅、謙謙君子印象深刻外，更感受到其誠懇「古意」的一面；到擔任校長後，有機會多次與吳部長接觸，對其推動教育的理念與熱誠很是佩服，尤其在2011年4月有緣與吳部長一起參訪印度高等教育，也促成了本校接受教育部委託，在印度設立華語教學中心，其他在吳部長任內持續推動的「邁頂計畫」、開放陸生來台計畫，對本校的發展，都有重要的影響。

　　現代人都有幸接受學校教育，每個人對於學校教育都有相當的經驗與感受、對子女教育格外關心；談起教育，許多人都自以為是專家，有一套哲學與理論，所謂「眾聲喧嘩」；但教育包括家庭教育、學前教育、社會教育以及終生學習教育，有多種面向，而又息息相關；各級學校教育的目標，最終是要培養五育健全的公民，但如果家庭教育與社會教育在價值觀與學習觀念上做反方向的拉扯，常會事倍功半或效果銳減；又如目前升學導向的中學教育，導致過早文理分流，以致許多進入大學的學生對於文科或理科的基本素養不足，要「亡羊補牢」殊為不易，因此一個一貫而健全的教育政策，至為重要。

　　最近有機會重閱也曾擔任教育部長的教育家蔣夢麟先生所著《西潮》一書，內文中記載他原在柏克萊加州大學修習農學，感悟研究培育動物與植物不如研究作育人才，毅然決定轉到社會科學學院，選教育為主科；民國十九年，他在出任北京大學校長前，擔任教育部長，因與元老意見相左，被迫辭職，在

他離職前夕，有大老教訓他說「部長是當朝大臣，應當多管國家大事，少管學校小事」，最後用手指向他一點，厲聲的說：「你真無古大臣之風」，可見當年教育部長也很不好當；吳部長在教育界資歷豐富，除是教育學士、碩士、博士外，曾任中學教師、大學教育系教授、臺灣省國民學校教師研習會主任、教育部中等教育司司長兼教育研究委員會執行秘書、教育部技術職業教育司司長、教育部常務次長、政務次長、部長、國立教育研究院籌備處主任、臺北市教育局局長、行政院政務委員等，既曾任中學與大學教師，在教育行政工作上跨越小學、中學與大學以及技職教育，又曾擔任台北市與全國教育首長，教育學經歷不僅國內無出其右，在古今中外也罕見；吳總校長是國內教育長期的掌舵者，對目前面對的各級教育問題，12年國教、高等教育與國際化等議題都有深刻了解與卓越見解，今天到清華來分享「教育政策發展與優質人才培育」，必能讓師生同仁受益良多，至為感謝；另一方面，也希望大家向吳總校長多請教，共同為教育永續發展而關心努力。

▲①對清華的發展，有重要的影響
　②教育學經歷不僅國內無出其右，在
　　古今中外也罕見
▼③一貫而健全的教育政策，至為重要

黃春明先生「人生與創意」演講致詞

2013年5月16日　星期四

　　很歡迎與感謝黃春明先生蒞校演講「人生與創意」，這是本年度「孫運璿講座」系列演講最後一場，也是壓軸精彩演講；今晚本校有四項活動同時進行，在分身乏術的情況下，最後選擇來聽黃老師的演講，主要是因為久仰黃老師是國寶級的作家，此次黃老師翩然來校，自然不容錯過大好機會。

　　黃春明老師約在1960年代後期崛起文壇，是鄉土小說代表性作家；以前看過《兒子的大玩偶》等電影，情節感人而生動，但並不清楚這些電影劇本是自黃老師原作改編而來；有些吊詭的是，最先對黃老師聲音像貌有鮮明的印象，是來自約兩年前電視報導他到台南「台灣文學館」演講時受到干擾，脫掉襯衫，光著膀子要跟無理干擾的人算帳的樣子；最近知道黃老師將在「孫運璿講座」演講「人生與創意」，向圖書館借了幾本黃老師所著小說；在小說集的自序中，看到他從中學起，在學校中一路打架上來，在服役與往後工作時，也常與人以武力一決勝負，不禁莞爾，而對黃老師為性情中人印象深刻。

　　據黃老師自述，從小反家庭、反學校、反社會、反叛性格強烈，他嫉惡如仇，愛打抱不平，經常打架，初中與師範學校被開除四次，很容易淪為不良少年，但文學與體育為其救贖；一方面為體育健將，而在羅東中學時，得到國文老師的欣賞與指導，萌發對寫作的興趣，漸成名後，多一層約束與要求，對自己漸有期待，化為生活與工作的理念與原則，揮別了年少輕狂，他現在面對社會亂象，勸人「從自我要求做起」，顯現圓熟的風範；他做過多種的工作，諸如電器行學徒、小學教師、廣播主持人及記者、廣告企劃、賣過便當、拍過記錄片、做過電影及兒童劇的導演以及編劇，各式各樣的工作經驗成為了他小說創作的豐富素材，再加上過人的記憶力與敏銳的觀察力，深刻去體會生命的意義和價值，成為小說界的大家。

據黃老師敘述，受羅東中學國文老師借給他的沈從文與俄國小說家契訶夫影響很大；從契訶夫的作品中，可以看見人們即使身處艱難的環境，也可以活得很有尊嚴，沈從文為三十年代新文學代表性人物，作品描寫鄉下小人物十分入神，也善於表達鄉村生命形式的美麗，這些特色往往可在黃老師的許多作品中找到痕跡。

黃老師具備「天地不仁，以萬物芻狗」的悲憫心，同情弱勢與善良的人，作品主角常為被欺壓、忽視的勞苦大眾，生動深刻的描寫鄉土小人物的卑微、委屈、愚昧、純樸、辛苦、心酸，帶著泥土的氣息，有濃濃的鄉土味，反映蛻變中的台灣社會，在變遷中小人物如何面對生活上的磨難，真實動人，悲哀中不失對生命成長的希望，嘆息中不帶怨恨，雖貼近時代脈動，但人文情懷與精神跨越時空的隔閡。

黃老師創作多元，以小說為主，其他還有散文、詩、兒童文學、戲劇、撕畫、油畫等創作，近年來更致力於兒童劇與兒童繪本的創作與推動，以培育健全的下一代為使命；他強調「生活即教育」，年近八十而創意與創作不斷，實為台灣社會與文壇之幸，今晚「人生與創意」演講，必可綻放出許多智慧的花朵。

▲①人文情懷與精神跨越時空的隔閡
　②創意與創作不斷，實為台灣社會與文壇之幸
▼③同情弱勢與善良的人

清華學堂「從胡適的詩看中國夢」演講致詞

2013年9月8日　星期日

很歡迎也感謝台灣積體電路文教基金會陳健邦董事到清華學堂來演講「努力造幾個小晨星：從胡適的詩看中國夢」。陳健邦董事是清華大學傑出校友，也是我台灣大學物理系畢業的學弟，清華大學物理研究所碩士，第一屆預官志願國防役進入工研院。曾服務於電子所、台積電，擔任過德碁半導體總經理一年、台積電台南廠區的副總經理等，也擔任過新竹市清華大學校友會理事長。2001年獲頒清華大學傑出校友，是最熱心的校友之一。

我與陳健邦董事結緣，也有幾分偶然；由於清華劉炯朗前校長擅長舞文弄墨，有時喜歡玩文字遊戲，有一次以沈君山前校長名為上聯，有獎徵求下聯，我是應徵者之一，僥倖入選為三名優勝者之一，獲贈陳健邦董事提供簽名大作新書《挑燈人海外》，該書附標題為「中微子的探索」，而「中微子」正是健邦兄在港台報刊、網路發表評論文章諸多筆名如「微中子」、「中微子」、「陳可中」之一；《挑燈人海外》取自清朝中後期著名思想家、文學家龔自珍詩「挑燈人海外，拔劍夢魂中」，想是景仰龔自珍講求經世之務，志存改革，追求「更法」，為後來士人提倡變法圖強的先聲；該書是一個高科技工作者的學習、管理、藝術觀和政治評論。共分為：「打開書本，打開明天」、「不做神州袖手人」、「領袖非天生」、「萬人叢中一握手」、「浮想小記」、「美的行旅」與「台灣思想起」等七輯。以「中微子」──一個微小中國知識份子的特殊見解，道出對家國社會的關懷，見解獨到，當時印象極為深刻，最近因為要來聽健邦兄演講，在書櫥中找出重閱，仍感溫故知新，收穫良多。

健邦兄在序言中說明為何要「挑燈於人海之外」，在廣闊的書堆與無邊的思想海洋探索？他引白居易言：「文章為時而作，詩歌為事而作。」說明他

寫文章的用心與企圖;「打開書本,打開明天」主要是一些看書雜感;「不做神州袖手人」主要以知識份子要做世界的眼睛和心靈的看法,談知識份子在大陸、在台灣處境的可能性;「領袖非天生」是談一些和經營領導有關的想法;「萬人叢中一握手」是談幾位有一面之緣的知名人士;「浮想小記」收了一些短文小評論;「美的行旅」由吳冠中、李可染談起,觸及一些文學藝術思索;「台灣思想起」則論述海峽兩岸問題;編輯本書,可說是對其本身思維做一整理;基本上是一個若有所思的旁觀者;文章中有許多是借題發揮意在言外,有些是念念在茲多所重複,有些是故意突出標題,「唯恐有句無人識」,觀察敏銳,見解精到,很能突顯其人文關懷、歷史使命、好學深思的面向。

　　本書中,有大量篇幅涉及清華大學的人物故事,「重振輝煌的呼喚」,應是他的心思所在;他舉陳寅恪先生「讀書不肯為人忙」秘訣,引出「獨立的精神,自由的思想」不受他人左右的為學態度,樹立了人格豐碑,使人「高山仰止,景行行止」;評《中國科技的基石──葉企孫和科學大師們》,該書回顧中國科技發展的重要歷程,特別是葉企孫創建並發展清華物理系,突出其提拔李政道等多位大師以及在「清華學派」核心地位,以「中國科技大師的總設計師」推崇之;讀《九謁先哲書》,作者一一致書梁啟超、王國維、吳宓、胡適、聞一多、馮友蘭等昔日清華大師做假想傾談,由為學、人格、思想發展逐一做著魂兮歸來的呼喚,重組大師們主要人生經歷、事業轉折和學思發展,由清華文科這一系統的升沉,來呼籲建立學統之重要;他並闡釋清華校歌中「器識為先,文藝其從」句為「氣度、見解為先,知識技術才能發揮作用」,深有見地。

　　另一主軸則是對兩岸未來的關懷,「不做神州袖手人」以及;「台灣思想起」都聚焦在海峽兩岸問題論述;他認為「在尋找台灣走出困局的思想與觀念方面,和大陸互動是個關鍵」,雖然世事多所變遷,在十二年後看來,仍然正確;他所提出「我們做實驗,結果可能會成功或失敗,但只要適當分析檢討,都可學到教訓。中國大陸追求四個現代化過程中,可以把台灣或香港視為一個中華民族走向現代化的『實驗室』來看,如果用同情、理解的態度來研究,就會有不少參考價值。」的想法,也很具前瞻性,發人深省;而在封面標示的「我認為海峽兩岸最缺少的就是偉大的思想家、藝術家、文學家,因而缺少一種文化提升的力量。而一個根本原因是:缺少寬容自由的環境。」更是語重

心長。

　　「清華學堂n」大師講座從各面相切入，陳健邦董事演講「努力造幾個小晨星：從胡適的詩看中國夢」，以一個博學多聞的科技人，從人才培育觀點切入，必定有助開拓視野，峰迴路轉而精彩非常，讓我們一起歡迎陳健邦董事。

黃應貴特聘教授就職演講會致詞

2013年10月31日　星期四

　　歡迎大家來參加黃應貴特聘教授就職演講（inaugural speech or inauguration address）會；這是我擔任校長近四年來第一次參加的教授就職演講會，也是我在清華三十六年來所知的第一次教授就職演講會，雖不敢確定是不是在新竹清華是「空前」或是「創舉」，但絕對是一個值得鼓勵推廣的「嘉猷」，首先我要歡迎重量級學者黃應貴教授加入清華，並感謝協助人文社會學院建立「就職演講」的優良傳統。

　　黃應貴教授是台灣人類學界重要代表人物，國立臺灣大學社會學學士、國立臺灣大學人類學碩士、英國倫敦大學倫敦政治經濟學院人類學博士。曾任中央研究院民族所研究員、所長，臺灣大學人類學系所兼任教授。著作有《人類學的評論》（允晨，2002）、《人類學的視野》（群學，2006）、《布農族》（三民，2006）、《反景入深林：人類學的觀照、理論、與實踐》（三民，2008）、《文明之路》（中央研究院民族學研究所，2012）等，專長為社會人類學、宗教人類學、經濟人類學、政治人類學、歷史人類學、台灣民族社會與文化。在去年出版的《文明之路》三書，為黃教授整合近四十年研究東埔布農族成果、當地新的發展以及日據時期當地社會文化的新理解的巨作。以發展過程的特殊視野，呈現布農族自1895年迄今經歷之歷史過程的整體樣貌，並以全人類整體發展趨勢比較觀點來關照。一方面跨越1895－1945年「文明化」、1945－1999年「現代化」以至1999－迄今新自由主義秩序時代，同時探究社會、宗教、經濟、政治、歷史演變，有相當的廣度與縱深，和布農族相關的研究裡面，黃應貴教授被公認為是國際學界裡面頂尖專家之一，是實至名歸。

　　根據「行政院原住民委員會」資料，2012年布農族全族人口約五萬三千人。就遷移而言，布農人是台灣的原住民當中，人口移動幅度最大、伸展力

最強的一族，黃應貴教授窮四十年之精力，致力於布農族研究，實為布農族的知音與貴人，甚為難得。而黃教授在《文明之路》書中，提及最初做田野調查時，鄰村失火，村公所要召集人馬去協助救火，等了很久，包括他與他的房東，才到了四人，到趕到鄰村，看到許多人在觀望，而不救火，大惑不解，後來房東解釋說：「村民認為總有傻瓜會去救火」，村人的純樸，引起黃教授研究的興趣。書中另一讓人印象深刻的記述是黃教授遇到的「高人」，此人未擔負任何被任命或民選的公職，但隱身而為彰化花壇鄉促成耕作機械化的推動者；他會從與大學相關科系接觸中，引進稻米品種、農藥、肥料，在自己田地試種成功後，再提供給其他農民，另外他輔導農民分別購買耕作不同階段所需農業機械，互相合作，發揮重大的影響力，代表台灣社會一種隱而不顯的力量，有如現代「張良、劉伯溫」，引人入勝。

黃教授今天的講題是「21世紀的社會與文化：台灣的課題」，我有幸先參閱其簡報資料，故在此略為發抒一下看法與感想：

黃教授從他的大作《文明之路》的三個結論開始，先闡述「新自由主義化的歷史脈絡」，自國際而國內，思索「舊思維帶來的困境」，進一步探討「新時代的新觀念」，最後作結。

在「代結語」中，黃教授認為：「台灣最大的問題是我們的主流社會仍以上世紀的現代化問題來處理這世紀的新問題」，「需要新觀念與新知識來有效再現與掌握這新時代，然後才有條件去尋找台灣未來的出路」，這部分我深為認同，而在高等教育中，更可看到許多法令規章、觀念思維與實務的扞格，即以去年對校園衝擊最烈的「假發票」事件而言，在先進國家行之有年的研究經費「公款公用」運用方式，到台灣就有成為「貪污犯」的嫌疑，國科會針對問題放寬經費流用標準，又遭遇到被「糾正」的困擾，諸如此類僵化舉措，不勝枚舉。

當然更重要的問題是如何能具備所需的新觀念與新知識；知識無法憑空而來，需要資質、恆心、毅力，用心學習，才能「去蕪存菁」，培養有效再現與掌握這新時代的觀念；黃教授在談到「新時代的新觀念」時問「誰在治國」？接著說：「老百姓的答案：財團治國」，台灣確實是有錢人影響力太大，所以台灣有全球先進國家，幾乎最低的12.8%稅負，但讓人憂慮的是，一般民眾看不出來；例如喧騰一時的證所稅事件，僅對超級大戶有影響，而占絕大多數的

股市散戶跟著起鬨，逼得政府急轉彎；又如台灣電價與競爭國比較相對便宜，而且大幅補貼工業用電，不僅導致浪費（根據2012年調查，台灣平均每人每年用電量，據國際能源總署的統計，在主要國家中，只比最浪費的美國人低），而且增加污染（台灣排碳量是全球平均的三倍，而碳排放56％來自發電），但民眾一面倒反對調整電價，台電不管是破產或增資，都需由全民買單。這點我希望在座的同學要特別體認，而除需有相當的知識外，必須具備足夠的思辨能力。

黃教授同時認為：「最根本的問題是在於『資本主義之外，是否還有另外一種可能？』」二十世紀大部分的時間，是「共產主義」與「資本主義」，在1990年代初期，美國籍日裔學者福山曾出版轟動一時專書：《歷史之終結與最後一人》（The End of History and the Last Man），認為歷史之終結於不同文化的社會，走向建立資本主義的民主制度最後的形式，如今看來大有謬誤，具有代表性的美國陷入政治極化、經濟成長停滯、貧富不均加劇，即使福山以為最接近演化終點的歐洲議會政治，亦陷入國家瀕臨破產邊緣、超高失業率泥淖中，因此是否有第三選擇；不久以前，在本講堂舉行的「當代中國研究中心」十周年慶時，林南院士曾經加以說明的「國家資本主義」，曾提到中國大陸獨特的人事制度，即由組織部掌握官、產、學所有幹部的「檔案」（file），這「檔案」會跟隨每個人一輩子，似乎是相當完善的考核制度，但如想到可能的誤用以及產生的種種問題，與黃教授期待的「第三條路」，一定很有距離，我個人認為人類目前迷失於追求理想政治制度的困局，甚至危機中，而也不是一時一地或一群人可以驟然取得出路，大家唯有認識問題、面對問題、充實自己，與志同道合之士共同努力、庶幾可免除沉淪、發揮正向改善力量。

▲ 值得鼓勵推廣的「嘉猷」

▲ 以上世紀的現代化問題來處理這世紀的新問題

「國家安全與台灣的未來」演講致詞

2013年11月12日　星期二

　　很高興來參加司徒文博士「國家安全與台灣的未來」（National Security and Taiwan's Future）演講，自本學期開學後，司徒文博士已給了三次演講，因時程關係，我僅能參加第二場演講，「亞洲崛起，美國衰落了嗎？」（As Asia Rises，Is American in Decline？）這是司徒文博士在三年前，主講「以矛攻盾的美國」（The Paradox of America），去年演講「數位時代外交之潛力與問題」（Digital Age Diplomacy: Potential and Problems），我第三次聽司徒文博士演講，很能感受他準備充分，清晰與真誠表達他的看法的特色，這也是司徒文博士在清華可貴的地方之一，大家沒有必要有同樣的看法，但能聽到理性的「異見」，而有檢視、思索、辯正的機會。

　　「國家安全」與「台灣的未來」是大家高度關心，但也非常複雜而困難的問題；大陸的崛起及其影響，是全世界在二十一世紀必須面對的課題，而這對臺灣影響最大最深切，無疑是最重要的「國家安全」問題；「國家安全」最先讓人想到的是軍事安全，但涵蓋面遠為廣泛，舉凡人口結構（如少子化、老齡化）、經濟發展挑戰（成長率下降、投資減少，對大陸市場過分依賴（達42%）、人才流失、產業機密與智財權、自由貿易協定簽訂遲滯）、能源供應、環境惡化、人才培育等都可構成國安問題；而在軍事方面，由於人力、物力相差懸殊（outmanned and outgunned），據估計，大陸去年軍事支出超過一千億美元，而台灣支出約為其十分之一，占GDP%，在人力方面，台灣連服兵役人員約23至27萬人，遠少於對岸兵員，在武器數量與性能上，均居劣勢，是處於一種高度不對稱的狀況；最近一連串軍中事件，導致士氣低落，志願役徵募困難，是一個相當險峻的狀況；這些都攸關台灣未來；吊詭的是，雖然兩岸發生軍事衝突機會不高，一旦發生，後果必然嚴重得難以想像；我們聽過很多

官方說法，但一位前美國外交官與清華研究中心主任的觀點如何？相信大家都會同感興趣的。

在「兩岸關係」與「台灣的未來」著述頗多的是前美國在台協會理事主席（1997－2002）卜睿哲（Richard C. Bush III，1947年－）；卜睿哲先生是司徒文博士舊識，現任美國智庫「布魯金斯研究所」（Brookings Institution）東北亞政策研究中心主任；他的著作包括2004年出版（暫譯）《歧異的目標：1942年迄今中美關係》（At Cross Purposes: U.S. －Taiwan Relations since 1942），2006年《台灣的未來：如何解開兩岸的爭端》（Untying the Knot，2010年中譯出版）、2007年《不一樣的戰爭：台灣的選擇，中國的焦慮，美國的挑戰》（A War Like No Other: The Truth About China's Challenge to America，2010年中譯出版）、2010年《一山二虎：中日關係的現狀與亞太局勢的未來》（The Perils of Proximity: China －Japan Security Relations，2012年中譯出版）、2013年《未知的海峽：兩岸關係的未來》（Uncharted Strait: The Future of China －Taiwan Relations，同年中譯出版）。

其中《台灣的未來：如何解開兩岸的爭端》、《一山二虎：中日關係的現狀與亞太局勢的未來》與《未知的海峽：兩岸關係的未來》，由遠流出版社以「台灣三部曲」形式出版，卜睿哲以清晰的文筆，結合對歷史與時事的掌握，在《台灣的未來》中以主權觀念分析兩岸問題，它整理了一些不同的因素，如國內政治、決策制度、國際體系的競爭、美國的角色等等，但最核心的仍是北京和台北對台灣的主權和安全有不同的看法。他提出所謂「中程」－穩定－的討論。穩定不是讓1990年代初期以來即存在的現狀持續下去，而是在更可預測、更加合作之下改善現狀，降低雙方之間存在的相互畏懼；在《一山二虎》探討未來中日關係，側重體制、制度、組織文化切入，從兩國的統治者、政府部門的實際行為去推估未來可能的發展方向，做出了更全面、更務實的描述與分析；《未知的海峽》在美國「一個中國」的政策脈絡下，把焦點放在分析馬英九總統第一任任期的兩岸關係，作為評估未來發展的依據，頗有可讀性，值得大家作為演講後的延伸閱讀。

▲①能聽到理性的「異見」
　②有檢視、思索、辯正的機會
　③一個相當險峻的狀況
　④在更可預測、更加合作之下改善現狀

「生命故事講堂」王健壯先生演講會致詞

2013年11月25日　星期一

　　很高興來參加今晚的「生命故事講堂」演講會，「生命故事講堂」系列講座由學務處主辦，自2006年起舉辦，每年均邀請各領域傑出人物到清華與師生分享生命故事；今年在通識中心合辦下，邀請到資深媒體人王健壯先生主講「新聞與生命奇緣」，並請他談談「新聞媒體對台灣政治產生了什麼效應？」、「媒體是白手套？還是探照燈？」王健壯先生自台灣大學歷史學系畢業後，留學美國維吉尼亞大學，擅長新聞評論寫作，曾任《新新聞》週刊社長，《中國時報》記者、採訪主任、總編輯、社長等，是國內知名記者、作家、新聞編輯、政治評論者，王先生博學多識，是國內深受敬重的「資深媒體人」與「新聞評論家」。上學期通識講堂曾邀請王健壯先生演講「知識份子──一個正在消失的名詞」，王先生是國內屈指可數的「公共知識份子」，演講精闢，對主題諸多闡發，今天的演講也必精彩可期。

　　最近閱讀著名作家文學家余秋雨先生在《何謂文化》一書中，曾指出，中國文化特性，如以「剛健有為」、「自強不息」、「海納百川」、「尊師重教」、「寬容忍讓」、「厚德載物」等成語來概括，與世界上大多民族的經典說法類似，不算獨特，如再加上有廣泛而長久的實踐性，中國文化特性的精粹，是「在社會模式上，建立了禮儀之道；在人格模式上，建立了君子之道；在行為模式上，建立了中庸之道」；中國古代先賢設計出一整套行為規範，通過一定的儀式傳揚祥和社會所需的仁愛、高尚、溫厚、互敬、忍讓、秩序，是一種「便於固定、便於實行、便於審視、便於傳承的生活化的文化儀式，」使中國文化在幾千年間保持了端莊，並使中國在不少時間被稱為「禮儀之邦」，但講求禮儀，會限制部分自由，所以孔子說：「克己復禮」；把「修身的模型」君子作為人格理想，是中國文化獨有的特徵，兩千多年下來，儒者將政治之

夢、禮儀之夢凝縮成君子之夢、人格之夢，君子和小人的界限成了中國文化的第一界限，深入人心；同時中國文化在本性上不信任一切極端化的誘惑，占據歷史主導地位的，是「中庸」、「中道」、「中和」哲學，成為中國人基本行為模式，「中庸之道」是中華文明能綿延至今的生存之道。在我閱讀王先生的諸多文章中，很能感受到其文風若合「禮儀之道、君子之道、中庸之道」符節。

　　另一方面，余秋雨先生提到中國文化的弱項，是「不講求公共空間、缺乏實證精神、欠缺法治觀念」，似乎也正點出當今媒體亂象的根源；「不講求公共空間」也就是缺乏公德心，中國講究「忠孝兩全」，忠於朝廷，孝順親長，但不尊重介於其中遼闊的「公共空間」；在「疏於實證意識」方面，他舉歷史學家黃仁宇先生說：「中國歷史最大的弊端是『缺乏數字化管理。』」實證意識的缺乏，也就是科學意識的缺乏，使中國文化長期處於「只講是非，不問真假」泥淖中，而不問真假，那來是非；假貨的猖獗，流言亂竄，真假難辨，都與之有關；在「疏於法治觀念」方面，中國社會深受武俠小說影響，「俠以武干禁」，在文化觀念上頌揚「呼群保義」，「法外英雄」，「『好漢』總是在挑戰法律，『江湖』總是要遠離法律，『良民』總是在攔轎告狀，『清官』總是在法外施仁。嚴重影響廣大民眾快速進入現代文明。」、「『民間法庭』是對法律的最大破壞。」而這三項缺點，都是不利於健康公正媒體的發展。今天由集「禮儀之道、君子之道、中庸之道」的王健壯先生談媒體，一定會帶給我們許多啟發。

李歐梵院士主講「文學、科技與日常生活」通識講堂致詞

2012年10月30日　星期二

　　很感謝李歐梵院士今晚在通識講堂主講「文學、科技與日常生活」,也很歡迎大家來通識講堂。

　　李院士是我新竹中學的學長,他的父親李永剛先生是新竹師範的音樂老師,而我出自新竹師範附小;剛才在晚餐時談起,才知道他也是新竹師範附小的學長,真可謂有緣;據知其取名「歐梵」是李永剛先生由希臘音樂之神（Orpheus）的名字中譯而得;由於李院士學貫中西,有人以為歐與梵分別代表東西文學,也是恰如其分。

　　李院士人文造詣非凡。除通古今中西文學外,常發表有關音樂、電影與建築的文章與演講,他曾說:「小說是十九世紀最重要文學形式,古典音樂也在十九世紀巔峰,電影是二十世紀最重要也流傳最廣藝術形式,建築則是二十一世紀文化表徵。」他悠遊於這四種藝術之間,是當世難得的文化傳播者。

　　最近新竹中學為慶祝建校九十周年,向傑出校友邀稿,我向邀稿的同學說:「千萬不要漏了鄭愁予、李歐梵與張系國學長」,他回報其他負責同學已與李學長聯絡;新竹中學出了許多名作家,據許多學長追憶與連續三十年擔任校長的辛志平先生堅持實踐「文理不分組」教育理念有密切關係;上週五、六清華舉行「梅貽琦校長逝世五十周年紀念會」,有人在會中提到辛校長的教育理念,並說:「新竹似乎專出好校長!」事實上,新竹師範附小校長高梓女士也是有名的教育家;同時梅校長特別注重通識,他認為通識為「一般生活之準備也」,「治學貴謹嚴,思想忌偏蔽」,「社會所需者,通才為大,而專家次之」,所以「通識為本,而專識為末。」在會中,有人問到梅校長考取清華第一屆直接留美生僅為高中畢業,為何有相當高的國學造詣?這與當初負

責清華直接留美生留洋的清朝「管理憲政編查館事務大臣」張之洞有關；張之洞以主張「中學為體，西學為用」出名，他要求所有直接留美生需要有相當的國學素養；觀諸後來直接留美生如胡適、梅校長等返國發揮極大影響力，與深厚的國學根底有密切關係，也可窺見張之洞先生之不同凡響器識。美國哈佛大學等名校，要求跨領域學習，尤其文法科同學要在物理（Science of the Physical Universe, SPU）、生命科學（Science of Living Systems, SLS）與數學（Empirical and Mathematical Reasoning, EMR）項目必選一科，而要有一定程度的訓練，是非常值得推動學習的；否則處於現今受到科技強烈衝擊的社會，領導人物如是科技文盲，「問道於盲」、「盲人騎瞎馬」是何等危險？

從另一角度來看，科技是教人「把事做對」（do the thing right），人文是教人「做對的事」（do the right thing），其先後輕重自分；要以現今與未來的領導人物必須「文理會通」，才能適當面對受到科技影響，排山倒海而來的諸般問題。因此李院士今晚要闡述的「文學、科技與日常生活」，不僅是知識的饗宴，而且深具時代意義。

◀①歐與梵分別代表東西文學
▼②當世難得的文化傳播者
　③通識為本，而專識為末
　④科技是教人「把事做對」，人文是教人「做對的事」

梅竹講堂「我的人生・我的抉擇」講座致詞

2013年2月25日　星期一

　　很歡迎大家來參加梅竹講堂「觀念，讓世界轉變『我的人生・我的抉擇』」講座，也感謝知名電視製作人王偉忠先生來分享「影視製作到文化創意產業」，法鼓佛教學院釋惠敏校長主講「三出、三入」，清華學院院長李家維教授擔任引言人，並共同進行座談，與現場聽眾進行交流。

　　梅竹講堂的主辦單位是「清華企業家協會」與「交大思源基金會」，對清華、交大略有了解的人士都知道，梅竹是紀念新竹清華建校校長梅貽琦先生與交大前校長凌竹銘先生，取梅貽琦先生之姓與凌竹銘先生之一字而來，「梅」代表清華大學，「竹」代表交通大學。梅竹賽是兩校每年初春時節共同的盛事。但有時會有爭議而暫停，不幸今年就是暫停年，我們希望兩校主辦同學有智慧促成明年的復賽。

　　另一方面，清華與交大師生、校友間有深厚的情誼與密切的合作關係；根據去年十月的一份統計資料，於2006－2010五年間，在全球最大的論文資料庫Scopus所載論文中，清華所出的論文與交大、中研院、台大合作者分居第一、二、三名，各占8.9%、8.5%與6.9%，而在同一統計基礎上交大與清華；工研院、台大合作者分居第一、二、三名，各占7.3%、6.5%與5.7%，可見清華與交大分別為對方最緊密的研究伙伴，同時師生共享研究資源，交大的一位副校長、主秘與研發長是清華校友，清華原來有一位副校長、現任研發長是交大校友，兩校校友在外創業、事業與工作上互相扶持，不勝枚舉，今年清華的學務長曾提議由兩校校友會會長裁決，解決「梅竹賽」糾紛，雖未獲由兩校各五位同學組成之決策單位「諮議委員會」採納，未來仍是一個很好的參考方向。

　　梅竹講堂自2012年2月起，委由IC之音廣播電台執行「梅竹講堂：觀念讓

世界改變」節目。邀請兩校傑出教師、校友及社會菁英，在節目中分享在社會上進行創業、研究、事業經營時，核心知識的創新來源，開拓大家的視野。另規劃四場實體講座活動，由交大、清大兩校輪流舉辦，邀請產、官、學的一流領導者，以他們各自專精領域的知識，藉由與不同領域的人才對談，激發出跨領域、跨時代的思維，為台灣科技創新帶來新的契機。「梅竹講堂」的舉辦，意謂著清、交大共同開啟進步新觀念、分享和諧新思維，對兩校師生和校友而言，著實意義非凡。

今天講座演講人，金星娛樂股份有限公司王偉忠總經理是國內知名電視製作人，以深富創意著稱，大概很少人沒有聽過他，或看過他製作的節目，他的講題正是「影視製作到文化創意產業」，另一主講人，法鼓佛教學院釋惠敏校長主講「三出、三入」，由於惠敏校長是出家人，大概很少人聽過他，或知道他的著作；我也是因為今天的講堂，才了解惠敏校長是台北醫學院藥學士（民國64年，1975），日本國立東京大學文學碩士（民國78年，1989），文學博士（民國81年，1992），學術專長為瑜伽行派、禪定學、梵文、人文與科學通識、佛學資訊，曾任國立藝術學院學生事務長（自民國83年至民國86年），國立台北藝術大學共同學科教授（民國88年6月始）、共同學科主任（自民國89年至民國95年）、教務長（民國89年8月至民國95年7月31日）、代理校長（民國95年1月25日至民國95年7月31日），現任法鼓佛教學院校長與西蓮淨苑住持（民國87年6月始）。我在看他資料的時候，發現載有e-mail（電子郵件）、facebook（臉書）、blog（部落格）、〔惠敏法師e學園〕、〔教學聯盟網〕等位址，印象非常深刻。

人的一生，不免面對許多抉擇，尤其在選擇事業上有許多徬徨摸索的過程；許多教授共同的願望是希望他們的子弟能當教授，但許多子女只看到教授辛苦面，反而不願意繼承父母衣缽；有許多人受到好老師教誨，以為是常態，不以為意，碰到不好的老師後，才發覺良師的可貴，發願從事教育工作；人生常隨人、事、時、地、發生過程而不同，而有不同抉擇；今天演講者，王偉忠先生的主題是自他所從事的是滾滾紅塵中的影視製作，延伸到文化創意產業，釋惠敏校長從「三出、三入」題目上可想見是從出世、入世切入，有相當的對比，又有互可發揚之處，精彩可期，大家必可在人生探索與抉擇上多所啟發。

由於今晚我有三個活動要參加，所以等下要趕場一下，但我會仔細觀看全

程錄影，以補償錯過今晚精彩講堂的遺憾，最後再次感謝今晚的演講人王偉忠董事長、釋惠敏校長與引言人李家維教授，並祝大家有個充實、愉快的夜晚。

吳興國藝術總監「李爾在此——當莎士比亞遇上戲曲」講座致詞

2013年3月6日　星期三

　　今天是本校駐校藝術家「當代傳奇劇場」吳興國藝術總監在本校「東方戲曲劇場工作坊（Workshop）」始業日，本人謹代表清華大學表達熱烈歡迎及感謝之忱；工作坊從下午開始「武生基本功」術科課程，今晚又在此進行「李爾在此——當莎士比亞遇上戲曲」講座；據了解工作坊術科課程歷時九週，另有六週專題講座，同時並進，從京戲基礎知識開始，帶領學員認識傳統戲曲，學習生、旦、淨、丑等行當，訓練基本功、身段、臉譜教學並教授折子戲，最後於期末舉行成果展，作為學習呈現，探索開發學員的表演潛能，內容紮實，精彩可期。

　　去年九月二十二日，科管院網路碩士學分班舉行開學典禮時，邀請到吳興國總監與其夫人林秀偉行政總監蒞臨演講「京劇的當代樣貌」以及「藝術家與企業家合作的浪漫與現實」；雖然當天我是第一次與吳興國總監見面，但久聞吳總監多才多藝，能演、能作、能導，為橫跨電影、電視、傳統戲曲、現代劇場以及舞蹈之傑出表演藝術家，在各種表演藝術上，均有精湛表現，並屢得大獎；當時我也恭喜吳總監剛榮獲2012年的東元戲劇藝術類獎，主要獎勵他自1986年以《慾望城國》創團，帶領京劇走入現代並產生質變，成為臺灣劇場跨文化改編的代表。既開啟臺灣京劇發展的重大轉向，更帶動當代戲劇的「新型態」，可喜可賀。同時我也藉機宣布好消息，也就是吳總監已應邀自2013年三月起到本校擔任駐校藝術家，以吳總監的才華與敬業精神，必然能協助落實本校透過多元、充實、豐富的校園生活，培養學生未來活出精彩人生的能力教育理念，掀起一片風潮，是清大師生同仁所熱切期待的。

　　在半年前吳總監演講時，不僅唱作俱佳，舉手投足，滿身都是戲，也可

充分感受到他對發展當代戲劇的成就感與使命感；吳總監在表演藝術上成就非凡，演出過《三國演義》、《西遊記》、《水滸傳》、莎士比亞名劇、希臘悲劇等大戲，在改編自莎翁名劇《馬克白》的《慾望城國》中，身著厚重戲服，不吊鋼絲，自高處「燕子翻身」而下，讓人捏一把冷汗；而在改編自莎翁名劇《李爾王》的《李爾在此》，一人飾十角；在《西遊記》中，將美猴王孫悟空演得唯妙唯肖等等，讓人不禁擊節讚賞而回味不已。

　　這個禮拜一，本校美奐美侖新圖書館開張啟用。提供多項創新貼心設施，讓進館參觀學生驚嘆不已，有人對記者笑說「以後要天天跑圖書館了！」事實上我自己的感覺是很想再當學生，享用最先進的設施學習「樂在其中」；今天看到吳興國藝術總監的工作坊精彩內容，又興起了當學員之念；莎士比亞在《隨心所欲》（As you like it）劇中說：「世界如舞台，世人皆演員，由生到死，各人扮演多重角色，而分七階段演出」（All the world's a stage, and all the men and women merely players: they have their exits and their entrances; and one man in his time plays many parts, his acts being seven ages.）人生有階段性，先是嬰兒、學童，再是勇於嘗試的青春年少（lover）、血氣方剛的鬥士（fighter）、閱歷豐富的智者與裁判（justice）等。時不我與，各階段有其角色與職責，如今有意轉成學生或學員而不可得，也就是現在流行語：「回不去了」，往前看才是正道；希望各位工作坊學員珍惜機會，也祝大家有個充實愉快的夜晚。

通識講堂王邦雄教授講座「儒道對話」致詞

2013年3月22日　星期五

很歡迎與感謝淡江大學中文系榮譽教授王邦雄教授到通識講堂作「儒道對話」演講；王教授擅以具體的生活經驗談論哲學，並積極於民間講學，對於如何在「人間世」安頓自我的心靈有較多的思考，形成不同於學院哲學的「平民特色」。

今晚的講題是「儒道對話」；美國學者Charles Murray在《人類的成就》（Human Accomplishment: The Pursuit of Excellence in the Arts and Sciences, 800 BC to 1950）一書中，就中國哲學家分析；在主要參考書籍中，論述篇幅排第一與第二的分別是孔子與老子，其後重要人物如朱熹等都是兩人經義釋義家，可見儒道在中國文化與思想的影響力。

儒家在中國歷史上，久居主流地位，孔子述而不作，門下有七十二賢，學生達三千人，將其學術發揚光大；漢武帝接受董仲舒建議，獨尊儒術，魏晉南北朝時代，由於佛教的輸入，儒家受到相當的衝擊，到唐宋，經由韓愈、歐陽修等大家努力，又恢復正統地位；兩宋與明代有理學之興，儒家思想更加根深葉茂。直到今天，儒家學說仍然在社會與教育中受到推崇和學習，其影響是很深遠的。

道家發展則沿循非常不一樣的軌跡，脈絡比較不清楚；被尊為宗師的老子生平不詳，是否有撰寫道家經書《道德經》一書的人，也是疑問；道家常被視為以老莊二書為代表的學派，莊周雖然確有其人，但道家《南華真經》即《莊子》一書是一選集；西晉郭象所注《莊子》分內篇、外篇、雜篇三部分，約七萬字；從宋代起，許多學者認為內篇是核心思想，為莊子本人所作，而外篇為門人所延伸發揮，雜篇是後人託名之作；「莊子」篇幅冗長，內容駁雜，但思

想深刻，與之相較，《道德經》雖分八十一章，但僅有五千餘言，言簡意賅；與儒家一樣，道家是一哲學流派，一種思想，而不同的是，東漢以後，道家被宗教化，尊老子為教祖，形成了道教。

另一方面，德國的政治經濟學家和社會學家馬克斯・韋伯（Max Weber，1864－1920）著有《中國的宗教：儒教與道教》；由於官方尊崇儒家，韋伯視其為一種國教，而道教則是民間的信仰，他指出儒教對於許多民間教派的信仰展現象當寬容的態度、儒教與道教與制式宗教不同的是沒有巨大社會影響力的「先知」，會以某種神靈的名義，提出倫理的要求，同時沒有私人性質的禱告；儒教尊奉「讀書人的教義」，讀書人幾與儒生同義；儒家學說有利於既有秩序，在封建時代為統治者所喜，而儒生得以發揮學識「經世致用」，形成一個穩定的統治階級；以儒生為主的官僚階級崇尚理性，注重當下今生原則規律，否定來生，認為不須利用宗教作為愚弄民眾的手段；道教則發明或神化各種專神，如財神、灶神、戰神、壽星等，又打坐、冥想、刻苦修行以及心神迷醉方式，尋求長壽、治療甚至長生不老，甚至升天成仙，有「一人得道，雞犬升天」之說，深入民間，以及文學作品，文人中如李白、蘇東坡都深受影響；另一方面，道教缺乏嚴密的倫理、教育以及拯救世俗的學說，歷史上未曾出現強大的道士階級。

道的本意為方向或是路徑的意思，道家跟儒家中，道都有方向跟導引的意思。老子所言之道，順從自然規則，「自在自得」，「道法自然」，為萬物來源與歸宿，無所不在，秉要執本，清虛自守，卑弱自持；儒家之道則祖述堯舜，憲章文武，宗師仲尼，由聖人制禮作樂，建立制度，創造規則，根據學者傅佩榮先生分析比較，道家對己求安，「知其不可奈何而安之若命」，對人求化，對自然求樂，與道同遊；儒家對人生的啟示，與己求約，與人求恕，與自然求儉，以敬超越界；在一般體認中，儒家入世，進則兼善天下，退則獨善其身，孔子周遊列國，希望用世，但仍稱許弟子顏淵安貧樂道，「人不堪其憂，回也不改其樂」，接近道家清淨無為；中國讀書人，在朝為儒家，退引後常以道家自持，以道家思想來追求內心的寧靜；另一方面，年輕時，已經世濟用為職志，對人生充滿使命感，到年歲漸長，對生命的真諦有所領悟，產生不同理解；有人因此認為，失意的人與老年人容易成為道家，其他則屬富有智慧機敏人士，及早領悟有機會就要學道家。

儒家在中國文化與歷史中，長期扮演主導正統角色，大體維持中華帝國的統一，但近世在科技落後西方的背景下，備受衝擊，由於缺乏民主傳統，在自由民主時代，社會適應與轉型並不順利，而被認為在哲學、法學、神學邏輯發展不良，以及科學思維的匱乏，面對人類社會不確定的未來，將面臨嚴峻的考驗；另一方面，西方社會由科技帶動的工業革命，在近來更由全球化的推波助瀾，漫無節制的在物質上急遽發展，導致影響人類生存的世界資源枯竭、環境惡化、氣候變遷等問題更具急迫性，道家思想「順守天道」，避免目前出現的許多自然反撲，是值得思考的方向。「儒道對話」，此其時矣！

▲「儒道對話」，此其時矣！

▲ 儒家進則兼善天下，退則獨善其身

▲ 老子所言之道，順從自然規則

通識講堂「中國崛起，美國衰落了嗎」致詞

2013年10月15日 星期二

很高興來參加司徒文博士（Dr. Bill Stanton）的演講，去年約此時他到「通識講堂」以「數位時代外交之潛力與問題」（Digital Age Diplomacy: Potential and Problems）為題演講，是「通識講堂」第一位「老外」講座，那時「老外」指的是外國人，今天很高興他對清華來說，不再是「老外」，因為擔任「亞洲政策中心」主任，是道道地地的「清華人」。

或許有部分聽眾對司徒文博士不熟悉，他是前任的美國在台協會駐台北辦事處處長，也是第一位選擇在台長期定居的美國大使級外交家。司徒文博士為美國北卡大學教堂山分校（University of North Carolina, Chapel Hill, UNCL）英語文學博士，退休前是有三十四年資歷的資深外交官，先後派駐到包括北非、巴基斯坦、澳洲、韓國、中國大陸等地，擔任美國在台協會處長三年任內，促成赴美免簽方案；加入清華這個大家庭，將以他的高度，為清華具特色的亞洲政策中心有不凡的作為。希望強化清華大學在國際關係領域中的話語權與領導力。未來將以「亞洲政策中心」為運作平台，強化臺、美、中之間的互動，同時進一步促進亞洲間的和平發展。值得一提的是，司徒文博士在清華也擔任「葉公超講座」，葉公超先生曾任清華大學外文系系主任，也是對國家有極大貢獻的外交官，曾任外交部長及駐美大使等職。

今天的講題是「亞洲崛起，美國衰落了嗎？」（As Asia Rises, Is American in Decline?）從經濟發展來看，美國自上世紀初成為世界經濟第一大國，一直維持到現在，根據國際貨幣基金（International Monetary Fund, IMF）資料，2012年美國、中國國民生產毛額（Gross Domestic Product, GDP）分居世界第一、二位，各為15.685、8,227兆美元，如考慮購買力（Purchasing Power

Parity, PPP）計，則分別為15.685、12,406，從這些數字，可見中國GDP已超過美國一半；另一方面，以人均GDP而言，美國51,704美元，中國僅為6,071（9,055(PPP)）美元，差距仍甚大。

另一方面，昨天紐約時報有一篇2001年諾貝爾經濟獎得主Joseph E. Stiglitz文章，題為「經濟不平等是一種選擇」（Inequality Is a Choice），最主要是世界「經濟不平等」情況日趨惡化，而美國情況最糟，收入在前0.1%與1%的人，總收入達全美11%與22%，同時自2009年起，增加的95%的收入落入頂尖1%的人口袋。另一方面，在考量通貨膨脹因素後，美國人平均收入要比四十五年前少，沒有大學學位的人，平均要比四十年前少40%；美國「經濟不平等」惡化始自約三十年前，而肇因於對富人減稅以及對金融業鬆綁；由於美國目前在世界上仍處於「領風氣之先的地位」，對世界的未來將是一個嚴重的警示。

中國大陸的問題當然更多，由於近三十年來中國大陸政經社會變化規模之大、速度之劇史無前例，很難預測其發展；對台灣來說，如果中國大陸經濟持續朝正向發展，牽動的政治、社會情勢變化仍難以預料；從另一角度來看，如果中國大陸經濟停止快速發展，政治社會不穩，由於台灣與中國大陸的特殊關係，必然會承受很負面的影響；今天的講題是「中國崛起，美國衰落了嗎」？意含中國在可見的未來，會繼續崛起，但不必然會牽動美國的衰落，從中、美興盛或衰落四個可能的組合，最佳的情況是中、美在大體合作下，各自正向發展，但並不容樂觀；台灣在中、美兩大國競合之間如何自處，需要智慧與見識，這也是我們希望從司徒文博士的演講中得到啟發的。

▲①強化清華在國際關係領域中的話語權與領導力
　②進一步促進亞洲間的和平發展
▼③台灣在中、美兩大國競合之間自處，需要智慧與見識
　④中國大陸政經社會變化規模之大、速度之劇史無前例

李歐梵院士現代文學系列講座：「現代文學中的地方精靈（genius loci）」引言

2014年5月22日　星期四

　　首先歡迎大家來參加李院士的講座；去年上半年的時候，聽蔡院長提起李院士有可能回台較長期講學，我們的共識是要把握這大好良機，經蔡院長與李院士聯繫，獲得相當正面的回應，所以去年在向侯金堆基金會所提本年度講座計畫中，作了安排；很遺憾的是，最後香港中文大學挽留成功，李院士來清華作較長期講座計畫未能成真，但稍堪告慰的是，李院士允諾來清華擔任榮譽講座，促成現代文學系列講座。

　　今天承蒙蔡院長邀請，來主持李院士的演講，在我初看到蔡院長提供的資料的時候，頗感惶恐，因為本人對地方精靈這個名詞，雖不完全陌生，但也非耳熟能詳，而在仔細審閱講座所推介的文本後，也感覺略可捉摸文學家所談論的地方精靈，尤其我找到藏書中李院士大作《上海摩登：一種新都市文化在中國1930－1945（修訂版）》，仔細閱讀後，對李院士的演講大旨，或可有部分掌握，因此今天也就勉強上陣，希望能權充李院士演講燦爛花朵的綠葉。

　　李院士在《上海摩登》序言中直指摩登代表新奇而時髦，特別提到小說家茅盾以「光、熱、力」（light、heat、power）形容上海，由上海都市的建築物和場景，逐漸描繪至這個風華絕代的都市在大時代中的生活；由各種代表現代化的商品、活動以及各色娛樂，再談到當時的作家與作品，如何表達城市感性，除善於寫感情的張愛玲外，尚包括都市現代派作家施蟄存作品中的色、幻、奇，穆時英、劉吶鷗所描繪的都市人的面容與生存，邵洵美、葉靈風所呈現的頹廢、浮執；由物質所象徵的現代性再引申至現代意識，然後將之轉換為藝術。坊間書評以本書「洋溢著戰前上海的獨特風味，對於上海這個悲情傳奇的都市在大時代中的生活，描寫得細緻入微。在研究上海的著作中，本書具有

無可比擬的成就。本書內容全面，資料翔實，具有較高的科學性、系統性、理論性及學術性，可供相關研究人員參閱」，有很高的評價。

如果從「上海摩登」出發，我們也許可將地方精靈看作地方的精神、表徵、風格、傳承，由文學家所塑造，它影響住民的生活與心理，由個人或眾人觀感形塑，他的生成也很多元；對外地人來說，常是一地的代名詞。

例如美國紐約，代名詞是Big apple，推究原因最可能是在1920年代，紐約有最好與獎額豐厚的如半個蘋果形狀的賽馬場；另一說是受爵士樂歌手的影響，在美國演藝界有句俗話說：「There are many apples on the tree，but only one Big Apple。」到演藝業重鎮紐約表演，是難得的機遇，所以稱紐約為Big Apple，當然也有色情業的說法；同時紐約堪稱世界金融中心、媒體中心、娛樂中心，帝國大廈曾是標的建築物，後來被雖世貿雙子星大樓大樓取代，911後又賦予新的時代意義，所以地方精靈，可以多樣化，也會隨時代更易。

地方精靈可以得自城市主要活動，如巴黎是藝術之都、花都，維也納是音樂之都，也可由地理環境或天候使然，如威尼斯是水都，倫敦是霧都，更常見的是由大文豪的描繪、鋪陳與喧染，如喬伊斯在Ulysses鐘，用八十萬字也都柏林人一天的生活，在文本《都柏林人》十五篇短篇小說中，寫童年，青年、成年以至死亡，「提供一面亮晶晶鏡子，叫愛爾蘭人好好看清楚自己的真實面貌」，喬伊斯創作的小說大多根植於他早年在都柏林的生活，包括他的家庭、朋友、敵人、中學和大學的歲月，堪稱都柏林地方精靈的塑造者。其他如羅馬鬥獸場、梵諦岡與教廷，柏林圍牆，弗羅倫斯與文藝復興，洛杉磯與「電影、迪斯奈樂園代表的娛樂，夢幻」，拉斯維加斯與賭博文化，大學城如Princeton、Cambridge、Oxford、Ithaca、Palo Alto、Berkeley、Pasadena等，產業聚落如矽谷、汽車城、鋼鐵城，建築與地標如巴黎與東京鐵塔、杜拜高塔、莫斯科克林姆林宮、紅場，華盛頓：白宮、雅典Parthenon廟等。

在中國，地以文而名的例子多不勝數，如長沙洞庭湖與〈岳陽樓記〉，江西南昌與「滕王閣序，物華天寶，人傑地靈」，武漢與「昔人已乘黃鶴去，此地空餘黃鶴樓」詩句、杭州與「欲把西湖比西子，淡妝濃抹總相宜」詩句、「孔子登泰山而小天下」、「橫看成嶺側成峰，遠近高低各不同。不識廬山真面目，只緣身在此山中」等，以地標地形而言，北京有紫禁城，為帝王之都，南京「龍蟠虎踞」，桂林「山水甲天下」，台北與「101高樓，故宮博物

院」，以氣候而名，如昆明「四季如春」、貴陽「天無三日晴」，歷史遺跡或著作如西安古都與阿房宮、兵馬俑、南京「烏衣巷，六朝金粉」、開封與「清明上河圖，東京夢華錄」，廣州與黃花崗起義烈士墓，重慶與陪都等。以人為中心的當以曲阜孔子為最。

　　剛才我從李院士了解，他昨天演講的重點是新竹經驗，事實上我最近在思索新竹的地方精靈為何？新竹原名竹塹城，竹塹是由平埔族原住民語音譯而來，清朝治臺初期，為了避免流民造反，曾經禁止台灣建造石磚城，因此，竹塹城早期的雛型，是以種植竹圍的方式代替磚牆，所以有新竹之名；繼有「開臺進士」鄭用錫、詩人林占梅倡導經營的文風；由於我與李院士同在新竹長大，而且同為新竹師範附小與新竹中學校友，光復初，新竹師範附小因高梓校長注重健康、快樂學習辦學而出名，新竹中學辛志平校長貫徹五育並進教育卓有成就，所以我與李院士的共同經驗是在新竹受過良好的基礎教育；再者，清華大學於1956年在新竹建校，不僅影響了新竹學術、文化水準，而且引來交通大學在新竹建校、工研院進駐，促成科學工業園區、高科技產業聚落的建立，如視科學工業城是新竹現階段的地方精靈，似不為過；依此脈絡，我個人對李院士的不情之請是，是否能以其廣博學識以及無限才情，對「新竹人」多所刻畫，帶動風潮，則不僅為新竹幸，也為文壇幸。

▲新竹的地方精靈為何？

王浩一「在易經裡　十年磨一劍」講座致詞

2014年12月5日　星期五

　　最近與校友服務中心陳千惠執行長晤談時，承蒙她邀請來參加今晚的演講會，她提到王浩一先生時，特別說他有一位醫生作家弟弟——王浩威醫師；雖然我以前沒有想過兩位名字相近的作家關聯性，但王浩一先生則是我久仰已久的作家；自從約三年前首次讀到他的第一本歷史筆記《人生的十堂英雄課》，頗覺引人入勝，讓人愛不釋手，以後只要在我購書通路中，看到新出同系列的書，不需要更進一步介紹，就會直接訂購，陸續有幸閱讀到《英雄的十則潛智慧》、《英雄的大抉擇》兩書，今天上午在網路上看到他新出了《英雄的頓挫》一書，頗為納悶為何有所疏漏？仔細探究下，發現出版日期是昨天，否則我應不會錯過從網路購買閱讀的機會。

　　王先生的歷史筆記是以古人故事闡釋《易經》，以《易經》為英雄作註腳；《易經》是一部奇書，也是一部天書，沒有人確切曉得出自何人？甚至何時？雖名《易經》，實為難經，再加上中國文字結構，一字一詞，常有多重涵意，即使看闡釋《易經》的易傳十翼，也常有晦暗未明之處；但《易經》位列群經之首，得到公信力很高的孔子背書；根據《論語・述而》篇，孔子在將近五十歲時說過：「加我數年，五十以學易，可以無大過矣。」司馬遷在《史記・孔子世家》記載：「孔子晚而喜《易》，序《彖》、《系》、《象》、《說卦》、《文言》。孔子讀《易》，韋編三絕。」同時《易經》使中國千古英豪盡折腰，據前人統計，歷代智者註釋超過千部之多，這種奇特現象，是相當難以解釋的；王先生的歷史筆記是以古人故事闡釋《易經》，讓人能為《易經》充滿智慧折服，是一種別開生面的做法，而且相當成功。書中以不同古人生命起伏的過程，印證不同的卦理，讓《易經》更容易親近與理解。

有人從歷史的英文history認為歷史是人的故事；雖然是對其希臘字源historia（inquity，knowledge acquired by investigation）的誤解；但歷史常眾說紛紜，何為信史也是一個沒有定論的問題，要看有多少可信史料，也受到撰述人的立場、心態與文筆影響，但歷史的迷人是無庸置疑的，而王先生的觀點與筆法更是引人入勝；也許是因為學數學的背景，常從數字給予讀者很大的啟發；例如，在韓信與相關人物的出生與逝亡圖表裡，讓人很驚訝地看到秦始皇只比漢高祖大三歲，也就是秦始皇在五十歲去世時，他們有四十七年活在同一個世上，一個是高高在上的暴君，一個是有點無賴氣息的小小亭長，同時劉邦在四十七歲起兵後，四年之後即能率兵進入咸陽，接受秦王子嬰投降；再四年就與項羽畫楚河漢界，分庭抗禮，並由垓下之圍澈底擊潰項羽；這就像現代剛當選的一位鄉長，到八年兩任期滿，就成功直取總統大位一樣，多麼令人尋味；依此脈絡，孔子與勾踐、夫差是同時人，孔門弟子子貢還曾為救魯，出使吳國勸吳王伐齊，爭取霸權，紓解齊國對魯國的威脅；同時朱元璋從一個小兵，歷四年級成為獨霸一方之吳王，再四年更一統稱帝；燕王朱棣也是只用了四年時間，從造反到攻入都城建業，甚至耶穌從二十七歲開始傳道，也是四年後即被釘上十字架殉道，大學四年，似僅一瞬，但四年間歷史常有驚天動地的變化。

在歷史筆記前三書中，共列舉了二十九位英雄／英雌，其中與清華有關的有三位，就是分別以「乾、坤」卦代表的唐太宗李世民與長孫皇后以及以「剝」卦代表的柳如是；清華大學的校訓是「自強不息，厚德載物」，取自《易經》「乾」卦象傳；「天行健，君子以自強不息。」以及「坤」卦象傳；「天行健，君子以厚德載物。」。「乾」卦為六十四卦第一卦，從初六到上六，連續六個陽爻，從十七歲的李世民，如何輔佐父親到開創貞觀之治，對應初九潛龍勿用、九二見龍在田，到玄武門之變，印證九三「君子終日乾乾，夕惕若，厲無咎。」在禍福之交，成敗之決之時，健而不息；九四「或躍在淵，無咎。」或是不必然，在天地之間，進退有節，行藏得宜，則無咎，唐太宗進用賢能，兼聽納諫，故無咎。九五「飛龍在天，利見大人。」此時太宗有剛健中正之德，水到渠成，共成大業，使大唐國威遠播四方，成為當時東方世界的國際盟主，站在歷史最高點；到上九，亢龍有悔。凡事盛極而衰，太宗能知進退存亡，而不失其正者，終成為「千古一帝。」對唐太宗生平作了精采的註

腳。另一方面，「坤」卦為六十四卦第二卦，從初九到六九，連續六個陰爻，印證李世民身後的女人——二十六歲的長孫皇后，如何應驗「坤載萬物」的預言，長孫皇后純正、柔順，謹言慎行，堅守中庸原則，她的所作所為，寬厚大度，如大地承載萬物，伸展無窮無盡；長孫皇后母儀天下的典範，確實提供了令人讚歎的「大地美德」，成為「貞觀之治」的「幕後英雄」。

柳如是與清華的關聯則是清華四大導師之一的陳寅恪先生在晚年曾以逾八十萬字撰寫《柳如是別傳》；陳寅恪先生被傅斯年譽為「三百年來最有學問之人」，何以窮十二年時間，為一江南名妓，完成他自己生前最後一部巨著？眾說紛紜；但命運多舛的美女柳如是，雖與「江左三大家」之一的錢謙益譜成忘年之戀的佳話，但力助危機四伏的復明運動，在錢謙益身後族人搶奪家產時，以懸樑自盡，用死亡反戈一擊，與為首份子同歸於盡。柳如是的生平喻示「剝」卦闡明事物發展過程中「剝除自我」的事理，凶兆連連，也論述「小人得勢，君子困頓的時刻」。

在三本歷史筆記中論述的歷史人物，唯一讓我感到陌生的是清代乾隆朝才子李調元；他三十歲時中進士、點翰林，如同冉冉上升的太陽，上晉之勢，蒸蒸日上，書中以「晉」卦揭明事物晉長的途徑與規律。李調元初入翰林院，因個性耿直，受到排擠，但終得裕，無咎。四十四歲時，升任廣東學政，獲得乾隆帝的勉勵，在廣州才氣縱橫，貞吉，受之介福，以中正也。在學政期間，得到民眾擁護，眾允之，本該後悔的因素，消失了，故悔亡，志上行也。五十歲時，受和珅等奸臣誣陷，被革職下獄，發配伊犁充軍；對應九四：晉如碩鼠，貞厲。在伊犁一年後，幸得朝中紀曉嵐伸予援手，得以母老贖歸，並准予復官，次年上表辭歸故鄉，如六五：悔亡，失得勿恤，往吉無不利。五十二歲回到故鄉，從此寫作十餘年，成了清代戲曲理論大家，自治、自克、自省，完成人生另外高峰，得以因應上九：維用伐邑，厲吉無咎。

王浩一先以《易經》為歷史人物註釋，獨具一格，在古老的「智慧地圖」中為英雄尋找到生命座標，作為判斷是非，建構思想理論的依據。他嘗試以「歷史人物」當《易經》的敲門磚，對照著古人的生命經驗，看懂每一狀態下的抉擇與成敗，確實可以讓《易經》更容易親近與理解，進而比對我們的行為，調整我們偏失掉的思考模式。他認為《易經》可以舉偏概全，載道廣應，撥弄之間，明白萬事萬物的運動變化，有時會由量變累積而導致質變的規律。

透著幾個有趣的想法，一些抽象的陰陽觀念，知道人生、歷史或哲學，都是一場不斷變換詮釋的過程。他進一步比喻：孔子講「君子不器」，一個觀點也像一個「器」，可以用來切中某個狀態、某個議題、某個感受，甚至某個時空，所以任何一個器，無法也無須道盡其義。許多事不見得能一針見血，鞭辟入裡，但是，有時一個想法，卻能輕易開啟靈動的領域。是很有智慧與道理的，值得我們細心揣摩，相信今晚的演講必然讓我們大有收穫。

▲《易經》使中國千古英豪盡折腰

與李歐梵院士科技與人文對話：人類大歷史（節錄）

2014年11月19日　星期三

　　今天很榮幸與李歐梵院士同在我們的母校新竹中學對話；順著安排此次對話的清大文學院蔡英俊院長的原始構想，今天的對話是科技與人文的對話；我想就用最近所讀到的一本人文並以相當篇幅論及科學革命好書的感想與心得來做引言。

　　《人類大歷史：從野獸到扮演上帝》，是今年八月由「天下文化」出版的翻譯書，原作書名為*Sapiens*，作者為以色列歷史學者哈拉瑞（Yuval Naoh Harari），出版於2012年七月。嘗試以約三十萬字，敘述智人七萬年的歷史。從智人由認知革命征服世界、農業革命、科學革命、工業革命、生物革命以迄現今，面對迅速變化與未知的未來，重點在大趨勢以及廣角度；氣勢磅礴，發人深省，同時深入淺出，饒富趣味。

　　作者博學多識，充分運用歷史、政治、經濟以及考古、生物、生態學的宏觀見解闡述人類歷史。作者希望這本《人類大歷史》能填補傳統史書的三個鴻溝：歷史觀與哲學觀之間的鴻溝，要提供有史實根據的深刻哲學思考、人類和生態系統之間的鴻溝，要讓讀者多從生態系來思考，而不是只講人類的利益、集體和個人之間的鴻溝，檢視歷史事件如何影響到當時一般人的生活，例如當時的平民感受如何？有沒有人更幸福或更悲慘？作者認為，讀者若是錯過這樣的觀點和角度，將會一再錯過歷史中最關鍵、最有意思的部分。可謂「上下七萬年，讀史有學問」。其中某些比較特殊觀點，如智人是其他人類及大型動物連環殺手、談八卦促進合作、農業使人更貪婪、想像不存在的事物，讓陌生人開始合作、建立組織，大型人類合作系統都基於神話、神話維持法律與秩序、金錢是最佳信物、矛盾創造文化、政治與經濟系統是宗教而非僅理論與意識形

態、帝國是過去兩千年最成功的政治系統、人類大融合的關鍵因素是金錢、帝國、宗教，人類對動物的虐待是歷史上最令人髮指的罪行、現代人並不比前人快樂許多、科學可能導致人類毀滅等，很值得深思討論。

本書共有二十章，分四部分，第一部分認知革命；大約七萬年前，認知革命讓人類逐漸從所有物種脫穎而出，讓歷史正式啟動。

第二部農業革命，大約一萬兩千年前，農業革命讓歷史加速發展。

第三部是人類的融合統一。然而全球文化雖然單一，但不同質，真正的文明衝突，是聾子的對話，目前世界也無完全純正的文化。

西元前一千年間，出現了三種可能達到全球天下一家概念的秩序，即經濟上的貨幣秩序，政治上的帝國秩序，宗教上的全球性教派；對商人來說，全球就是一個大市場，對征服者來說，全球就是一個大帝國，對各教先知來說，全球就該只有一個真理，希望每個地方、每個人都要遵循。

第四部是科學革命：大約五百年前，科學革命讓過往歷史告一段落，而開創新局；大約西元一千五百年，歷史做出重大的選擇，改變了人類及所有生物的命運，即科學革命。人類將資源投入科學研究中，取得了巨大的新力量。人們逐漸相信可以依靠投資科學，提升能力，經過反覆證明，握有資源的政府和富人，越來越願意投資科學。

工業革命讓人類生產力爆炸性發展，同時也是第二次農業革命。工業化生產成了農業的支柱。機器耕作、開發化肥、農藥與生產激素，農地與家禽家畜產量，大幅躍升；農產品保存與運輸，也大幅進步。同時植物和動物也遭到機械化，農場上的動物，被視為機器一樣對待。在工廠一樣，被大規模製造。動物一生如生產線上的齒輪，決定生命長短及品質，是商業組織成本與利潤。除了極少例外，1945後，沒有併吞其他國家者，戰爭不再是常態。打破叢林法則。在過去，從來沒有這種四方和平，難以想像戰爭爆發時代。令人愉悅的發展，一、戰爭成本高，二、利潤少，三、和平紅利，四、全球政治文化結構性大變動。

國際網路日漸緊密，大多數國家不再能夠完全獨立行事。正面臨全球帝國形成，維持疆域內和平。回顧過往，會發現我們對過去歷史的看法受近幾年事件左右。是樂觀或悲觀，可謂處於天堂與地獄岔路口。

過去五百年間，地球在生態和歷史上，都已經整合成一個單一領域。經濟呈現指數成長，科學與工業革命帶給我們超人類的力量、幾乎無限的能源。不僅社會秩序完全改變，政治、日常生活和人類心理也澈底改觀。

下一段歷史的改變，不僅是科技與組織的改變，更是人類意識與身分認同的根本改變。內容會觸及人類的本質，就連人的定義都有可能從此不同。我們究竟自己想要變成甚麼？有人把它稱為「人類強化」問題。如接班人有完全不同意識層次，再談目前大眾爭議的問題，不具意義。就算是新時代的神，第一代還是由我們人類設計。創造時所遵循的理念，可能讓他們走向完全不同方向。生物倫理學先問「有甚麼是必須禁止的？」是認為我們能踩煞車。但基於人類對長生不老的追求，現在科學旗艦計畫，雖然都是為了治療疾病及挽救人命等正當理由，卻有可能一發不可收拾。唯一能做的，是影響方向，也可能很快也能改造我們慾望。該問「我們究竟自己想要變成甚麼？」而是「我們究竟希望自己想要甚麼？」人類擁有神的能力，但是不負責任，貪得無饜，而且連想要甚麼都不知道，天下至險，恐怕莫此為甚。

後記

本書出版後，佳評如潮，長期高居各種圖書暢銷榜上，並翻譯成超過二十種文字版本。某些書評雖然都相當讚揚本書，但認為部分見解失於過分簡化、疏忽、誇張、煽情。

張系國教授「黑天鵝和白大象——大數據時代的科幻與視覺語言」演講

2018年12月11日　星期二

　　很感謝張系國教授今天精彩的演講。張教授談到大數據時代應特別注意黑天鵝和白大象的現象，光看統計數字，有許多誤區，相當發人深省。黑天鵝的意義隨時代有所演變，現今主要指原本不可能發生之事，一旦發生，專家們可一改先前意見，言之鑿鑿，而振振有詞。以川普當選美國總統而言，原本主流媒體從民調顯示，幾乎一致認為不可能，事後則頗有人大言不慚說早已預見；白大象則是指顯而易見的事物，因為有所顧忌，或其他原因，視而不見或不敢明言，有如國王的新衣；川普總統又是一個很好的例子，他的內閣，有許多聰明人，在他背後常嘲笑其為狂人或白癡，但在內閣會議中，則一片歌功頌德，幾成一言堂；例如他聲言不相信溫室效應與氣候變遷的關係，無人敢攖其鋒，而讓世界第一強國，不但不能在救世界於危難中居領導角色，反而帶頭加重化石燃料開採與使用，壓抑環保措施，讓人徒呼負負。

　　張教授在演講中提到川普可謂現代韋小寶。韋小寶是金庸先生筆下《鹿鼎記》的主角，一方面不學但有術，靠招搖撞騙而扶搖直上，這點與川普很像，但也有與其大異其趣的地方。川普是富家子弟，據紐約時報最近調查報導，歷年來他獲得其父幾億美元的贈與，幫助其事業發展，雖然經常自我吹噓他事業靠一己之力，多麼成功，但在經營事業中，曾三次破產，其現有財富與歷年逃稅問題也常令人生疑。韋小寶則是一揚州妓女之子，父不詳而從小在妓院長大，可謂白手起家。另一大差別是，川普是世界第一強國領導人，具有無比的影響力，但經常不按牌理出牌，無事生非，等於是不斷製造「黑天鵝」，對現今世界紛紛擾擾，推波助瀾。韋小寶背後雖有不太穩當的靠山，康熙皇帝，但必須靠自己臨機應變，才屢屢化險為夷，多為被動，鮮少主動。而且韋小寶

有一定的原則，講求義字，而川普可謂集寡廉鮮恥的大成，兩相對照，高下立判。

　　這裡要特別一提，金庸先生是清華2010年的名譽博士，因為他在八年前已行動不便，而由我與其他清華同仁一起到香港頒授學位給他。同時張教授也可謂是清華校友，這是由於張教授與我一樣，都是竹師附小的畢業生。竹師即是新竹師範，是新竹教育大學的前身，而竹師附小也成為清華大學附小，所以以張教授的不凡經歷，未來很可能膺選為清華大學的傑出校友。相當湊巧的是，除小學外，張教授就讀的中學（新竹中學）、大學（台灣大學）、研究所（美國柏克萊加州大學）都與我同校，但比我大三屆，所以是我的學長。在中小學時常聽師長提及這位才子，大學後因為念的院系不同，比較少直接由師長談及，但張教授文名漸著，所以多是從報章雜誌或其文學著作中間接地了解其才思。張教授對我來說是久仰大名，已超過五十年，但卻一直無緣相見，所以說今天算是一個相當特別值得紀念的日子。

　　張教授的演講隨後談到視覺語言，涉及地圖、尋寶圖、圖示、關係圖，引出科幻的平行宇宙，從《洛陽伽藍記》、世界地圖、亞洲地圖、Google地圖、湯恩比談圖形文字到費孝通（清華畢業生與教授）的權力結構，以至黑鬍子、魔戒等，側及現金台灣政治人物與潮流，縱橫瀟灑，一發不可收拾，是一次難得的饗宴。

▲①縱橫瀟灑，一發不可收拾
▼②黑天鵝的意義隨時代有所演變
　③視覺語言寓意深遠

張系國教授「從烏托邦到反烏托邦的科幻小說發展史」演講致詞

2018年12月13日　星期四

　　今天我是以張系國教授「粉絲」的身分來聆聽演講。張教授與我既相當有緣也可說不是那麼有緣；一方面他就讀的小學（竹師附小）、中學（新竹中學）、大學（台灣大學）、研究所（美國柏克萊加州大學）都與我同校，而且小學時與我二姊同校同屆，據張教授說他們也相當熟識。另一方面，我在前天聽他演講以前，一直與他緣慳一面。張教授比我大三屆，在中小學時常聽師長提及這位才子，印象比較深刻的是張教授才氣縱橫的另一面，是不屬於老師眼中的「乖乖牌」，另外前天餐敘時，聽張教授提及其尊翁在他唸小學時，是台肥新竹廠的廠長，讓我想起「竹師附小」自然課必有的課外活動，是到台肥新竹廠參觀，其中的高潮是，工作人員會夾起一個小皮球，放到液態氮（製作肥料的副產品）極低溫中，然後將硬化的皮球丟到地上，化為碎片；另一膾炙人口的逸事是，與今天在場大部分教師一樣，出國留學時要考GRE（Graduate Record Examinations），當年許多學生在英語部分，得分與美國大學生相比，常為最低的1%，而據說張教授考高達77%，這點等下可請張教授確認一下。

　　張教授特別的地方是文理會通，不僅是資訊科學專家，而且又是名作家。在文學著作領域，於文學創作、時論雜文以及科幻小說多方面，都相當有成就。前天演講主持人說張教授是百科全書式人物，並非過譽。

　　今天的主題「烏托邦到反烏托邦」是我近年來很關心的問題。烏托邦描繪一個幸福與美好的社會，中國古代從《禮運・大同篇》、〈桃花源記〉、《鏡花緣》「君子國」等代表對祥和社會的憧憬，西方則從柏拉圖「理想國」到摩爾「烏托邦」，則比較周詳的考慮到理想的政制與社會，通常都帶有共產社會色彩，對個人自由有所壓抑；因而從二十世紀初開始，有不少的「反烏托邦」

的經典著作，最著名的應是歐威爾（George Orwell）的《1984》；其中「老大哥在看你了」名句，讓人不寒而慄。前天聽張教授預告，今天會花比較多時間談歐威爾與《1984》這本書，我個人閱讀各種「烏托邦到反烏托邦」著作，發現幾乎一致將未來指向共產社會。由於在二十世紀共產主義在各國的實驗大致以破產告終，以資本主義的勝利收場，因而一時「歷史的終結」之說大為風行。但本世紀初由美國次貸引起的的全球性金融風暴，又嚴重暴露資本主義的缺陷。由於與人工智慧（Artificial Intelligence，AI）相關的科技快速的進步，讓共產主義「均貧」的致命傷可能得到紓解，集中式的管理技術，如無所不在的監視系統，也較成熟，使人類必須再度思索共產社會的可能性，今天我特別希望張教授就這個觀點能與大家分享他的看法。

　　歐威爾的另一名著《動物農莊》，在今年台灣社會上演了現代版。台大物理系系主任張顏暉教授在五月份「新五四運動」活動中，上台發言時，曾引用《動物農莊》中的故事情境，痛批教育部在台大遴選校長過程的蠻橫無理：「所以在《動物農莊》中，只有豬可以去大陸講學21天，人不可以。只有豬可以兼獨董而當校長，人不可以。只有豬可以把學校專利拿去申請變成自己的，人不可以，只有豬實習生可領250萬年薪，人不可以。」台大校長懸缺至今已一年半，仍似無解。令人沉痛，同時也讓我們看到歐威爾「反烏托邦」著作的普世與現代性。

▲ 看到歐威爾「反烏托邦」著作的普世與現代性

七、各項座談

記載「影像博物館座談會」及「2013年度全國大專校院性別平等教育委員會座談會」兩場致詞。前者藉由影像展現力量,以照片敘說故事,見證歷史,打動人心;後者提倡與推動大專校院性別平等教育,以期帶動整體社會性別平等於各層面的落實。

影像博物館座談會致詞

2013年4月27日　星期六

　　很歡迎大家到清華來參加「影像博物館座談會」；在手機攝影機無所不在時代，攝影已成全民運動，剛出爐的2013年SONY世界攝影大賽，有來自170個國家，超過122,000件作品參賽，盛況空前；而評選以品質、創意、現代感、吸引力等觀點選出優勝作品，別具特色。另一方面，最近發生的美國波士頓馬拉松賽爆炸案，破案關鍵之一即為由公共場所自動攝影機與許多旁觀者所攝得的影片以及照片，讓嫌犯無以遁形，而發生在國內的高捷炸彈案，也靠自動攝影機，獲得作案鐵證，顯示攝影協助破案的威力。

　　今天有許多攝影先進在座，也許可以解答為何現今通稱八大藝術之中並不包括攝影；藝術分類其實也有相當有趣的歷史，中世紀時現在所稱的美術被認為無足輕重，屬工匠之作；文藝復興以後，藝術家在社會中的地位獲得相當的提升，使繪畫、雕塑與建築終於得與文學、音樂、舞蹈以及戲劇並列，擠入七大藝術之林；到二十世紀，電影異軍突起，成為第八藝術，跳過了攝影，而攝影機自1850年左右問世，拍攝人像，非常真實，曾引起畫界恐慌，因為許多靠為中產階級畫人像的藝術家遇到強勁對手，到1888年柯達公司推出較容易使用的攝影機，並以「你只須按鈕，沖洗底片與照片等就交給我們處理」（You press the button, we do the rest）為廣告宣傳口號，開始風行；通俗歷史作家房龍（Hendrik Van Loon）在1930年代曾預言：「百年之後，藝術家與史學家也會像描述繪畫一樣，用很多篇幅來論述和評價攝影藝術」，顯已提早成真；至於攝影為何仍未列入主要藝術殿堂，應是值得探討問題；一個可能是因為電影不久接踵而至，而電影攝影事實上是動態連續攝影，要請諸先進指教。

　　不久前「瞬間的永恆－普立茲新聞攝影獎70年大展」才在台北展出，普立茲新聞攝影獎作品見證每個年代關鍵時刻，重返驚心動魄的現場；有人指出

越戰期間，美國人民原很支持政府，受到越南和尚自焚、小女孩脫掉被燃燒彈點燃的衣服而光著身子狂奔以及南越軍官當街對準頭部槍殺俘虜的三張照片影響，對戰爭的正當性產生疑惑，而使民意受到很大的扭轉，最後讓美國倉皇的自越南撤離，並不是太離譜的觀察；常言道：「一張圖畫勝過千言萬語」，照片更能打動人心，甚至產生震撼效果。

近半年來，在盛情邀請下，以攝影作品參加了兩次藝文展；在攝影過程中，領悟到我從做研究生起，就一直與攝影結了不解緣；因為我多年來研究都是用電子顯微鏡為主要工具，成果正是攝得在電子顯微鏡所呈現的影像照片，所以攝影的選景或佈景、聚焦、打光、調整光圈等工夫，以及沖洗底片與照片全套暗房技術都相當熟悉，稱為攝影老手並不為過；前幾天在《遊藝清華II》新書發表會上，聽莊靈理事長提起，當年攝影底片用玻璃片，讓我想起我初用電子顯微鏡攝影時，也是用玻璃片為底片，厚重而易破，非常不方便，所幸不久後改用膠片，近年來又為數位攝影取代，不僅連暗房都不需要，而在個人電腦上處理，方便而功能遠為強大，真是不可同日而語；大體而言，現在已相當普遍的智慧型像機（或稱傻瓜像機），可讓初學者也可一試身手，攝取有趣的鏡頭，達到眾樂樂的效果。

在我相當有限的利用智慧型像機攝影經驗中，對幾位攝影大師的雋語有了進一步的體會，願與各位分享：

Ansel Adams：「你不是在照相，你是在創作照片」（You don't take a photograph, you make it）

Dorothea Lange：「攝影化剎那為永恆」（Photography takes an instant out of time, altering life by holding it still）

Henri Cartier-Bresson：「你照的最差的照片是你最先照的一萬張照片」（Your first 10,000 photographs are your worst）

▲ 照片能打動人心，甚至產生震撼效果

2013年度全國大專校院性別平等教育委員會座談會致詞

2013年9月27日　星期五

　　歡迎大家來參加今天的座談會；性別平等在今日校園裡普遍地被視為理所當然，在職場中有形的限制多有改善，應是性別平等教育的成功；但在一般社會中，經常都可在媒體上看見各種性別不平等的報導，與性別有關的暴力事件甚至有越來越嚴重之勢。不久前，在某一場合聽到主管部會官員舉列外配受虐待的比率高得驚人，舉此一端，即可見性別平等的推動仍有大幅加強的空間，大專校院性別平等教育是其中重要的一環。

　　最近在閱讀中，看到幾則與性別平等有關的論述，引發一些感想，在此提出與大家分享：

　　一是心理醫師、作家王浩威醫師新書《晚熟世代》，他認為「啃老族、尼特族、靠爸族、媽寶族、賴家王老五等這些跨國的普遍現象，喻示著一個從父母到子女都晚熟的世代，已然來臨！」其中提到，歷史上，原來只有最脆弱、不能自我料理的兒童時期，然後迅速「轉大人」，與成年人一起工作，成為低齡成年人，直到工業革命後，學校教育漸普遍，才有青少年的階段，他舉了英文歷史（history）為例，認為有文字以後的歷史，是農業社會開始，耕種主力男人登場時的歷史，所以最初的歷史是指男人的歷史（history），以後婚姻制度、家庭觀念、學校出現了，才有女人、兒童、青少年陸續登場的歷史。這讓我想起，約1960－1970年代之間，部分女權運動者提出歷史應改為herstory；事實上history源自古希臘文historia，意為探索得來的知識（knowledge obtained by inquiry）與his無關，但有人認為藉此仍可提醒性別不平等現象，而另有部分人士則以為有礙女權運動推動以及忽略二十世紀前女性歷史學者的貢獻；另一方面，漢字中許多以女為部首的單字含有負面意義，無

疑大部分可歸因造字與演化期間社會的偏見，如有適當改進方案，應有助於平等觀念的深化。

美國「臉書」（Facebook）營運長雪柔・桑德伯格（Sheryl Sandberg）新著《挺身而進》（*Lean In*），引起相當大的注目。桑德伯格從她自己二十年工作經歷，問了一個最關鍵的問題：為什麼到了今天，位居高階領導位置的女性，還是如此稀少？為什麼女性大學畢業生早已超過50%，但高階經理人所佔的比例都不到20%？這與上週日清華大學到美國矽谷招生，有位校友鼓勵華裔高中生到台灣升學，其中之一的理由是在矽谷亞裔科技工作者約50%，但高階經理人所佔的比例都不到12%，有類似的不平等問題；桑德伯格認為許多女性質疑自己的能力、壓抑自己的表現，在該積極進取時反而退縮！因要兼顧工作與家庭感到分身乏術！桑德伯格鼓勵女性設下界線，別再相信「兼顧一切」的迷思。對於女性如何結合事業成就與自我實現，桑德伯格提供了具體的建議，包括爭取平等工作情境如往桌前坐（Sit at the table）、尋覓能相互體諒的伴侶（Find a real partner）以及不在心理上預作退縮（Do not leave before you leave），並證明男性如果支持女性同事和伴侶，也能跟著受惠。但她在TED演講中，仍然強調不適用於所有女性，而是針對已決定要在職場上有所成就的女性，很值得大家深思。

作者尼克・塔斯勒（Nick Tasler）在《別讓性格壞了你的決策》（*The Impulse Factor: Why Some of Us Play It Safe and Others Risk It All*）一書中引述腦科學、遺傳學、生理學與心理學研究顯示，75%的人屬於謹慎型的「風險管理者」（risk manager），25%的人屬於衝動的「潛在機會追尋者」（potential seeker），「潛在機會追尋者」往往只看到現在的機會，忽略風險，似與某些侵略性較高的人性格相合，但也有勇於冒險、進取、富創意的特性，「風險管理者」處事穩妥，各有所長；我們都知道人有形形色色，不僅男女大不同，同一性別的人情性或生理結構也不同，這比率是否男女有別，與族群、地域有關，是很值得探討的問題；也就是說，希望能從腦科學、遺傳學、生理學與心理學研究結果為參考，尋求最佳性別平等方案。

性別平等教育在大專校院推動有年，欣見本座談會就「性別主流化政策與國際發展趨勢」、「性平訴訟案例之演變」、「性平法、性工法、性騷法間之整合與扞格」等重要議題有所研討，期望研討心得有助於促進大專校院性別平等教育更趨完善，進出帶動整個社會性別平等於各層面的落實。

八、跨領域研討會

主要著眼於高等教育與人才培養問題之跨領域研討會致詞，除指出台灣高等教育及全球國際化所面臨的困境，並提出著重跨域教學、完善多元入學、推動大學國際交流、延攬僑陸人才、增進產學合作等解決方案。以正向態度，積極面對。

台灣聯合大學系統「建構國際競爭力」研討會致詞

2012年10月4日　星期四

　　歡迎大家來參加「建構國際競爭力」研討會，這次會議是由台灣聯合大學系統與Elsevier合辦，Elsevier是全球最大的科技期刊出版公司，擁有強大的科技出版資料庫，對台灣聯合大學系統研究成效做了部分比較分析，也將研討跨學科研究機構的管理以及學術研究的競爭優勢。

　　何謂「國際競爭力」？客觀的來看是指在延攬人才、研究表現、社會貢獻與影響方面在國際上具有競爭力，實務上常落於「世界大學排名」迷思；現今「世界大學排名」充斥，指標各有不同，常有偏差，但媒體經常大幅報導，以致社會大眾、家長、學生高度關心，甚至大學評鑑都受到影響，學校也不得不正視，為「不可避免之議題」；清華在各項「世界大學排名」中，通常在兩百名左右，居台灣第二，堪稱「差強人意」，但要大幅進步，則受客觀因素限制；而比較受注目的幾項評比，都有可受公議的地方：

　　一、英國高等教育調查公司Quacquarelli Symonds（QS）世界最佳大學排名：QS自2004年開始進行世界大學排行榜調查，目前評比指標包括學術界人士評比（40%）、雇主評比（10%）、外籍教師人數及外籍學生人數（10%）、教師與學生比例（20%）、教師研究報告被引用次數（20%）。學術界人士評比（40%）、雇主評比（10%）屬主觀因素；研究論文被引用數占百分之二十，在英語強勢主導論文發表狀況下，英美與英語地區大學有常有超乎尋常的佳績，同時有利於規模較大的學校而低估人文社會學科表現；外籍教師人數及外籍學生人數（10%）、教師與學生比例（20%）與投入資源有關，以現有清華的教師員額，要壓低師生比是很困難的，清華招收國際學生的人數明顯的偏少，是因為目前僅能提供有限的獎學金，以致於歐美優秀學生誘因有

限。清華的優勢在於每位教師論文被引用次數排名世界第105名，尤其工程與技術領域更排名世界第93名，遠遠高於清華的世界總排名192名。但清華的師生比、國際學生數量排名在300名外，這兩項是拉下排名的主因；清華邁向世界前百大目標，首要克服這些限制。

二、**QS亞洲大學前二百排名**：2012年QS的調查指標包括，學術聲望、雇主滿意度調查、生師比、每位教師平均發表的論文數、每篇論文平均被引用數、國際教師比例、外籍學生及交換生比例等項目。清華名列第31名，居台灣地區第二名，而在「每位教師平均發表的論文數」有很好的表現，居亞洲大學中的第7位，但是在「生師比」的部分，排名則在亞洲大學排名200名之外。相較於其他的指標，「生師比」這項指標因受限於現行國內高等教育的大環境因素，卻是最不易改善的。

三、**QS全世界大學領域排名**：QS領域排名的指標為：學術聲譽評量（Academic Reputation）、雇主評量（Employment Reputation）及每篇論文被引用次數（Citations per Paper），依學科類別的不同，採用不同的指標權重。清華在英國語文學（English Language & Literature）、語言學（Linguistics）、現代語言（Modern Languages）、電腦科學與資訊系統（Computer Science & Information Systems）、化學工程（Engineering-Chemical）、材料科學（Materials Science）及數學（Mathematics）領域排名在51－100名之間；電氣與電子工程（Engineering-Electrical & Electronic）、機械、航空與製造工程（Engineering-Mechanical, Aeronautical & Manufacturing）及統計學與作業研究（Statistics & Operational Research）領域排名在101－150名之間；而化學（Chemistry）及物理及天文學（Physics & Astronomy）領域則在151－200名之間，共有12項領域進入前200名，其中更有7項領域進入前100名。

四、**上海交通大學世界大學學術排名（Academic Ranking of the World Universities, ARWU）**：六大評鑑指標包括校友（10%）與教師（20%）獲諾貝爾獎和費爾茲獎數量、各學科領域被高度引用的教師數（20%）、發表在Nature和Science期刊論文數（20%）、SCI與SSCI收錄論文數（20%）、以上五項和依規模調整值（per capita）（10%）。2012年清華名列第258名。前幾項指標對新興國家極為不利，例如華人獲諾貝爾獎和費爾茲獎數量非常少，韓國則掛零，SCI與SSCI收錄論文數有利於英美與英語地區以及規模較可觀大

學，同時人文社會學科表現難以呈現。

　　五、上海交大兩岸四地大學排名：清華於兩岸四地大學中名列第四名，雖次於北京清大、台大及香港大學，但是清華在每位教師的頂尖論文、國際論文及國際專利三項平均數、專任教師中有博士學位的教師比例，以及畢業生獲得諾貝爾科學獎（物理、化學、生理或醫學、經濟學）和菲爾茲獎（數學）的總數及平均數，都超越該三所學校。

　　上海交大兩岸四地大學排名分為四大類十三項指標的指標體系，四大類包括人才培養（35%）、科學研究（35%）、師資品質（25%）、學校資源（5%），被列入排名調查的學校包括臺灣地區、中國大陸地區、香港特別行政區和澳門特別行政區的大學，具國際知名的高水準研究型大學為目標，並且開放兩岸四地招生的大學。

　　2010年QS世界大學排名已於日前公佈，本校繼2008、2009年排名大幅進步後，今年更上一層樓，排名急速。

　　六、萊頓世界大學論文引用排行榜（Leiden Ranking，簡稱萊頓排名）：荷蘭萊頓大學（Leiden University）科學技術研究中心（CWTS），以超過25年的經驗，設計出一套先進的文獻計量學（bibliometrics）指標，針對2005－2009年間世界500所研究型大學所發表論文進行論文引用次數的排名。2011年萊頓世界大學論文引用排行榜，尤其影響指標及引用次數的面向觀察，不論是以「發表前10%傑出論文之比例」（Proportion top 10% publications, PPtop 10%），或是「標準化後平均被引用的分數」（Mean normalized citation score, MNCS）作為排名統計，清華都居臺灣9所入榜的大學之首，在亞洲104所入榜學校中排第18名。

　　萊頓排名是以「湯森路透科學網站」（Thomson Reuter's Web of Science）為資料來源，採用高度精確的工具去計量各大學以及各大學彼此間跨區域合作在科研成果上的影響。這項排名是純粹以論文品質做為排名標準，沒有將諸如收入、學校聲譽，以及師生比例等教育因素列入共同評估。

　　七、英國泰晤士報高等教育專刊（THE）世界大學排名：2004至2009年，THE的排名榜單均由QS公司編纂，雙方於2009年終止合作關係，2010年改由湯森路透（Thomson Reuters）集團提供資料，評鑑指標採用新的計分方法，從大學研究、教學和知識傳授方面進行評分，而不是著重於大學的知名

度和歷史。2010年的評鑑指標及所佔比重為：教學（Teaching － the learning environment）30％；論文引用（Citations-research influence）32.5％；研究（Research-volume, income and reputation）30％；國際化情形（International mix-staff and students）5％，及產學合作（Industry income-innovation）2.5％。清華名列世界第107名，為臺灣各大學排名之首。該排名的特色是排除了同儕評比，各項指標皆考量學校的規模，台大的師生數是清大的三倍，論文數量清大可能比不上，但若論平均教師表現，清大向來都非常傑出。評鑑結果對清大是一項鼓舞與肯定。2011及2012年評鑑指標及所佔比重為教學（Teaching-the learning environment）30％；論文引用（Citations － research influence）30％；研究（Research － volume, income and reputation）30％；國際化情形（International mix － staff and students）7.5％，及產學合作（Industry income-innovation）2.5％。2011及2012年清華各名列世界第203、226名，在臺灣各大學排名第二。各項比重似與2010年差別不大，但依THE說明採取方法，僅論文引用，自每位教師論文引用數改變至每篇論文引用數，正規化人文社會領域論文等措施，就使清大排名自107滑落至226名，以幾乎同樣的數據，甚至一樣名稱的指標及所占比重，經過不同處理，可造成約一百名落差，顯示須謹慎以對排名的解讀。

由以上多項評比，可看出各有明顯的偏失：

一、以現今論文資料庫為依據，在英語強勢主導論文發表狀況下，英美與英語地區大學有常有超乎尋常的佳績，而學術聲望調查，有類似的偏差。

二、領域的差異：以台灣而言，SSCI的論文數約為SCI論文數的十分之一，生物醫學論文數多而引用數多，同時非英語地區人文社會學科論文，SSCI與SCI期刊，常非適當發表平台，都容易扭曲結果。

三、規模因素：SSC與SCI論文數與規模有關，有利於規模較可觀的大學。

四、校友與教師獲諾貝爾獎和費爾茲獎數量、各學科領域被高度引用的教師數、發表在Nature和Science期刊論文數、國際化都對新興國家極為不利。

以上種種問題，再加上學術界人士評比、雇主評比占非常高比重主觀因素，外籍教師人數及外籍學生人數、教師與學生比例與投入資源有關，都顯示

過於重視大學排名確實會導致重研究輕教學、重理工輕人文、重英語輕其他語言、重規模輕特色等嚴重後果、對大學教育常是弊多於利，值得大家深思，嚴肅討論因應之道，群策群力，有所矯正。

2012年移民政策「全球人才競逐」國際研討會開幕致詞

2012年11月16日　星期五

　　很榮幸以協辦單位主管身分來參加移民署主辦，以「全球人才競逐」為主題的「2012年移民政策國際研討會」；台灣現今在國際舞台上給人一般的印象是「曾經輝煌」，但移民署在機場之出入境服務，絕對是世界第一；每次出入境時，移民署人員不僅動作迅速，而且態度親切，自動通關尤其令人稱便，大家都讚不絕口；有趣的是，以速率而言，世界上現在能跟台灣比擬的是中國大陸，但其靠計時器與旅客瞬間按鈕評等管制，總不如移民署同仁自動自發親善服務好。另一方面，移民署謝署長於今年七月親自蒞臨清華大學簽訂策略聯盟協議；清華大學雖是國立大學，但與官署簽約，今年應是首開記錄。尤其是由移民署主動發起，可見署方求新求進，加強服務的用心，更屬難能可貴。

　　在「全球人才競逐」上，一般是指優秀專技人才，尤指本國難以「土產」的人才延攬。而這種人才正是全球競逐的對象，能捷足先登者須具備如下的條件：

一、有競爭力的待遇與薪資：在世界村時代，人才逐水草而居可能是大趨勢，也就是從待遇低移向待遇高的地方，民國八十年代初期，台灣教授薪資約達美國教授一半時，留美人才返國服務意願很高，一個教職常有兩、三百人申請；但如今台灣平均薪資有十幾年停滯不動，而香港、新加坡等地待遇超過台灣三、四倍，台灣在競逐人才上是處於相當不利地位。另一方面，許多人對享有較高待遇的人視為「肥貓」，讓真正的人才難安其位。

二、完善的制度：在爭取人才上，完善的配套措施至關重要，而台灣目前會計與人事制度非常僵化；最近深愛台灣而宣布要在卸任後定居台灣

的前荷蘭駐台代表胡浩德離台，據知就是對會計措施很不諒解；另一方面，清大一位根據大學法與清大組織章程聘任的專職副校長，即使在他校已曾任專職副校長，被勞委會承辦人員堅持要求須取得教授資格才得兼任副校長；再者，喧騰一時的上百位教授牽涉的假發票事件，很大一部分也因對公務預算嚴格解釋導致，如果被延攬的人才曉得有如此情事，必然被嚇得不敢接受邀請。

三、友善的環境與氛圍：台灣以人民友善著稱於世，但國際化程度與英語環境並不佳，社會漠視國際問題，難以讓老外「賓至如歸」。

四、樂觀的政治經濟社會發展前景：欣欣向榮的產業、有效率的政治、祥和的社會有強力磁吸作用，而台灣在統獨爭議與兩岸關係上不易達成共識，以高科技代工為主的資通訊產業正陷入低潮與瓶頸，經濟發展前景不明，社會「向下看齊」，難有樂觀前景。

僅以此四點，可見現今台灣在「全球人才競逐」，幾乎是「緣木求魚」，但並非毫無希望，台灣事實上有兩項法寶可用：

一、僑居而接近退休人才：常言道「親不親，故鄉人，美不美，故鄉水」，念舊思鄉在我國文化中「根深蒂固」，尤其在外已近退休年齡，而生活無虞人才，常會考慮待遇較低但能發揮長才的「第二春」工作，清大近兩年延攬了六位在美國名校退休的華人教授，顯示這是一個值得開發的區塊。

二、僑生及陸生：一方面語言溝通無礙，另一方面，有些僑居地對華人有不公措施，陸生則普遍對台灣社會與環境有好感，是台灣「可趁之機」；對僑生及陸生積極招攬與留才，可補國內人才不足窘境，也可使我國的教育投資達到最大效益，應是積極推動的目標。

▲ 積極對僑生及陸生招攬與留才

總之，在「全球人才競逐」上，台灣並非處於有利地位，從中長期來看，須從改進經濟與社會發展著手，以短期而言，與其散彈打鳥，不如集中精力延攬近退休年齡，而生活無虞僑居人才，以及對僑生及陸生積極招攬與留才。

101年度高等教育論壇——大學國際化研討會引言

2012年12月17日　星期一

　　很榮幸擔任本論壇「大專校院推動國際化策略」議題主持人，主持人通常有兩個角色，一為引言，一為介紹演講人，由於我被要求提供約三千字的文稿，所以假設要引言。

　　今天我們有四位頂尖大學校長為演講人，共有八十分鐘，希望每位發言人以十五分鐘為度，否則會耽誤午餐時間。

　　今天論壇以「大學國際化」為主題，先設大學須國際化；國際化指一國能融入國際社會，具有國際視野，與國際各界如教育、學術、產業、商務、文化、藝術等行業溝通往來，執行業務，參與國際組織與活動，增進相互了解，圖謀解決共同問題，參訪旅遊，從事國民外交，吸引國際人才、資金、旅遊觀光等；在全球化時代，大學不管在教學、研究、服務方面都很明顯的可透過國際合作達到提升的目的；同時外籍教師的延攬與僑外學生的招收，得以豐富校園生態，教育內容，另外學生境外經驗，都得以培養國際視野，增進學生外語能力、跨文化認知能力與開放心態，以為未來面對全球化經濟的準備；近年來歐美與東亞先進國家一流大學無不積極推動國際化，可見各大學都體認國際化對大學未來發展的重要性；另一方面，大學也是推動國際化的人才庫與基地，負有相當的社會責任，來積極進行國際交流。

　　放眼目前國內大學，國際化的程度還有許多成長的空間，如以國際化指標來看，現況是：

一、師資與出國留學：台灣在一九九零年代以前，學子大批出國留學，留學除學習外，對不同文化的了解藉較長期的「身歷其境」，要比一般交流深刻的多，許多留學生學成歸國後，在大學任教，因此至少在頂

尖大學，教師為「國外博士」的比例很高，可謂具備推動國際化基本條件，但近年來，留學風氣低落，須設法有效提高學子留學意願，才不致逐漸喪失大學國際化優勢。

二、招攬人才：非台灣出生教授比率低，僑外生比率低，僑外生程度不高，這些與整體環境有關，如優秀人才理當優先留用，但反而處處受限，另外，國內薪資待遇逐漸喪失競爭力，相關單位提出的一些措施，雖有幫助，但無以大幅改善；僑外生的存在，對本國學生的國際化會很有幫助，但其專業水準有一定程度是起碼條件，因此教育部鬆綁也很重要，以達成指標要求大學增收水準低落的僑外生，只會浪費已經非常緊縮的寶貴資源。

三、培育人才：外籍教師的延攬與僑外學生的招收，得以豐富校園生態，教育內容，另外學生境外經驗，都得以培養國際視野，增進學生外語能力、跨文化認知能力與開放心態，以為未來面對全球化經濟的準備。

四、學術交流：自發的學術交流多，參加或舉辦國際會議，在國際期刊發表論文、參與編務，在國際性學會或協會擔任組織行政工作，與外國學術單位學術以及產業研發合作，交換生與暑期實習，政策推動的交流少，近年來，國科會推動之「龍門」計畫鼓勵國內外團隊合作、「拋光」計畫鼓勵參與國際性學會或協會組織行政工作以及國際期刊編務，中加、中法等各項聯合研發計畫，已初見功效。

五、非學術交流：國際志工，「非政府組織」（non-governmental organizations，NGOs）活動，如保育專家珍古德（Jane Goodall）女士啟動的根與芽計畫（roots and shoots），為目前最具影響的面向青少年的環境教育項目之一。特定議題國際會議，如全球氣候變遷會議；模擬聯合國，台灣自喪失在聯合國席位後，參加國際組織活動機會受到嚴重壓縮，人才面臨斷層，以參與模擬聯合國等方式獲取實務經驗也不失為儲備人才機會。

大學國際化不僅是提升水準的關鍵，而且是全球化時代大學的社會責任，但要發揮最大功能，需要多方努力，在具有彈性以及必要配套措施下，發揮特色，下舉「清華大學的新IT產業：India and Taiwan」，其中包括一、積極招收印度籍學生，二、積極推動臺印學術合作，三、承辦成立「印度臺灣教育中

心」，四、接待印度重要訪賓，五、規劃設置「印度研究中心」，六、協助輸入／培訓印度人才，顯示國際化的多面與豐富性，或可做為參考。

社會企業研討會與觀摩會引言致詞

2013年11月12日　星期二

很歡迎大家來清華大學參加勞委會職訓局桃竹苗就業服務中心主辦的「社會企業研討會與觀摩會」，本項活動希望藉由議題之倡導與行動的反思，促進民間團體、學術單位及社區組織運用創新思維，促進在地產業發展。

社會企業（Social Enterprise）是從英國興起的企業型態，不同於一般私有企業的是從事公益，以解決社會問題為目的企業，利潤用於相關或不相關的社會機構，公益的領域可包括教育、環保、貧窮、公共衛生、弱勢族群等。英國工商企業部於2001年初訂定社會企業的定義，是指收益達70％以上之商業交易的社會公益組織或團體，其他各國也都有類似的定義，如至少半數的收入是來自交易而非政府補助或是捐款；社會企業是透過市場機制，達到公益的目的。

二十世紀歷經共產主義起落，新世紀資本主義在新自由主義秩序下運行，貧富不均現象迅速惡化，導致各國經濟失衡，失業率高漲（如西班牙整體失業率達27%），尤其讓青年族群（如西班牙年輕人失業率高達57%）產生嚴重的剝奪感與疏離感，造成社會不安；傳統的由政府、非營利組織、社區、企業協同模式維繫社會的永續發展顯有不足，社會企業的興起，則是有識之士反思及努力尋求「第三條路」的產物，希望能結合政府、非營利組織、社區、企業力量，以社會公益為目的，而以民間企業經營方式，得以協助解決社會問題，並有益於社會永續發展。

社會企業在國際間最著名的例子是2006年諾貝爾和平獎得主孟加拉籍的尤努斯（Muhammad Yunus）所開創的「窮人銀行」，收到很大的功效；國內在近年也順應社會企業創業及論述的潮流，投入的團體與個人漸趨可觀；值得一提的是每個月第一個和第三個星期六上午在清華成功湖畔進行的「竹蜻蜓綠市集」，竹蜻蜓是一群由新竹清華大學心靈發電場課程激盪出來的團體，學員

們致力於自然、健康、在地消費等綠色生活型態之體現，而綠市集則是竹蜻蜓學員們透過公民運動的型態，結合在地綠色生產與綠色消費，打造一個友善土地、培育小農的在地綠色市集，兼顧經濟與環保，是很好的範例。

　　另一方面，社會企業需要對社會永續發展有見識，有奉獻精神而有企業經營能力的人才；在全球化資本主義浪潮下，如何讓「好人好事」脫穎而出，需要具有各種基本能力、企業經營訓練外，更要能發揮巧思創意；成功學大師史蒂芬‧柯維（Stephen Covey），於1989年出版《與成功有約》，英文原名是（*The 7 Habits of Highly Effective People*），直譯為「高效能人士的七大準則」，譯為《與成功有約》是神來之筆；柯維認為「全方位的成功，才是真正的成功」，列舉達到「全面成功，追求圓滿人生」的七大準則，前面三項，主動積極（Be Proactive）、以終為始（Begin with the End in Mind）、要事第一（Put First Things First），有關培養內在修為的個人成功，相當於要人「自強不息」，次三項，雙贏思維（Think Win-Win）、知彼解己（Seek First to Understand, Then to be Understood）與統合綜效（Synergize），有關與人相處的公眾成功、利己利人，與「厚德載物」有相同旨意，激發改變外在行為的力量，最後是集此六項的不斷更新，也就是遵行清華大學「自強不息，厚德載物」校訓，進而創造全面成功的人生；一方面是大學培育人才的方向與核心理念，一方面也希望有志學子有所砥礪，「不僅做好人，而且能成好事」。

「台灣高等教育危機：亞洲其他國家的經驗比較」研討會致詞

2016年3月29日　星期二

引言

　　今天很高興來參加清華大學亞爭政策中心主辦的「台灣高等教育危機：亞洲其他國家的經驗比較」研討會。在第一場中，除了有朱經武校長「闡述頂尖大學」的精采演講外，還有高教司李彥儀司長對台灣高等教育現況的介紹、政治大學周祝瑛教授發表對世界大學排名的看法、全國教師會羅德水副秘書長以及高教產業工會陳政亮秘書長從組織運動觀點，表達關心事項，第二場，也就是現在的場次，則請到對韓國、日本、新加坡與東南亞地區有深刻了解的專家學者與談。

　　以今天的主題來看，台灣高等教育正處於危機之中，而事實上，在某個層面上來說，全世界包括台灣高等教育都處於危機之中。台灣由於於一九九零年代施行教改，推動廣設大學政策，以致以目前兩千三百萬人口，大學院校超過一百六十所，加以近年少子化的衝擊，更如雪上加霜，再加上政府財政狀況不佳，對高教支援力道不足，而民粹當道，超低學費政策，無法反應教研成本，而遷就均貧社會氛圍，以低資源的社會主義國度心態經營高教，導致有益社會民生的優質高教，進步停滯，一般大學，士氣低迷，後段班大學，招生困難，學位貶值，面臨倒閉危機，可謂沉苛甚深，亟待整治。正如香港城市大學郭位校長在新書《高教怎麼辦》中，對兩岸高等教育的觀察：「台灣高等教育事前規劃最少，非專業涉入最深，事後埋怨最多，目前遇到麻煩最大。」

　　由於論壇所排引言人開場的時間只有五分鐘，所以我先以幾張卡通圖片表達我的觀點，一是台灣高等教育問題千絲萬縷，首先要認清不一樣性質的高校

有不同的問題，要想以一套方案，解決所有問題，所謂「One size fits all」將會治絲益棼，必需要掌握要點；有些長期辦學績優，力爭上游的大學，鬆綁是唯一辦法，政府要拋棄微管理的作法，對各校創新與突破採取鼓勵而非阻礙的立場，在政府財力無法充分支援情況下，對學費的管制，尤其需要解除，才有可能維持在世界舞台的競爭力；同時後段班高校的學子，許多既無適當的入學程度，又無向學之心，學校又唯恐學生退學影響收益，畢業生自然程度低落，就業困難；解決問題或改善情況，自然要用不同的方法。教育當局，在無法兼顧下，不如在法規上鬆綁，授予部分大學自主之權，以鼓勵試辦、實驗方式，勇於創新，如見實效，再設法擴大推行。同時對後段班奄奄一息的大學，不宜「以拖待變」，否則只有加重對社會，尤其是莘莘學子的傷害。

第二是「又要馬兒跑，又要馬兒不吃草」，台灣高教施行已十年之「邁向頂尖大學計畫」，或一般稱第一與第二期「五年五百億計畫」，本意是集中資源，讓部分大學有機會進入世界一流大學之林，但經費有限，分配仍嫌分散，以致支援力道不足；高品質的高教昂貴，適度反應成本其理甚明。「五年五百億計畫」以區區每年增加每生約十萬元之經費，與世界頂尖大學每生至少百萬元之經費相較，如果能讓接受補助大學競爭力維持不墜，已屬不易，要能更上層樓，則是可望而不可及。

其次是台灣社會普遍的「便宜又大碗」的心態，與「又要馬兒跑，又要馬兒不吃草」的作為異曲同工；要求一定品質，又不肯付相對代價，反映在高教上的則是學費長年凍漲。如司徒文主任在開場時指出，2003－2013年間，美國大學學費平均增加約80%，遠遠超過通膨增加率，同時台灣的大學學費，即使考慮平均收入，也要比先進國家低很多；台灣由於長期以低資源的社會主義國度心態經營高教，低學費政策，無法反應教研成本、有害教研品質與競爭力，降低大學與大學生素質。尤其讓人嘆息的是不受家長與學生珍惜，延畢風行，空耗薄弱的大學資源。另一方面，台灣公立大學學費約為私立大學之一半，而據教育部調查，公立大學學生家境反較私立大學學生好許多，是一個非常奇異的「反分配」現象，必須予以導正。

另外是「一人一把號，各吹各個調」。多元社會，本來對各種事務，都有很多不同意見，但如都自居專家，堅持己見，則會讓各種改革方案「卡住」，無法施行。香港城市大學郭位校長看到的普遍現象是：「社會大眾隨興批評指

揮政策，政府官員控制財政、解釋繁複法令，新聞媒體隨意解讀輿情，家長隨便發表一時感言，樂於參加公審，張冠李戴，學生不時大鳴大放，指揮高校教研、管理，外行人擬定高教政策，政治摻和高教。」頗為傳神，以致「校園紛亂、損失慘重、補救乏力、怨聲載道。」另一方面「大學自主性不足，學術行政受法規或情緒化社會牽制，假社會公民之名，動輒對高教說長道短，濫情胡謅。」、「不當措施，如對歧視陸生的招生限制，少有魄力，採取修正措施。」社會風氣的改善與政治人物的引領，息息相關，是台灣社會必須努力以赴的地方。

最後是「羊毛出在羊身上」·台灣社會有部分人，鼓吹高教公共化，姑不論所需經費要比現有高教經費多好幾倍，財源何來？即使勉力施行，也必須由稅收而來，這對「租稅正義」、「階級正義」如何交代？而高唱此論調之部分人士，又往往是經常抨擊「社會不公」的同一批人，是否可行？是否「自相矛盾」？則似不在考慮之列，讓「公民對話」益發困難。

結語

在第二場的與談中，感謝輔仁大學侯永琪教授、南華大學楊思偉院長、嘉義大學楊正誠教授以及中研院黃廷康博士分別就東南亞、日本、韓國以及新加坡高教做了精闢的介紹與分析，相信大家與我一樣，受益良多，我們應再次向他們以及前場的講者以及與談人致最深的謝意。

在今天的論壇中，學者專家各抒己見，內容豐富而深具啟發性，但限於時間，有些重要議題，無法充分觸及，本人在結語中，提出三點，也許可供大家參考與思考：

一、公平性問題：教改提倡多元入學，但未提供適當配套措施，以致台灣教育系統原先彌足珍貴的「促進階級流動」的功能大幅降低。以前聯考雖有「一試定終身」等問題，但目前並未做到教改揭櫫的「適情適性」入學功效，所見到的是「課外補習」更為猖獗。尤其台灣聯招時代，培養出大量日後在各界優秀領導人才，奠定在政治、社會、經濟各方面進入先進國家基礎，而教改後不僅沒有達到培育新世代創新人才的理想，相反的，出現各種亂象，因此在妥善規劃配套措施下，恢復聯招，應是一個可以思考的方向。

二、高教品質低落：由於當年廣設高校政策，除資源稀釋，加上少子化的衝擊，後段班大學面對生存問題，遲遲不願退場，師資設備水準不足，教育品質低落，對多數來自弱勢家庭的學子，學位貶值，畢業後，就業困難，薪資停滯，極不公平，也造成嚴重的社會問題，必須及早補救。

三、數位科技衝擊：由於數位科技的快速進展，一方面有龐大的商機，而世界正面臨「白領階級」員工大量被機器取代如排山倒海的趨勢，台灣自然不能免於浪潮的衝擊，而這已是進行式。英國津大學在2013年發表的一項研究即顯示，有三分之二的工作受到相當威脅，有近半工作，將首當其衝。如美國一些司法大案，原先需要動員數百位律師，已經年時間，翻查上千萬頁文件，了界相關法規判例，現在絕大多數此類工作已被電腦取代，相似的現象，正逐漸擴展到各行各業，而這不是現在受良好大學教育、努力工作的人所容易克服的困難；另一方面，人類壽命增長，先進國家都呈現急遽老化現象，又面臨長期照護人力等問題，由機器人協助幾乎是必須接受的選項，台灣高等教育界，似乎對此等現象，並未普遍的認知，擬訂因應方案，是很令人擔憂的。

台灣高教問題目前千糾百結，總體績效已在「四小龍」諸國中殿後，何以致之？孰以致之？統括來說，是整個社會、政經與文化的產物，複雜的問題，要有效的整治，是無法以即興式、切刀式，一體全面處理，尤其不是目前弱勢行政當局所能單獨做到的，需要政治人物、輿論、社會各界，尤其高教從業人員，拋棄「政治算計」、「本位主義」，由心態改變做起，達成基本的共識，審慎規劃，逐步推行，才有「力挽狂瀾」，有所改進之可能。

◀ 全世界包括台灣高等教育都處於危機之中

▼ 台灣高教問題總體績效已在「四小龍」諸國中殿後

九、人文領域研討會

為參加人文領域研討會之致詞，含涉文學語言、歷史制度、兩岸社會、東亞政策等多元人文議題，在清華推動人文學術活動的過程中，展示致力「人文薈萃學術殿堂、博雅專業人才搖籃」的願景。

臺北「金萱會」開幕致詞

2012年4月29日　星期日

　　臺北「金萱會」是國立清華大學推動創辦的「漢學與物質文化」國際學術系列沙龍，有意追隨哈佛「紅粥會」和京都「蟠桃會」的腳步，立足台灣，面向全球，希望成為國際國內文史學者以文會友的一個高端的交流場域。具體的規劃和設想，稍後會議會專門向諸位詳細介紹。我在此代表主辦方重點談一談清華與國際「漢學」研究的淵源和前景。

　　清華大學在上世紀二十年代設立國學院，禮聘梁啟超、王國維、陳寅恪、趙元任四大導師，震動學術界，在文史領域，迅速提升為一方重鎮。眾所周知，其中梁啟超和王國維，深受東洋漢學界的景仰，而陳寅恪與趙元任，更是與西洋漢學「你中有我」，「我中有你」，水乳交融，難分彼此。以上這些，都是為大家所熟悉的歷史事實。我想要特別提到的是，趙元任的女兒趙如蘭從小長在清華，後來成為哈佛漢學名教授、中央研究院院士。在二十世紀末退休之前，她在自己哈佛家中客廳，年復一年，不定期舉辦的「紅粥會」，正是當年國際範圍內最重要的「漢學」學術沙龍之一，邀請過很多名流來演講，成為哈佛東亞研究的一個地標，至今還為人所津津樂道。今天是清華大學一百零一年校慶，邀請四大導師的後人，來新竹共同慶祝，包括王國維先生女兒王東明女士，現定居臺北，是百歲人瑞。本來，趙如蘭教授也在我心中的邀請名單裡，後因她九十高齡，健康欠佳，不便作越洋長途旅行而作罷。如果趙如蘭能來，應該會出現在今天的「金萱會」上，因為本校推動這個「漢學」國際沙龍的創辦，原來就是受到她的哈佛「紅粥會」的啟發的。現在，我願借此機會，祝願臺北「金萱會」能繼承清華與國際「漢學」界源遠流長的互動傳統，服務臺灣的文史學界，略盡綿薄。

　　在此，我也願意回顧一下清華的百年「漢學」傳統。在二十世紀上半葉，

清華師生中，對國際「漢學」的發展，作出過顯著貢獻者，為數不少。例如，歷史學家錢穆、蔣廷黻和張蔭麟，翻譯家梁實秋和羅念生，哲學家馮友蘭和湯用彤，文學家林語堂和錢鍾書，語言學家李方桂和王力，考古學家李濟和夏鼐，比較文學家吳宓和柳無忌等等，實在不勝枚舉。本校在台建校後，多年來繼承恢復了以上的傳統。在此順便一提，李濟和夏鼐兩先生的後人，今天也會應邀參加清華大學校慶。外界常有這樣的印象，清華大學在北京時以文史馳名，在新竹則以理工見長。事實上，新竹清華大學早在1984年成立人文社會學院，1990年成立國內第一個通識教育中心，2000年則成立國內第一個科技管理學院，人文社會領域教師約占全校教師之百分之三十二，歷年來，在教學研究上有相當優異的表現。在「漢學」領域，也是如此。本校人文社會學院的創院院長李亦園院士，就是一位「漢學」界的中流砥柱人物，歷任蔣經國基金會執行長和理事長。緣於此，本校人文社會學院從創辦起，便十分注重和國際「漢學」界的一流學者，展開互動，知名的華洋「漢學」家如李約瑟、侯思孟、余英時等先生的身影，在二十多年前，就出現在本校的校園中。近年來，本校人文社會學院在文學、歷史學、語言學、人類學、社會學的各門類中，與國際「漢學」界有了更密切的合作與交流。

臺北「金萱會」作為本校推動的與國際「漢學」界接軌交流的學術活動之一，受到了國科會的大力支持。在此我也向國科會表示感謝。清華大學的願景在「人文薈萃學術殿堂、博雅專業人才搖籃、前瞻創新科技重鎮、進步社會推動基地」，透過臺北「金萱會」的舉辦，如能為臺灣與國際「漢學」界之間的交流，提供一些服務和助益，我將感到十分高興。

「文學與語言：中國文學批評研究工作坊」開幕致詞

2012年6月2日　星期六

　　很歡迎大家到清華來參加「文學與語言：中國文學批評研究工作坊」。今天我得以「藝文愛好者」身分加強對文學批評的瞭解很感慶幸，是帶著相當愉悅的心情來參加盛會。

　　1986年10月起，清華大學中國語文學系（1995年因應人社院系所整併而更名為中國文學系）在清華大學臺北辦事處「月涵堂」舉辦每月一次的「中國文學批評小型研討會」，開始在中國文學研究領域中引導文學批評的討論風氣。這項活動以及隨後由清華大學中國語文學系贊助主辦的「明代文學與思想研討會」（陳萬益教授主持）、「古典小說與戲曲研討會」（胡萬川教授主持），匯集了當時國內中文學門內古典文學研究者共同關切與思考的議題以及研究取向，形成今日古典文學研究者口中所謂的「月涵堂」記憶。

　　2006年4月在幾位任教於各大學中文系的古典文學研究同好的發起下，由政治大學中國文學系所主辦的「百年論學──中國古典文藝思潮研讀會」，更是試圖回應當代知識與論述語境所帶來的問題與挑戰，重新反思中國古典文學研究得以形塑或展示的學術內涵。2009年一月，陳國球教授接任香港教育學院語文學院院長一職之後，即屢次談及「月涵堂」小型研討會的歷史位置，因此而有了召開「中國文學批評研究工作坊」的構想，第一次的工作坊便是在香港教育學院舉辦的。陳國球院長並且邀集臺灣大學鄭毓瑜主任、政治大學廖棟梁與曾守正教授以及本校蔡英俊教授能共襄盛舉，輪流主辦工作坊的學術活動。清華大學中國文學系很高興負責今年度的工作，竭誠歡迎各位的蒞臨。

　　清華大學中文系前系主任朱自清先生在〈文學的標準〉一文中，將標準分為直接承受不自覺的標準與經過衡量的尺度兩類。以為中國封建集團主導的傳

統文學標準大概可以「風流儒雅」一語來代表。載道或言志的文學以「儒雅」為標準，緣情與隱逸的文學以「風流」為標準。「儒雅」的人，「達則兼善天下，窮則獨善其身」，有一定的抱負、涵養而「含英咀華」，「風流」的人，縱情於醇酒美人，或寄情田園山水，得有「妙賞」、「玄心」、「深情」，而以精妙文字發抒。但歷代文字的發展，中間有許多變化，產生新的尺度，雖然大致伸縮於「儒雅」、「風流」之間，但每次伸縮長短不同、疏密不同，文學由特色中拓展。

與此相映成趣的，周作人先生在《新文學的源流》一書與前台大中文系林文月教授在〈中國文學〉一文中，簡約的把中國文學主流分為言志與載道兩派，與時代治亂有關。大抵政治安定一統時期，以載道派為主流，紛亂離析時期，以言志派佔上風，因而先秦、魏晉南北朝、五代十國以言志為主，元朝文人地位低落，代表文學是曲，科舉制度廢除，使文人努力經營流行於民間之散曲、雜劇，湧起言志文學波瀾；兩漢獨尊儒術，唐代文學理論「學以為道，文以為理」，「文章合為時而著，歌詩合為事而作」，宋代「文以載道」盛行、明代前期以八股取士，加上復古運動，清代文學界普遍掀起復古熱潮，均歸於載道派，但同時有漢代流傳民間抒情樂府、以言志為主唐詩、宋詞、明代性靈派、俗文學以及清代章回小說的創作都很盛行；民國以來，白話文運動使只要識字的人都能寫白話文，文學不再是載道的工具。

從學習的觀點，文學批評是指對文學作品佈局、鋪陳、結構、詞藻、關懷、寓意的價值判斷，提供讀者參考，以協助其理解、欣賞作品。另一方面，可影響甚至引領文學風潮。一般認為中國「文學批評之祖」是曹丕的《典論‧論文》，開創了文學批評的風氣，明白揭示文學價值，「蓋文章，經國之大業，不朽之盛事」，而不再是依附在「載道」重任下的附庸。另一方面：「夫人善於自見，而文非一體，鮮能備善，是以各以所長，相輕所短」。而中國文學批評「專書」之祖是《文心雕龍》，「體大而慮周」，對唐以後的作家、批評家，都有相當大的影響。清華國學院四大導師之一的王國維先生《人間詞話》為近代詞學批評的名作。

胡適之先生說文學革命都從文字或文體解放開始。我國在戰國時代，孟子即有「一齊人傅之，眾楚人咻之」說法，可見各地方言已不統一，文體與語體不一致。漢代一統中國，中央政府只能用「文言」作全國交通媒介。漢武

帝時，公孫弘上書：「文章爾雅，訓辭深厚，小吏淺聞，弗能究宣，無以明諭天下」，古文已與民間用語脫節。現代語體文學一般認為受西方影響，但實源自孔子「有教無類」，讓平民有機會受教育成為「讀書人」；司馬遷遍遊名山大川，用幾近說話的文體作《史記》，樂府詩來自民間。另一方面，中唐時期禪宗和尚就開始用口語記錄大師說教，以求真與爭取群眾，流行後，「語錄」就成為一種著述體。到了宋朝，道學家也留下許多語錄，另外「筆記」雖以文言為主，但很接近說話，目錄家將之歸類於「筆記小說」項下，宋代印刷與教育發達，導致詳明如話的文體興盛，胡適之先生說宋人「做詩如說話」，元、明、清俗文學興起，直到現代。原來不夠「儒」、「雅」、「風流」之作，用「人情物理」、「觀風」尺度處理，不局限於「上德化下」，而且可「下情上達」，取其自然。民國以來，知識階級擁戴「民主」與「科學」，鼓吹現代化，與白化文學配套的有「國語」運動，在文學高度深度與廣度上求新，至今方興未艾。

曹丕《典論・論文》在「蓋文章，經國之大業，不朽之盛事」後說到「年壽有時而盡，榮樂止乎其身，二者必至之常期，未若文章之無窮。」自清代中業，西力東漸，國學國故在現代化浪潮下，備受西方文明考驗與衝擊。近年全球化浪潮勢不可擋，民主政治有普遍失能之兆，中國政治前景未明，加上世界人口爆炸、能源短缺、氣候暖化等關係人類生存問題席捲而來，文學在此劇變之局角色必然關鍵，發展願景應是重要議題。現時台灣社會處於中國歷史上從未有的自由民主、教育普及、經濟繁榮以及國際化環境下，佔有文學發展的制高點，是否能把握歷史契機，大放異彩，尚待方家共同努力。

清華大學中國文學系推動、主辦的中國文學批評研討會，曾經帶動國內古典文學研究的風潮，古人云：「三十年為一世」，世代更迭，希望透過這一次的工作坊再次招喚更多中生代與年輕學者的參與，藉此引動中國文學批評的研究與討論風氣，而清華大學中國文學系願意再度出發，成為一個訊息與成果往來互動的學術交流平台。

▲ 傳統文學標準大概可以「風流儒雅」一語
來代表

▲ 蓋文章，經國之大業，不朽之盛事

「東亞書院與科舉」研討會致詞

2011年5月25日　星期三

　　很高興看到「東亞書院與科舉」研討會順利舉行。科舉制度自隋文帝於公元605年開科取士到清廷應袁世凱等奏議於公元1905年廢止，施行期間長達1300年，對我國政治、社會和文化產生了巨大影響，鄰近中國的亞洲國家如越南、日本和朝鮮也曾引入這種制度來選拔人才。

　　科舉制度的建立始自改善九品中正制「上品無寒門、下品無世族」的流弊，乃是以通過考試來選拔官吏的制度。科舉制度否定特權，為朝廷選官用人提供了一個相對公開、公平、公正的平台。自隋、唐開科考試，歷經宋、元、明、清，其中隋代僅小幅度的施行，元科舉所選人才通常並沒有受到足夠的重視，在元政府中產生的影響也不大。唐、宋、明、清歷朝是科舉制度的高峰，整個唐朝的科舉取士約一萬人。唐代的宰相中，百分之八十是進士出身，可見科舉的成效。南、北宋，明朝與清朝分別取進士約四萬、兩萬五千與二萬六千人。歷朝取進士總共約十萬人，每次取兩百至四百人不等，唐太宗李世民讚嘆科舉收羅了四海英才，「天下英雄皆入吾彀」，可謂中肯。歷來士子以「金榜題名」光宗耀祖，「金榜題名時」被列為人生四大喜事，有「十年寒窗無人問，一舉成名天下知」、「一登龍門，身價百倍」之說。

　　清華大學於1911年成立，百年以來，仍與科舉有百般糾結。科舉制度衍發的考試制度，至今依然延用，而清華第一屆直接留美班在全國招生，共錄取47名，江蘇籍及浙江籍者各佔21名及9名，江浙兩省錄取學生幾乎佔全額的2/3，充分反應出南北差距，也與有清一朝，科舉場中「江浙人文藪」契合。清華大學基於「高中均質、區域均衡」及「打破明星高中迷思」教育理念，於96學年提出「繁星計畫」。目的是具體實踐「縮短城鄉差距，發掘優秀人才」理念，給予城鄉學生均等入學機會，讓「每所」高中都可成為「明星」，創造高中教

育「繁星」願景，發掘環境資源不足但深具潛力並符合清華教育理念的優秀學生。對縮小城鄉差距發揮極大作用，普獲社會肯定，教育部也立即推行於國內優質大學。清華追蹤各管道入學大學生在學成績表現，發現繁星進入的學生表現在所有學生前百分之四十，每年都約有十名左右獲得頒發給各班前三名之書卷獎；應與學生學習動機及態度有關，有興趣加上很努力，成績表現自然好。可謂調正科舉流弊之範例。

　　書院制度是我國很重要的教育制度，歷朝有很大的嬗變，有別於官學以科舉入仕為主要目標，書院的培養目標，首先要求士子學做人，強調道德與學問並進，追求學生人格的完善。這一部分又與清華結合校園生活與學習，於97學年度起設立「清華住宿學院」理念相合。清華為打破現今國內大學招生及宿舍生活之刻板傳統，帶給清華學子嶄新的學習與校園生活環境，以培育文理兼修、氣度恢弘之未來社會領袖菁英人才，從人本出發，先培育成為公民，最後才是專業人才的理念，設立「清華住宿學院」。99學年度起更擴大為「厚德」、「載物」兩書院讓有差不多百分之十八的學生，能夠加入住宿學院。因此不論是書院與科舉，仍與今日清華教育息息相關，歷久彌新。

　　今天很歡迎來自各方嘉賓參與研討「東亞書院與科舉」盛會，去年底清華在延攬李弘祺教授時，李教授特別提出希望清華能支持主辦本研討會，因此清華很榮幸有機會對研討會的舉辦略盡棉薄。

▲ 歷朝取進士總共約十萬人

人文社會學院「流動議題與兩岸社會發展研討會」致詞

2011年9月2日　星期五

今天很高興參加慶祝清華大學百歲校慶活動「流動議題與兩岸社會發展研討會」。清華跨過一個世紀，新竹清華規劃了超過百項慶祝活動，本研討會是其中一環。前些時我接到邀請函後，曾嘗試破題；本研討會是研討流動議題與兩岸社會各自發展或是兩岸流動與社會發展，前幾天收到議程，發現似兩者兼具，涵蓋甚為廣泛。事實上目前兩岸流動是剪不斷，理還亂，包括台商資金、技術、國際行銷、專業人員、探親、旅遊、就學、就業、交流到娛樂文化、書籍、陸籍配偶、直航、大陸旅客、學生等人員、物質、軟硬體流動，未來效應會更加全面而擴大。兩岸流動與社會發展議題的重要性是無庸置疑的。當然普世與兩岸共同流動議題，如教育、階層、知識、金融、留學、勞工、外籍配偶、移民、難民等也是非常值得探討的，同時思想、觀念的流動有時意義可能更深遠。

最近台灣時報出版社出版了大陸作家岳南所著《南渡北歸》一書，描述中國二十世紀學術大師群體命運劇烈變遷。中國歷史上幾次士族與人民大遷移都是南渡。原清華大學文學院院長馮友蘭先生在西南聯合大學紀念碑碑文中敘南渡之史一段最為可觀：「南渡之人，未有能北返者；晉人南渡，其例一也；宋人南渡，其例二也；明人南渡，其例三也。吾人為第四次南渡，乃能於不十年間，收恢復之全功。」身為清華大學國學院四大導師之一的陳寅恪先生在對日抗戰初期曾有詩「南渡自應思往事，北歸端恐待來生」，不期有北歸之日。無奈歡慶之餘，不旋踵，因國共內戰又展開了另一波南渡。

鄭成功開台，屬明人南渡。國民政府遷台，歸於第五波或是第四波的餘緒，容有討論餘地，但政府驟然攜兩百萬軍民來台，速度與力道都分外猛烈，

對台灣社會造成鋪天蓋地的變化。流動議題除與時空背景有關，與時間空間都有關的速度也是重要考量因素。一般流動多指空間與位置的流動，多年前，美國有一位華裔青年人曾以「往夜晚流動」為題闡述美國都市人生活形態如開拓西部，逐漸發展夜間活動，引致各種二十四小時無休服務，因而得到徵文大獎，探討在時間上的流動頗富創意，別具一格。有趣的是，早年在台灣常聽到「反攻大陸」，「解放台灣」口號，今日幸見兩岸在平和氣氛下，緊密互動，相互影響必然隨時日加深加劇。

　　國民政府南渡，促成新竹清華的誕生。新竹清華是兩岸清華的共同校長梅貽琦先生於1956年設立的。前五任校長，共二十五年間，都出自北京清華，他們把清華治學理念、育人精神和校風都帶到了新竹清華。兩岸清華人在一起，總覺特別親切。今年六月，香港明報月刊「兩岸清華百周年專輯」指出1949年前，中國學術、教育、文學、政界、企業界、銀行、海關等行業，清華人都舉足輕重。時報出版社在「南渡北歸」特刊中介紹了二十八位學術大師，其中清華人至少佔十八位。最近台灣某大報在週日旅遊指南中列舉在台北的名人故居，包括胡適、林語堂、錢穆、梁實秋與殷海光也都是清華人。上月1日我到高雄參加第七屆全球華人物理學大會，在準備開幕致詞講稿時發現清華在大陸與台灣物理界均曾扮演過先驅的角色。清華大學作為兩岸的一流大學，除了有輝煌的理工成就與產業合作的貢獻之外，一向也對社會發展與文化有深切的關懷與成果，此刻除了整理過去輝煌的貢獻與成果，更需深切思考清華大學對人類社會的未來所可能做出的貢獻，尤其迫切的是針對下一個世代我們的社會可能面臨的重大議題的思考與研究。「流動議題與兩岸社會發展研討會」的舉辦可謂集天時、地利、人和之盛，在此預祝研討會圓滿順利。

◀ 南渡自應思往事，北歸端恐待來生
▼ 目前兩岸流動是剪不斷，理還亂

「東亞脈絡下的釣魚台：保釣精神的繼承與轉化」研討會致詞

2011年9月17日　星期六

　　大約一年前，林孝信兄建議於保釣大遊行滿四十週年時在清華大學舉辦有紀念意義的研討會。孝信兄是我一個很難拒絕的朋友，承蒙劉容生、陳光興教授的籌劃、協助，很高興看到「東亞脈絡下的釣魚台：保釣精神的繼承與轉化」研討會順利的舉行。

　　去年12月10日我出席清華大學一場「保釣四十週年新書發表會」，感觸良多。40年前釣魚台事件對於當時的台灣青年產生一個非常大的轉變。當時台灣還在威權時代，大學生極少參與政治活動。但事件發生時，留美學生群起抗議走上街頭。以後看到許多優秀同學因投身保釣抗議活動，無法完成博士學位而失學、失業；在世俗的眼光裏，是很令人惋惜唏噓的。但出席新書發表會的保釣致詞貴賓林孝信教授（科學月刊創辦人）告訴大家，外人看他投身保釣活動好像很失落，但他從中獲得很多。世界上有很多事情是超越自身的利害，重要的是堅持理想及懷抱熱情。我們很感佩世上有些人比較富有理想、熱忱、天真。

　　四十年來，保釣活動的發展對台灣的民主化與兩岸交流產生了深遠的影響。古人稱讀書人、知識分子為士，保釣諸君是志士、義士、俠士、勇士、壯士、鬥士、還是國士，或是某種組合，容有歷史評價，我們也慶幸他們不是烈士。

　　清華大學國學院四大導師之一的王國維先生曾有人生三重境界之說：「古今之成大事業、大學問者，必經獨上高樓，望盡天涯路，衣帶漸寬終不悔」，最高境界在「回頭驀見，那人正在燈火闌珊處」，保釣諸志士衣帶漸寬終不悔，最後還是希望能夠達成保釣的目標。保釣活動雖是進行式，我們可由歷

史、地理、法理據理力爭，但國際現實也是很冷酷的。1937年，中日戰爭初南京陷落，日本舉國歡騰，國人的悲痛、憤怒是刻骨銘心的，清華大學國學院另一位導師陳寅恪先生是時曾有詩「南渡自應思往事，北歸端恐待來生」，不期有北歸之日。所幸世事演變逆轉，乃能於八年間，收恢復之全功。最後依恃的還是國家的實力與政府的意志。

如從國家實力來看，根據世界銀行資料，1970年大陸、日本、美國GDP各為0.09, 0.21, 1兆美元，1980年各為0.2, 1, 2.8兆美元，1990年各為0.36, 3.1, 5.8兆美元，2000年各為1.2, 4.7, 9.9兆美元，2010年各為5.9, 5.5, 14.6兆美元，根據國際貨幣基金（International Monetary Fund）統計，2010年美國、台灣、日本、大陸經購買力調整國民收入（purchasing power parity, PPP）分別為47,284, 35,227, 33,805, 7,519美元，IMF更預估2015年美國、台灣、日本、大陸經購買力調整國民收入分別為55,361, 46,317, 39,500, 12,375美元。另一方面在考慮PPP下，美國、大陸、日本、台灣GDP在2010年各佔世界總額百分比為20, 14, 6, 1，而預測到2015年這比例將會調整為18, 17, 5, 1。經濟上大陸急速成長，美、日長期不振，情勢甚為明顯。從地緣政治來看，日本經過失落的二十年，美國剛渡過災難十年，大陸的崛起，可能帶來和平解決釣魚台列島問題契機。

世界上有些事是不可以改變的，有些事是必須改變的，分辨不可以改變和必須改變的事要靠無比的智慧。美國紐約時報專欄作家David Brooks曾說「針對複雜難解的問題，一般只能做局部的改善（discrete good），但難以做整體的增益（systemic good）。可以達到局部效果，難以促成全面轉變。」保釣運動已屆四十年，迄今各方仍自說自話，保釣運動對解決釣魚台列島問題有多大助益，尚待歷史評價，而台灣政府目前所採擱置爭議、共同開發、共享資源立場，可能是未來最善之局。在可見的將來，處於中、美兩大經濟強權競合爭勝，美日安保體制延續的時空背景下，希望全球華人能共同努力：

一、藉教育與傳播，使釣運的思想精神得以傳承，維持政府與民間持續關注。

二、深化台灣自由開放、民主經驗，提升國民素質，成為宏揚優良中華文化基地。

三、中國大陸把握大國崛起契機，自經濟大國提升為文明大國，促進東亞和平、正義。

君子疾沒世而不名稱焉，保釣諸君雖無怨無悔，若事如春夢了無痕，仍然不無遺憾。「保釣四十周年」專書中，南方朔先生箋言「歷史沒有浪費掉的熱情」，豈容青史燒成灰，願與諸君共勉之。

▲①重要的是堅持理想及懷抱熱情
　②保釣諸君是志士、義士、俠士、勇士、壯士、鬥士、還是國士
▼③歷史沒有浪費掉的熱情

「歷史與敘述」研討會致詞

2011年12月5日　星期一

　　本研討會的源起是因為今年清華大學由人社院提名，而經審查委員會一致通過頒予金庸先生名譽博士，人社學士班蔡主任與中文系劉主任建議配合頒授名譽博士學位盛典，與歷史所合辦「歷史與敘述」研討會，以表慶賀。當初是期望有最具影響力華人作家美譽的金庸先生能共襄盛舉，不意金庸先生因健康狀況不克來台領獎。雖然最後決定將頒授典禮改於本月十九日在香港舉行，但辦理研討會的計畫不變，有呈示金庸小說在文史傳承發展中的地位重要意義，很高興能恭逢盛會。

　　清華大學於明民國十四年成立清華國學院，自四大導師以還，史學大師雲集，在史學界建立起屹立不搖的地位。王國維、梁啟超、陳寅恪等鴻儒揭櫫「獨立之精神，自由之思想」。陳寅恪先生「王國維先生紀念碑銘」有云：「士之讀書治學，蓋將以脫心志於俗諦之桎梏，真理因得以發揚。」我國素有春秋史筆，亂臣賊子懼的說法，要以發掘真相，求真實供鑒誡。梁啟超先生有言：「史者何？記述人類社會賡續活動之體相，校其總成績，求得其因果關係，以為現代一般人活動之資鑒也。」另一方面，近世著名哲學家克羅齊（Benedetto Croce）說：「一切歷史都是當代史」（All history is contempory），認為往事只有在當代人生活中發揮作用才成為歷史。因此，同樣的歷史在不同的時期會有各自的詮釋。在專制時代，湯武革命是否「弔民伐罪」，商紂是否「酒池肉林，暴虐無道」，評價是否公正客觀讓人存疑，秦始皇「焚書坑儒」，豈無「藉政治黑手統一口徑」之心；中國歷代均設置專門記錄和編撰歷史的官職，司馬遷在殘暴的漢武帝虎視眈眈下修史，能把漢高祖劉邦寫的血肉真實，殊為難得，想必也有難言苦衷；司馬光撰《涑水紀聞》，在宋太宗子孫當朝之際，就「燭光斧影」公案難免有為尊者諱之嫌。《漢書》開

創了斷代為書的先河;「斷代史」由史官編纂前代王朝的官方歷史,評述前朝政事,危疑較少,較易發揮;但蜀漢亡而徵入西晉為著作郎的陳壽編寫《三國志》,尊被迫禪讓給晉的曹魏為正統自不為奇;乾隆朝編纂《四庫全書》,「全毀,抽毀,剗去以外,並且刪改古書內容」,以求政治正確,「不但藏之內廷,還頒之文風較盛之處,使天下士子閱讀」,又是對史料之另一番摧殘。所幸這些史料問題,在民主自由、資訊發達社會大有改善,但「曾子殺人」,「謊話講一百次,會讓人以為是真的」,在現代社會也屢見不鮮。

本研討會以「歷史與敘述」為名,點出歷史分記述史實與研究敘述兩部分。這也是歷史迷人處,每個人、社會、國家、甚至人類與宇宙萬物,都有過去,都有歷史。即使以人類有文字記載以後時期為分界稱歷史,「究天人之際,通古今之變」,是向來史家所寄。歷史有必然卻又充滿了偶然,大家都常問,我們所讀的歷史是否是信史,真相為何?是否有定論?歷史有長久的合理性嗎?歷史發展是否具有規律性?歷史是循環的嗎?英雄造時勢,還是時勢造英雄?歷史的教訓有用嗎?讀史能使人明智嗎?一連串的問號,都可有膾炙人口,正反不同說法。尤其有趣的是,人人可插嘴,本人一向對歷史學者最為敬佩,因為歷史學者要功成名就,必須藝高膽大,方能殺出重圍。

歷史的敘述可有多種形式,古典小說如《三國演義》、《西遊記》、《水滸傳》、《紅樓夢》對其背景時代以及人物都有很深刻的刻劃,其影響可能比正統史家所言更為遠大。熟讀金庸先生小說《越女劍》、《天龍八部》、《射鵰英雄傳》、《神鵰俠侶》、《倚天屠龍記》、《碧血劍》、《鹿鼎記》、《書劍恩仇錄》的讀者,對范蠡、西施、北宋時代大理國、契丹族、成吉斯汗、南宋襄陽守將、朱元璋、崇禎、袁崇煥、康熙、吳三桂、乾隆不免有新的觀感。金庸先生在後期,也多有改寫之舉,似是提醒世人,不可照單全收。據了解,金庸先生改寫重點在邏輯性與合理性。這也說明歷史研究,除發掘史實外,敘述邏輯性與合理性的掌握,也很關鍵。另一方面,從不同角度看歷史,饒有新意,也會讓人欣於所得,沉吟不已。最近我閱讀大陸作家李開元所著《秦崩》一書,提到漢高祖比秦始皇僅小三歲,他們有四十七年是並存於世的幾近同齡人,秦朝歷時十五載,秦始皇死後三年而崩,楚漢相爭不過四年,項羽自刎烏江,僅得三十歲,李斯聰明一世,年過七十歲,仍參與合謀易儲,不二年被腰斬於咸陽,趙高深受秦始皇器重,主謀沙丘之變和望夷宮政變,沙丘

之變不滿三年，「指鹿為馬」，並誅秦二世迎立子嬰繼位，子嬰即位五天後趙高與家人同遭處死，讓人有「既有今日，何必當初？」之嘆。杜牧〈阿房宮賦〉有云：「秦人不暇自哀，而後人哀之；後人哀之，而不鑑之，亦使後人而復哀後人也」，歷史興亡衰替有如此者。

　　學歷史講求史料證據，人類發源可上溯近百萬年，文字發明迄今只有幾千年時間，在有文字以前，要了解史前社會的唯一途徑就是考古學。甲骨文的出土，促進了各國學者對中國上古史和古文字學等領域的深入研究。王國維先生利用甲骨文的實物資料證實了司馬遷《史記・殷本紀》中對商朝的記載，即自商湯建國到商紂滅亡，有三十一王，歷經六百多年；同時，也更正了一些《史記》中的錯誤。而目前在清大擔任駐校作家的岳南先生正是能將歷史與考古新發現融進自己的文學作品中，並在讀者、考古及歷史學家中引起注目的知名作家。從敦煌石窟到漢墓，從定陵到秦兵馬俑坑，從大國衰榮到滄桑歷史……，先後出版的《風雪定陵》、《萬世法門》、《復活的軍團》、《日暮東陵》及《尋找北京人》，深受讀者歡迎。其中《復活的軍團》和《風雪定陵》被譯成日、英、韓、德等國文字出版；《風雪定陵》獲一九九六年《中國時報》開卷版「十大好書獎」，銷售量高達十七萬冊以上，勤於筆耕的他，為讀者在古今交織與中外錯綜的敘事宏構裡，重現古帝國文明。今年六月時報出版社出版岳南先生《南渡北歸》，是以民初到內戰時期知識份子遭遇為主題的巨作。時報出版社為本套書所出專刊中，列舉二十八位學術大師，其中至少有十九位為清華人。從一個清華人的觀點來看本書，感覺處處皆見清華人，遍地皆為清華事，情節扣人心弦。岳南先生有意以三年時間，撰寫《梅貽琦大傳》，兩岸清華共同永久校長行誼，在岳南先生史家筆下將得以廣為流傳，是所有清華人所深切期待的。

　　在《風雪定陵》與《南渡北歸》中，清華人因歷史敘述而下場悽慘的所在多有，而歷史公案往往由政治需要論斷，牽涉之人甚至因而慘遭奇禍。如清華激進教授吳晗，在共軍進佔北京後，曾奉命接管清大，後任北京市副市長，先是應毛澤東鼓勵，頌揚明朝諫官海瑞直言敢諫，但文化大革命期間卻因為《海瑞罷官》劇作而被當權者批鬥，最後不得已在獄中自殺，家破人亡。另外，太平天國領袖李秀成是忠是奸，各方引經據典，爭辯不休，最後由毛澤東號稱「鐵證如山」拍板定案。政治干涉學術橫行，益發彰顯陳寅恪先生一生治學秉

持「獨立之精神，自由之思想」的可貴。可悲的是，陳寅恪先生不能見容於當道，晚景淒涼，在文革批鬥中，滿腔悲憤離世。「後人哀之，而不鑑之，亦使後人而復哀後人也」，清華人「典型在宿昔」，當惕厲奮發，承先啟後，光大前人嚴肅治學精神，為往世繼絕學。

▲ 一切歷史都是當代史

▲ 歷史分記述史實與研究敘述兩部分

宋朝的文學與思想研討會致詞

2012年12月18日　星期二

　　很高興參加本校中文系主辦的宋朝的文學與思想研討會；清華中文系在大陸時期，自清華國學院以還，有很光輝的傳統，朱自清先生於1925年加入清華中文系，1932年以後長期擔任系主任；他在日記中記載兩次夢到因研究不夠，而被解聘，又夢到被學生縛手，痛責其從不讀書，研究毫無系統，要求他辭職，對一個名滿天下的學者，從這些夢魘，可看出他對自己的要求很高，部分也反應他在「大師如林」的清華所受的壓力；在台灣的清華中文系，一向以融合中西學術、領導議題著稱，加以教師學經歷有一半以上有臺灣以外的學術養成背景，因此如何會通傳統與現代，運用本身特質及優勢，在「華文國際」的概念下，促進國內學界與國際之互相理解，尋求清華中文系在國內中文學界，以及國際漢學界中的特殊定位，是關懷之所在，據了解這也是籌辦這次會議的主要原因。很高興在中文系李貞慧、祝平次和侯道儒教授等策劃之下，歷時近一年，終於催生出這樣一場難得的宋代文學與思想的研究盛會。

　　宋朝是一個充滿矛盾的朝代；在中小學歷史課本裏，宋朝是個重文輕武、積弱不振，不斷受到北方強敵侵犯，割地賠款，稱臣納貢，喪權辱國的朝代，主張抗金「精忠報國」的岳飛，以莫須有罪名橫死，「留取丹心照汗青」的文天祥慷慨就義，挫折、屈辱、悲痛、灰暗是時代的形容詞，讓人搖頭太息不止；另一方面，宋朝的文物衣冠，達到歷史的高峰，〈清明上河圖〉、《東京夢華錄》所展示的汴京太平繁華景象，杭州「市列珠璣，戶盈羅綺，競豪奢。」（柳永〈觀海潮〉），文學與思想璀璨發展，文化工藝水準舉世稱頌；清華國學院四大導師之一，著名史學家陳寅恪言：「華夏民族之文化，歷數千載之演進，造極於趙宋之世」，歷史學家湯恩比曾說，「如果我有選擇，我選生活在中國的宋朝」，但是先有汴京陷落，徽、欽二帝被金人所擄之「靖康之

難」，南宋偏安江南一百餘年之後，竟以亡於蒙古告終，飽受詬病與批判，歷史的弔詭與無奈，在宋朝表露無遺。

宋朝因為「陳橋兵變」而取得天下，宋太祖「杯酒釋兵權」，而有宋一朝崇文抑武，以科舉取士；宋朝有最上軌道的科舉制度，整個唐朝的科舉取士約一萬人。南、北宋取進士達四萬人；進士常能「全面發展」，以歐陽修來說，他是政治、思想、經學、文學、文藝批評、史學、教育家，甚至擔任過事涉外交、財政、軍事職務，議論法治以及黃河治理等主要問題，而有人研究，這是科舉取士，制度成熟後走上歷史舞台的「進士」士大夫普遍特徵，因此在宋代文學家常是思想家，司馬光、王安石、蘇軾、范仲淹以及南宋的朱熹、呂祖謙、文天祥是代表人物，談宋朝的文學與思想，以人而言，有許多交集。

中國文學中以「唐詩」、「宋詞」並稱，王國維先生《人間詞話》有云：「詞至李後主而眼界始大，感慨遂深，遂變伶工之詞而為士大夫之詞。」李後主為宋太祖所擄，不久為宋太宗毒死，是戰爭失敗者，文化戰勝者，征服了汴京，被譽為詞中之帝，作品千古流傳，宋詞因而大盛。宋朝的文學代表是詞，但《全宋詩》收錄超過二十五萬（254,240）首詩，凡九千餘人；陸游活到八十五歲，詩有萬首；最熟於詩律，七言律尤為擅長。所以宋朝並不乏作詩的人，但成就很難高出李白、杜甫等人，王國維先生《人間詞話》有云：「古詩敝而有律絕，律絕敝而有詞。蓋文體通行既久，染指遂多，自成習套。豪傑之士，亦難於其中自出新意，故遁而作他體，以自解脫，一切文體所以始盛終衰者，皆由於此。」另一方面，胡適與朱自清等人認為宋人的七言律實在比唐人進步。這裡或可特別一提，月初本校「從中國古典詩到台灣現代詩」通識講堂中，有大陸學者提到，目前大陸在網路上每天會出現約一千首新古典詩，如有人要編一本「2012古典詩」大全，將須收錄三十餘萬首詩，新時代傳播媒體對為文為學的衝擊，由此可窺見一角。

唐宋八大家之名在明末開始流行；「唐宋八大家，唐有韓柳，宋為歐陽、三蘇和曾王」非因詩詞取勝，而以古文著稱。其中蘇軾和曾鞏為歐陽修門生，其餘三人為其所提拔，所以歐陽修為有宋一代文宗，他主張「文章不為空言，而期於有用」，尊崇「堯舜禹湯文武周公孔孟」道統，支持范仲淹推動政治革新，創作貫穿「文以載道、文以明道」的精神，歐陽、三蘇和曾王各有風格，大部分是論政與論道的作品，構成了北宋散文的繁榮景象。同時南宋散文發揚

了北宋傳統，陸游、辛棄疾等人的作品，強烈地展現現實主義和愛國精神。

宋朝思想以理學或道學著稱，《宋史·道學傳》曰：「道學之名，古無是也……孟子沒後無傳，至宋中葉，周敦頤乃得聖賢不傳之學，作《太極圖說》、《通書》，推明陰陽五行之理，命於天而性於人者，瞭若指掌。」《太極圖說》是儒道混合作品，主敬理論，淵出佛門，朱熹將周敦頤列理學第一人，所以理學的產生是儒學受佛、道二家思想的刺激與影響而來，故又稱「新儒學」；「程顥、程頤受業周氏，表章《大學》、《中庸》，與《論語》、《孟子》立行」，倡「為天地立心，為生民立命，為萬世開太平」的理學家張載雖為二程表舅，據程式弟子言自認道學不及二程博大精深，但也有學者指出張與二程學說有相當大的差異；宋室南渡後，朱熹得程氏正傳，「大體以格物致知為先，明善誠身為要。」朱熹對韓愈、歐陽修扶持正學、不雜佛老，很不以為然，對二蘇，尤其對蘇軾學問思想甚至書法多所非議；如蘇軾〈前赤壁賦〉有云：「逝者如斯，而未嘗往也。盈虛者如彼，而卒莫消長。」認為取自道家與佛家學說，而有語病，做了很嚴厲的批判；古文派與理學派的互動，讓人大開眼界；朱熹將《論語》、《孟子》，《大學》、《中庸》合訂為《四書》，而使《四書》的地位逐漸超越傳統儒家的《五經》；元、明、清三朝，朱子學說在官方與民間都得到很高的肯定，在中國儒學史上，有人認為朱熹理學的影響深遠，僅次於孔子。

本次會議，共邀請到15位台灣、大陸、美國、英國、加拿大與日本新一代，具學術活力及研究創見的宋代領域研究學者發表論文，除增進對國際間最新研究動態的瞭解，也希望藉此建立學者之間，以及中文系與各個學術機構間實質而長久的交流互動關係。此外，本次會議，還邀請在宋代研究領域具豐富國際漢學經驗的資深學者與會，像是美國哈佛大學東亞系的Peter Bol（包弼德）教授、加州大學的Michael Fuller教授、日本關西大學的吾妻重二教授、台灣大學的柯慶明教授、中研院的鍾彩鈞教授，以及我們清華大學歷史所的李弘祺教授、中文系的蔡英俊教授和楊儒賓教授等，都是宋代研究領域的專家。希望兩代學者，可以藉由實際的交流以及座談，瞭解彼此處境以及交流經驗所曾遭遇的困難，並提出討論，共同思考新的交流模式，以及解決問題的方式。

這麼多重要學者齊聚一堂，期望此次會議能在國際漢學研究領域引起重視，此次會議也同時象徵著台灣、甚至國際宋代文學與思想研究領域一個重要的里程碑。

▲ 歷史的吊詭與無奈，在宋朝表露無遺

▲ 宋代文學家常是思想家

第一屆學習科學研討會致詞

2013年4月25日　星期四

　　很歡迎大家來參加第一屆學習科學研討會,本會既名為第一屆,當然希望有第二、第三以至持續舉行,我也祝福大會成功,打好賡續舉辦的基礎,也感謝北京清華、香港大學與新加坡南洋理工大學的學者們以及本校「榮譽講座」彭森明教授共襄盛舉。

　　本校學習科學研究所(學科所)成立於2010年,是台灣第一個學科所,與世界第一個學科所——美國西北(Northwestern)大學學科所成立的1988年,相隔22年,讓我想起本校材料科學工程系(材料系),成立於1972年,也是步1960年最先於美國西北大學所成立世界第一個材料系之後的台灣第一個材料系,相隔12年,有相當巧合;以清華材料系發展來看,一直維持居台灣材料系龍頭地位,並長期為本校王牌系,表現非常傑出,校友在學術、教育與產業界均實力強大,在這兩年學校為興建多功能體育館,發動校友成立「百人會」,加入會員至少認捐一百萬元共襄盛舉,而材料系校友以三十一人,捐贈金額超過三千五百萬元奪冠;因此我期盼學科所的發展也能與成立時有多重巧合的材料系一樣欣欣向榮,也是我的祝福。

　　學科所學術取向包括人的面向——心理基礎和社會與文化脈絡,以及科技的面向——學習科技與學習引導;相較於國內其他教育研究所尚具有以下三項特色:(一)以大學生之學習為研究整合的平台;(二)強調校內外跨領域的學術合作與學科的整合;(三)強調理論與實務相互支援及適性化的課程組合;期能培育學生能從相關科學各角度以整合性的觀點思考與學習相關的重要議題、設計或開發學習環境藉以反映或改進學習理論、在真實學習情境中應用或整合學習的理論以及關切教育與學習相關議題,積極思考改進現況的可能性;以優異的師資以及妥善的規劃、在教學研究上不斷精進,期盼在良好基礎

上，力求卓越，成為清華大家庭中閃亮的一份子。

　　學習科學與心理學的學術淵源密切，最近訪台的2002年諾貝爾經濟獎得主康納曼教授是有名的心理學家；他從心理學的觀點對學習與教育多有論述；例如教師改考卷，如果看到一份卷子，先改到較難的一題，而學生答的較好，造成好的印象「定錨」，再改其他題時，常會先入為主，曲意維護，分數打得寬鬆些，這是康納曼所謂的「月暈效應」，他的做法是先改所有考卷的同一題，並把分數打在考卷背頁；另外每年都要碰到的甄試入學問題，康納曼的經驗是一般的入學審查，用客觀數據以外的甄試方法「勞民傷財」而無效，同時在擔任評審時，審查品質受疲勞影響而下降，改考卷是情緒與體力影響，也是教師要極力避免的；而由於記憶自我常常凌駕經驗自我，近期或深刻的記憶，常常抹煞掉整個過程的經驗總和，所以教學時可以非常嚴格，但要在最後時多鼓勵學生，可留下較好印象；在研究上，要避免「小樣本謬誤」，導致以偏概全；諸多分析在大學教育實務上，可以借鏡的地方很多。

　　最後我要一提的是「摩課師」（MOOCS，Massive Online Open Courses），MOOCS在美國高等教育界是顯學，台灣也有許多大學在開發與嘗試中，未來在全球對大學教育的影響會越來越大；包括清華以及清華所屬的「台灣聯合大學系統」都投入相當資源推動，它對學生學習效果、校園學習環境、社會文化情境、跨領域以及跨國學習等的衝擊，都是希望學習科學所多關注、討論與研究，有所闡發的課題；最後祝研討會順利成功。

◀ 心理學的觀點對學習
　與教育可以借鏡的地
　方很多

亞洲政策中心「台灣的亞洲政策與未來發展」研討會致詞

2013年12月4日　星期三

　　首先歡迎大家來清華參加亞洲政策中心「台灣的亞洲政策與未來發展」（Taiwan's Asia Policy and Its Future Orientation）研討會，這是本校亞洲政策中心自今年七月成立以來，第一次舉辦研討會，初試啼聲，今天群賢畢至，是一個亮麗的開始。

　　本校設立「亞洲政策中心」，一方面是由於亞洲政策對台灣未來極為重要，一方面也是把握可聘請司徒文博士來擔任首任主任有直接關係；司徒文博士是中華民國建國一百年來，第一位美國籍大使級外交官退休後決定長居台灣，而他又富有豐富的外交官經驗、擁有英國文學博士學位、珍視清華與美國外交與政經特殊關係，可謂「天作之合」，也促成了「亞洲政策中心」成立。

　　最近中國大陸國防部公布東海防空識別區後，引起日、美、韓強烈的抗議，台灣也面臨了更複雜的國際形勢；不久以前司徒文博士曾在校內作「國家安全與台灣的未來」演講；我曾約略提及美國在台協會理事主席（1997－2002）卜睿哲（Richard C. Bush III，1947年－）所著的《台灣三部曲》；卜睿哲先生是司徒文博士舊識，現任美國智庫「布魯金斯研究所」（Brookings Institution）東北亞政策研究中心主任。

　　《台灣三部曲》包括《台灣的未來：如何解開兩岸的爭端》（Untying the Knot，2006年，2010年中譯出版）、《一山二虎：中日關係的現狀與亞太局勢的未來》（The Perils of Proximity：China-Japan Security Relations，2010年，2012年中譯出版）與2013年《未知的海峽：兩岸關係的未來》（Uncharted Strait：The Future of China-Taiwan Relations，2013年，同年中譯出版）；「台灣的亞洲政策與未來發展」最主要的繫於兩岸關係的未來，卜睿哲以清晰的文

筆，結合對歷史與時事的掌握，在《台灣的未來》中以主權觀念分析兩岸問題，它整理了一些不同的因素，如國內政治、決策制度、國際體系的競爭、美國的角色等等，但最核心的仍是北京和台北對台灣的主權和安全有不同的看法。

在《未知的海峽：兩岸關係的未來》中，先訂下歷史與政治脈絡（Historical and Political Context），鋪陳概念架構，從分析上而言，是2008－2012年的特色是雙方透過談判努力穩定和改善兩岸關係，接下來評估在經濟、政治與安全領域達成什麼穩定（Economical、Political and Security Stabilization），並評估解決根本爭端的影響。其次敘述台灣2012年總統大選的進程，顯示台灣選民贊同迄至當時的進步。精華部分包括評估中期未來的前景，涵蓋台灣能怎樣自救、大陸可以做什麼以及美國的政策意涵。這部分約占一半篇幅。

兩岸互動可有相互說服與使用力量不對稱的方式（Paradigm of Mutual Persuasion and Paradigm of Power Asymmetry），卜睿哲花了相當的篇幅談論「力量不對稱的動態」（The Dynamics of Power Asymmetry），就經濟、軍事與台灣內部槓桿力，分析北京可能如何對台灣施壓，他引用《孫子兵法》「不戰而勝」的思路，設想會有什麼內容，他猜想會有十五項會納入，事實上大陸在不同時間點、以不同程度做過所有這十五項的動作，他認為可以假定，大陸的領導人相信，在大陸實力日漸增長之下，「不戰而勝」的機率將大增；同時他提出大陸在什麼樣的情況下，可能會放棄戰略耐心和相互說服的典範，而利用他已建立的優勢，積極催逼台灣需要承認需要解決基本爭議；另一方面，他又分析什麼樣的戲目會暗示，大陸對象互說服典範抱持的希望已下降，而加重運用不對稱力量的優勢；環環相扣，值得深思並辯正。

次章是〈台灣能怎樣自救〉（What Taiwan Might Do to Help Itself）？維持相互說服典範的兩岸關係，避開不對稱力量的典範，明顯符合台灣利益；而台灣需要有更多作為，才能強化在經濟、安全、政治和台美關係的地位，並增強自信心，但他對台灣推動自強計畫的社會和政治脈絡並不看好；台灣人口老化現象嚴重、所得不均趨勢上升、失業率升高、中央政府預算持平、人均政府債務持續增長，稅賦偏低而公平性未改善，他建議台灣為政治與安全談判做好準備，經濟多元化並對全球自由化、推進創新型的經濟、以培養人才為成長的基

礎、強化本身軍事力量、檢討國防戰略與兵力結構、強化民主制度；在強化民主制度方面，他特別指出結構性瑕疵，也就是說，領導人、政客、政黨和民眾在一個只建構了一半、還未鞏固的民主秩序中，經常各自為政，對於民眾總體而言是功能失調。同時在一個媒體扮演重要政治角色時代，對良好治理有所貢獻、而非破壞，乃是它們的專業倫理。里茲大學的藍斯禮對台灣媒體的政治角色評估的結論是：「言論自由止於何處？道德責任始於何處？台灣有許多人，尤其是新聞記者和政治人物，以為言論自由使他們沒有任何責任要謹慎、敏感，甚至正確。」關於解決方案，他也提出一些建議，在可能範圍內進行體制改革，以免狹隘的少數可以阻撓或扭曲政策選擇，以致於傷害到廣大的公眾利益；在兩岸過程與政治改革方面，卜睿哲均特別寄望「位於政治光譜中間位置的專家學者設法建立建構政策共識」。在台灣對美關係方面，卜睿哲建議貿易自由化、在軍售方面符合有意義的國防戰略層面；他認為台灣最重要的資產是有信心在過去、在將來都能促進繁榮與安全，以及他的政治制度足以做出符合台灣人民最佳利益的決定。他強調台灣唯有透過主要是本身的努力，才能建立信心。

在〈中國可以做什麼〉（What China Might Do）一章中，作者認為維持相互說服典範，以及持續努力說服台灣領導人與其人民：與大陸關係日益密切——甚至解決基本爭議——對台灣是好事，也符合大陸的利益，並得以維護國際形象；他建議釐清互不信任及其源頭，減少誤解、了解執行協議時出問題的原因，還是有相互衝突的目標而產生；二是對台灣認同問題要聰明，分辨「公民民族主義」（Civic Nationalism）與「分離主義的民族主義」（Separatist Nationalism）；三是多和民進黨對話，釐清衝突的目標是否單純的誤解，即使認清確為相互衝突，也可以管理歧異為選擇；四是建構可接受觀念基礎，在中華民國存在的議題上轉變立場，願意把台灣的根本關切列入考量；五是降低台灣的安全疑慮，承認它已經成功達成遏阻台獨的即刻目標，同時台灣的民主制度也限制住未來台灣領導人不能冒進，另一方面，美國也發揮了遏阻台獨力量；六是不要再責怪美國，他認為美國對台灣的安全與政治支持不是大陸不能達成涉台政治目標的原因，美國對台軍售或許會增強台灣的反對，但並沒有創造它；最後是進行政治改革，尤其是勵行法治。

在〈美國的政策意涵〉（Policy Implications for the United States）中，追

溯美、台、中關係，而以目前大陸觀察家認為兩岸維持現況不僅是美國的政治假設，也是美國的目標為背景；二十一世紀邁入第二個十年期，美國再也不能篤定認為兩岸的未來會和過去一樣。最讓台北憂慮的是美國有些戰略家認為，美中均勢起了變化意謂支持台灣不再符合美國的利益，「棄台論」漸受到注目，但美方官員駁斥美國可能會放棄台灣的說法。兩岸關係的演變影響美國利益與政策，以中期可能演變的劇本為起點，分析對美國利益的影響以及美國可能的回應。另一方面，大陸的國力積累的速度極快，美中關係在權力過渡時期的演變，影響到兩岸關係與美台關係，雖然美國重申「從東亞撤退不是選項」，可是台灣在美國對付大陸崛起的策略中居於什麼地位的長期問題，還是沒有答案。他指出假如台灣不願或不能自救，美國又怎麼能夠幫得了台灣？美國分析家提出若干理由說明，為什麼只要台灣希望美國支持，美國就不應該拋棄台灣，尤其是台灣努力自強的話。文中也談及如果增進兩岸關係維持相互說服典範，以及相隨美、中互動是正面的，在軍售、經濟關係以及協助兩岸談判方面，美國應該怎麼辦？而以「如果台灣和大陸自己創造協議，並負責執行它們，協議將會更持久」作結語。

在「尾語」（Epilogue）中，他觀察馬英九總統第二任期演說反應出來他對經貿領域之外的穩定，相當謹慎，任何朝向解決基本爭議進展機率，將停留在低至零的位置。他認為對象關各方都好的上策是，大陸不用槓桿力量和壓力，而且或許在使兩岸根本分裂的議題上能接納台灣部分主張。不論大陸的政策路線是什麼，台灣最好要強化自己，台灣的目標應是降低大陸對台灣施壓的誘因。很明顯的焦點區域是經濟競爭力、軍事嚇阻、台美關係以及政治改革，台灣愈強大，就愈有自信，也愈有能力影響大陸往對台灣有利的方向走；而由於台灣海峽依然難以測度，美國更有理由要堅守長久以來的政策。大陸保持相互說服典範，不受誘去動用日益增強的力量不對稱優勢對付台灣，是吻合美國利益的事。

兩岸關係攸關台灣未來，大陸著名作家文學家余秋雨先生在《何謂文化》一書中，曾指出，中國文化特性的精粹，是「禮儀之道、君子之道、中庸之道」，弱項，是「不講求公共空間、疏於實證意識、欠缺法治觀念」，兩岸關係錯綜複雜，唯有發揮中國文化優點，抑制弱項，才有可能峰迴路轉，創造雙贏局面，希望有一日能演變成不僅是願望，而且是可看見未來的展望。

▲①兩岸互動可有相互說服與使用力量不對稱的方式
　②維持相互說服典範的兩岸關係明顯符合台灣利益
▼③言論自由止於何處？道德責任始於何處？
　④位於政治光譜中間位置的專家學者設法建立建構政策共識

十、理工領域研討會

雜錄參加生命科學、資訊科技、奈米材料、電力電子、電腦圖學、光學科技、力學光譜及AI智慧等理工領域研討會致詞。於研討會中示現清華理工領域卓越的學術成果，並與各界交流，汲取新知。於建構修正中，再創科技高峰。

2010環境分析與綠色科技研習會（EAGT Workshop）開幕典禮致詞講稿

2010年11月13日　星期六

首先本人謹代表清華大學歡迎所有貴賓蒞臨本校參加本次環境分析與綠色科技研習會（Environmental Analysis and Green Technology Workshop, EAGT Workshop）開幕儀式。本校很感榮幸得以配合政府環保與科技單位政策與結合民間團體的力量，再次承辦EAGT Workshop，以兩週時間，協助培訓東南亞各國以及部分國內專業人員；經過相當時間的籌備，精心規劃一系列課程，希望藉由研習會課程與教師學員間的互動，讓學員對環境分析與綠色科技有進一步的了解；另一方面，除加強我國與東南亞國家間的科技關係，更可以促進彼此間的學術交流，共同為地球綠化盡一份心力。

對各位遠道而來的學員，容我以地主之誼，就清華大學歷史與現況作一簡單介紹；清華大學是一個具有優良傳統的大學，1911年由滿清政府運用美國退還多索的「庚子賠款」在北京設立，迅速發展為中國大陸一流大學；1949年國民政府遷台，原北京清華梅貽琦校長先到美國管理「庚子賠款基金」，再於1956年在台灣建立「國立清華大學」，也於短期間成為台灣的頂尖大學；清華大學不但培育出許多傑出校友，也樹立了學術自主及優良的教育風範：尊重學術自由、追求學術卓越、重視教學、關心學生、關懷社會。清華創造優質的研究教學環境，提供師生優美的清華園，吸引了極優秀的教師與學生，成為一緊密互動的學術社群。清華學術表現優異，有超過20%教授得過國科會傑出研究獎以上的榮譽，比率冠於全國。清華大學於2010年泰晤士報世界大學排名，名列世界第107名，為臺灣各大學排名之首。

近年來由於全球加速工業化引致迅速惡化的環環境保護問題，環境保護的重要性，已經不亞於科技的發展。準確檢測的污染物質，為有效防範污染，減

少對環境傷害的首要工作，學會如何準確的偵測汙染物質，才能夠有效防範並減少環境傷害，這也是本次研習會的重點。我們只有一個地球，要如何為後代子孫提供一個良好的生活環境，永續發展，需要我們大家一起努力。

在這裡我們感謝研習會主持人凌永健教授，凌教授長期為台灣的環境保護工作奉獻，不遺餘力，在綠色化學與環境分析方面除學有專長外，培育許多專業人才，在研究上有優異表現；並在實務上有重要貢獻，不僅為研習會靈魂人物，他領導的團隊更齊心合力為研習會從籌辦到執行，盡心盡力，是讓研習會得以順利舉辦的主要功臣。

最後，希望各位學員能把握在清華大學這二個星期，在學習上，收穫良多，在生活上，能與校園美景與文化愉快相伴，結訓時帶著美好回憶滿載而歸，也期望未來與清華有學術合作的機會。你們回國後能把在台灣所看所學的貢獻給社會，讓我們一起為綠化地球環境盡最大的努力，謹祝會議圓滿成功，各位學員學習順利、萬事如意，謝謝各位。

「百年清華生醫啟航研討會」致詞

2011年5月19日　星期四

今天很高興來參加清華大學生命科學院盛會。生命科學院是一個很有效率的單位，一次慶典包含五項活動，也就是同時慶祝清華百歲，慶祝生命科學院成立二十週年，表揚傑出校友，學生論文發表會以及特別演講，別具意義，相當難得，值得推廣，供其他單位參考。

我首先要感謝吳成文院士與賴慶助博士在今天共襄盛舉並作特別演講，嘉惠清華師生。同時我要恭喜陳勁初、林振文、高敏雄三位傑出校友，膺選為生命科學院第一屆傑出校友，尤其喜逢清華百歲校慶之際，倍享榮光。未來與別人談起，說是百年校慶那年就對了。

一百年前滿清政府在北京利用美國退還多索的庚子賠款建校。民國以後，在各方努力下運用優勢以十幾年時間迅速提升清華為國內一流學府。到1941年，即清華建校三十年時，即有美國名校校長「中邦三十年，西土一千年」稱譽清華。五十五年前清華大學在原北京清華梅貽琦校長領導下在台建校，也迅速打造新竹清華為台灣頂尖大學。清華盱衡科學發展之趨向，於1973年設立分子生物研究所，為全國第一所專門致力於分子生物學教學與研究之研究所，開始邁向生命科學之領域。1980年初，因鑒於生物科技的突飛猛進及其在醫、農及工業等應用技術的拓展，同時為擴展生命科學的基礎研究，培植國內高級生命科學研究人才，乃於1982年成立生命科學籌備小組，釐定本校生命科學發展方向，並逐步推行，1985年擴編並更名為生命科學研究所。1987年生命科學一館落成使用後，更逐年添購有關教學與研究公用設備及專業精密儀器，於1991年再設立生物醫學研究所與生命科學系，並規劃興建生命科學二館，而於1992年成立全國第一個生命科學院。目前為兩系、一班、五所的架構。二十年來生命科學院在教學、研究與服務各方面已奠定良好的基礎，受到普遍肯定，屢開

學術風氣之先，在諸如腦神經網路、結構生物學等領域研究有突破性成果；另一方面，在匿名善心企業贊助下，生醫科技大樓也即將開始興建，可謂蓄勢待發，前景光明，但同時也有很大進步空間。希望大家把握機會，學校將盡力與大家一起努力共同打造首屈一指的生命科學院，以建立新世紀生命科技重鎮為目標。

　　最後我要恭喜這次參加學生論文發表會的同學，在研究生涯起步階段，有了值得發表的初步成果，是很令人喜悅的。今天我們在James D. Watson Hall舉行盛會，與Watson合作而一起因為發現DNA結構而獲得諾貝爾獎的Francis Crick曾說：「驚人的成就來自超高的期許，而這期許在未實現前叫做夢想。」Watson與Crick不因在1962年即榮獲諾貝爾獎而稍歇，一生都在逐夢，願與大家共勉之。

▲ ①清華於1992年成立全國第一個生命科學院
　②驚人的成就來自超高的期許

國際資訊科技前瞻展望研習會開幕致詞（中英文）

2012年5月27日　星期日

早上好！

　　我很高興受邀參加「國際資訊科技前瞻展望研習會」（International Workshop on the Perspectives of Information Technology）。首先我謹代表國立清華大學（NTHU），歡迎所有貴賓來到新竹的校園。讓我印象很深刻的是大家非常努力工作而且願意在星期天假期舉辦這個研討會！

　　資訊科技（IT）在現代社會中無處不在。多虧了IT，任何擁有行動通訊裝置的人可以隨時隨地得到信息。無論我們身在何處，網際網路和無線移動網絡都將我們聯繫在一起。我注意到，本研習會將研討許多先進和重要的主題，包括幫助災區民眾使用IT、機器學習和數據採礦、智能電網中的網絡安全，推斷數據和人類社交關係，以及人與科技之間不斷演變的關係。毫無疑問，資訊科技將在未來更深入地滲透到我們的日常生活中。我很高興本校資訊科技和應用研究所舉辦這樣的活動，聚集許多國際和國內學者，深入討論這些主題。我特別感謝來自日本，美國和英國的所有傑出邀請演講者遠道而來與我們的教師和學生分享您的精闢見解和願景。

　　讓我感到寬慰的是知道研討會安排於今天下午3點休會，以便您有機會參觀我們美麗的校園。國立清華大學剛剛慶祝成立101週年。清華由美國政府退還的庚子賠款支助，於1911年在北京成立，並在大約20年內成為中國的頂尖大學。隨著國民政府搬到台灣，北京清華梅貽琦前校長於1956年來到台灣，並在此地重建了NTHU。自那時起，NTHU已成為台灣頂尖的研究型大學之一。在近年來全世界大學排名中，我們在台灣排名不是第一就是第二。今年是我們師

生在科學（Science）、自然（Nature）和細胞（Cell）等著名期刊上發表文章特別豐收的一年。目前的情況是，在不到半年的時間裡，已有五篇論文發表或被接受出版；而與過去五年在這些期刊發表的七篇論文相比有明顯進步。在資訊科技領域，我們的學生也表現非常出色。例如，在計算機領域，我們的學生在IEEE和ACM組織的連續兩次（2010年和2011年）超級計算機會議中贏得了叢集計算世界冠軍。2011年，我們的學生在微軟組織的來自70個國家的424名參賽者中贏得了創意杯比賽的冠軍。展望未來，我希望將來我們可以通過與像您這樣的國際頂級專家合作，進一步加強我們的研發與學習能力。

最後，我預祝您有一個非常成功和有豐富成果的研習會，同時享受您在新竹和台灣的逗留。祝你今天愉快！

Good morning!

I am delighted to be invited to open this International Workshop on the Perspectives of Information Technology. On behalf of National Tsing Hua University (NTHU), I would first like to welcome all the distinguished guests to our campus in Hsinchu. I am very impressed with the fact that you are all working so hard and willing to hold this workshop on a Sunday!

Information Technology (IT) is ubiquitous in modern society. Thanks to IT, we can now access information at any time in anywhere for almost anyone who has a handheld device. The World Wide Web and wireless mobile networks have connected us together regardless where we are. I have noticed that the workshop will cover many advanced and important topics including helping people in disaster situation to use IT, machine learning and data mining, cyber security in smart grids, inferring data and human social relations, and the evolving relationship between human and technology. Undoubtedly, Information Technology will penetrate deeper into our daily life in the future. I am glad that the Institute of Information Systems and Applications is holding such an event and bring many international and domestic scholars together to discuss these topics in depth. I'm grateful to all distinguished invited speakers coming from Japan, US, and UK to share your insight and visions with our faculty and students.

I am somewhat relieved to know that the workshop is scheduled to close at 3:00pm this afternoon so that you will have an opportunity to tour our beautiful campus. National Tsing Hua University has just celebrated her 101th anniversary. The University was founded in 1911 in Beijing with the returned indemnity from the US Government. It became a leading university in China in about 20 years. As the Nationalist Government moved to Taiwan, the former President of the University, Dr. Mei Yi-Chi, came to Taiwan and re-established the NTHU on this site in 1956. NTHU since then has become one of the leading research universities in Taiwan. In all the world-wide university ranking in recent years, we came out either No. 1 or No. 2 in Taiwan. This year is particularly good for our faculties in terms of publishing in the prestigious journals such as Science, Nature, and Cell. As it stands now, in less than half of a year, five papers have been published or scheduled to be published; comparing to a total of seven papers published in similar outlets in the past 5 years. Our students have also performed superbly as well. In the computer field, for example, our students won World Champion in Clustering Computing in two consecutive Super Computer Conferences organized by IEEE and ACM (2010 and 2011). In 2011, our students won the Championship in the Creative Cup Competition among 424 competitors from 70 countries organized by Microsoft. It is my hope that in the future we can further strengthen our programs through cooperation with international top experts like you.

Finally, I wish you have a very successful and fruitful workshop and enjoy your stay in Hsinchu and Taiwan. Have a nice day!

第五屆台法科學前沿研討會致詞

2012年6月27日　星期三

　　首先歡迎各位來參加「第五屆台法科學前沿研討會」。清華大學很榮幸接受國科會委託辦理這項盛會。在國科會國際合作項目中，台法科技合作一向是強項；而本研討會的重點在聚集台法優秀年輕學者就科學前沿問題研討，施行五屆以來，已建立優良傳統。

　　就科技國際合作而言，東西方合作有其特別意義。這次法方領隊Dr. March Melka是希臘哲學學者。美國學者Charles Murray在*Human Accomplishment: The Pursuit of Excellence in the Arts and Sciences, 800 BC to 1950*一書中，就西方哲學家分析，在主要參考書籍中，論述篇幅排第一與第二的分別是希臘的亞里斯多德（Aristotle）與柏拉圖（Plato），第三是康德，發展出相當不同哲學思想方向；在中國哲學家方面，孔子與老子分居第一與第二，但其後重要人物都是兩人經義釋義家，可以看出東西方思維的差異，有不同發展軌跡，有很多可互相學習的地方。

　　在台法交流方面，清華大學於近兩年曾邀請兩位法國籍的諾貝爾獎得主演講。上月22日是1997年物理獎得主Dr. Claude Cohen-Tannoudji，他歸因獲得非凡成就，受到在法國學院（College of France）擔任教授時經驗的影響。法國學院教授可自選所教課程，但每年必須教不同課程，促成他擴展知識範圍，嘗試新領域，而他榮獲諾貝爾獎的代表作，即是他在進法國學院以後投入新領域的成果；2008年生理醫學獎得主Dr. Francoise Barre-Sinoussi在前年2010月5日來訪，她在1983年即發現引致AIDS的HIV病毒，而至今一直鍥而不捨在尋求防止AIDS的疫苗。他們拓展知識範圍的經驗與超絕的決心毅力是很值得我們學習的。

　　另一方面，清華大學今年五、六月邀請五位諾貝爾獎得主到校演講，巧合

的是五位都屬猶太裔。猶太人在學術界大放異彩不是新聞，但以全世界約僅有一千五百萬猶太人，不到世界人口的千分之三，產生了約四分之一的諾貝爾獎得主，仍然是非常驚人的。猶太人是如何做到的？可能與他們注重教育而在教育方式中，鼓勵小孩問好問題有密切關係。有一個比喻說，中國媽媽在小孩放學回家時，常問「今天考試拿幾分？」法國媽媽則問「今天學到什麼？」猶太媽媽則問「今天問了什麼問題？」值得大家思考。

剛才我看與會者的履歷表，與會年輕學者絕大多數都是在本世紀拿到博士學位，可謂青年才俊。我唸大學時，流行的說法是數學家與自然科學家研究貢獻的尖峰分別落在二十幾歲與三十幾歲間，也就是「英雄出少年」，人文與社會學者較有可能「大器晚成」。最近美國學者Benjamin Jones與Bruce Weinberg撰文 "*Age dynamics in scientific creativity*" 分析1900－2008年間525位諾貝爾物理、化學、生醫獎得主，產生獲獎作品年齡有逐漸增加的趨勢，而在1985年後，諾貝爾物理、化學、生醫獎得主產生得獎作平均年齡各為50、46與45。Jones與Weinberg並發現對未獲諾貝爾獎但為頂尖科學家也有同樣年齡漸增趨勢。據此兩作者與Daniel Prinz在 "*The slowdown of scientific and technological progress: Evidence from the Nobels*" 一文中推測原因包括：

一、科學愈趨複雜，科學家達到前沿做出重大貢獻須獲得基本知識所需時間越來越長。

二、可能是科學較成熟，重大發現的難度增高，亦即「低處樹果摘盡」、「竭澤而漁」效應顯現，趨向是須借鑒已有相當完善度的知識。

三、科學研究主流有從理論轉實驗的傾向。

四、獲得科學研究必要資源的年齡增加。

五、創新度漸減，諾貝爾獎成為終生累積成就獎。

總之，近年來重大科學發現是由中年而非年輕科學家完成；因此你如果尚未有可問鼎諾貝爾獎的成果，繼續努力，仍有希望有一日榮膺桂冠，祝大家心想事成，研討會圓滿成功。

第六屆台法前鋒科學論壇致詞

　　首先歡迎各位來參加「第六屆台法前鋒科學論壇」（6th France-Taiwan Frontiers of Science Symposium）。清華大學很榮幸接受國科會委託辦理這項盛會；在國科會國際合作項目中，台法科技合作一向是強項；而本研討會的重點在聚集台法優秀年輕學者共同研討國際間發展中最熱門或前瞻之研究主題，激發彼此更具開創性之研究主題及開啟跨國界與跨領域的知識交流新管道，擴展思考研究的範疇邊界。施行六屆以來，已建立優良傳統。

　　去年6月26日在第五屆台法前鋒科學論壇開幕時，我曾於致詞時提到在稍前，也就是5月22日，訪問清華大學的1997年諾貝爾物理獎得主法籍Dr. Claude Cohen-Tannoudji，在演講中，歸因獲得非凡成就，受到在法國學院（College of France）擔任教授時經驗的深刻影響；法國學院教授可自選所教課程，但每年必須教不同課程，促成他擴展知識範圍，嘗試新領域，而他榮獲諾貝爾獎的代表作，即是他在進法國學院以後投入新領域的成果；巧的是2012年諾貝爾物理獎得主Dr. Serge Haroche正是College of France的「量子物理講座」，並在得獎前被推舉為該機構的administrator；尤其特別有意義的，他在1967－1971年師從Dr. Claude Cohen-Tannoudji做博士論文研究，1972－1973年到Stanford大學從日後（1981年）得到諾貝爾物理獎Dr. Arthur Schawlow做博士後研究，而Dr. Schawlow曾是1964年諾貝爾物理獎得主Charles Townes的博士後研究員，並娶了其妹為妻；另一方面，Dr. Claude Cohen-Tannoudji在Ecole Normale Supérieure師從1966年諾貝爾物理獎得主Alfred Kastler，這五位諾貝爾物理獎得主共同的研究領域是雷射物理，做研究人脈很重要，這株「家族樹」（family tree）是很好的例子；同時能親炙世界頂尖學者，也必然對提升視野、專精術業、增廣見聞有莫大的幫助。

得到諾貝爾桂冠，可能是幾乎所有從事科學前沿研究的學者至少在某個階段的夢想；諾貝爾獎自1901年設立以來至今，得主一共863人，也就是一年平均不到10人，以科技領域獎項而言，物理、化學、醫學得獎人次各為194、163、201人次，獨得各為47、63、38人，兩人合得各29、22、31次，三人合得各29、18、33次，以得獎平均年齡而言，各為55、57、57歲，女性則各為2、4、10人，由於Madam Curie個人得到1903物理獎以及1911化學獎，John Bardeen得過兩次物理獎（1956、1976），Frederick Sanger得過兩次化學獎（1958、1980），所以物理、化學、醫學得獎人共為555人，女性僅15人，值得一提的是Charles Townes與Frederick Sanger現年分別為98與95歲，是科學家成就感越大，因而心情愉悅以致長壽研究結果的具體見證。

　　與其他諾貝爾獎相較，文學與經濟學得獎人次各為109、71人次，獨得各為100、22人，兩人合得各4、16次，三人合得各0、5次，以得獎平均年齡而言，各為64、67歲，女性則各為12、1人，值得注意的是諾貝爾獎文學獎得主，女性在1909年1人，1926－1938年3人，1945年與1966年各1人，1991－1996與2004－2009年各3人，顯示近二十年，女性得獎比率大增。

　　從諾貝爾獎，我要特別一提，由台灣首屈一指的企業家尹衍樑總裁最近捐贈設立的「唐獎」，是台灣第一座真正的國際級大獎，獎額超過諾貝爾獎；盛唐之世，是東西方文明交會、政治經濟顛峰時期，唐人對世界展現的自信、兼容各文化的胸懷氣度，即係唐獎要發揚的理念；獎掖「永續發展」（Sustainable-development）、「生技醫藥」（Biopharmaceutical）、「漢學」（Sinology）與「法治」（Rule of Law）四領域世界頂尖人才，鼓勵更多有利於地球與人類、保護自然的重要研究，並發揚中華文化與盛唐精神，充分展現寬廣心志與高瞻遠矚的睿智。大家在青春盛年，可能還不到得獎時刻，但可幫忙傳遞資訊，讓各該領域頂尖學者有機會問鼎，同時也祝大家學術生涯順利，有一日成為「實至名歸」得獎人。

　　本次論壇選擇在法國最知名的酒鄉波爾多（Bordeaux）的美麗莊園Relais de Margaux舉行，昔人有言：「酒不醉人人自醉」，相信大家陶醉於美景與美酒之際，更會為此次交流留下美好的回憶。

▲ 在法國最知名酒鄉的美麗莊園舉行

▲ 提升視野、專精術業、增廣見聞

第七屆台法前鋒科學論壇預備會致詞

2013年11月11日　星期一

　　歡迎各位來參加「第七屆台法前鋒科學論壇預備會」（7th France-Taiwan Frontiers of Science Interim Meeting）。清華大學在2012－2013兩年間受國科會委託辦理「台法前鋒科學論壇」，由於績效良好，又蒙國科會委託繼續辦理2014－2015「台法前鋒科學論壇」，自當全力以赴，聚集台法優秀年輕學者共同研討國際間發展中最熱門或前瞻之研究主題，激發彼此更具開創性之研究主題及開啟跨國界與跨領域的知識交流新管道，擴展思考研究的範疇邊界，維持優良傳統。

　　今年六月，第六屆台法前鋒科學論壇在法國酒鄉波爾多（Bordeaux）的Relais de Margaux舉行；其間有機會參訪姐妹校波爾多大學（University of Bordeaux），到論壇結束後，又走訪南巴黎大學（University of Paris － Sud），對兩校先進研究的水準，有深刻的印象，而感覺以往與法國大學交流太少；雖然我在國科會服務時，瞭解在國科會國際合作項目中，台法科技合作一向是強項；但由於國內頂尖大學的師資絕大多數都是留學美國的學者，很自然合作對象以美國學者為主，但在世界學術愈趨多元時代，與有深厚學術基礎的歐洲地區加強合作有其必要；清華在歷史上曾在扭轉中國學子以日本到美國為主要留學國扮演重要的角色；在二十世紀之初，由於日本維新西化有相當進展，不僅在甲午戰爭中擊敗中國，而且在日俄戰爭中取得勝利，又因為地利與文字相近之便，成為有志中國學子留學首選，到辛亥革命前夕，在日留學生據估計約有數萬人之多；清華大學是滿清政府在1911年於北京運用美國退還多索的庚子賠款（庚款）建校，歷年來利用由庚款建立的「清華基金」，在全國選拔了近一千位優秀青年，以公費支持到美國名校就讀；這些學子在學成後，絕大多數回到中國，在許多行業成為領導人物，對中國現代化產生很重大的影響

並有具體實質的貢獻，同時也帶動留學美國風潮，培養了一代又一代的知美與親美領導人物；期間更因為日本變本加厲侵略中國，為中國學子唾棄，使美國成為中國年輕學子留學最嚮往的國家，迄今方興未艾；上月底本人以東亞研究型大學協會（Association of East Asia Research Universities，AEARU）現任會長身分受邀到歐洲大學聯盟（European University Association，EUA）年會演講，下月清華將主辦AEARU與歐洲研究型大學聯盟（League of European Research Universities，LERU）聯合會，LERU是歐洲二十一所高水準研究型大學組成的聯盟，而AEARU則為東亞最好的十七所研究型大學協會；這些都顯示清華正在積極促進對歐學術交流，也希望能在未來在台法交流的良好基礎上，看到台灣與歐洲學術交流更趨密切，而清華可扮演「領頭羊」角色。

在對法交流上，多數人都有非常正面的經驗，我在波爾多時，曾有機會參觀一個酒莊，酒莊主人連開了三瓶各為2005、2008與2010年產的紅葡萄酒，品嚐之下，買了一瓶覺得風味最好的2005年產紅酒，後來經行家告知，2005年產紅酒確實有很高評價，也是酒鄉之旅一得；另外，同行學者對法國美食，無不讚不絕口，而且「賓主盡歡」；唯有一點小抱怨是晚餐常到十一點還無法結束，這與在台灣通常在七點多即用完晚餐，有很大的落差，這點也許是台法交流可以互相調適的地方。

兩岸尖端奈米材料與元件研討會致詞

2012年7月30日　星期一

　　歡迎大家來參加清華大學與蘇州大學主辦「兩岸尖端奈米材料與元件研討會」。清華大學與蘇州大學交流是由學生先行，早在2001年即以「莙政學者」項目進行暑期學生交流。「莙政基金」是清大校友，諾貝爾物理獎得主李政道先生為紀念其已故夫人秦惠莙女士設立，支持北京大學、復旦大學、蘇州大學、蘭州大學與台灣清華大學等五所大學的優秀大學生進行基礎領域的科學研究工作，入選的學生則被命名為「莙政學者」。歷年來兩校約各有九十位學生互訪。另一方面，在座的李述湯院士也與清華很有淵源，除曾擔任榮譽講座外，也與多位教授有長期合作關係。

▲①清華大學與蘇州大學交流是由學生
　先行
　②清華奈米工程與微系統研究所，已
　發展成亞洲數一數二的研究所
◀③「蘇州工業園區」發展潛力無窮

清華大學在奈米材料與元件領域有堅強的實力。去年研發處整理本校在此領域於標竿期刊發表論文資料時，發現表現超過許多倫敦泰晤士報大學評比前二十名的名校，同時也順利在教育部邁向頂尖大學計畫中爭取到對「奈米互動頂尖研究中心，Nano-X Center」的支持。另外清華奈米工程與微系統研究所，已發展成亞洲數一數二的研究所，除了擁有優秀師資外，也受惠於清華大學鄰近以半導體製程出名的新竹科學園區；許多教師與廠商有長期密切合作的關係，在微機電元件製程上得到不少的方便，尤其交件速度之快令歐美同行稱羨不已，也因此深具國際競爭力。

　　上星期我到南京參加兩岸四地大學校長會議，會後主辦單位安排參訪南京、揚州、無錫與蘇州行程，上週五我才從蘇州轉上海回台。蘇州是著名的狀元之鄉與歷史文化名城，「上有天堂，下有蘇杭」膾炙人口。如今更因工業園區的成功開發，成為經濟重鎮，「蘇州工業園區」總面積達288平方公里，比臺灣科學園區十二個基地總面積36平方公里約大八倍，發展潛力無窮。這次大會安排到臺資旺宏電子研發中心參觀，了解「蘇州工業園區」積體電路製造聚落正在形成中，也有望為蘇州大學在微機電元件研發工作上帶來利基，前景可期。

　　最後祝研討會成功順利，為兩校未來建立緊密合作的基礎。

第十一屆電力電子研討會致詞

2012年9月11日　星期二

　　歡迎大家到清華大學來參加「第十一屆電力電子研討會」。在座可能不會有很多人知道，清華電機系在民國六十五年成立時，原名電機電力工程系，於六十八年才改為現名。當年取名電機電力最主要是因為教育部不鼓勵大學設立與其他大學同名系所，到後來鬆綁，就順勢正名。另一方面，為求名實相符，清大自始就很重視電機電力領域，最先從台電借調詹益樹博士為系主任，後來又延攬潘晴財及陳士麟教授等優秀師資，今年很高興又聘請到吳財福教授，電力組擁有相當堅強的陣容。同時清華早在民國四十年代即發展核能科技，六十年代發展電動車與電池科技，是替代能源研發的先鋒。

　　根據2010年六月「BP世界能源統計評顧」（BP Statistical Review of World Energy）所發佈的2010年各類初級能源可開採年限統計，石油剩46.2年，天然氣剩58.6年，煤炭剩118年；另一方面，根據經濟部能源局資料能源台灣供給（能源別），煤炭、石油、天然氣、核能、水力、太陽光電及風力發電、太陽熱能約各佔33.9%、45.4%、11.6%、8.7%、0.27%、0.13%、0.08%，進口能源比例逐年提升，由1990年的95.84%增為2000年的98.74%，2011年則增加到99.22%；而在能源消費方面，能源部門自用、工業部門、運輸部門、農業部門、服務業部門、住宅部門、非能源消費各佔7.1%、53.5%、13.4%、0.9%、11.1%、11.1%、3.9%；其中工業部門的能源消費結構比重是唯一增加的，由2001年48.83%上升至2011年的53.51%。而就工業部門中各產業之能源消費結構比重來看，也隨著經濟情勢的變化迭有變更。近年來，以電力電子機械業及化學材料業的能源消費大幅上升，導致工業部門能源消費增加。同時民國100－119年全國尖峰負載預測，自101年的38GW，逐步增加到110年的49 GW，119年的58GW。

由以上數據看來，世界與台灣的能源供應情況都甚為嚴峻；如果世界能源供應大致如所估計的話，可想見的，在二十年內，石油與天然氣價格不僅會高漲，石化產業面臨重大危機，而且地球暖化、氣候變遷惡化程度會加劇，台灣自主能源微乎其微，節能減碳不僅應為全民運動，政府尤應大刀闊斧的推動，而自全國尖峰負載預測、工業部門的能源消費結構比重變化來看，政府部門很明顯的並未正視能源供應吃緊、自然能源短缺的危局，需要全國有識人士合力導正，才是自救之道。另一方面，近年來由於核能科技受到普遍性的抵制，替代能源科技的進展，遠不能因應所需，世界在未來二十年，可謂處於危急存亡之秋，電子電力的研發，具有急迫的重要性。

　　剛才進場時，經過展覽區，很高興看到熱鬧滾滾；本研討會技術領域包括電能處理及轉換、電機控制及馬達驅動技術、電動車與車用電子系統、固態照明、綠能系統與智慧電網、功率半導體元件及積體電路、能源收集技術，總共收錄論文263篇，並有4場專業論壇，涵蓋綠能IC設計、電動車發展、LED照明、能源收集技術等重要領域，切合所需，同時有二十餘家廠商參展，盛況可期，謹祝研討會圓滿成功。

▲ 清華是台灣替代能源研發的先鋒

海峽兩岸光學科技研討會致詞

2013年6月24日　星期一

　　很高興「第五屆海峽兩岸光學微結構與雷射技術研討會」暨「第一屆兩岸奈米光電與奈米電漿子科技研討會」順利如期舉行；這次會議涵蓋光學微結構與雷射技術以及奈米光電與奈米電漿子科技，有相當的廣度，也必有一定的深度，可喜可賀。

　　兩個月前大陸驚傳H7N9禽流感疫情，先是在數省傳開，也有一位台商返台後被偵測出感染，而且可能有人傳人的案例，一時引起相當恐慌，當時很擔心會影響今年暑期兩岸交流；幸好在天氣熱起來後，疫情受到控制，到五月中後一切照常舉行；美國在2009年出現的H1N1新流感，是一種結合禽流感與豬流感的感染病，一般對流感的防治，要了解感染範圍與程度，需要在各地調查，採集檢體化驗，經通報後，最快要一、兩個禮拜才會有初步結論；但Google科學家在之前於《自然》雜誌發表論文，仰仗其每天處理三十億筆資料搜尋之強大搜尋引擎能力以及在統計上的專業技能，比對前幾年流感傳播資料，整理出45關鍵字，找出強烈相關性，而能「預測美國在冬天於何地區會爆發流感」，幾乎可同步掌握疫情散布情況，得到衛生當局與電腦專家重視，將為未來防治流行病有力工具，是最近熱門的「巨量資料」（big data）的應用，以全新的方式使用數據，取得珍貴見解之一例。

　　「巨量資料」應用是現今資訊界的顯學，據科技市場資訊公司顧能（Gartner）2012 CIO Agenda，亦即「2012資訊長關注焦點」將「巨量資料」、「移動技術」（Mobile Technology）與「雲端運算」（Cloud Computing）列為前三名，這三個議題也是近年來我們常在報章雜誌、書籍、談話或會議中常聞見的名詞，已造成風潮，它們有一個共同點，就是NIH（not invented here），也就是「不在華人地區」開始，如果我們看今日的主題，微

結構、雷射技術、奈米光電與奈米電漿子科技，可能也有類似問題；這就與中國現代化較遲，錯過了伽利略、牛頓、機械、熱、光、化、電、相對論、量子力學等翻天覆地的科學進展以來以及工業革命的技術演進有關；民國以後，因戰亂以及政經原因，科技在一九七零年代，仍呈較先進國家大幅落後之勢，華人科學界發展重心在海外；但同期間，大批台灣學生留學美國，為未來科學界儲備許多人才；本人在2011年8月「第七屆華人物理學大會」曾以具代表性的頂尖綜合性基礎與應用物理期刊發表論文為例，統計分析1970年代（1970－1979），台灣物理研究漸受到國際重視，在頂尖期刊物理評顧快訊（Physical Review Letters, PRL）發表論文7篇（其中5篇來自清華）。另一方面，在頂尖期刊應用物理快訊（Applied Physics Letters, APL）發表論文9篇（其中3篇來自清華）；1980年代（1980－1989），台灣在PRL發表論文4篇（均來自清華）。在APL發表論文63篇（其中27篇來自清華）。同期間，有Peoples R China（PRC）字樣為位址之PRL與APL論文各66及65篇。1990年代（1990－1999），台灣PRL與APL論文各為190及472篇。同期間，PRC之PRL與APL論文各為257及892篇。2000年代（2000－2009），台灣發表於PRL與APL論文各為695及1936篇。同期間，PRC之PRL與APL論文各為1784及5504篇。2012年，台灣PRL與APL論文各102及239篇。同期間，PRC之PRL與APL論文各365及1,015篇。

如以在PRL與APL發表論文為指標，1970與1980年代台灣為萌芽期，大陸基礎物理萌芽期落於1980年代。1990年代，兩岸均漸入佳境，並駕齊驅，合計在PRL與APL發表論文各佔總數1.8%與5.9%左右。2000年代更欣欣向榮、突飛猛進。合計在PRL與APL發表論文各佔總數約6.9%與17.4%。2012年，續呈方興未艾之勢，合計更高達總數11.7%與24.6%左右。兩岸華人物理界可謂達到前所未有的盛況。海外華人物理界情況較難評估，1950－1980年，應是一枝獨秀。近年來，以世界名校華人教師數目來看，也呈一片榮景。

以兩岸比較，1990年代，大陸與台灣在PRL與APL發表論文比分別為1.35與1.89，2000年代為2.57與2.84，2012年則為3.58與4.27。

由以上簡略剖析可見：

一、政治力對科學發展有巨大影響，如排除政治干擾，賦予適當資源，華人物理界盛況可期。

二、兩岸物理學均有長足進步，大陸在量方面更呈突飛猛晉之勢。

三、近年來華人物理界振興，以在科技前沿工作數量與在世界同領域比率而言，應用物理似較基礎物理發展更為迅速，此現象可能與兩岸政府皆提倡產業科技，而華人文化偏重實用有關。

在光學領域，教科書中一連串重要歷史事件與名人，從古典幾何、物理光學到量子光學，從放大鏡、望遠鏡、顯微鏡、電磁波到雷射、發光二極體，幾乎見不到華人，或歐美先進國家以外人士，有不可或缺的貢獻；這現象甚至擴伸到政治、社會、經濟、哲學等各領域，當然我最希望能聞見不同領域學者能提出強烈的反證；另一方面，有許多華人頂尖科學家，包括在場的多位學者，在現今世界光學界有舉足輕重的地位；我們要詢問的嚴肅議題是：近來許多專家論述的科技進步趨緩是真實的嗎？在落後數百年後，基礎已為前人底定，華人有機會在光學科技界開疆闢土，領導風騷嗎？也就是後發先至是可能的嗎？我們應該怎樣努力為人類文明做出重大貢獻？種種問題顯然沒有簡單答案，但值得大家思索，願與大家共勉之。

最後我以不久前，給「海峽兩岸功能材料科技與產業峰會」以及《功能材料》期刊題詞：「海內存知己，更上一層樓」，「以文會友，追求卓越」，祝研討會圓滿成功。

2013電腦圖學研討會致詞

2013年7月11日　星期四

　　很高興今天能以主人的身分，歡迎各位光臨國立清華大學，參加今年度CGW2013電腦圖學研討會的盛會。

　　電腦圖學指所有在電腦上展示的圖形設計、繪製與傳輸的學問。現在可謂數位世代，據資訊專家Martin Hilbert估計，在公元2000年時訊息僅有25%為數位，2007年300 Eb，類比訊息只剩7%，到2013年1,200 Eb，類比訊息只剩2%；近年來電腦軟硬體技術發展迅速，資訊科技在不知不覺中已融入我們生活中的許多事物；例如，當今國內外電影製作中，已經很難找到一部電影，是完全沒有運用到電腦動畫、合成特效、或數位剪輯等資訊技術而能完成的。而在這其中，與電腦圖學技術相關的應用，如電腦動畫、電腦遊戲、虛擬實境、互動介面設計等，包含許多十分具挑戰性的研究議題，有待產業界結合學術界的研發能量，開發關鍵性的創新技術，而這也是本次電腦圖學研討會所欲達到之技術與人才交流的目的。

　　現在學校的師生們，可以說是資訊科技時代來臨的見證人；有人形容的好，十年以前，「雲端運算（Cloud computing）還在雲端，推特（Twitter）是鳥叫，Facebook（臉書）還不存在，Skype可能是拼錯的字，4G是停車場的位置」，近年來資訊科技（Information Technology）重心是從T（科技）到I（資訊）；根據Mayer-Schoenberg與Cukier所著新書*Big Data*（巨量資料）所敘述目前在網路臉書上。每天按讚（click like button）或留言即達三十億次，推特的訊息量，每年以200%成長，到2012年，已經突破每天四億則，Goggle（谷歌）每天處理資訊量三十億筆，達24 pb（1 petabyte = 1015 byte），相當於世界最大圖書館，亦即美國國會圖書館（US Congressional Library）所有紙本資料量幾千倍；另根據麥肯錫全球研究中心在2011年5月發表的全球巨量

資料研究報告指出，全球資料量光是在2010年就增加了7eb（1 exabyte = 1018 byte），也有人估計2011年全球資訊量達1.8 zb（1 zettabyte = 1021 byte）；所以現有資訊量驚人，增加量更嚇人，資訊的產生、儲存、分析、傳輸無不需要能量，也造成世界能源消耗的一大負擔，而資訊量與資訊流量，無疑是以圖形為最大宗，所以從事電腦圖學的專業人員，對人類社會未來發展會有很大的影響力，同時也負有節約能源的重大責任。

另一方面，現今極為熱門的3D列印，與3D圖形有密切關係，從玩具、公仔、模型漸擴展到實用的齒模、牙冠、建築模型、義肢等，從實物掃描、以點雲、網格到線框處理，由演算法到軟體，配合硬體與數位製造工具，充分發揮多元、複雜、彈性特色，也是一個電腦圖學可居關鍵地位的領域。

清華近年來積極推動電腦圖學相關的研究與應用，清華電資學院近年來除開設電腦圖學相關的課程，同時在推動數位內容與創新多媒體設計上也不遺餘力。例如於100學年度，本校就曾與中華電信合作，共同開設三維模型建模的課程，打造清華3D校園地圖，希望藉此能培養同時具有資訊科技與設計能力的創新數位媒體設計人才。校內同仁亦積極拓展產學合作，投注大量研究心力於開發高階三維繪圖硬體與軟體，期望為我國在圖學相關之基礎工業發展奠定基礎。同時，清華的學生也展現出對於圖學研究的熱忱，並於國內許多相關遊戲及軟體創新比賽中大放異彩。

今天，很高興能有這麼多台灣電腦圖學領域的先進齊聚一堂，共同為提昇國內數位內容與資訊科技而努力。在此，我想對各位的到訪，表達誠摯的歡迎之意，並對資工系同仁與同學在承辦本屆CGW2013研討會所付出的心力表達慰勉之意。我衷心地期盼各位貴賓在這次活動中能有豐盛的收穫，滿載而歸。最後，祝本次研討會順利、成功，同時祝各位身體健康、事事順利，感謝各位。

力學學會年會及研討會致詞

2013年11月8日　星期五

　　很歡迎大家到清華來參加「102年力學學會年會暨第37屆力學研討會」，中華民國力學學會成立於民國六十六年，為內政部登錄在案的全國性學術團體，在國內亦有廣大的土木、機械、航太、造船、海洋等各工程領域的產、官、學、業界人士參與，並定期出版會訊及國際化的學術期刊Journal of Mechanics（為SCI及EI等資料庫收錄），學會每年也都不間斷地舉辦年會及全國學術研討會議。近年來更積極推廣科學普及教育，每年舉辦全國中學生力學競賽及海峽兩岸力學交流暨中學生力學夏令營活動，廣泛邀請全國各公私立國高中的師生參與，希望能鼓勵更多學者及學生投入力學領域的學術研究，促使我國力學領域的永續發展，是一個生氣蓬勃而功效卓著的學術團體。

　　英國物理學家凱爾文爵士（Lord Kelvin）曾說，「科學就是物理，其餘不過是收集郵票的嗜好而已」（In science there is only physics; all the rest is stamp collecting），我想在座的力學專家一定不同意；但如果說，物理學是由古典力學、電動力學、量子力學、統計熱力學等四大力學構成，甚至「物理學就是力學」，大家可能比較不會反對；古典力學是牛頓（Isaac Newton，1642－1727）「站在巨人的肩膀上」建立的，這些巨人包括克卜勒（Johannes Kepler，1571－1630）與伽利略（Galileo Galilei，1564－1642），牛頓集大成將天體行星運動與地球上物體運動聯結在一起，用一套理論解釋，可謂石破天驚；十九世紀中期，麥克斯維爾（James Clark Maxwell，1831－1879）統一電學與磁學，並預測了電磁波，將電學、磁學與光學融於一爐，建立電動力學，而麥克斯維爾在統計熱力學上也有重要貢獻，有名的機率分布，麥克斯維爾——柏爾茲曼分布（Maxwell-Boltzmann Distribution，M-B Distribution）前部分即因他命名，而因為麥克斯維爾首先導出分布公式，M-B Distribution又名麥

克斯維爾分布（Maxwell Distribution）；蒸汽機的發明，促成了熱力學以及統計熱力學的發展；凱爾文爵士在電磁學與熱力學上都有重大貢獻，致力於發展跨大西洋電報工作而致富，並因在制定熱力學第一與第二定律以及決定絕對零度（absolute）的貢獻封爵；他在二十世紀開始的1900年，在一次展望新世紀科學發展的演說大意為物理學已登峰造極，「但是天邊還有兩朵小而令人不解的烏雲。」（two small, puzzling clouds remained on the horizon）他所指的烏雲就是當時物理學無法解釋的兩個現象：一是黑體輻射光譜，另一是似乎找不到光波傳遞的介質──以太，殊不知在以後不到三十年間，解決這兩個問題的努力，由量子力學與相對論為代表，掀起近代物理驚天動地大革命，使物理學繼續高速發展，延續到二十一世紀；而黑體輻射與以太的搜尋，都與光波有關，可以說光波研究帶領了近代物理的風潮，而「光」的科學與應用是近一百多年來科學研究的主流之一。

另一則我最近看到有關力學的故事是物理學家方勵之在自傳中記述他在從事天體力學即宇宙學研究初期，出了一篇標題有「宇宙解」的論文，遭到嚴厲的批判，理由是「馬克思主義已解決了所有宇宙問題」，恩格斯的「宇宙解」是根據牛頓時代的宇宙學中兩條最淺顯的假定，而成了「無產階級宇宙學」，現代宇宙學則是「資產階級宇宙學」，是「偽科學」，「宇宙沒有甚麼數學解、物理解，但有哲學解」，「可學的宇宙觀即是對科學的專政」，幸好在文革末期，意識形態專制的震懾力逐漸削弱，使研究得以持續下來。

整體來說，力學在新世紀繼續扮演重要角色，從研討會發表論文，分為熱力學與熱傳學、流體力學、土壤與岩石力學、結構力學、固體力學、實驗力學、計算力學、振動學與聲學、動力學與控制、製造力學、車輛力學、電子封裝力學、微機電力學、奈米力學、生醫力學、分子動力學、再生能源等主題來看，涵蓋傳統與現代力學，相當廣泛，可見國內學者多方向的努力；同時，為了讓國內學者及學生與國外學者進行經驗分享並提升國內學者在國際上的知名度與影響力，今年更擴大規模舉辦第一屆國際力學會議，邀請英、美、日、加拿大、捷克、韓、中國及香港等多國學者共同參與，預計與會人數超過數百人，堪稱國內力學學術界的一大盛事，期待與會者能從中獲取不一樣的研究思維與啟發。

據了解，本校在力學學會發展過程中，多所協助，包括動機系孫方鐸教授

於1980－1982曾擔任第3、4、5屆理事長、陳文華教授1995－1996年曾擔任過第18、19屆理事長，而葉銘泉教授為現任理事長，本次為在清華舉辦的第四次全國力學研討會，本次研討會由動機系承辦，欣見力學研討會蓬勃發展，清華與有榮焉。最後，謹祝所有與會人員身體健康，年會及研討會圓滿成功！

▲ 物理學是由古典、電動、量子、統計熱力等四大力學構成

2013國際奈米科學與技術研討會致詞

2013年11月15日　星期五

本人很榮幸應邀在「2013國際奈米科學與技術研討會」（2013 International Symposium on Nano Science and Technology，2013ISNST）開幕典禮中致詞，並於隨後以「應用先進穿透式電子顯微鏡研究奈米材料」（Advanced Transmission Electron Microscopy for Nanomaterials）作專題演講。六年前本人曾受邀到此系列研討會演講，因故未克成行，今次前來，可謂「還願之行」。

據了解，本系列研討會始自2003年，迄今已是第十一屆；公元2000年美國克林頓（Bill Clinton）總統宣布美國的「國家奈米推動方案」（National Nano Initiatives，NNI）掀起了舉世的「奈米熱」，尤其科技先進國家，紛紛推出「推動奈米科技方案」，台灣也於2003年1月開始為期六年的「奈米國家型科技計畫」，冀盼整合產學研力量，建立我國發展學術卓越和相關應用產業所需要之奈米平台技術。並結合我國累積在高科技製造業的優勢，及在學研機構長期建立之研發能量，開創我國以技術創新、智權創造為核心之高附加價值知識型產業。為延續第一期的研究成果，開創台灣以奈米技術智慧財產創造為核心之高附加價值知識型產業，2009年又展開第二期奈米國家型科技計畫（2009－2014），強化資源集中在台灣生根發展之產業應用領域，以達成「奈米科技產業化」為目標。第二期奈米國家型科技計畫努力促使研發成果轉化為產業的競爭力，為下一波高科技產業發展立下基礎。南台科大早在2003年即開始主辦「國際奈米科學與技術研討會」，並且連續舉辦十一屆，遠見與努力，令人敬佩，而研討會的質與量，均達到相當水準，可喜可賀。

「奈米熱」的興起，與物理、化學、生命科學以及檢測技術上都已演進到可在奈米尺寸領域發揮的境地；奈米科技在發展初期，是材料科學的天下，

先是奈米碳管的發現，繼而各種奈米結構，包括零維、一維、二維等低維奈米結構材料，具有金屬、半導體、絕緣體以及其他各種特性材料，在科學家的巧手下，如雨後春筍的生成；在一陣熱鬧之後，重心漸轉移到功能元件，如各種感應器、電子元件、光電元件、熱電元件、發電器等，有相當成就，未來的挑戰，在產業的應用；大量製造往往需要整合，而以奈米科技技術「由下向上」的方式，挑戰性極大；較可能的是將發展已相當成熟的「由上向下」技術結合「由下向上」技術的混合式技術達成；如以現今產值達到3,000億美元半導體積體電路來說，28奈米技術量產已相當普遍，20奈米則成最先進量產技術，設想如果在20奈米積體電路上，以「由下向上」的方式，將特殊元件，如奈米發光裝置，安置在特別部位，而達到大大增強以「由上向下」方式製作晶片功能，甚至突破其極限，如光學電腦系統即為可能一例，是相當有展望的，也會是科技界努力的目標。

　　奈米科技發展迅速，與所需的檢測技術有相當突破有關：本人今天稍後的演講中，即報告「先進穿透式電子顯微鏡科技」兩項發展，包括超高真空TEM臨場（In situ ultrahigh TEM）研究，另一為球面像差校正TEM（Cs-corrected TEM）觀測研究；而以雙晶（孿晶）修飾晶粒邊界銅原子擴散、在磊晶（延晶）銀薄膜上成長激發電漿子奈米雷射（等離子納米躓光）等為例強調這兩類TEM在奈米材料科學研究上所展現的獨特應用。

　　最後我要感謝主辦單位的邀請，以及熱誠款待；祝研討會圓滿成功。

台灣與以色列生命科學研討會致詞

2013年12月9日　星期一

　　歡迎各位到清華大學來參加「台灣與以色列生命科學研討會」，這是台灣與以色列有始以來最大規模的生命科學研討會，而據以色列駐台代表何璽夢（Simona Halpern）女士表示，這也應是以色列與東亞國家間所辦理的雙邊研討會中，最盛大的一次會議。由以色列科學與人文研究院院長露絲‧阿儂（Ruth Arnon）率領，包括2004年諾貝爾化學獎得主傑哈諾佛（Aaron Ciechanover）及2009年諾貝爾化學獎得主尤娜特（Ada E. Yonath）等12位以色列學者及11位博士生與博後研究員來台交流，有歷史性意義。

　　在台灣學者方面，中央研究院院長翁啟惠、台灣大學校長楊泮池、國家衛生研究院院長龔行健、清華大學侯金堆講座教授伍焜玉及清華腦科中心主任江安世等台灣在生命科學及生物醫學領域重量級的學者，都將在研究會中發表研究成果。大會主題涵蓋所有現代生命科學的開拓性領域，包括癌症疾病的研究、神經科學、生物工程、蛋白質結構、疾病的分子機制和轉譯醫學等。

　　去年清華舉辦的「諾貝爾雙響宴」，邀請到傑哈諾佛及尤娜特二位諾貝爾化學獎得主到校發表演說，獲得熱烈迴響，也充分了解到以色列在生科的研究實力；而清華大學生科領域也是居國內領先群，若能建立雙方良好的合作平臺，將能創造雙贏局面。相信藉由台以學者之學術交流，探究未來科技之研究發展及高等教育相關課題，將能有效催化台以合作及師生交流，並落實國際化人才培育之目標。

　　在去年本校舉辦「諾貝爾大師月」時，很驚訝的發現，五位大師都為猶太裔，開始注意到猶太裔學者得到諾貝爾獎的比例達四分之一以上；尤其今年諾貝爾物理、化學、生醫獎八位得主中，六位是猶太裔，更為驚人；長期以來，以色列致力於高等教育的投資與高科技技術的研發，在國際間具有舉

足輕重之角色。以色列目前已有10位學者獲得諾貝爾獎之殊榮，包含4個化學獎、3個和平獎、2個經濟學獎和1個文學獎。由此可知以色列在科學領域研究及人才培育的成功；今年一月蒙以色列駐台代表處邀請與安排，發現以色列又是「創新之國」，清華代表團所參訪的Technion與Weizmann Institute of Science都在技轉方面有傲人的成績；不久前欣聞今年獲得諾貝爾化學獎的以色列裔學者Arieh Warshel正是Technion與Weizmann Institute of Science的校友，而就在上星期五，於國科會舉辦的科技諮議會議中，曾任以色列Chief Scientist of the Ministry of Economy的Dr. Yehoshua Gleitman，以「以色列的創新政策」（National Policy for Innovation）作專題報告；提到以色列在科技人均研究品質與創新、資訊技術、研發投入均為世界第一，創新能力與風險投資居世界第二，以色列人是如何做到的？Dr. Yehoshua Gleitman認為主要因素為教育、科學基礎建設、均衡的系統、高度執行力、長期投入以及國家DNA，他解釋國家DNA也就是以色列的優勢（Israel Advantages），為人力資源、科學基礎、在IT與生命科學的卓越，政府支持、破壞性的思維以上及支持環境，我個人的理解與體會是猶太民族有幾個讓人崇敬的特色，包括：

一、好學勤問，熱愛求知並善於發問，不畏權威，勤於發問，養成批判式思考能力。

二、有社會責任感、行動力，深受猶太智慧之書《塔木德》（Talmud）影響，《塔木德》要猶太人時刻牢記三個問題：「不是我，是誰？」、「不是現在，是什麼時候？」、「不幫助別人，人生有什麼意義？」養成捨我其誰、行動及時。

三、有歷史傳承（legacy）感，將理念與價值觀傳承給後人，例如很多猶太裔學者投入普及科學讀物寫作，嘉惠社會大眾。

當然擁有這些特色不能保證出類拔萃，對從思考到行動面，都是極佳的起點；學習猶太裔學者過人長處，是此次「台灣與以色列生命科學研討會」在增進台以合作與學術交流以外，另一重大意義。

此次研討會得以順利召開，何璽夢女士與台灣駐以色列代表處功不可沒，雙方經過一年多的籌備，終促成本次的活動。誠如何璽夢女士表示：「台灣與以色列都具有世界一流的科技人才。台灣生命科學研究扎實，以色列擅長將基礎科學移轉到產業，兩國學術合作將可開啟新的機會。」、「雖然台灣和以色

列科學界的規模相對較小，但是若能緊密且持續的合作，一定能創造讓人類世界更為美好的價值。」最後感謝多位重量級學者積極參與，祝會議圓滿順利。

▲ 以色列在科學領域研究及人才培育方面極為成功

▲ 以色列是「創新之國」

2013國際系統性創新與電腦輔助創新研討會致詞

2013年6月27日　星期四

　　歡迎大家到清華大學來參加「2013國際系統性創新與電腦輔助創新研討會」；系統化創新（Systematic Innovation）與電腦輔助創新（Computer-aided Innovation）是今早英文「維基百科」約427萬詞條尚未出現的詞條，可見其相對新穎。據了解，在管理學界相當知名的TRIZ（Theory of Inventive Problem Solving），也就是「萃智：發明式的問題解決理論」，是系統化創新之一支，而系統化創新的範圍遠為廣泛，甚至包括仿自然創新，是一門「有系統地產生創新／創意的方法，以辨識機會及解決問題的學問」。其理念來自於研究前人及自然界創新的方法與原理，歸納出一門學問，然後應用其方法很有系統且創意地辨識機會及解決問題。系統化創新能協助平常人也能有系統、創新地解決問題。電腦輔助創新（Computer-aided Innovation）是利用電腦智慧化和電子化創新流程，可以大幅提升創新效果與效率。在此高度競爭的時代，靠腦力激盪的隨機創新只能生存無法卓越。系統化創新與電腦輔助創新是最有效辨識機會、解決問題的利器。本研討會將就系統化產品/流程/服務創新之理論與方法學的發展、重要的技術應用、個案研究作廣泛而深入的探討；清華大學很高興有許棟梁教授等投身於此相對新的領域，有相當的成績並積極參與推動的工作而有所貢獻。

　　本聯合研討會同時並舉行第三屆國際系統化創新展示與競賽（GESI）。此為國際唯一同時注重創新結果與過程的競賽。此次研討會由國際上此兩領域最權威的組織聯合舉辦。展示創新研究成果、創新發明、觀摩領域中前端研究與應用成果最好的機會、也是建立相關人脈，尋求共贏的契機。

　　這次遠道而來的外賓，很多是第一次到清華訪問；清華大學有輝煌的歷

史與光榮的傳統，建校可溯至西元1911年的「清華學堂」，乃由清廷將美國退還尚未付足之「庚子賠款」設立，經多年慘澹經營，人才輩出，包括兩位諾貝爾獎得主李政道、楊振寧以及有數學諾貝爾獎之譽的沃爾夫獎得主陳省身等校友。1956年在台灣新竹復校，復校初期重點為原子科學，其後擴展至理工方面，近二十幾年來更積極發展人文社會、生命科學、電機資訊與科技管理領域科系；如今清華已成為一人文社會、理、工、生科、管理領域均衡發展的學府。在台已造就英才超過六萬人，在國內外各行業均有優異表現，校友包括諾貝爾獎得主李遠哲、中央研究院院士十三人，產學研界領袖不可勝數。

在許多學術指標上，清華教師表現均為兩岸四地大學第一。在台灣所走學術研究重要獎項，如中央研究院院士、教育部國家講座、學術獎以及國科會傑出研究獎等，清華教師得獎比率都是第一；近年來教育部推動頂尖大學計畫，清華每位學生平均從2006年起獲得全國各大學學生中最高額補助；最近第二期評鑑結果出爐，本校除續獲最高之優等外，在經費上仍蟬聯每位學生平均最高額補助。

座落於在世界科技產業聚落評比第一，產值超過兩兆的科學工業園區之中，而科學工業園區是在本校前校長徐賢修校長擔任國家科學委員會主任委員任內設立，園區中有同步輻射中心、高速電腦中心、國家奈米元件研究中心以及精密儀器中心等研究機構；另一方面，緊鄰對我國產業發展有重大貢獻，有科技產業搖籃、執行長培訓所之譽的工業技術研究院，在新竹清華校友中，至少出了五百位高科技公司總經理級高級主管，產學合作績效優異。

由於當年在台建校的梅校長的高瞻遠矚，清華校地廣達一百零五公頃，同時蒙在場的許明財市長愛護，同意無償撥用緊鄰的6.43公頃市有地為新校區，有相當發展空間，目前正在興建五棟大樓，而清華校園向以湖光山色、風景優美馳名，也歡迎大家到各處走走，必定印象深刻。

台日國際光譜與表面科學研習會致詞

2013年12月3日　星期二

　　首先歡迎各位來參加「台日國際光譜與表面科學研討會」（Taiwan-Japan International Workshop on Spectroscopy and Surface Science）；據了解日方代表多來自千葉大學先進整合研究所之奈米科學部門（Nanoscience Division of the Graduate School of Advanced Integration Science in Chiba University），而台灣講員以本校物理系教師為主幹，所以這次研習會主要為兩校系級教師的交流，尤其千葉大學部分教授與清華合作多年，如Professor Hisao Ishii與唐述中教授，合作長達十五年，且有優異成果，本次研習會無疑對雙方交流會有增進與增強的效果，非常實質與具有意義。

　　本人近年來研究方向集中在低維奈米材料的合成、鑑定與應用，除穿透式與掃描電子顯微鏡（TEM & SEM）以及其波長分散、能量分散光譜儀（WDS & EDS）附件外，掃描穿隧式電子顯微鏡（STM）與原子力顯微鏡（AFM）也是常用的工具，同時以往在從事半導體與金屬薄膜研究時，常用分析儀器也包括反射式高能量電子繞射儀（RHEED）、歐傑電子能譜儀（AES）以及二次離子質譜儀（SIMS），所以對光譜學以及表面科學並不陌生，而從研究經驗中，由於各種儀器有它的特點與限制，選擇適當檢視方法才能得到正確結果，例如約在二十年前，我領導的研究群先以原子分辨TEM（atomic resolution TEM，AR-TEM）觀察橫截面試片，發現在超高真空下，於室溫在原子級純淨（atomically clean）矽晶上沉積金屬薄膜，在介面會產生一層非晶質混合層，也就是有固態非晶質化的現象；由於之前在美國聲譽卓著的實驗室在頂尖期刊上一連串的報導用AES配合離子濺射方法（ion sputtering）認定在室溫沉積的金屬薄膜與矽晶介面不會有混合現象，最後輔以臨場RHEED（in situ RHEED），才得驗證，後來又由UHV STM得到進一步驗證，這項研究經驗

讓我們學習到，在科學研究上要勇於挑戰權威，同時掌握適當分析方法格外重要。

另一方面，巧妙的利用不同儀器檢測，尤其是在不同領域交會點，常是研究更上層樓的徵兆，而有令人振奮的成果；舉例而言，最近我們與物理系的果尚志教授合作研究奈米雷射，在《科學》（Science）期刊中報導製成世界最小的雷射，關鍵之一是得以用分子束磊晶方法（Molecular Beam Epitaxy，MBE）製備原子層級平滑（atomically flat）的銀薄膜為電漿子共振腔（plasmonic resonance cavity），同時由球面像差校正（Cs-corrected）AR-TEM提供由MBE成長發光的核－殼（core-shell）InxGa1-xN-GaN結構的原子結構，包括核與殼尺寸以及InxGa1-xN成份資訊，在不同專長學者合作之下，得到優異的成果，是跨領域合作的範例。

最後我要特別一提的是，在清華步行距離之內的國家同步輻射中心（National Synchrotron Radiation Research Center，NSRRC）除於九月慶祝1.3 GeV台灣光源（Taiwan Light Source，TLS）出光二十周年外，新建的3 GeV台灣光子源（Taiwan Photon Source，TPS）預定在2014年底出光；這項光譜與表面科學分析利器的運作，無疑會提供清華與千葉大學更多更佳的合作機會，也希望雙方在未來能有更緊密的合作關係，在科學上共創佳績。

▲ 在科學研究上掌握適當分析方法格外重要

▲ 巧妙的利用不同儀器檢測，尤其是在不同領域交會點，常是研究更上層樓的徵兆

「AI對科技經濟社會政治產業領域的挑戰與影響研討會」開幕致詞

2018年2月22日　星期四

　　首先歡迎大家來參加今天的研討會。人工智慧（AI）是近兩年來最熱門的話題。不僅是因為他已無所不在，例如你上網，先進的搜尋引擎，一定會用到AI，收發電子郵件時，攔截SPAM或垃圾郵件，也靠AI，而且因為相關科技的飛速進展，潛力無窮，後勢看好，說「AI時代已經來臨」，並不為過。

　　今天剛好在紐約時報上有一篇報導，大意為「人工智慧進入尋常百姓家，是好是壞？」（Good News: A.I. Is Getting Cheaper. That's Also Bad News.）內容首先提到舊金山有一家名為Skydio的矽谷新創公司最近推出了一款無人機，可以完全依靠自己自動設置路線，一旦無人機開始追蹤某人，它的目標會發現它非常難以擺脫。這款無人機是由普通相機、任何人都可以使用的公開軟體和低成本計算機晶片技術構建製成的，而售價僅2499美元，並可預期未來售價會迅速下降，功能繼續增加，但是更難以預測，可以讓人頭皮發麻。另一方面，AI系統越來越擅長於自行生成可信的音頻和視頻。這已經開始通過名為「Deepfakes」的技術來實現。該報導展現一個假造的美國川普總統的演講錄影片中，已能做到唯妙唯肖，這種假造技術，如為人誤用，後果將很可怕。當AI已與我們生活密不可分，而影響會迅速增加之時，未來「其影響沒有最深廣，只有更深廣。」社會大眾必須正視已產生或將發生的關鍵議題。

　　在台灣對AI的熱情擁抱，反映在電資學院開的AI課程人滿為患，資訊系研究生有志一同要從事AI研究，產業界求才若渴，同時各機關團體，也經常舉辦各種相關研討會，但重點多聚焦於AI技術與應用之討論，較缺乏對科技、經濟、社會、政治、產業等各層面影響之探討。

　　本研討會的原始構想，是邀請國內外各專業領域，重量級專家學者，整理

當代思潮並思考AI在各領域的影響與挑戰，將心得提出報告，並在會後將錄音逐字稿整理成論文集與大家分享；AI目前雖然已是人人關心的議題，但特別希望讓目前從事發展AI的科技人員以及學生，能有較整體、全面而深刻的體認，在研發過程中，能多就發展選項有所思考，對負面效應能有所警惕，在與人分享成果時，抱謹慎態度，而不要在充分了解其風險前，廣泛散布相關技術。

有人認為矽谷高科技人員的信條是，「先構建它，然後再修正。」（Build it, fix it later.）但「構建技術的選擇會有社會後果。」我們已可看到Facebook上的假新聞，推特上的假追隨者以及YouTube上的猥褻兒童視頻等嚴重副作用。因此必須戒慎恐懼，以較健全的態度從事影響可能巨大的工作，挑戰有些科技人士認為講求倫理道德是一種發展障礙的態度。

另一方面，從正面來看，AI已展現驚人能力，以及未來發展的潛力，也是社會大眾與學子需要認知的；即以人力取代方面，有「四師，即教師、律師、會計師、醫師，最危險」之說，有學者認為，「AI不會取代老師，但會利用AI的老師，會取代不會利用AI的老師。」可能更為貼切。了解AI的本質與潛力，如何利用AI帶來的機會，破除或減低其負面效應，可能是現代公民在邁入未來時，所需要具備的素養。

今天的主辦單位中技社是國內老牌推動贊助工程科技公益財團法人，近年更推動知識創新服務，投注前瞻之科技研發，獎掖優秀科技人才，襄贊科技與文創相關活動，實踐公益法人回饋社會之理念。每年僅是發放各項工程科技獎學金即超過一千萬元，未來專注前瞻探索，聚焦智庫研討，而本次研討會主題，正切合中技社「凝聚公眾利益公正論辯，提供國家可行性政策建言」宗旨，據了解，即將執行一個「台灣發展自駕車產業之挑戰與影響」議題研究，期待未來能在研討AI相關議題方面，更能不遺餘力。

此次研討會，承蒙中技社相關同仁在籌畫與執行階段，盡心盡力，應邀的學者專家，全力支持，在此一併致謝，也感謝與會佳賓熱烈參與，最後祝研討會成功。

▲ 人工智慧進入尋常百姓家

「AI對科技經濟社會政治產業領域的挑戰與影響研討會」圓桌論壇引言

2018年2月22日　星期四

　　歡迎大家來參加下午的圓桌論壇。今天在各主題演講之後，安排所有主持人與主題演講人參與的圓桌論壇，一方面是給各與談人一個機會就之前的主題演講有所回應或補充；另一方面，基於主題演講內容面向較為廣博，為了讓此次圓桌論壇有所聚焦，希望與談人能自整體討論轉至檢視台灣的現況，探討人工智慧對台灣產業及政社經等各層面的轉型影響力，提出AI將對台灣相關面向帶來的衝擊與挑戰。

　　展望未來，人工智慧將無所不在，從學術界來看，文獻搜尋會變得更方便，是人人歡迎的，但論文發表與研究計畫書，由AI審核，可能就不是人人樂見的。在研究與應用方面，可謂是大好時機，尤其可能以高效率的方法，導致新發現與新產品；這裡要特別一提，以往的認知，認為研究基本上是一種無效率的作為；至於在教育方面，如何讓AI的認知，成為各學科教育的一環，而且在AI科技本身教育上，應重視其衍生倫理問題；對我國來說，政府與民間，產官學研各界，應加整合，全力發展，才不會坐失良機。

　　從認知學來看，由匈牙利的哲學家和科學家波蘭尼（Michael Polanyi）提出的「波蘭尼弔詭」（Polanyi's Paradox）或者「波蘭尼假說」（Polanyi's Hypothesis）：「人的知識，比我們能講出來的多。」（We can know more than we can tell.）與老子《道德經》篇首「道可道，非常道；名可名，非常名。」之意不謀而合，因此成為電腦取代人腦的極限；由於電腦自動化必須採取明確的步驟，電腦只能執行出「說得出來」的指令，那些「只可意會，不可言傳」的知識，還沒有辦法進行自動化。

　　另一方面，近年來盛行的深度學習（deep learning），通過多層隱藏層

（hidden layer），得到的結論，又常無法知道其理由。深度學習系統制定自己的規則。因而有評論家說：「沒有人真正知道最先進的演法是怎麼達到結論的，這可能是一個問題」（No one really knows how the most advanced algorithms do what they do. That could be a problem）。對很多科學家來說，這是無法接受的；有人曾嘗試從深度學習結論倒推其道理，但發現牽一髮而動全身，並不實際，成為一尚無良好解方的問題。另一方面，雖然一般人認為科學與技術分別是尋求「為什麼」和「如何進行」（Why and how），技術不能違背科學的理論，學科學要「知其然，也要知其所以然」，但事實上，在最基本層次，科學也只是知其然；深度學習將是人類認知的一項嚴峻挑戰。

在之前的主題演講中，我們可以感受到各講座的廣度與深度，如少子化嚴重度在世界各國中名列前茅，對社會與經濟發展影響將更會放大，而AI在老年照護上，可發揮相當功能，但在取代人力問題上，則是雪上加霜。雖然樂觀的經濟學家認為，AI也可能帶來更多新的工作機會，而從歷史上來看，科技與產業發展大批取代人力，最終帶來更多新的工作機會的時間落差有二、三十年，但正如經濟學巨擘凱因斯（John Maynard Keynes）曾說：「時間一久，最後我們都不在了！」（In the long run, we are all dead.）對當時現下失業的工人來說，是無補於事的。另一方面，以現有AI技術而言，最令人擔心的可能是

▲ 人的知識，比我們能講出來的多

政治與軍事面向，政治上，以假亂真新聞與影像的操弄；軍事上，小型而廉價且能辨識、追蹤並傷人無人機的發展，都有可能造成極大的傷害，而值得多加探討的。

在矽谷很受尊重的科技作家與觀察家凱文・凱利說：「二十年後人人都要用的AI產品還沒有被發明出來，意思就是，你還為時未晚。」論壇的另一重點是對於未來台灣應當如何對AI帶來的衝擊提出回應方針，從而協助導引台灣AI政策優先目標的訂定和最大化AI發展潛力，並有助帶動AI發展之正面效益，及減緩其負面衝擊；同時由於兩岸統獨糾結長年阻礙政治與經濟發展，但大陸大國崛起，全力發展AI，台灣科技與產業如何因應與把握機會，或也是可探討的問題。另外，也歡迎藉由此次AI研討會之研討結果，提出未來可以進一步深入探討的主題建議。

今天論壇時間安排約九十分鐘，首先請各與談人發言十分鐘，在發言一輪後，再看與談人對之前的發言是否有高見表達看法，如有剩餘時間，將開放與今日到場嘉賓對話。

十一、各項論壇、會議與協會

　　彙集高等教育、食品衛生、人類學、比較文學及醫院管理、圖書館發展等各項論壇、會議致詞。並有中華民國科管會、全球華人物理學大會、世界微機學高峰會等各協會活動致詞。可見清華為提供學術交流的優秀平台，亦見證各學科領域知識的勃發開展。

「繁星招生之回顧與前瞻論壇」致詞

2011年11月18日　星期五

　　很榮幸參加「繁星招生之回顧與前瞻論壇」，因本論壇是由清華大學承辦，當初對是否到場致詞有些躊躇，後來想到致詞也是一個表達學校對推動繁星招生引以為榮並強力支持的機會，敬請與會先進指教。

　　最近幾個月來，從美國開始的「佔領華爾街」運動，風起雲湧，蔓延全球，主要訴求是反對最富有的1%的人因貪婪，剝奪了剩下99%的人應有的機會，造成的不公不義。但更大的不公不義實介於受過良好高等教育與其他人之間，不僅影響工作機會與收入，而且有世代相傳趨勢，造成社會階層與分裂。民國三年，清華國學院四大導師之一的梁啟超先生在清華演講時，即期勉知識份子改良我社會，促進我政治。如今大學的使命，仍是要培養人才，投入社會，增進福祉，創造美好願景，將教育資源轉化為社會資源，是永恆的核心價值。

　　大學入學自91學年度辦理多元入學方案起，已歷經十年，揭櫫不以紙筆測驗成績作為大學取才唯一標準，將考生在高中各項表現納入選才考量，以求在原有大學聯考以公正、公平、公開的方式錄取學生之基礎上，進一步開啟「多元、適性」的觀念與目標。由於國內公立大學招生名額，僅占全體大學招生名額的三分之一左右，入學機會相對不足；而部分知名大學之學生來源又有過度集中的現象，使得所謂「明星高中」及跨區就讀等老問題始終存在。

　　近年來有越來越多的教育學者提出看法及呼籲，認為偏鄉高中的學生，受限於學習過程中教育資源的相對不足，學業成績表現雖可能略為遜色，但如能給予均等的機會，其學習能力與發展潛能，將不亞於一般學生；另外，學生來源的多元化、豐富的校園生活，將更能刺激學生的學習成長，甚至促進社會的融合，亦是被普遍接受的教育思維。

清華於95年分析前4年的入學新生資料後發現，各年入學生主要畢業於100至120所高中之間；歷年來以甄試管道入學之本校學生，有90%以上畢業學校集中於35所高中，其中前15所知名高中學生比例更高達60%以上。為擴增學生來源，清華著手規劃並率先向教育部提出以「發掘人才、縮短城鄉差距」為宗旨之單獨招生計畫，並委請大考中心試算過去3年之學測資料，歸納出全國每年約有140－180所高中，至少有1名學生通過「二頂三前」的標準。乃由本校提供相當之招生名額，各高中推薦1名「在校學業成績排名在全校（或類組）前5％、德行每學期80分（或甲等）以上，學測成績符合『兩科通過頂標、三科通過前標』標準」，且有意願就讀清華的學生，清華接受符合條件經高中推薦的所有學生。此一招生計畫之原意，即希望藉由「推薦保送」的方式，錄取較多原來無法進入本校的學生，讓更多的高中學生有機會成為「明星」，此乃「繁星計畫」名稱之由來。

　　繁星計畫執行5年以來，除各校持續追蹤的結果顯示此一招生管道入學生，入學以後之學習情形一如計畫推出之初的預想，不稍遜色之外，也讓更多教育資源較不足地區的學生，有更多機會上國內優質大學，具體落實大學的社會責任之外，參與本計畫招生的國內各公私立大學學生來源更為多元，校園文化更為活潑。今（100）年6月第一屆繁星入學生已屆畢業之期，為了讓各校有一個具體檢視此一計畫成果的機會，在清華發起下籌劃辦理「繁星招生之回顧與前瞻論壇」，並在教育部的積極促成與鼎力協助之下，乃有此一相關各界齊聚一堂之盛會。期盼論壇研討得為我國高等教育史留下劃時代深具意義且影響深遠的一頁。

頂尖大學聯盟高等教育論壇「學術倫理：教育與推廣」開幕致詞

2012年2月18日　星期六

　　清華大學今天很高興與交通大學共同主辦「學術倫理：教育與推廣」論壇。今天清華的四位副校長與行政團隊學術一級主管，除教務長在校督導研究生入學考試試務外，全員到齊，可見大家對本論壇的重視。

　　學術倫理是學術界的專業規範。倫理簡單來說是該不該做，「學術倫理」則指在學術工作上該不該做。由今天議程講題來看，不是太清楚會涉及那些議題，我個人認為「學術倫理」可分為四個層次，依序從是非分明到逐漸是非不是那麼明顯，而最值得研討的可能是一些兩難的問題：

　　一、「明知山有虎，偏向虎山行」，有關學術著作的造假、抄襲、剽竊、一稿兩投、利益衝突（conflict of interests）等，是明顯不當行為。

　　二、比較不是那麼明顯（dubious）的是學術工作中教學與輔導，例如評分調高化，也就是grade inflation，評分調高化在美國與台灣是普遍現象。以我個人經驗，在1960－1990年代，八十分是前段班的分數，九十分是鳳毛麟角，現在如果八十分是中段班的分數，學生會覺得過嚴。美國北卡羅來納大學統計發現，該校學生總平均積點分（grade point average, G.P.A.）在1967，1995，2008年分別為2.49, 2.99與3.21。公元2000年時，該校曾經考慮訂定將總平均積點分目標定為2.6－2.7，但未能施行。美國普林斯頓大學在2004年訂定相當有爭議性評分為A的比例不超過35%的規範。評分調高雖然受到學生歡迎，但不能公平顯示學習成效，影響學習動機，最後吃虧的還是學生。台灣各大學似乎尚未認真面對此問題。

　　再者就是上課試圖灌輸個人政治、宗教意識形態。我在美國唸書初期，正

逢越戰方熾，有教授無心上課，主要用上課時間發表反戰言論。芝加哥大學前校長Robert Hutchins在《理想國大學（University of Utopia）》一書中說：The real academic crime is indoctrination. For these crimes a professor can be removed.（教授在大學中試圖灌輸教條是嚴重到可解聘程度的犯罪行為）。與此成鮮明對比的是，威權國家在各級學校灌輸主義教條。

又如智慧財產權問題，先進國家出版的教科書，價格高昂，不是發展中國家學子所能負擔，教師要因此不用教科書，政府應強力干涉嗎？

三、**從事有無法預見結果（unintended consequence）研究**，美國康乃爾大學講座教授，知名遺傳學家與人類學家Spenser Wells在2010年出版《潘朵拉的種子》（*Pandora's Seeds*）一書，副標題為「人類文明進步的代價」（The Unforeseen Cost of Civilization），人類文明因自狩獵搜集者社會，學會農耕，成為農業社會，一萬年來，再經工業革命、資訊革命，人口自不滿一百萬人增加到超過七十億人，帶來各種後遺症，如能源枯竭、地球暖化、環境污染，演化出在人類與動物之間交流的疾病等，科學的進步，帶來人類自毀的能力，屬於此類研究尚包括人工智慧（artificial intelligence, AI）、核能發展等。智慧型機器人如能自行設計、改進與製造機器人，是何等可怕的景象？科技發展引發的問題是否能靠更多科技發展解決也是值得深思的問題。

四、**從事陷於道德困境（moral dilemma）研究**，據上月二十日報導，研究更具傳染力的致命禽流感病毒而引發全球衛生疑慮的荷蘭與美國研究團隊同意暫停相關研究六十天，以便其他國際專家討論其工作以及決定如何在使全球免於爆發災難性疫情的情況下繼續進行研究。該研究是利用基因重組方法，將H5N1病毒株修飾為可輕易在哺乳類之間傳染病毒，在各方壓力下，從事H5N1病毒株傳染研究的科學家已經同意，暫停這項領域研究60天，以有充分時間供國際討論。《科學》與《自然》雜誌出版包括荷蘭與美國研究團隊三十六位頂尖流感專家聯名信，解釋為何暫停相關研究。科學與自然雜誌並計畫出版省略細節，使其他研究者無法複製實驗的相關報告。另如幹細胞、複製人研究，是否要為身患絕症的親人，訂製一個救命的器官，是道德困境很突顯的問題。

在現今台灣高等教育蓬勃發展，社會變遷迅速，大學生的心態與文化丕變，以及資訊科技快速研發的衝擊下，學術倫理面臨新的挑戰。預祝本論壇得以藉由專題演講及座談的方式，讓與會者能交流彼此的經驗與意見，集思廣

益，提出未來學術倫理教育與推廣的進行策略與方式，並作為政府推展學術倫理教育政策與實務的重要參考。

▶ ①清華率先向教育部提出以「發掘人才、縮短城鄉差距」為宗旨之單獨招生計畫
②表達清華對推動繁星招生引以為榮並強力支持

2012高等教育國際論壇圓桌論壇致詞

2012年12月12日　星期三

　　「台灣聯合大學系統」與「哈佛商業評論雜誌」於十二日聯合主辦2012高等教育國際論壇，以「大學治理——策略分析與實務探討」為主題，邀請多位國內外大學校長主講，並有兩場圓桌論壇，本人很榮幸有機會主持第一場圓桌論壇。

　　國內大學在過去三十年數目急邊增加，導致台灣成為大學密度在世界上名列前茅，資源高度稀釋，而近年來政府財政困窘，例如今年教育部編列支持一百六十二所大學高教總經費八百四十六億元，大部分學校均感捉襟見肘；與之相較，哈佛大學一校，二零一零年經費即達一千一百億元；以政府財政在可見未來難以實質改善情況下，我國高等教育在經費供給面令人擔憂。

　　另一方面，台灣高等教育面臨少子化衍生招生困難、學用落差及就業、博士班招生及出路、公私立大學學費是否應自由化等問題挑戰，而這些問題因為學校性質與領域不同，常有很大的差異，例如頂尖大學沒有大學部招生不足問題，理工科畢業生為業者爭相延攬；各大學博士班招生因部分大學某些領域畢業生就業困難，社會瀰漫攻讀博士班不是好的生涯規劃觀感，以至連博士就業情況良好的頂尖大學理工科博士班招生也受到衝擊，五年下來，博士班入學人數幾乎腰斬；台灣近年來大批專科學校「升格」為獨立學院，二零零零年以後獨立學院又大批「升格」為大學，目前很多大學是當年的專科；一方面專科技職教育幾乎消失，一方面導致大學數目暴增，而水準並未相對提升，再加上少子化的衝擊，進入大學門檻大降，而國人重視學位的觀念根深柢固，因而許多尚未「準備好」的大學招收到程度不足或缺乏企圖心的學生，畢業後常缺乏基本就業能力，眼高手低，很難得到雇主青睞，超高失業率就隨之而來，因此有上大學交了學費卻無法改進就業機會，屬一種浪費，學費應該不升反降之說，

但對頂尖大學理工科畢業生顯不適用；各種常見議題，如以「一竿子打翻一船人」評論常導致失焦；目前以一套辦法，適用所有學校，顯有不及，不同問題，要有不同的解決方法，所以將大學分類治理，為當務之急。近年來成立的幾個大學系統，是正確的方向，但大學系統迄今未具法人地位，尚無法充分發揮。

自國外與會的有新加坡大學陳祝全校長、香港城市大學郭位校長、韓國首爾大學前學術評議會主席朴杉沃（Sam Ock Park）教授，法國人文與科學大學Jean Louis Bougeret副校長；這四所大學近年都進入自主化的階段，在國際上建立起卓越品牌，氣勢如虹，因此自主鬆綁可能是一個值得嘗試的途徑，各大學得以在會計、人事制度鬆綁以及配套下，就特色發揮；目前教育部已指定兩所學校試辦，其他各校亦宜早日規劃，或以單校，或以聯盟方式，積極跟進，把握我國高教更上層樓契機。

本圓桌論壇與談人依座位順序包括「台灣聯合大學系統」曾志朗總校長、新加坡大學陳祝全校長、香港城市大學郭位校長、金門大學李金振校長、成功大學顏鴻森副校長，在這裡特別要提出金門大學與成功大學正是教育部指定試辦自主治理大學，相信一定有寶貴經驗與大家分享。

▲「學術倫理」最值得研討的是一些兩難的問題

「食品衛生管理法修訂」公共論壇致詞

　　很歡迎大家來參加「台灣聯合大學科技與社會研究中心」主辦的「食品衛生管理法修訂」公共論壇；台灣的「食品衛生管理法」乃是1965年制訂。隨著科技迅速發展，食品業界所面臨的風險也與日俱增，尤其是各種添加化學物質所衍生的問題，包括狂牛症、禽流感、戴奧辛污染以及近來直接衝擊台灣的事件，如2009年的三聚氰胺（Melamine）毒奶粉、2010年的塑化劑（Plasticizer）食品、以及去年喧騰一時的瘦肉精（萊克多巴胺，Ractopamine）牛肉等，可謂每年一驚；而三聚氰胺毒奶粉是源自大陸，塑化劑食品為本土產製，瘦肉精牛肉則由美國強行叩關，無不造成民眾恐慌，雖然事過境遷，但可能餘波盪漾，政府與民間之處理都大有可檢討之處；三聚氰胺毒奶粉讓很多大陸人不敢買大陸奶粉，到香港搜購弄得缺貨，本星期三我從香港返台，還在櫃台看到不得攜帶超過1.8公斤奶粉的告示；至於瘦肉精牛肉，在立法院曾掀起軒然大波，但在去年七月五日在義大利羅馬舉行聯合國國際食品法典委員會（Codex Alimentarius Commission, CAC），將萊克多巴胺標準，與會各會員國最後以69：67兩票之差，表決通過訂定萊克多巴胺殘留容許量（Maximum Residue Levels, MRL）。此舉意味著CAC承認瘦肉精可使用的正當性，也使台灣決定解禁美國牛肉，雖然此舉關係美國壓力，但台灣的先迎，後拒再迎，懸於很政治性的投票，其中的荒謬性是很明顯的，也突顯公共議題的複雜性。

　　衛生署有鑑於「食品衛生管理法」已不能因應現時需要，最近向立法院提出法案修訂，值得肯定。在公共論壇引言裡，認為衛生署的修法內容與方向，仍然偏重「衛生」的面向，對新科技所產生的「安全」問題，卻嫌不足。故邀請食品界相關的利害關係人（stakeholders），包括生產者、消費者、行政

官員、立法委員、以及跨領域的學者專家，嘗試透過公共論述來釐清修法的方向，進而提供立法院修法之參考，是一個值得高度肯定的做法。

公共論壇邀集各方人士，就不同面向深入探討，希望行政與立法部門，能夠聽取各方意見，作最明智的決定，所謂良性立法；從消費者觀點，如強調安全，自是越安全越好；從生產者觀點，很少人願意冒大不韙生產明知不安全的食品，但以瘦肉精牛肉而言，是否安全是爭議之點；同樣由衛生署向立法院提出法案修訂，再經由立法院修法程序，當然脫不了政治考量；學者專家在提供專業知識外，也最有能力扮演公共知識份子的角色；公共知識份子為比學術界或專業領域更普遍的群眾撰寫論述，就公眾議題，面對公眾發言。公共知識份子要發揮影響力，必需要有公信力，公信力的取得則須通過以下的檢驗標準：

一、在知識層面了解問題，具有必備知識，掌握事實，並對象關議題具備常識：長期浸淫或做過充分的準備功課，以瘦肉精牛肉或基改食物為例，是否具有必備知識，掌握可信的數據？支持主張。

二、處理資訊態度嚴謹：在資訊泛濫時代，要嚴謹處理並分辨資訊的正確性，以免以訛傳訛，不傳播空穴來風或捕風捉影之言論。同時須定義清楚，如所有物質都是化學物質，化學物質衍生問題是指人工合成而添加化學物質或有其他含義應有清楚定義，其他如「有機食物」、「基改食物」等名詞的定義均須明確。

三、遵守誠信原則：誠信是上策，誠信是長久之策，不對知識作選擇性處理，不誇大有利訊息或淡化不利資訊，羅馬哲學家西塞羅說：「沒有誠信，何來尊嚴？」良有以也。

四、超然無私：超脫於利益與政治之上，如與不論執政或在野政團亦步亦趨，否則只會被視為化妝師、傳聲筒或外圍組織。

五、公正客觀：不受意識形態影響，因而有不同立場，對近在眼前明顯問題不顧，另做選擇性的撻伐，如對理念有所堅持，即須客觀審視促成之可能途徑；許多國家採取以價制量方式，達到節能減碳效果，台灣缺乏自有能源，但國內油電價格一談漲價，卻少見環保團體發聲支持。

六、標準一致：只能有一套標準，不應有雙重標準，或甚至多重標準，對己對人一致，不致有時多方曲容，有時又百般挑剔，時而錙銖必較，

時而視而不見，真理越辯越模糊，偏見越加越深刻。

七、具有寬廣視野以及批判式思考能力：博學多聞，見多識廣，得以擷精取華，從多面向作合乎邏輯思考，

八、具有道德勇氣：橫眉怒對千夫指，而非隨波逐流，陷於班達（Julien Benda）所謂的集體激情的組織（the organization of collective passions）情結。

同時公共知識份子在發聲時，應有悲天憫人情懷，對乏人代表的弱勢族群有特別考慮，如強調配套措施，照顧低收入戶；更理想的是具有系統觀念：如健保不是單純醫療技術問題，關係社會、文化、經濟、政治等，要解決問題，不能只有訴求，須有系統思考觀念，以洞見提供建議。

本校「通識講堂」將於三月二十七日晚間請前《中國時報》社長王健壯先生演講，講題正是「知識份子」，但副標題是「一個正在消失的名詞」，如以台灣社會而言，「一個正在消失的名詞」應是相當貼切，在民主自由時代，高等教育普及而生命生計無虞，「公共知識份子」行列反而萎縮，何以致之？孰以致之？是值得深切探討的問題；另一方面，「公共知識份子」秉持自由的思想，獨立的精神，以真知灼見有效的為現代劇變與紛擾社會進言作啟蒙、引導、代表工作，並參與公共事務思辨，如薩依德（Edward W. Said）在《知識份子論》中所說：「在最能被聽到的地方發表意見，而且能影響正常進行的過程，有效而長久」，是任何社會國家要良性發展所企盼的，願與大家共勉之。

中華民國科管年會二十週年大會開幕致詞

2010年12月7日　星期二

　　首先本人謹代表清華大學竭誠歡迎各位貴賓蒞臨，參與中華民國科管年會二十週年大會。

　　今年是科技界特別值得慶祝的一年，適逢新竹科學園區30年，科技管理學會成立20週年，也是清華大學科技管理研究所、科技管理學院成立十週年，這對於以理工著名的清華大學有著特殊的意義。清華大學的校訓是「自強不息、厚德載物」，除了期許培養的學生在各自的專門領域精益求精、止於至善外，並致力培育德、智、體、群、美五育兼優，具備科學與人文素養的清華人，才能為國家社會承擔更大的責任。因為自強不息，才能引領向上、追求卓越；因為厚德載物，才能不計得失、向下扎根。凡此種種皆化為清華大學的教學理念。

　　清華大學在十多年前籌建科技管理學院時，基於「自強不息、厚德載物」的校訓、著眼於科技產業升級及國際化的腳步，成立全國首創以「科技管理」為指標重點的學院，全方位栽培科技管理人才。

　　今年適逢新竹科學園區成立三十年，經過三十年來產官學界的通力合作，新竹科學園區已經成為全球高科技製造最重要的心臟。特別值得一提的是，新竹科學園區是在清華大學徐賢修前校長於國科會主委任內成立，清華因位於新竹科學園區左近，這三十年來園區的蛻變都就近參與，亦培養了許多畢業校友投身高科技產業，為台灣產業的轉型而努力！

　　科管學會今年歡慶成立20年，回首來時路，可見世界情勢的急遽變化，現今已很難想像，二十年前，網際網路還在萌芽階段，具有代表性的網景（Netscape）甫於1994年上市，中間又歷經公元兩千年的達康（dot.com）泡沫化，近年來，不僅恢復元氣，而且帶動新一波的資訊革命。

對長期在世界各國中稱雄的美國而言，過去十年並不好過，有美國名政論家甚至以「災難十年」形容，除2001年，「911事件」導致美國出兵阿富汗、伊拉克外，2005年，Katrina颶風引致水淹New Orleans，2008年，金融風暴自美國席捲全球，天災加人禍，適逢中國大陸在經濟上突飛猛進，有了大國崛起的機會；另一方面，美國由於創新文化，如iPhone、Google、Facebook等創新依舊領先世界，並不會一蹶不振，所以未來是兩雄相爭之局；反觀國內，產業成長動力在最近十年明顯減緩，原來的「兩兆雙星」明星產業甚至淪為「慘業」，具有高度競爭力的新產業則尚未出現，未來面對極大挑戰，而科技創新必然更形重要，科技管理無疑將扮演關鍵角色。

　　今天很慶幸科管年會二十週年大會特別重回台灣科技創業家搖籃——新竹，由國立清華大學科技管理研究所、國立交通大學科技管理研究所、財團法人工業技術研究院及科學工業園區管理局共同承辦這次的年會暨論文研討會，邀請科技領域產、官、學界共同展望未來，鼓勵台灣高科技產業透過創意，追求異質優勢；以台灣科技創新價值鏈為緯，探討科技創新模式的演化。這次的大會意義非凡，也足以見證我國高科技產業的歷史發展及擘畫未來更上層樓的方向。

　　期許我國科技產業能持續創新、在國際上再創佳績；科技管理學界能將我國科技產業經營的真知灼見研究發表、傳諸於世。而清華大學必會秉持「自強不息、厚德載物」的理念培育人才，提供科技產業、科技管理學界源源不絕的創新動能。

　　最後，敬祝大會能夠圓滿成功！各位身體健康、萬事如意！謝謝大家！

2013海峽兩岸人類學論壇致詞

2013年6月28日　星期五

　　很高興來參加2013海峽兩岸人類學論壇；本論壇是由清華大學人類學研究所主辦，中興大學文學院與暨南大學人類學研究所合辦，以「全球化、文化多樣性與地方社會」為主題；據了解，台灣人類學在研究對象上，係以台灣原住民族、大陸少數民族，以及大陸和台灣的漢人社會研究為主。海外華人研究可謂漢文化研究的延伸，太平洋其他南島民族的研究可視為台灣原住民族研究的延伸。這些研究主題重點，突顯出台灣人類學在研究對象上的特殊關注；也讓海峽兩岸人類學研討有所聚焦。

　　清華大學人類學研究所原屬於社會人類學研究所的人類學組。社會人類學研究所於1987年8月，在人社院創院院長李亦園院士領導下創立；李院士曾表示，他於1984年在沈君山教授的引薦下與清大結緣，進而創辦清大第四個學院——人文社會學院。他說，他當年建議以人文社會學院為名，成為全國最早的人文社會學院。另外，他也提了三個要求，包括這個學院要有獨立的建築、自己的圖書館以及含括社會學及人類學的研究單位，因而促成社會人類學研究所的成立。

　　李亦園院士師承當時任臺灣大學考古人類學系主任李濟院士，1953年是考古人類學系第一屆兩名畢業生之一；而李濟院士是第一位攻讀人類學的華人；他於1918年畢業於清華學堂，後前往美國留學，就讀麻省克拉克大學學習攻讀心理學和社會學碩士學位，1920年進入哈佛大學人類學系，受民族學家Roland B. Dixon與體質人類學家Earnest A. Hooton指導，於1923年完成論文《中國民族的形成》，從而獲得人類學博士學位，並於同年返回中國，開始從事田野考古，1925年「清華國學院」成立，除四大導師外，李濟院士為另一導師，可能因另有專職，而以講師名銜聘用；他於次年領導發掘山西西陰村新石器時代遺

址，成為中國考古學史上首次正式的考古發掘工作；自1928年起在中央研究院歷史語言研究所考古組組長任內，領導日後十年的殷墟發掘工作，有人以為考古學之所以能夠在華人世界中開花結果，和李濟院士的一生息息相關，他也被譽為中國人類學與考古學之父。另一方面，「清華國學院」四大導師之一的梁啟超先生三子梁思永教授，受梁任公鼓勵，赴美專攻人類學與考古學，期盼他為「中華民族在一專業學問領域爭一世界性名譽」；梁思永教授在美國亦師從民族學家Roland B. Dixon，1931年返國後亦成我國考古學巨擘；同時「清華國學院」另一導師王國維先生為「甲骨四堂」之一，其《殷卜辭中所見先公先王考》與《續考》，引發殷商史為可靠信史的革命性突破。

清大「社會人類學研究所」原分為人類學和社會學兩組，僅提供碩士學位課程。「人類學」和「社會學」兩個學門合在一起，做為社人所的一個特色，除了具有當時學術環境限制的考量外，將社會和文化整合亦是其發展的目標。雖然在學生修課、學生論文寫作，以及教授間之互相切磋，有其成效，但隨著學科的發展特色、學術發展的理念不一，以及資源的應用等問題的浮現（譬如人類學組注重長時期的田野調查、泛文化的比較研究，強調博士班的重要，社會學著眼於大學部的招生；名額的限制，使得師資的聘請很困難），遂有分所之提議。經過兩組教師的共同努力，終於在1998年8月正式成為兩個獨立的研究所。人類學組在1995年獲教育部同意成立博士班，並於1996年6月正式招生，成為國內第一個具有博、碩士學位學程的研究所，至今已培育19名博士以及一百多名碩士，畢業後任職各教學研究機構、政府機關、各地文化中心、博物館、出版社等，在學術研究與實務工作上都有良好的表現。

前幾天在校內召開會議，應到三位院長中，有兩位出國，只有在場的蔡院長出席；假期出國似已成校園風氣，也是大學得天獨厚之處，很感佩各位在溽暑之際，齊聚清華用心研討；清華大學以校景優美知名，希望大家在三天研討會期間或前後，能找機會到各處走走，欣賞校園湖光山色，為兩岸交流更添美好回憶。

第三十五屆全國比較文學會議致詞

2012年5月5日　星期六

　　歡迎各位嘉賓來到清華，參加第三十五屆全國比較文學會議。中華民國比較文學學會是國內歷史最悠久的文學、文化研究學術團體之一，在歷屆理事長的努力經營下，聲譽崇隆，每年五月舉辦的全國學術研討會已經成為國內文學與文化研究學者的年度盛事。清華很榮幸今年能夠承辦這場學術盛宴，讓來自各地的學者在此聚會交流，使五月的清華校園激盪著人文思考的學術對話。

　　比較文學在一百三、四十年前即有專門期刊與專書，最廣義的定義是沒有界限的文學研究（the study of "literature without borders"）。界限可指語言、文化、國家、時期、文類、學科等界限。因此比較文學家通常精通數種語言，滿腹書文。跨學科的特性又常需熟悉社會、文化、宗教、歷史、哲學、心理學、政治學、自然科學、藝術、翻譯、批評等研究。今年適逢兩岸清華永久共同校長梅貽琦校長逝世五十周年。梅校長最為人傳誦的一句話是：「大學者，有大師之謂也」。有名家認為大師「中西會通、古今會通、文理會通」，以此觀之，比較文學家最有可能成為大師，讓人心儀嚮往之。另一方面，近年學界也屢有比較文學已死或深陷危機，憂心忡忡之語，是危機或轉機，尚待方家研討、澄清與因應。

　　清華大學與比較文學的淵源可溯自1925年清華國學院的成立。籌備處主任吳宓先生於1924年在東南大學開設國內第一個比較文學講座。他被稱為國內第一個學、教比較文學並用比較文學的理論和方法研究中國文學的人，後來他在清華國學院開比較文學課，亦開風氣之先。另外1933年畢業於清華外文系的錢鍾書先生，其學術代表作《管錐編》被稱為比較文學在中國復興的標誌。該書指明比較文學努力方向一為「一貫於萬殊」，二為「打通」，意在「打通中外、古今，打破學科界限，融會貫通，闡發出人類共同的心理規律和情感運行

規律」。

　　清華國學院四大導師中，梁啟超先生學貫中西，集傑出思想家、政治家、教育家、史學家、文學家於一身，是百科全書式巨人，認為新民必須新小說，掀起翻譯小說的熱潮，而中國比較文學是以小說的翻譯和研究為開端；王國維先生精通英文、德文、日文，在研究宋元戲曲史時獨樹一幟，成為用西方文學原理批評中國舊文學的第一人，是連接中西美學的大家，在文學、美學、史學、哲學、金石學、甲骨文、考古學等領域成就卓著，有學問深不可測之譽；陳寅恪先生通十三種語文，為吳宓先生推崇為「合中西新舊各種學問而統論之，為全中國最博學之人」，胡適與傅斯年先生亦對其有類似評價；趙元任為世界知名之語言學家，音樂家，並在文學、數理、哲學各方面均有所成就，會講三十三種漢語方言，會說英、法、德、日、西班牙語等多種外語，為中國語言學之父。由此看來，四大導師皆為比較文學大師。大陸時期的清華外文系，在西潮東漸的時代，肩負起引介、翻譯西方文學與文化思想的重責大任，培養了包括錢鍾書、梁實秋、查良錚等傑出的文學研究、翻譯人才，也為中西文化的溝通交流與創造轉化，做出卓越的貢獻。

　　從大陸到台灣的清華大學，向來研究風氣昌盛，無論在人文還是科學領域，都有著優良的學術傳承。外國語文學系，一方面接續溝通中外的學術慧命，一方面在全新的全球化時代要求下，銜接不同的學門研究、積極拓展新的學術想像。專研法國文學與理論的于治中教授，從事性別研究的蕭嫣嫣教授，以及這兩年才自清華外文系退休的廖炳惠教授、陳傳興教授，在台灣的比較文學、文化研究的發展歷程中，都扮演了舉足輕重的角色。其中廖炳惠教授更是與比較文學學會有著深厚的淵源，曾經在1994到1996年間擔任過比較文學學會的理事長。

　　回顧歷史傳承與學術淵源，清華大學分外高興在邁入第二個百年的開始，承辦這場比較文學學術會議。清華校園百年來人文風氣鼎盛，除承襲過去奠立的優良學術傳統之外，更要持續開創與時代俱進的研究進路，建立同世界接軌的文化價值。這次會議以文學與文化檔案的建構為主題，開展出關於知識、記憶、虛構、真實、政治與歷史等多重面向的探討，順利集結了來自外國文學、台灣文學、宗教、歷史、博物館學、戲劇、電影等多種學科領域的學者參與。透過這樣跨學門的交流與討論，想必能在人文學者間激發更開闊的學術想像、

更充沛的學術能量。

　　清華外國語文學系在劉顯親主任的帶領下，語言學，英語教學、文學以及文化研究等研究領域有著多元平衡的發展，此次承辦第三十五屆全國比較文學會議，更展現全系同仁同心協力、促進學術發展的熱誠。希望在同仁的努力下，各位嘉賓都能愉快地展開學術對話，享受一天豐富的學術饗宴。

2013清華先進醫院管理論壇致詞

2013年8月28日　星期三

　　很歡迎大家來參加2013清華先進醫院管理論壇，當初我接到邀請致詞時略感納悶，因為辦理先進醫院管理論壇在新竹清華是首次，而清華雖經努力，放棄開辦醫學院也超過了十年，似沒有充分條件主辦先進醫院管理論壇；後來知道本論壇是由兩岸清華合辦，而本校生物醫學科技中心與先進製造與服務管理研究中心參與協辦，工業工程與工程管理系參與執行，才了解是一個適切組織與堅強團隊的組合，同時也要感謝國科會工業工程與管理學門北京清華長庚醫院、長庚紀念醫院、新竹馬偕紀念醫院、台大附設醫院新竹分院等重量級單位協辦、中華卓越經營決策學會協助執行，讓論壇得以順利舉辦。

　　論壇專題演講，包括北京清華長庚醫院的管理與特色、台灣醫院評鑑制度、台灣醫院醫療供應經驗分享、大陸醫院DRGs-PPS（Diagnosis Related Groups-Prospective Payment System）經驗分享、以病人為安全的評鑑模式、一個醫學中心搬遷的經驗分享等，內容非常豐富，切中現時先進醫院管理關心議題，而排在最後的兩岸先進醫院管理模式標竿學習綜合座談，更提供一個絕佳交流機會，精彩可期。

　　最近馬英九總統出訪中南美，在巴拉圭指出，全球200大醫院中，台灣就有14家，僅次於美國與德國；2000年英國經濟學人雜誌評比，台灣在健康指標、醫療保健支出、醫療資源品質各方面成就，全球排名第2，僅次於瑞典；近年來國際醫療觀光或跨國醫療，在全球各地都非常盛行，台灣許多醫療機構擁有夠水準的設施提供這樣的服務，每年都有超過11萬外國人士到台灣接受治療，是非常重要的肯定。

　　另一方面，八月八日出版的《天下雜誌》，以〈大陸重金挖角　我的醫生不見了？！〉為封面故事，文中指出「台灣病人，找不到權威醫師看病、開

刀的現象，已拉起警報。台灣醫院最缺的外科、婦產科醫師，大陸正夯。對岸高薪挖角，愈來愈多醫生登陸賺人民幣，變身『假日飛刀手』。台灣為什麼留不住好醫生？該如何挽救缺醫師、醫生外流造成的醫療崩壞？」、「對於醫師荒，大家已知：台灣368個鄉鎮，66％沒有急診醫師；47％沒有外科醫師；43％沒有婦產科醫師；36％沒有兒科醫師。還有，每四個醫師中，就有一個做醫美。監委黃煌雄等人在《全民健保總體檢》中調查，更發現每年內、外、婦、兒四大專科醫師都缺額，外科平均每年短少37％、婦科每年短少31％。」則是很不一樣的景象；而「全民健保」自1995年上路以來，一方面獲得相當的國際肯定，民意滿意度居高不下，但「民眾因為負擔減輕導致增加醫療需求，醫院因為以量計酬而導致增加醫療開支，所以現行全民保險本身就有傾向過度成長的誘因。而由於保費的調漲又受到非經濟的政治力左右，而非常困難，不能迅速反應醫療開支的增長。這兩個結構性的因素致使全民健保的財務問題始終在難以永續執行的破產邊緣徘徊」，可謂前途堪慮，先進醫院管理更形重要。

　　成功學大師史蒂芬科維（Stephen R. Covey）在《第三選擇》（*Third Alternatives*）一書中，曾就已開發國家不斷爆漲的健康照護支出提出看法：他引用了健康照護的一句老格言：「你可以有廣泛的涵蓋率、高品質，或者是低成本——只是，都不能同時擁有」；他認為，真正要完成的工作，是預防疾病，而不是治療疾病，當今已開發國家中的問題是所謂的「生活型態的疾病」，如心臟病、癌症與糖尿病，這些疾病在拯救生命與經費上非常昂貴，但常可透過生活型態的改變，加以預防；但目前整個醫學體制都是以治療疾病為考量，而非預防疾病，而幾乎全部資源都用於急性照護，而讓健康照護成為一項昂貴的商品，醫生忙著拍蒼蠅，而沒有時間修理紗窗上的破洞，結果便是在醫院急診室擠滿原本不應生病的許多人；科維舉了一個不斷跳下河去救人直到精疲力竭的醫學生例子，如不阻止不斷推人下水的人，終歸無濟於事，又如處理洪水，應將爭論處理辦法，轉移焦點到停止或減緩洪水上漲的選擇。在人口老化，健康照護支出節節高生而缺乏足夠資源下，也可看到一些成功的嘗試。

　　一是設於美國田納西州Gallartin市的「健康生活中心」（Living Well Health Center），擁有人稱為「以病人為中心的醫療診所」，診所像老年市民聚集場所，設立宗旨為了顧客的健康，醫生了解每個病人，而且發展出彼此間的信任聯結；「健康生活中心」的一項關鍵目標，是讓病人有需要時才到醫院

看病，每一件工作都以慢性疾病的預防和管理為目標，所產生的成本節省，則以健康和品質方式與醫生共享；醫生的薪酬是根據把需要完成的工作做好，協助人們在生活的各層面維持健康，根據美國國家品質標準，「健康生活中心」的績效水準，比起「老年醫學照護」（Medicare）的平均水準，要高出55%，意味著：顧客要健康許多，而顯著的節省醫療及社會成本。另一方面，趨勢學家Chris Anderson在「免費」（*Free*）一書中，提到大陸某地有類似的努力，如果有與會嘉賓了解概況，相信必是大家同感興趣的議題。

二是「山際健康照護聯盟」（Intermountain Healthcare，IHC）範例，IHC是一家由15間醫院所組成的連鎖體系，在1980年代末期，一位生物統計學家及外科醫師Brent James說服醫院主管，跟他花幾天時間學習如何以科學方法改善流程，醫院主管階層最後讓James進行一項實驗，測量一個外科小組所照護的病人所發生的所有事情：從診斷、入院、術前準備、麻醉、手術本身、護理、復原、飲食、醫藥、出院，一直到後續追蹤，再與涉及的各部門開會，展示蒐集的資料，並徵詢改善意見，而得到熱烈回應，大家把這些想法凝聚起來，進一步實行到工作上。醫院主管對成果相當滿意，而要求James把他的「科學專案」轉變成管理照護的完整體系，最後，超過50項重要的臨床程序都經歷同樣的澈底檢查與改進。最後的結果可以傑出來形容，醫院感染事件，顯著的下降，藥物不良事件的數量少了一半，住院肺炎死亡率少了40%，心臟手術死亡率從全國平均的3%降到1.5%，同時大幅度降低成本，「山際健康照護聯盟」的醫院向病人的收費，相較於美國一般醫院，平均要減少30%。

以上兩例，是在一片唱衰全民健保前景聲中值得觀摩學習的範例，而可供今天論壇與會先進討論分享，最後祝論壇圓滿成功。

新時代圖書館規劃與發展趨勢國際論壇致詞

2013年9月9日　星期一

很歡迎大家光臨清華參加「新時代圖書館規劃與發展趨勢國際論壇」（International Forum on Library in the New Era: Trends of Planning and Development）；本來我受邀在開幕時致詞，因與新生講習時間衝突，所以無法參加，由於莊館長告訴我，此次籌辦論壇獲得熱烈迴響，還是希望我在下午場開始前向大家致意，我也很欣然應命，看到「國際會議廳」內人潮滾滾，很能感受大家對「新時代圖書館規劃與發展趨勢」的期待與參與感。

從今天的議程表看到本校圖書館準備了早鳥班、午間、晚歸班三梯次的導覽，顯然是希望能讓與會嘉賓都有機會參觀清華落成啟用約半年的新館；一方面有對新館設施頗自豪的因素，另一方面也希望與大家分享；同時我也要借此機會感謝兩岸四地許多圖書館以及負責人在本校新館規劃與興建期間多所協助與指教、在本校同仁到各校學習時熱烈接待；據了解「圖書館諮詢委員會」委員中有多位是友校圖書館主管，清大新圖書館規劃是以各友校圖書館為標竿，精益求精，承蒙大家發揮夥伴精神，讓台灣圖書館建設一同向前跨了一大步。

對愛書人來說，圖書館猶如勝地，我曾在一篇記述新儒學學者與東海大學教授徐復觀教授的文章中，看到徐教授年輕時有兩個願望：一，當大學教授；二，當圖書館館長。當時想正合我心，坐擁書城是多麼幸福的情景！雖然我這個不算認真的發想一直沒有實現，而圖書館的發展也讓人有世遷事異的感觸；譬如說，我在當校長以前，已經多年沒有到圖書館查閱資料或借書，一來，我自己擁有一個小型圖書館，有我看不完的藏書，二來現在所需資訊查閱已全部電子化，在研究室即可由網路方面取得，相當程度上，不須親臨圖書館，即可滿足以往圖書館所能提供的服務，在實體上，漸有疏離感。

由於傳統圖書館採購、編目、典藏、閱覽功能的式微，近年來國內外都有結合「圖書館學」與「資訊科學」的趨勢；當年我在美國留學時，是就讀柏克萊加州大學物理系，早期物理系與圖書館系系館分別位於「北館」（North Hall）、「南館」（South Hall）內，隔學校中心鐘樓（Sather Tower）廣場相對，是學校最老建築群之一，而現在「南館」的是「資訊系」（The School of Information），有三個學位學程，包括「資訊管理與系統」碩士班（The Master of Information Management and Systems）、「資訊與數據科學」碩士班（The Master of Information Management and Systems, MIMS）與「資訊管理與系統」碩士班（The Ph.D. Program of Information Management and Systems），「資訊管理與系統」為跨領域專業，著重計算機科學、認知科學、心理學、社會學、經濟學、管理學、法學、圖書資訊與通訊，也可見與傳統圖書館學有了很大的分野。

▲ 你要讓你的子弟唸圖書資訊學嗎？

以國內而言，原有圖書館學系紛紛改為圖書資訊學系，所學習的課程內容也由圖書館為主的方向走向資訊服務為導向，包括了圖書資訊服務、知識管理、數位典藏、數位學習等，漸具有前瞻性，是可喜的發展。我在一次與圖書館同仁談話中曾問道：「你要讓你的子弟唸圖書館學嗎？」答案恐怕不見得都是肯定的，但如問：「你要讓你的子弟唸圖書資訊學嗎？」肯定的比率一定大增，可見圖書資訊學界求新求變，能趕上時代脈動。

本論壇主題演講包括香港大學圖書館館長Mr. Peter Sidorko之「Responding to the Radical，New Library Landscape」；香港科技大學圖書館前任館長宋自珍博士之「學術圖書館策略發展的新趨勢」（Strategic Positioning of Academic Libraries for the Future），討論「圖書館空間規劃」、「圖書館館員培育」、「圖書館創新服務」等，一定非常精彩，在此祝大會圓滿成功，大家滿載而歸。

第十四屆海峽兩岸繼續教育論壇歡迎詞

2013年10月16日　星期三

　　很歡迎各位嘉賓到新竹來參加「第十四屆海峽兩岸繼續教育論壇」，這次盛會正如王勃在〈滕王閣序〉中所說「四美具，二難并」，兼具「良辰、美景、賞心、樂事」，地主有誠意，嘉賓有熱誠。論壇選在秋高氣爽之時，會集嘉賓歡聚於連續獲選為臺灣最幸福的城市——新竹舉行，集天時、地利與人和優勢，論壇圓滿成功可期。據今天報導，新竹市每戶用於旅館與餐廳花費是全省第一，各位住在國賓飯店，應很能體會這項報導的正確性。

　　新竹清華大學很榮幸主辦這次論壇，大家可能知道，清華大學是因設立在北京清華園而得名；至於清華的典故，一說是遠溯於東晉文學家、名相謝安之孫兼駙馬謝叔源〈游西池詩〉詩「景昃鳴禽集，水木湛清華」。另有一說是出自唐太宗李世民〈大唐三藏聖教序〉「有玄奘法師者，法門之領袖也，幼懷貞敏，早悟三空之心；長契神情，先包四忍之行。松風水月，未足比其清華；仙露明珠，詎能方其朗潤」。由於北京清華近鄰北京大學有「朗潤園」，所以有人認為可能出自後者；而有趣的是，在《西遊記》最後一回，即第一百回，載有〈大唐三藏聖教序〉全文。

　　據了解，星期三中午後，論壇將移師新竹清華大學開會與參訪；新竹清華設立於1956年，清華大學座落於湖光山色之中，校園中保存著自然原始林區，孕育了近百種的鳥類與各種生物，體現自然與人文、科技的結合，這種兼容並蓄的精神，正如同本論壇所追求之目標，生生不息，和諧共進。明天下午會議及閉幕，將於本校旺宏館學習資源中心舉行，「學習資源中心」甫於今年三月開幕，有許多現代化設施與貼心服務，相信大會一定已安排參訪，請千萬不要錯過。

　　此次活動仍將秉持論壇成立時之宗旨，致力於推動海峽兩岸四地大學校

院推廣教育發展，促進校院之間交流合作。並藉由交流推廣教育的成功經驗，進一步探索更完美的合作模式與途徑，以期能全面而深入的研究推廣教育之理論，達成四方共榮共贏的局面。

終身學習、繼續教育以及推廣教育可以有相同，也可有不同含義；本屆論壇之主題為「多元創意與終身學習——國際化與特色化」，多元創意以白話來說，就是「八仙過海，各顯神通」。在以往各屆陸續研討繼續教育在社會與經濟發展中的作用、兩岸加入WTO的新挑戰、網路教學效應、區域經濟發展與繼續教育、專業化的趨勢與策略、特色化、國際及兩岸四地合作機制與模式、在創新、創意及合作上的挑戰、全球金融危機下的挑戰、高等教育普及化的衝擊、新局面的開展以及健康發展等重要議題的基礎上，本屆更強調國際化近年來已成潮流，特色化，精彩可期。

本論壇共有來自兩岸四地23所學校，約100位學者專家出席，可謂「群賢畢至，少長咸集」。將就繼續教育之課程開發與行銷；繼續教育之品質管理及應用；高齡繼續教育之現況與因應策略；繼續教育所面臨之挑戰與經營策略等議題，分別進行論述與研討，希望藉由這兩天會議中相互激盪，以及集思廣益的交流，對於繼續教育之終身學習，能提出具前瞻性、延續性與普遍性的方針或建言，共同為增進華人世界，甚至是國際社會之福祉貢獻一份心力。

最後，預祝各位嘉賓此行均能有豐富的收穫，滿載而歸。也期待日後能有更多的機會繼續交流切磋。敬祝各位愉快、平安！

▲ 終身學習、繼續教育以及推廣教育可以有相同，也可有不同含義

▲ 多元創意以白話來說，就是「八仙過海，各顯神通」

亞洲前沿有機化學國際會議致詞（中英文）

2010年11月8日　星期一

　　身為國立清華大學校長，我非常高興和榮幸地歡迎各位亞洲核心計畫（Asian CORE Program，ACP）代表來到台灣新竹。我們很高興在今天的新竹舉辦這次亞洲尖端有機化學國際會議（5th International Conference on Cutting-Edge Organic Chemistry in Asia, ICCEOCA-5）和第一屆青年亞洲尖端有機化學國際會議（1st Junior International Conference on Cutting-Edge Organic Chemistry in Asia, JICCEOCA-1）。

　　國立清華大學是台灣頂尖大學之一，有悠久而令人自豪的歷史。清華於1911年在北京清華園建校，1928年更名為國立清華大學，成為一所完整的大學。1956年，國立清華大學（NTHU）在台灣新竹復校。

　　自從復校以來，NTHU已從一所專注於核科學與技術的研究所發展成為一所綜合性研究型大學，提供科學，技術，工程，人文和社會科學以及管理學從學士到博士的課程和學位。NTHU歷年來一直被評為台灣首屈一指的大學之一，被廣泛認為是未來行業和學術領導者的最佳孵化器。這些出色的成績尤其體現在我們校友的傑出成就上，其中包括兩位諾貝爾物理學獎獲得者楊振寧博士和李政道先生，一位諾貝爾化學獎得主李遠哲博士和一位沃爾夫數學獎獲得者陳省身博士。

　　我了解到，日本學術振興會（Japan Society for the Promotion of Sciences，JSPS）的亞洲CORE計畫於2005年10月成立，目的是在亞洲地區的選定科學領域創建世界級的研究中心，並通過以下方式促進下一代研究人員之間的發展和合作關係。在亞洲機構之間建立可持續的尖端有機化學項目由Minoru Isobe教授於2005年與廖俊臣教授，Somsak Ruchirawat教授，Kou-Qiang Lin教授和Sunggak Kim教授共同發起。本次會議是第一個五年計畫的最後一個會議，同

時也是第二個五年計畫的第一次會議。我很高興知道，這項方案將在國際負責人的努力下持續更長的時間。我祝賀你們在名古屋，沖繩（2006），釜山（2007），杭州（2008）和曼谷（2009）的各年度非常成功會議，並取得的傑出成就。在過去的兩個月裡，我有機會參加了亞洲兩個著名的聚會，包括在北京舉行的「東亞研究型大學協會會議」和在青島舉辦的「國際材料學會聯合會亞洲國際會議」。兩個會議的及時性，相關性和以及便利性都表示亞洲地區的全球突出性都表明了ICCEOCA未來日益重要的作用。

我代表國立清華大學歡迎所有會員的積極參與。我還要感謝8個國家/地區的國際顧問委員會和負責人，感謝您不斷努力使該計畫如此出色和更廣為周知。資助單位包括JSPS（東京），NSFC（北京），KOSEF（首爾），NRCT（曼谷）和NSCT（台北）的支持也時同樣重要，沒有這些支持，相關活動都不可能順利舉行。

最後，我當然希望您會對這次會議各項安排滿意，但也不要忘記在台灣期間，好好欣賞台灣的自然美景，文化和美食。謝謝。

As the President of National Tsing Hua University, it is my greatest pleasure and honor to welcome all of you, the ACP-delegates to Hsinchu, Taiwan. We are pleased to host this International Conference on Cutting-Edge Organic Chemistry in Asia, the ICCEOCA-5 and JICCEOCA-1 starting from today in Hsinchu.

National Tsing Hua University is one of the top universities in Taiwan and has a long and proud history. First established as the Tsing Hua Academy at Tsing Hua Garden in Beijing in 1911, the Academy was renamed as National Tsing Hua University in 1928 as its curricula expanded to that of a full-fledged university. In 1956, National Tsing Hua University (NTHU) was reinstalled on its current campus in Hsinchu, Taiwan.

Since its reinstallation, NTHU has developed from an institute focusing on Nuclear Science and Technology to that of a comprehensive research university offering degrees and programs ranging from baccalaureate to doctorate in science, technology, engineering, humanities and social sciences, as well as management.

NTHU has been consistently ranked as one of the premier universities in Taiwan and is widely recognized as the best incubator for future leaders in industries as well as academics. Such stellar records are particularly exemplified by the outstanding achievements of our alumni, including two Nobel laureates in physics Dr. Cheng-Ning Yang and Tsung-Dao Lee, one Nobel laureate in chemistry Dr. YuanTseh Lee and one Wolf Prize winner in mathematics Dr. Shiing-Shen Chern.

I learned that the Asian CORE program of the JSPS was established in October 2005 for the purpose to create world-class research hubs in selected fields of science within the Asian region, and to foster the development and synergistic relations among the next generation of researchers by establishing sustainable partnerships among Asian institutions. The Cutting-Edge Organic Chemistry program was initiated by Professor Minoru Isobe in 2005 with Professors Chun-Chen Liao, Somsak Ruchirawat, Kou-Qiang Lin and Sunggak Kim. This Conference is the last one of the first 5-year program, and at the same time is the First Conference in the second 5-year program. I am happy to know that this program would be continuing for much longer years by the efforts of the international coordinators. I congratulate you on the outstanding achievements that all the previous annual meetings in Nagoya, Okinawa (2006), Bussan (2007), Han Zhou (2008), and Bangkok (2009) were very successful. In the past two months, I had the opportunity to take part in two of the prominent gatherings in Asia, the general meeting of Association of East-Asia Research Universities in Beijing and International Conference in Asia, IUMRS in Qingdao, China. The timeliness, relevance and convenience of the meetings coupled with global prominence of the Asian region all point to the increasingly important roles of ICCEOCA in the future.

On behalf of National Tsing Hua University, I welcome all the members for your active participation. I also acknowledge the international advisory board and coordinators of the 8 countries/regions for your continuous efforts to make this program so outstanding and more visible. Funding agents are most important as well; namely, JSPS (Tokyo), NSFC (Beijing), KOSEF (Seoul), NRCT (Bangkok), and NSCT (Taipei). None of such activity would be possible without these supports.

Finally, I hope that you will, of course, enjoy the conference but don't forget also enjoy Taiwan's natural beauty, culture and cuisine during your stay. Thank you.

第七屆全球華人物理學大會開幕致詞

2011年8月1日　星期一

　　首先要歡迎大家光臨華人物理學家三年一度的盛會，感謝主辦、協辦單位尤其是中山大學的團隊盡心盡力辦好此次大會。

　　1911年在物理學史上是很熱鬧的一年，Onnes在這年發現超導現象、同時Rutherford由散射現象解開原子結構之謎，而清華大學也於同年在北京設校，今年適逢清華大學百周年校慶。身為清華大學的校長，同時也是物理學士與博士，對今日兩岸四地與海外華人物理界的榮景是頗有感觸與充滿期待的。因此今天我即以清華大學與華人物理界發展為主題略為發揮。

　　公元2000年時，大陸中國物理學會為紀念胡剛復等五位物理學界前輩，設立了胡剛復、饒毓泰、葉企孫、吳有訓、王淦昌物理學獎，這五位物理學家都是廣義的清華人。根據吳大猷先生的說法，中國近代物理學的巨頭、奠基雙雄為饒毓泰與葉企孫兩位先生，他們同為第一屆中央研究院院士，分別於1922與1923年在美國普林斯頓與哈佛大學獲得物理博士學位，隨即返國任教。饒毓泰先生後來擔任北京大學物理系系主任、理學院院長、西南聯大物理系系主任，葉企孫先生前後擔任清華大學物理系系主任、理學院院長、西南聯大理學院院長。1926年葉企孫先生創辦清華大學物理系，全系教授僅他自己一人，學生4位。1926年到1938年創立西南聯大，物理系延攬教師包括吳有訓、薩本棟、周培源、趙忠堯、任之恭等，十屆畢業生，共69人及研究生1人，包括王淦昌、錢三強、林家翹、錢偉長、戴振鐸等。中央研究院院士、物理學家嚴濟慈曾統計，1930年到1933年，中國在國際上發表重要論文16篇，其中9篇來自清華物理系。值得一提的是，1931年趙忠堯訪問Cavendish實驗室，歸國臨行前Rutherford提起，他以前有一些很優秀的中國學生，回國後似乎都從物理學界消失，很是可惜，而趙忠堯返國第二年，即有成果在英國Nature期刊發表最新

研究論文，Rutherford知道後，撰文嘉許，傳為佳話。

1938年西南聯大成立，物理系集三校精華，名師雲集，培養李政道、黃昆，朱光亞、鄧稼先等大學部學生。研究院在清華部分，培養楊振寧等6人。1946年10月，清華在北京復校，依學生志願，繼續到北京與清華大學就讀的各為10人與53人。1952年施行全國高校院系調整，清華成為一純工科大學，物理系絕大部分師生併入北京大學。饒毓泰先生此時辭去院、系領導職務。不久即被打為右派份子，文化大革命中遭到打擊和迫害，飽受折磨，1968年10月16日「清理階級隊伍」時，在北京大學上吊自殺身亡。葉企孫先生於1967年6月，被打為「反革命分子」，曾一度精神失常，產生幻聽。1968年4月，被逮捕。1969年11月，因為缺乏實質證據，葉被釋放回到北大居住，但仍以「中統特務嫌疑」受隔離審查。1977年1月13日，葉企孫在淒苦中去世。1987年，葉企孫的平反文件正式公布。大致而言，在1950－1980年間，大陸物理學界除「兩彈一星」相關且外界無從了解的科技成就外，國際能見度是很低的。

台灣直到1946年，才首由台灣大學設立物理系，而隨國民政府遷台的物理學者寥若晨星，初期更由於經濟、財政的困窘，師資設備兩缺，科學發展受到嚴重限制。新竹清華大學於1956年由梅貽琦校長在新竹建校，初設原子科學研究所，其後幾年，先後設置物理、化學、數學研究所，並擁有庚款「清華基金」支持的優勢，開始招兵買馬，但正如時任中央研究院院長胡適先生感歎，梅校長聘不到中華物理人才來領導相關單位。總之在1950－1970年間，兩岸物理學界可謂相當沉寂，華人物理學界發展重心在海外。但同期間，大批台灣學生留學美國，為未來物理學界儲備許多人才。

如以具代表性的頂尖綜合性基礎與應用物理期刊發表論文來看，1970年代（1970－1979），台灣物理研究漸受到國際重視，在頂尖期刊物理評顧快訊（Physical Review Letters, PRL）發表論文7篇（其中5篇來自清華）。另一方面，在頂尖期刊應用物理快訊（Applied Physics Letters, APL）發表論文9篇（其中3篇來自清華）。1980年代（1980－1989），台灣在PRL發表論文4篇（均來自清華）。在APL發表論文63篇（其中27篇來自清華）。同期間，有China字樣為位址之PRL與APL論文各67及72篇。1990年代（1990－1999），台灣PRL與APL論文各為190及472篇。同期間，有China字樣為位址之PRL與APL論文各為265及895篇。2000年代（2000－2009），台灣發表於PRL與APL

論文各695及1936篇。同期間，有China字樣為位址之PRL與APL論文各為1786及5506篇。2010年，台灣PRL與APL論文各66及225篇。同期間，有China字樣為位址之PRL與APL論文各243及788篇。

如以在PRL與APL發表論文為指標，1970與1980年代台灣為萌芽期，大陸基礎物理萌芽期落於1980年代。1990年代，兩岸均漸入佳境，並駕齊驅，合計在PRL與APL發表論文各佔總數1%與4%左右。2000年代更欣欣向榮、突飛猛進。合計在PRL與APL發表論文各佔總數約5%與13%。2010年，續呈方興未艾之勢，合計更高達總數7%與17%左右。兩岸華人物理界可謂達到前所未有的盛況。海外華人物理界情況較難評估，1950－1980年，應是一枝獨秀。近年來，以世界名校華人教師數目來看，也呈一片榮景。

由以上簡略剖析可見：

一、清華在大陸與台灣物理界均曾扮演過先驅的角色。

二、政治力對科學發展有巨大影響，如排除政治干擾，賦予適當資源，華人物理界盛況可期。

三、近年來華人物理界振興，以在科技前沿工作數量而言，應用物理似較基礎物理發展更為迅速，此現象可能與兩岸政府皆提倡產業科技，而華人文化偏重實用有關。

綜觀華人物理界於1920年代起在域內慘澹經營，雖經軍閥專政、抗日戰爭、內戰仍達到一定水準，可惜因政治因素，遽爾中輟，以致於在1950－1980年，長達三十年期間，幾乎由海外一枝獨秀。所幸今日兩岸與海外各領風騷，天高地闊，昂首並進。回首來時路，華人物理界當珍惜歷史機遇，攜手並進，切實掌握近代物理發展軌跡，共同創造光明燦爛的未來，邁入世界先進之林，進而再創高峰，為人類文明做出重大貢獻。

▲ 今日華人物理界各領風騷，天高地闊，昂首
　並進

▲ 華人物理界當珍惜歷史機遇，邁入世界先進
　之林

第二十一屆國際科技管理協會大會開幕致詞（中英文）

2012年3月19日　星期一

　　早安，歡迎參加由國際技術管理協會主辦的第21屆國際科技管理會議（21st International Conference on Management of Technology，IAMOT，2012，台灣）。我很榮幸受邀在本次會議開幕式上向您致辭，但我一直在思考為什麼？

　　我認為，一個很好的理由可能與我的大學，國立清華大學（NTHU）在2000年建立台灣第一個科技管理學院的大學有關。第二個原因可能是NTHU於2008年在台灣設立了第一個服務科學研究所。第三，也許是最重要的一個是本次會議的主席，洪世章博士是我們科技管理學院的副院長。無論如何，我很高興有機會在這個聚集來自全球30多個國家的知名學者和科技管理專家的重要場合說幾句話。

　　作為主辦機構的一員，我很感謝您積極參與本次會議，交換意見，討論與科技管理息息相關的重要議題。今年的會議將重點關注新理論、想法和框架以及涉及科技和服務結合的研究工具。您對這些領域的見解將會極有價值，無疑會增益本次會議的成果。

　　科技與服務結合已成為後工業社會具有日益重要經濟意義的成長引擎。我們可看到許多「科技改進服務和科技豐富技術」的例子。我想到的有兩個這樣的案例是IBM和台灣發展的便利商店。您可能還記得，IBM已經成功地在1990年中期制定了新業務，將重點自其在硬體方面的傳統優勢，轉移到服務，軟體及其科技解決方案。它啟動了全球服務業務，迅速成為領先的科技整合商。

　　對於科技如何改善服務的情況，台灣的便利商店可以作為一個主要的例子。由於你們中的一些人第一次來台灣，可能不知道台灣擁有全世界最高密度

的便利商店。台灣有大約一萬家這樣的商店，為2300萬人提供服務。台灣各城市幾乎所有街角都有一家或多家便利商店。顧客不僅可以購買零食或雜貨；還可支付他們的公營事業服務和電話費，信用卡欠款，保險費，停車費和罰款，以及高速鐵路列車和許多娛樂活動的門票。他們還可以收到貨物，包括書籍和食物，以及他們通過互聯網訂購的其他東西。他們可以擷取和印製政府證明文件，甚至可以續延駕駛執照效期。簡而言之，台灣街角便利店現在提供許多功能，在以往僅在郵局和銀行等特定辦公場所提供的服務。它們是名副其實的方便，而新科技的進步起了不小的作用。

雖然科技改進服務的例子很常見，但服務豐富科技的成功案例卻不那麼突出。它可能與經濟類型、業務種類和規模問題有關。對於本次會議的專家來說，這些可能是很好的討論主題。

出於我今天到場的同樣原因，誠摯邀請您在新竹逗留期間，到NTHU訪問。我的學校距離您的會場僅15分鐘路程，清華校園曾被一本在台灣很受歡迎的雜誌評為台灣最美麗的校園。同時我們校園裡還有一家便利商店！值得一提的是，這家商店以每小時代收1.75本書的速度而在台灣約一萬家便利商店中居冠。因此，在您參觀我們的校園期間，您將會遇到很多像您一樣的書籍愛好者，並有機會欣賞美麗的風景。

我期待著在校園裡迎接您，並希望您在新竹度過愉快的時光。謝謝您，祝大會圓滿成功。

Good morning and welcome to the 21st International Conference on Management of Technology sponsored by the International Association for Management of Technology (AMOT, 2012, Taiwan) . I am honored to be invited to address you at the opening of this conference, but I have been pondering why?

A good reason, I think, might have something to do with the fact that my university, NTHU is the first university in Taiwan to establish College of Technology Management in the year of 2000. The second reason could be that NTHU has the first Institute of Service Science established in 2008. The third, perhaps the most important one is that the Chairman of this Conference, Dr. S. C. Hong is the

Associate Dean of the College of Management on our campus. In any case, I am delighted to have this opportunity to say a few words on this important occasion when you, a group of eminent scholars and experts in the field of technology management from more than 30 countries across the globe, are gathering in Hsinchu.

As a member of the hosting institute, I thank you for your active participation in this conference to exchange ideas and discuss issues related to our common interest, Technology Management. The conference this year will focus on new theories, ideas and frameworks as well as research tools dealing with the convergence of technology and service. Your insights in these areas will certainly be very valuable and will undoubtedly enhance the outcome of this conference.

Technology-service convergence has become an essential engine of increasing economic significance in the post-industrial society. There are many examples of "technology improving service and service enriching technology." Two such cases come immediately to my mind are IBM and the convenience stores developed in Taiwan. As you may recall, IBM had successfully charted a new course of its business in mid-1990 by shifting its focus on its traditional strengths in hardware to greater attention on services, software, and its ability to craft technology solutions. It unleashed a global service business that rapidly rose to become a leading technology integrator.

For the case of how technology improves service, the convenience store in Taiwan may serve as a prime example. As some of you visiting Taiwan for the first time might not be aware with the fact that Taiwan boasts the highest density of convenience store in the whole world. There are about ten thousand such stores serving 23 million people in Taiwan. Almost all street corners in Taiwanese cities have one or more convenience store. Customers can buy not just snacks or grocery; but also pay their utility and telephone bills, credit card debt, insurance premium, parking fee and fines, as well as pick up tickets for high speed railway trains and many entertainment events. They can also receive shipped goods, including books and gourmet dishes, among other things they had ordered through the internet. They can extract and print government certificates and even renew their driver license.

In short, the Taiwanese street corner convenience stores are now serving many functions that were served only at certain specialty offices such as the post office and banks. They are truly convenient owing no small part to the advancement of new technology.

Although examples of technology improving service are common, successful cases for service enriching technology are less prominent. It is possibly related to the types of economy; kinds of business and issue of scale. These are perhaps good topics for you, the experts at this conference, to elaborate.

For the same reasons of my presence here today, you are all cordially invited to visit NTHU during your stay in Hsinchu. My campus is only 15 minutes away from your conference site and is rated as the most beautiful campus in Taiwan by a popular magazine. Yes, there is also a convenience store on our campus! It is noted for the largest amount of books that were shipped, at the rate of 1.75 books per hour, through their network. Thus, during your tour of our campus, you will meet a lot of book lovers like you as well as having a chance to enjoy the beautiful scenery.

I look forward to greeting you on my campus and hope that you enjoy your stay in Hsinchu. Thank you and wishing you a successful conference.

▲ 科技改進服務和豐富技術

▲ 服務豐富科技可能是很好的討論主題

世界微機械高峰會晚宴演說（中英文）

2012年4月24日　星期二

女士們、先生們，晚上好：

　　我謹代表國立清華大學，歡迎來自不同國家的各位參加世界微機械峰會。我們很榮幸舉辦這一舉世聞名的活動，我真誠地相信，這將是一個成功和有影響力的聚會，以制定微系統技術的未來發展方向和發展。我們很高興您能加入我們，我相信您今晚將享受我們組委會安排的美食和表演。

　　世界微機械峰會已經成為一項極重要的活動，使先進微米和奈米技術最有影響力的專家得以齊聚一堂，交換意見、制定未來路線、擬定路線圖、確定政策以及促進微機械領域的合作。雖然目前世界各地有許多活動作為微納米技術交流的平台，但世界微機械峰會是最重要的一個，它聚集世界頂尖專家探討論涵蓋科學、技術及其微／奈米領域的經濟影響廣泛議題。

　　身為國立清華大學的校長，我還想藉此機會向您報告清華教師近年來在微機電領域取得的巨大進展。他們充分利用台灣半導體產業驚人的製程能力和合作夥伴之間的密切互動，取得了令人矚目的進展。而在國際上具有極強的競爭力。憑藉獨創性和熱情，我們在微機電領域的研究能力和學術成就在台灣穩居第一，同時已躋身世界前列。因此，我們有機會在清華舉辦峰會並向您展示台灣微系統的學術和工業經驗以及貢獻，或許並非偶然。由於許多真正傑出的和有傳奇色彩的領導人參加了此次會議，峰會的目標很可能會實現。如果您對我們的微機電領域發展有任何建議，我也很高興與您交換意見。

　　最後，再次感謝您參加2012年台灣世界微機械峰會。請盡情享用美味的晚餐以及餐後令人興奮的表演。

Good evening, ladies and gentlemen. On behalf of the National Tsing Hua University, I would like to welcome all of you coming from many different countries to take part in World MicroMachine Summit. It is our great pleasure to host this world-renowned event and I sincerely believe that it will be a successful and influential gathering to chart the future direction and development of Microsystems technology. We are very pleased that you are able to join us and I am sure you will enjoy the meals and the performance arranged by our organizing committee tonight.

The World MicroMachine Summit has already established itself as a key event in which the most influential experts in the leading edge of micro and nano technology coming together to exchange ideas, chart the future course, draft roadmaps, define policies, and promote collaborations in the field of MEMS. While there were many activities which serve as platforms for interactions in micro and nano technology, the World MicroMachine Summit is the primary one which covers pertinent discussions in science, technology and their economic implications of micro/nano domain for leading individuals in the world.

As the President of the NTHU, I would also like to take this opportunity to report to you the tremendous progresses the MEMS faculties in NTHU made in recent years. Taking full advantage of the amazing processing capabilities of Taiwan semiconductor industry and close interactions among partners, the progresses have been very impressive. It enable us to be competitive internationally. With ingenuity and enthusiasm, our MEMS program is clearly number one in terms of research capacity and academic achievements in Taiwan. In addition, our MEMS program has ranked among the top in the world. It is perhaps not fortuitous that we have this opportunity to host the Summit in Taiwan and show you both the academic and industrial experiences and contribution in Microsystems in Taiwan. With many truly outstanding and legendary leaders attending this meeting, the aims of the Summit will very likely be accomplished. I would also be delighted to talk to you for any suggestion you may have on our MEMS program.

Once again, thank you for coming to 2012 World MicroMachine Summit in Taiwan. Please do enjoy the delicious dinner as well as the exciting performance afterwards.

▲ 清華教師近年來在微機電領域取得巨大進展

▲ 一個成功和有影響力的聚會

GRE亞洲諮詢委員會會議致詞

2013年5月17日　星期五

　　很歡迎大家到清華來參加GRE（Graduate Record Examination）亞洲諮詢委員會，GRE是大多數美國大學研究所入學要求參加的標準化測驗；由於美國在現今世界無疑仍是高等教育的領袖，GRE可以說持續具有世界性的影響力，面對世界教育快速的變化，不斷的研討改進，有其必要；清華大學很高興有此機會主辦本次的盛會，尤其擔任主席的教務長，主管的正是本校的學生入學事務，將可直接受益於大家傾注的智慧，而本人也正擔任台灣的大學入學考試中心（College entrance examination center）董事會常務董事，也很希望從各位經驗中，得到可供大考中心未來發展的建議。

　　用考試甄選人才，在中國已有一千多年歷史；科舉制度乃是以通過考試來選拔官吏的制度；自隋文帝於公元605年開科取士到清廷應袁世凱等奏議於公元1905年廢止，施行期間長達1300年，對我國政治、社會和文化產生了巨大影響，鄰近中國的亞洲國家如越南、日本和朝鮮也曾引入這種制度來選拔人才；科舉制度否定特權，為朝廷選官用人提供了一個相對公開、公平、公正的平台。自隋、唐開科考試，歷經宋、元、明、清，而唐、宋、明、清歷朝是科舉制度的高峰，整個唐朝的科舉取士約一萬人。唐代的宰相中，百分之八十是進士出身，可見科舉的成效。南、北宋，明朝與清朝分別取進士約四萬、兩萬五千與二萬六千人，歷朝取進士總共約十萬人，每次取兩百至四百人不等，為主要的官員來源；而明朝開國後一百年間，錄取進士有百分之六十來自前三代無為官的家庭，充分發揮促進社會階層流動功能。這裡要特別一提的是，許多學子皓髮窮經，終身無以「金榜題名」；另外，「一試定終生」、「考試引導學習」的弊病，在科舉制度已廢除一百多年的台灣，仍影響現代學子。

　　GRE是由素負盛譽的教育考試服務（Educational Testing Service，ETS）中

心主辦，GRE與ETS均有超過六十年的歷史；清華教授中約有百分之七十，包括我自己及今天的主席陳教務長，都是美國大學博士，大部分均接受過GRE洗禮，GRE的持續成長改進也是大家關心的問題；GRE考試成績，是大多數美國大學研究所入學申請要求的參考資料，對有意到美國大學深造的學生學習有導引的作用，因此如何就考試方法的改進，促進學生學習的效果，是很值得與教育學者與大學教務行政人員研商；另一方面，根據我最近在美國《紐約時報》（New York Times）中看到的一篇報導，美國一些企業開始利用「巨量資料」（big data）服務，甄選新人，這個趨勢是否會影響全球大學研究所入學申請？是否會影響GRE？ETS是否會扮演某種角色？同時現在全球校園掀起一片「大量線上開放式課程」（Massive Online Open-Courses，MOOCS）熱，我們也可問類似的問題，希望大家能就這些議題有所研討，共享智慧。

剛才有位先進對我說，清華校園很美，對這點我們有高度共識；希望大家有機會在今天晴朗但涼快的天氣下，一覽有台灣最美麗校園之譽的清華園，最後祝會議圓滿成功。

2014台灣磁性技術協會年會暨第26屆磁學與磁性技術研討會及兩岸磁學與磁性會議致詞

2014年6月23日　星期一

　　很歡迎大家來參加2014台灣磁性技術協會年會暨第26屆磁學與磁性技術研討會及兩岸磁學與磁性會議；今天來參加會議，有兩項特別感想：一是在現在同時，在台北有一項兩岸電子顯微鏡會議也正開幕，這週有兩位材料系的年輕教授剛好在武漢大學交流，而最近一位材料系方畢業的博士生決定到大陸中科院擔任博士後研究員，今天又欣逢在此舉辦兩岸磁學與磁性會議，顯示兩岸學術交流，愈趨頻繁與深化，是可喜的現象；另一則是感悟到以往大大低估磁學與磁性應用對我們生活的影響力；就以本人從事研究工作，在材料分析不可或缺的利器，電子顯微鏡來說，它的心臟是電磁透鏡，而近年來最大的突破是球面像差得以完全校正，不僅改寫半世紀以來教科書的內容，同時讓電鏡的分辨率達到0.1 nm以下，如今各種材料原子結構一一在電鏡下現形，都拜球面像差得以完全校正之賜，而球面像差校正器基本上就是一最精良的電磁器件；不久之前，我曾參加清華生科院的超高頻核磁共振儀（850MHz NMR）開幕典禮，而在清華步行距離以內的同步輻射中心，即將興建完成的3GeV同步輻射加速器，達到規格出光的關鍵，正是兩百多對精密磁極；同時在2011年清華大學在尋找裝置球差校正電鏡場地時，為了免受各種機器產生磁場的干擾，頗費了一番周折，當然也可能有先進會提醒，各式馬達、生活用品等許多都是磁性應用，所以說我們每天生活都籠罩在磁場中，無所不在，如影隨形，也不為過，當然也與磁性應用大有關係。

　　磁學的最早應用，當推指南針，近代科技的進步，也與磁學的發展亦步亦趨；最近我新換了一部個人電腦，硬碟儲量達一兆位元組（1TB），現在已

很難想像，1982年IBM推出個人電腦時，硬碟儲量僅有5MB，而其後幾年，市面1MB行情約一千元，到1991年，1GB硬碟售價仍超過十萬元，而現今1TB約兩千元，4TB更僅約五千元，對比驚人；事實上，磁碟科技也與積體電路產業一樣，遵循摩爾定律，在功能與成本上，都以指數式的突飛猛進；另一方面，也面臨相當大的挑戰，一個知名的故事是，2011年，IBM超級電腦「華生」擊敗美國知名的電視益智搶答節目《危險境地》（Jeopardy！）節目史上最強的兩位參賽者，是人機大戰的里程碑，「華生」配備2,880個平行高速運算處理器，53兆位元組記憶體，威力強大，但在開賽前半小時，需把儲存於硬碟的資料改存於固態記憶體內，原因是硬碟的速度太慢，隨著電晶體技術的精進，固態硬碟的容量已有實用性，且售價迅速下滑，將對傳統硬碟是造成威脅。由此例，可見磁性技術雖然持續迅速進步，同時也面臨極大挑戰；而也正是今天與會先進絕佳發揮長才的機會。

今天主辦單位之一是大陸功能材料期刊社，去年本人蒙該社邀請到重慶參加2013年功能材料國際會議，並熱誠接待，對大陸功能材料研究進步以及投入，印象非常深刻，所以我也要藉此機會表示感謝之意，同時也希望兩岸先進在未來能加強合作，在學術與應用上都能大放異彩；最後祝大會圓滿成功。

2014先進矽化物技術國際會議與暑期研習班晚宴致詞

2014年7月20日　星期日

International Conference and Summer School on Advanced Silicide Technology
（ICSS-SILICIDE 2014）

7月19日至22日
東京理科大學（Tokyo University of Science）葛飾（Katsushika）校區

　　首先我要感謝大會主辦單位邀請在會中作特邀演講，此次會議是我多年來第一次參加以金屬矽化物為主題的會議，有回到家的感覺；這主要是因為金屬矽化物是我在1980－2000年間研究的主要方向，而在這約二十年期間，金屬矽化物在電子元件應用上，從深具潛力，逐漸成為不可或缺而廣泛採用的部分，重要性越來越顯著；因而曾有相當時期，國際上經常舉行以金屬矽化物為主題的研討會或研習會，而在許多其他會議中，也常有一個或多個分項有關金屬矽化物研討時段；但約在公元兩千年後，這類會議逐漸減少，因為半導體元件研究已進入不同的世代；主要是奈米級元件製程所需精密先進設備以及繁複性，已遠超出學術界研究所能掌握甚或可積極參與的範圍，因此學術界從事金屬矽化物研究的團隊大幅度減少，而在領先群半導體企業界的研究，也往往基於智財權問題的考量，甚少對外公開發表，可謂情勢丕變，影響到公開討論的研討會舉辦。
　　很難得的是，本系列研討會自1997年首次舉辦以來，多年來仍持續進行，這一方面要感謝許多熱心學者的堅持，同時也可能是因為過往研討方向著重半導性金屬矽化物，剛好避開前述在積體電路元件應用研究的困境；另一方面，

即使在半導性金屬矽化物研究方面，也需要有應用潛力之支撐，才有可能永續經營；在這次研討會中，欣見領域中在理論與實驗各方面許多令人興奮的進展，未來還需大家繼續努力，讓實質而大規模的應用得以實現。

本人此次受邀在會議中報告「金屬矽化物奈米線」，由於奈米線在介面反應基本了解以及多元應用的重要性，深具前瞻應用的潛力，可預見未來會繼續為研發重點，可供大家參考。

奈米科技在近年來勃興發展，一維奈米結構金屬矽化物也因其在奈米電子元件、自旋電子學、電場發射、熱電效應以及太陽能轉換應用的潛力，成為廣泛研究對象；這些一維奈米結構由許多不同方式成長，具有多元性的物理性質；許多奈米線展示特異的物理性質；例如相生成順序與成長速率以及控制因素的不同；許多矽化物奈米線電阻率較薄膜低；CoSi塊材具順磁性（paramagnetic），而其奈米線為鐵磁性（ferromagnetic）；奈米線中螺旋磁性（helimagnetism）與具微小自旋磁區（skyrmion state）較穩定等。同時目前已生成之矽化物／矽晶／矽化物雙異質結構製成之電晶體，除尺寸微小，有非常優異的電性，同時被用以製作多功能元件與積體電路。而以個人從事奈米材料研究的經驗，製程很少需要昂貴與精密設備，同時不像一般材料研究，限於一、兩種特定物理性質，如在金屬矽化物薄膜研究中，以電性為首要考量，有時或會量測其機械性質；但在探討奈米結構特性時，除電性、機械性質外，常可能會探討磁性、熱傳導、熱電效應、場發射、化學性質等，是很好的學習機會，而對奈米尺寸結構，理論模擬工作也大有發揮空間，因此是一個方興未艾、深具潛力的新領域，特別值得年輕學者投入。

最後我要代表大家感謝主辦單位精心地舉辦這次盛會，祝大家身心愉快，滿載而歸。

十二、各項里程活動致詞

載錄參加中技社獎學金頒獎、「紫軾書院」植樹紀念、關東鑫林雲林廠竣工、科技論壇、外校校長就職及個人擔任董事就職等多項活動致詞。從中窺見各界產業、學術及教育的動能。

2010年中技社獎學金頒獎典禮致詞

2010年12月11日　星期六

　　大學院校的各類獎學金中，中技社獎學金是高額的獎學金，競爭非常激烈，各位同學能脫穎而出，表示大家的努力受到肯定，在此恭喜各位獲獎同學。

　　今天中技社潘董事長邀請我來致詞，就以個人幾個觀點和大家分享：

取之於社會用之於社會

　　微軟的創辦人比爾蓋茲連續蟬聯14年世界首富寶座。他的父親出書告訴大家，他如何教出比爾蓋茲。老比爾蓋茲說比爾蓋茲自幼聰明、努力、又有創意，但最重要一點是成長於適當環境中。若比爾蓋茲生長在阿富汗或巴基斯坦等赤貧地區，那比爾蓋茲很可能就是文盲。所以，每個人的成功和社會及生活環境有密切的關係。

　　我和潘董一起唸新竹中學時，有次週會學校邀請台灣飛彈之父「中研院韓光渭院士」到學校演講。他在今年出版了自傳，回憶自己六十年前國共內戰期間，在海南島時以流亡學生身分入伍的生活，因不滿部隊中偷雞摸狗等種種事情而成為逃兵，之後被抓回部隊時受盡嚴刑拷打險些喪命。韓院士在那樣的時空背景下成長，仍努力堅持才有今天的貢獻。同學有今天的成就，是受到周邊環境、學校、家庭、社會、及國家的孕育，將來學有所成應思有所回饋社會。

懷抱熱情和理想

　　清朝中興名臣曾國藩有次在長江邊看到許多船隻來往，他問幕僚們，大家看到船隻來來往往在追求什麼？幕僚們的回答林林種種。曾國藩語重心長的說

船上的人不是在追求名就是在追求利，但世上珍貴的不只名和利，應還有熱情和理想。

　　昨天（12月10日）我出席清華大學一場「保釣四十週年新書發表會」，感觸良多。40年前釣魚台事件對於當時的台灣青年產生一個非常大的轉變。當時台灣還在威權時代，大學生極少參與政治活動。但事件發生時，留美學生群起抗議走上街頭，當時正在美留學的潘董事長和我也參與其中。以後看到許多優秀同學因投身保釣抗議活動，無法完成博士學位而失學、失業；在世俗的眼光裏，是很令人惋惜唏噓的。但出席新書發表會的保釣致詞貴賓林孝信教授（《科學月刊》創辦人）告訴大家，外人看他投身保釣活動好像很失落，但他從中獲得很多。保釣活動的發展事實上對台灣的民主化與兩岸交流產生了深遠的影響。世界上有很多事情是超越自身的利害，重要的是堅持理想及懷抱熱情。

　　最後以美國人權鬥士馬丁路得博士的一席話與大家分享：「不是每個人都會成名，不是每個人都可致富，但是每個人都可以很偉大；每個人都可以幫助別人，幫助別人是人類最高的情操。」幫助別人可起而即行，不一定要等到功成名就；社會上有許許多多人需要別人的幫助，大家應該隨時施予援手。以上，提供各位同學做為參考，謝謝大家！

簡禎富教授「紫軾書院」植樹紀念致詞

2017年11月26日　星期日

　　今天很感謝簡禎富教授安排與昔日秘書處同仁相聚。我以前常說，一直到現在也有充分理由認為，秘書處同仁是最優秀的團隊，是清華的大功臣，在此我要再次向大家致賀與道謝。

　　大家可能有注意到，在我校長任內，兩位主秘專業都是「工業工程與管理」；這由於我在擔任工學院院長時，多次參加工工系活動，發現主辦單位真正能發揮專業精神，一方面人氣旺盛，另一方面，井井有條，尤其參與的學生，從準時到服裝整齊，都與現今一般年輕人不一樣，可見專業教育的功效，當然教師的功力更高。最後證明，觀點完全正確；也許有些同仁不了解，清華在2013年能獲得「國家品質獎」殊榮，簡主秘功勞最大。因為當初我像一般公立大學校長一樣，並無意參加角逐，但因簡主秘在上一年得過個人「國家品質獎」，輕車熟路，率領大家積極準備資料，到我知道大家已投入相當多的心力，再堅持不參賽就顯得不近人情，也慶幸因此讓清華成為第一個獲得「國家品質獎」的公立大學。這中間，另有一個小祕密，就是清華得獎的一個重要因素，是持續推動由在場的陳鳳山教授主持的「精實管理」，讓評審委員對清華改進品質的決心印象深刻，而推動與執行「精實管理」，也要歸功於兩位主秘。相信同仁們也都有深刻感受，做一份工作能夠又有成就感又愉快，要靠大家通力合作，但居中協調、擘畫的主秘功不可沒，這點我也要特別對簡教授致感謝之意，

　　談到「紫軾書院」，與我又有一點淵源，原來我在卸任校長前，發想為清華籌措「永續基金」做個開端，應是一件有意義的事，而為了拋磚引玉，先捐了一百萬元，而簡主秘是我引來的第一塊玉。當初我想簡主秘曾借調台積電三年，擔任重要職務，頗有貲財，到後來才知他在正要蓋「紫軾書院」，身負

巨額貸款情況下，仍毅然「共襄盛舉」，讓我很過意不去。所以看到「紫軾書院」順利落成，也讓我心中卸下一根重擔。

「紫軾書院」的建立，是為了培育人才，今天的植樹活動也有「百年樹人」的含意。「紫軾書院」的命名，據了解從代表清華的紫，與大文豪蘇軾之名合成。紫色是紅色與藍色混合色，分別代表大陸與海洋，有中西會通之意，亦是清華的歷史與文化特徵。另有一說是紅色與藍色分別象徵熱血與冷靜，取智勇雙全之意。蘇軾是中國文學藝術史上罕見或甚至僅見的通才大家，其散文、詩、詞、賦均有成就，且善書法和繪畫。我在2013年，曾與內人專程從成都到眉山造訪「蘇軾故居」，除了親身體驗造就歷史上「蘇門三學士」鍾靈毓秀之地，也發現曾任中共黨主席的華國鋒（蘇鑄），是蘇軾叔叔的後代。另外今年初，到海南島旅遊時，也到了蘇軾流放儋州時創立的「東坡書院」，為海南島培育出第一批科舉人才。在東坡書院，看到蘇軾題詩「心似已灰之木，身如不繫之舟。問汝平生功業，黃州、惠州、儋州。」不世文學大家，一再受到貶謫，越貶越遠，而在解除流放後，死在回程途中，令人不勝唏噓。

另一方面，禎富設立與命名「紫軾書院」，作為不同領域不同階層跨界交流的平台，增進各個領域的未來領導人才的早期培養和互相瞭解。我也預祝「紫軾書院」集聚清華「中西會通，智勇雙全」精神與蘇軾「德才兼備，文質並稱」精髓，更勝隋末大儒王通（文中子）在黃河、汾水之間設館，受業者達千餘人，人才輩出盛況。

▲ 做一份工作能夠又有成就感又愉快，要靠大家通
　力合作

▲ 「紫軾書院」自代表清華的紫，與大文豪蘇軾之
　名合成。

「科技創新與園區轉型」公共論壇開幕致詞

2012年9月15日　星期六

　　首先歡迎大家到清華大學來參加科技創新與園區轉型論壇，今天我可謂以多重身分發言；一是論壇地主，二是新竹科學園區在地人，三是與科技創新息息相關的清華大學校長，四是園區老兵，我在2008年5月到2010年1月我擔任國科會副主委期間主要工作即為督導科學園區，五是與園區廠商互動密切的在地教授，我所指導的百餘位碩博士生絕大多數都在園區工作，有些學生在園區創業有成，歷年來，也有一些產學合作經驗，這多重關係，恐怕還很少有人有更密切的經歷。當然我們必需要記得，「新竹科學園區」是清華大學徐賢修前校長在擔任國科會主任委員任內，推動成立的，使得台灣經濟發展邁向另一階段。

　　本論壇以科技創新與園區轉型為題，應是覺得科技創新要加強，園區必需要轉型，這是相當明顯的命題，也是大家談了很久的問題，2008年全國科技會議，即有「高等科技園區」或「園區2.0」之議；去年四月十九日我在「中部科學園區」召開的國際會議中，我即以「科學園區2.0」演講，有趣的是，在我演講後，有位韓國學者告訴我，他將講「科學園區3.0」，可惜我必須趕回學校，未能領教。

　　我在國科會時推動「園區創新前瞻計畫」，在國科會立案頗費一番周折，開了不少會，決定推動後，會內程序要決定是以委辦或以計畫形式執行，由那些單位承辦，折騰了一陣，到我離開國科會後，才正式由科政中心與工研院產經中心分年以「園區前瞻」、「園區永續發展」、「園區特色」計畫執行，今年一月十二日召開的「科學園區永續發展論壇」中我也應邀以「台灣發展創新特色科學園區策略」為題演講，是大家關注的議題，紙上談兵的機會很多。

科學園區近年的發展，如果比較寬容的說，是好人做好事，但不一定是做對事，何以致之？孰令致之？我想最直接的答案是現今政治生態；政治人物習於爭取看得見的建設做為政績，如設立科學園區、設立大學、高鐵站、交流道、各種公共建設，在各種大帽子下，都是好事一樁，但付出的代價常非社會國家所能負擔；就以大學來說，沒有人能說設立大學不是好事，但在台灣廣設一百六十餘所大學，則有災難性的後果；科學園區也是首當其衝，在繁榮地方、帶動就業思維下，各地極力爭取，也無可厚非，但是否切合需要，政府財力是否可以負擔，是否耗水耗電，如何排污減廢，則非地方人士考慮之列；政治人物認為「長期」是一個抽象的觀念，民眾要的是現時當下利益。在地方政府與民意代表高調「選票至上」、「維護政權」的論點下，加上立法院「相互掩護、一夫當關」的生態，資本家的強大人脈與壓力，「利益集團」的鼓動，輿論分岐，造成「明知其非」的主管單位「沛不可禦」的困擾，而有關社會福利，民意代表競先加碼，不惜造成財務黑洞。另一方面，既是做好事，造成政府財務吃緊又非僅此一樁，前者有立即紓壓之益，後者是長期隱性傷害；曾聽資深事務官說：「只要用錢能解決的事都好辦，一億元與一塊錢都是一樣」，如是上級交辦，自然有人買單，公務員也可在「無愧良心」下「避凶趨吉」，各種形式的「蚊子館」就容易產生了；同時因備受立法院、監察院、檢調、法院、輿論、社運團體質疑甚至指控，聰明的公務員豈不知「法有明文的可做，沒有明文的不可做」，在法令不周備情況下，「明哲保身」，自然導致諸事不順；除此之外，由於立法品質粗糙，對「事不關己」的法案，在少數立委與社運團體推動下，行政官員與立委最聰明的是「與人為善」，通過一些窒礙難行法案，也是非常負面的示範。

　　或謂，賢明的政府要能抗壓，做最好的選擇，在現今藍綠對立情況下，政府先就少了約一半的支持，受少數的挾持，機會自然大增；這部分我要呼籲在野黨早日設立「影子政府」，對各種議題明白說明執政後的立場，提出主張和不同政策選項，監督執政黨並在部分關係公共福祉議題上合作，有積極作為，才有改善的可能，並讓人感到有執政格局；否則以批判為成就，徒給「有心人士」可趁之機，「成事不足，敗事有餘」；一方面希望藉批判與杯葛即能使執政「從天而降」，機會並不大，另一方面，即使一旦執政以後，一樣「一籌莫展」。

第二是成熟的「公民社會」問題，有成熟的公民，才有成熟的政治。如果民眾一昧貪圖立即與個人的利益，政治人物自然曉得如何迎合「眾之所好」，換得選票，不敢「求好」；經濟學的基本原理是「天下沒有白吃的午餐」，「羊毛出在羊身上」；普設大學，自然稀釋資源，降低平均水準，畢業生眼高手低，造成高失業率，再遇到生育率逐年下降下，有一半以上大學將有生存危機；又如健保、公保、勞保，攸關國民健康與生活保障，在法制失義、勞動人口逐年減少下，「食之者眾，生之者寡」，均在十幾年後即將破產；平均稅負低，使「公共投資」低；各種無排富條款的福利措施，大家不斷加碼，使得政府「債台高築」，讓子孫承受；這些，見多識廣的領導人士怎不「心知肚明」，我們看得到在抬面上的人有心甚或有能力解決嗎？

　　沒有「公民社會」的督促，政治人物疲於跑婚喪喜慶做「選民服務」、爭取「舉目可見」建設為政績，不須也不願自宏觀長遠角度施政或從政，也就少見有想像力的作為。

　　另一方面是「理盲濫情」問題，部分有意識形態人士，動輒無限上綱，在愛家護土等美麗口號下，拒絕任何理性溝通，園區外的黑水溝可以視若無睹，園區內有專業環安單位嚴格管控的排廢標準，則要求比歐盟還要嚴苛的環評標準，環評每次可以容許一再外加的條件，社會又有強大「弱者受害」情結，有抗爭必有冤屈，「會鬧的有糖吃」，效率與功能，自然大打折扣。集中管理與處理污染物於保護環境勝於散布各地無以有效管理是當初設立園區初旨之一，環保團體應以有效監督為條件，才能達到「雖不滿意，尚可接受」的結果。

　　又如油電漲價對經濟發展直接效益或有損，但造成的以價制量節約效應對環保與減少對核能依賴應是有利，尤其台灣在能源供給上有99.5%以上靠進口，毫無提供在世界上「名列前茅」低廉電價的本錢，2010年住宅電價每度2.72元，世界第二低，工業電價每度2.36元，世界第四低，甚至比中國大陸低；在能源消費與排碳方面，台灣人均用電量一年9797度在亞洲稱霸，全球僅次於美國居第二高，每人排碳量11.8噸，居亞洲第一，同時用電工業部門的能源消費結構比重十年來是唯一增加的，由2001年48.83%上升至2011年的53.51%，而前二十名用電大戶契約容量達台電用電量14.7%，比住宅用電量占11.1%還高，由於政府補貼工業用電21%，營利高達千億以上產業，竟獲得二十多億補助，電價從「成本變為利潤」；種種不公不義從未見環保或反核人士

「仗義執言」，或「趁機建言」，反而以改善營運績效欠佳為理由，與政治人物一同「政治正確」，如此豈有公信力？行政部分在孤立無援的情況下，最容易做的就是屈從於「利益集團」，導致財政與經濟體質惡化，留債與遺禍子孫；有特殊訴求人士如只「見樹不見林」，堅持己見，而不能趁勢而為，合力解決問題、達成目標，自然會有強烈挫折感，導致惡性循環！所幸台灣科學園區開發，應已達到收尾階段，但留下的是頗為負面的教材。

最後是科技創新問題，科技創新是產業創新，包括產品、技術、市場、資源配置、組織創新之一環，科與技是一體二面，有原創性的科學水準高，才會有原創性高的技術發展，科技創新途徑可分：

一、源自科學的突破：屬於革命性創新，以最近清大發展出的奈米雷射而言，以電漿子共振發射雷射光，使雷射尺寸可縮小至30奈米左右，對光儲存、傳輸與計算都有潛力達到革命性的改進，在二十一世紀是光學資通訊時代的背景下，衍生的技術與製成的產品遠景無限，台灣以前這方面成就少，需要長期與充分的後續研發，妥善智慧財產佈局與保護等，才有可能實現。

二、在現有知識上整合改進：屬於漸進式創新，加上放大量產規模，這是台灣習用模式，在動態記憶體、面板、太陽能電池、發光二極體產業上均處於「苦撐待變」狀態，可能已不足應付新局。

三、人才培育與人才引進：大學是培育中堅人才的地方，天才型的人才是可遇而不可求，也無法培育，重要的是讓他有發展空間，台灣當然希望培養Steve Jobs、Bill Gates、Mark Zuckerberg等人才，但事實上美他們在美國都未大學畢業。

創新要在知識與實作的經驗下產生，研究是一個堅實的實作過程，一流的研究必然包括卓越的創新，因此在研究上追求卓越與鼓勵創新是異曲同工的，也是研究所教育的目標，交叉學科是創新的豐饒地，當積極鼓勵跨領域研究。

在大學部教育中，最主要的還是回歸根本，在教學上，強調紮實的基礎，另一方面，增添實作課程，鼓勵跨領域學習，文理會通，結合理性與感性，培養創造力，以工作坊、競賽等方式，激發創意，引導創新，

值得注意的是，台灣近六十年來，與資通訊產業相關理工科系，如電機、物理等一直是熱門科系，培育眾多人才，在電子科技於1980年代初期由政府訂

定為重點科技後，迅速發展，在世界上舉足輕重，但約於同時訂定為重點科技的生物科技，至今未見起色，與台灣學子雖醉心學醫，但學成後投身生物科技研究者比率很低，因此頂尖人才數目有限，在生技產業，「轉譯」高唱入雲，但前提要有值得「轉譯」的研發成果；再加上生物科技產業投資大、風險高、回收慢特性，非國人所熱衷，發展不順也是預料中事，由此兩例，可見人才的重要性。

人才另一來源是自外引進，在世界先進國家，生育率普遍降低，人口呈萎縮之勢，只有美國一支獨秀，除人口增加外，科技創新源源不絕，主要是由於其開放的移民政策。重視世界級人才的延攬，僑外生及陸生的招攬與留才，方得使我國的教育投資達到最大效益。以台灣現時環境，除少數企業有機會延攬世界級人才，僑生及陸生才是希望所寄，以當前政治氛圍，恐「緩不濟急」。

科技創新的未來，產學互動應是關鍵。產學是命運共同體，產業與學術水準是並駕齊驅的，學術水準不高，將不足以支撐先進研發；學校培育人才，未來為產業界所用，或擇機創業，也提供產學合作的人力與空間、設備資源，政府各部會多有推動鼓勵產學合作措施，但產業不振，產業界經常抱怨沒有合用人才，似可推論產學合作績效不彰；事實上人才可分多類，產業也有各層次，如果以在國際上面臨強大競爭的領導廠商所需的高級人才而論，近年來，國內出國風氣大減，人才多留在國內，有經驗歸國學人數目也累積增加，問題可能主要出自：

一、**業者轉型無力**：台灣產業在政府與業者共同努力下，曾經創造奇蹟，風光一時，曾幾何時，陷於一片愁雲慘霧之中，自根本而言，台灣人擅長經營中小企業，本不注重研發，靠自國外引進技術，作漸進式創新，加上放大量產規模與政府獎勵優惠壯大，無心也無力累積智慧財產、創立品牌、建立核心技術，在創新產業，遇到如美國蘋果、韓國三星等強敵競爭，則顯束手無策，小魚入大海，自然暈頭轉向，

最近瑞士洛桑國際管理學院（IMD）出版的《2012年世界競爭力年報》指出，台灣的「企業家精神」是全球第一，是歷年最佳表現。所謂「企業家精神」，依「經濟合作暨發展組織（OECD）」解釋，核心價值在勇於承擔風險，藉由創新和重組經濟資源，開發符合未來發展趨勢的新產業、新產品與新服務，取代生產效率低、需求成長陷入停滯的產業與商品。據經建會表示，目

前國際間多以企業的進入率與退出率，做為反映企業家精神的重要指標，依此顯示國內具有高度的企業家精神。著名經濟學家熊彼得（Joseph Schumpeter）曾說：「企業家有別於資本家，企業家的本質是創新」；國內普遍存在的「寧為雞口，勿為牛後」、「喜做頭家」文化，導致新設公司大幅增加的現象，將之解釋為業者具有高度的企業家精神，恐有偏差。

二、**業者急功近利與短視：**台灣高級人力中，超過六成在大學，而在科技領域，約有一半，即一萬兩千名工程領域教師，今年即培育出一千六百多名博士，這些教師多有良好訓練，博士生也常有亮麗研究成果，可謂菁英研發大軍；工程領域教師一般比較重實務，如有足夠誘因，對產學合作接受度高，但業界普遍未曾認真投入研發資源，積極推動產學合作，協助培育人才，產學合作不僅在求研發成果，讓參與師生瞭解業者問題，對培育可用之才上將大有助益；而業者應對新進人才「再加工」與現有人才「連續教育」本為企業經營之道，有所認知，業者在高額紅利時代，坐享各種租稅優惠，運用大學提供豐沛而低廉人力，但吝於在培育人才上投資經營，如今面臨困境，又高調要政府提供適用人才，而往往拒斥學校推介學生實習機會，也讓人感到「莫名其妙」。

或謂，台灣在1980年代初期，學術研究水準並不高，而業者得以闖出一片天，近年來，國內學術研究漸與國際接軌，為何業者反處於生存困境？世事本就物換星移幾度秋，很明顯過去的經驗已不足以從容面對層次不同新局，要在地球村裡，高度競爭環境中，需有新的作為，達到技術升級，才能有所振作，占有一席之地。被譽為「現代企業管理學之父」的杜拉克（Peter Drucker）與熊彼德同樣強調企業家在「繁榮」這個目的上所扮演的角色比資本家更為關鍵。台灣業者雖勇於創業，但拙於創新，以致產業發展不振，也可以說，台灣不缺資本家，但欠缺足夠有器識遠見的企業家。

再者，業者常謂大學教師汲汲於發表論文，對產學合作興趣不高，這部分主要恐怕還是與業界不願提供足夠誘因有關，國科會在2008年金融海嘯期間，提出的「固本精進」計畫，即針對誘因問題，提供四成經營給學界，得到熱烈迴響，有許多研究績優教授參與，即為一例。

三、**政府資源短缺與分散：**前些時報載：「韓國三星年研發經費達兩千五百億元，我國國科會不過九百多億元」，多麼令人警惕？不過它事實上是高估了國科會，九百多億元是我國全年公部門科技經費，國科會總經費只有四百多

億元，扣除經營科學園區、國家實驗研究院、同步輻射中心，每年用於學術研究不過兩百多億元，光用於學術研究已嫌不足，能提供用於產學合作經營非常有限，其他經濟部工業局、技術處，補助工業技術研究院、資策會等，倍力多分，而政府財務吃緊，未來提供的資源，能維持現狀，已屬樂觀；政府以往與現在，輔導中小企業，頗有佳績，未來也應在這一部分繼續努力，

　　在唯有科技創新才有活路命題下，台灣的科技創新應何去何從，當然人民有權力要求政府更有效整合資源，但主要的恐怕要靠產業界「自求多福」，「有能力者付費」，在政府財務拮据、效能存疑下，靠政府時代已過，將是「守株待兔」，如不自立自強，漸漸步入黃昏，是不會令人意外的。政府能做的，則是澈底檢視各種租稅減免優惠、獎勵研發措施，以鼓勵甚至誘導產學合作。

　　學校除培育人才外，所能做的包括：

　　一、鼓勵產學合作，有各種激勵辦法。

　　二、舉辦智財管理與應用工作坊，開設「專利行銷策略」、「創新技轉模式」、「產業應用推廣」等課程。

　　三、研發成果共享，舉辦成果發表會，向產業界介紹研發成果。

　　四、提供先進設備、人力，參與業界研發。

　　五、經營創新育成中心，引導從實驗室進入育成階段。

　　六、舉辦科技創新競賽。

　　最後但非常重要得是推動觀念改變；觀念轉變很難立竿見影，似緩不濟急，但是最根本的，而必要的，這又回到成熟的「公民社會」問題，如果大家都有是非心與責任感，政府的公共政策就增加了成功的可能性。人人要白吃的午餐，只有造就失落、不安世代，禍延子孫，能不戒慎恐懼乎？

▲ 清華與科學園區關係千千重

關東鑫林雲林廠竣工典禮致詞

2012年3月15日　星期四

今天很榮幸參加關東鑫林雲林斗六廠竣工典禮。剛才呂董事長特別提到他與清華的淵源，他沒有提到的是，他是清華百人會的會員。清華百人會是去年清華歡慶百周年，以百人會方式籌募興建多功能體育館，每位會員捐贈一百萬元以上，所以百人會的會員都是清華的貴人，他們的活動，我都儘量參加，今天當然也不例外；事實上，今天的竣工典禮，不僅是關東鑫林的喜事，也是清華大學的喜事，清華大學的師生同仁都與有榮焉。

關東鑫林雲林斗六廠未來將是東亞最先進、規模最大高純度電子化學品製造工廠，對我國電子產業發展將有很大的助益。我在國科會服務時，電子國家型科技計畫已執行兩期長達十年，依例將功成身退，但當時有許多產業界大老與學界領袖希望政府能繼續支持電子國家型計畫，曾提出電子產業是「鎮國之寶」之說。初聽之下，似乎是誇大之辭，但實有幾分道理，最後得到認同，而有目前在進行中的智慧電子國家型計畫，可見電子產業在台灣的重要性。電子產業有關東鑫林新廠在上游提供高品質化學品的加持，實為幸事。因此今天不僅是關東鑫林的喜慶，清華大學的喜慶，也是我國電子產業的喜慶。

電子產業長期來是我國的龍頭產業，經濟發展的火車頭，但近年來一方面毛利率大降，另一方面也常因元件與硬體製造過程耗水耗電，引起疑慮。最近有識人士開始推動「藍色經濟」，從自然生態的永續發展來思考，運用現有的資源與可再生的材料來因應需求，節能減廢，兼顧環保。我們寄望關東鑫林在生產製造過程以及未來應用，能把握「藍色經濟」精髓，對產業與社會有所貢獻。

今天在典禮前，很高興見到許多清華校友。清華校友有對母校向心力最強的特質。上星期清華大學曾舉辦了校友體育館上樑典禮。校友體育館即是由校

友百人會捐贈全部經費的體育館，很感謝呂董率先響應。另外下星期一，學校將有一場記者會，報告主要為校友捐贈跨領域研究清華實驗室的進度，在場的清大化學系系友會會長呂正理董事長將會代表化學系系友參加。清華實驗室除由四個王牌系，即材料系、化學系、化工系以及物理系四系各分配二個樓層使用外，其餘樓層將由研發處統一控管，以作空間使用上的最大效益。其中有一部分空間將作為產學合作基地，很歡迎關東鑫林科技公司及早進駐。

今天一早從新竹出發前，還是陰雨綿綿，到台中以南，天氣轉佳，尤其在典禮現場風和日麗，象徵和煦光明的未來。在此除祝大家健康快樂外，也預祝關東鑫林公司大展鴻圖。

▲ 清華大學師生同仁都與有榮焉

▲ 在「鎮國之寶」上游提供高品質化學品

元智大學新舊任校長交接典禮致詞

2012年8月1日　星期三

　　今天我是以多重喜悅的心情，參加元智大學新舊任校長交接典禮。我首先要向元智大學道賀；元智大學自1989年建校以來，一直都由優秀校長治校，尤其在非常優秀的彭校長治校七年以後，又請到非常優秀的張校長，累積能量非凡，光明前景可期。

　　其次我要向卸任的彭校長道賀；清華大學在七年前，以非常不捨的心情，將彭校長出借，當時我也是到元智送親團成員之一；彭校長在清華大學擔任許多重要行政職務，表現亮麗，在青春旺盛之年，以十足活力，積極任事，同時深具創意，尤其難得的是同時有很強的執行力，善於表達與溝通，是任校長的良才，七年後果然不負眾望，載譽而歸，可喜可賀。個人對彭校長的歸建，尤抱欣喜之情。彭校長在清大素為消息靈通人士，經他提點，我也有幸預聞許多秘辛，最近我跟他見面時，發現清華大學有些事他並不清楚，因此現在是返校的最佳時機。

　　張進福校長約與我同時在UC Berkeley求學，返國後迅速的在學術界建立起很高的聲譽，1980年代末期即受邀出任教育部科技顧問室主任，任內對清華大學提供了很大的幫助，日後又為政府延攬為國科會副主委，出任暨南大學校長，國科會國家型網路通訊計畫主持人，於2008年入閣出任主管科技事務的政務委員，歷練豐富，對國內教育與科技發展不僅有深刻的了解與掌握，而且多所建樹。本人在2008年到國科會服務，有較多機會向張政委學習，非常佩服他處事明快，而且深具智慧，能化繁為簡，鞭辟入裡，剛才張校長說他會適時出手，我想這一天會很快到來，並且讓大家眼睛一亮。在此要特別一提的是，2009年我曾與張政委分任行政院攬才團正副團長，赴美攬才，在加州矽谷、德州達拉斯市、芝加哥與波士頓有許多攬才與參訪活動，要由團長代表致詞，張政

委在各個場合，不論是用中文或英文，都能適切的發言，並且用詞精到，介紹攬才團的目的並宣導六大新興科技，相信所有在場的中外人士一定都印象深刻。

　　元智大學建校迄今，已有二十三年，除由遠東企業集團強力支持，也有前三位校長優質治校，所謂十年磨一劍，在磨了二十三年後，新校長就任之際，未來的願景是很受國人期待的。剛才徐董事長致詞說，未來充滿不確定性（uncertainties），但未來也同時有確定的部分。以高等教育來說，在台灣好人做好事，但不一定做對事，在人人能唸大學理念下，大專院校擴充到一百六十餘所，結果間間營養不良；同時據內政部統計，十八歲屆齡入大學人口今年約32.4萬人，到2017年約27.4萬人，2020與2026年約分別僅剩22.1與18.4萬人，在據教育部「教育統計」現今大專院校在學學生約一百一十萬人（大學日間部約83.8萬人，夜間部約19.5萬人，專科約10.1萬人），可見未來生員短缺的嚴重性。元智大學雖屬公私立大學前段班，未來難免遭遇很大的衝擊，目前理應未雨綢繆。如果依循目前「教育部大學」模式，如何與前幾名的國立大學競爭？正如張校長致詞時所說，本人以矇矓的眼光來看元智，在兩岸四地大學中，有具宏觀器識與教育理念的遠東企業集團強力支持，最有機會成為大中華地區的加州理工學院（Caltech），Caltech教師人數約300人，與元智相當，但在世界人均教師表現評比居首，徐董事長致詞說遠東企業集團放眼13億人加上台灣2,300萬人的市場，如此氣魄，如投入適當資源，採取突破性的做法，有可能打造世界級名校，是我對元智的期望，也是對元智的祝福。

▲ 累積能量非凡，光明前景可期

東海大學王茂駿校長就職典禮致詞

2016年2月1日　星期一

今天很高興在有歷史意義的路思義教堂參加東海大學王茂駿校長就職典禮；東海大學自1955年建校以來卓有聲譽，茂駿校長學識優異，又有豐富的行政歷練，是一時碩彥，擔任東海大學掌舵人，相得益彰，可喜可賀。同時卸任的林振東校長，在過去半年領導學校渡過艱危，到今天平順的交棒，也是值得大家感謝與敬重的。

本人與王校長在清華同事近三十年，尤其在本人擔任工學院院長的時候，王校長先後擔任工業工程系系主任、研發長等職；在本人擔任校長之際，王校長也擔任主任秘書與工學院院長工作，有相當多的共事經驗；他在教學研究以及各項職務上，一貫的風格是認真負責，識見卓越，思慮周密，不僅勇於任事，同時執行力強，為人誠懇，又有很強的親和力，可謂已經為未來作為一個優秀大學校長，做了充分的準備工作，尤其東海大學的校訓是求真、篤信與力行，以王校長的特質，更是為東海大學打造的理想校長人選。

另一方面，在此時今刻，擔任大學校長對任何事都是一大挑戰；從世界趨勢來看，數位科技對人類生活，尤其是大學生就業的衝擊正方興未艾；根據聯合國（UN）報告，2014年底全世界的手機用戶數量已超過人口總數，互聯網可謂無所不在，而這大抵是正面的效應；但隨著電腦科技的飛速進步，以前我們聽到有人說：「我的同事不是人」，一定是在罵人，或是玩笑話；但現在或不久的未來，他的意思更可能說是，「我的同事是機器人。」在產業界，機器變成勞工，勞動力和資產之間的界線越來越模糊。以往認為，機器善於做例行與重複的工作，但現在已進步到，只要是可預測性的工作，都可能被取代；如果我們分析；多數工作都具有某種程度的預測性，衝擊就會很廣泛，而且是跨領域的。機器由查看你執行的所有事務，學會你的工作，或重複執行你已完

成的事務，變得熟練；電腦演算法能夠學會你絕大部分，甚至所有的工作；如通過連線，運用「大數據科學」，發展智能機器演算法，由軟體自動化與預測性電腦演算能力將繼續快速提升，使電腦很善於學習和取得新的技能；未來擁有更高的教育和技術水準未必能夠有效保障你的工作將來不致被自動化，這在美國許多行業是進行式，大學畢業的白領勞工，如律師、新聞工作者、藥劑師等，有很多被取代的實例，未來將會席捲全球；另一使人憂心的發展是有關世界各汽車廠商競相發展的「無人汽車」，美國已至少有三個州通過讓它上路，由於其安全紀錄，遠高於真人駕駛，有人預測，在十年以內，而美國現今有超過一千萬人，靠駕駛汽車為業：而數位科技引發的MOOCS風潮，雖在這一兩年，稍見冷卻，但未來也可深遠的影響全球高等教育；如何因應，是大學的重要課題，也是責任。

回顧國內，台灣高等教育經過二十多年的折騰，錯誤的教改政策，資源分散與浪費，加上少子化的衝擊，如今可謂面對空前的危機；最近全國大學校長會議，有些校長提到的兩大亂源，也就是立法院與教育部兩大寇，對曾經擔任大學校長的本人而言，是感同身受，心有戚戚焉；有相當多的立法委員搞民粹，將政治黑手伸入校園，可能是不成熟的民主副產品，但教育部官員的長期顢頇，不會管而喜歡管，也是積重難返，加重校務經營的困難；譬如說，台灣的公私立大學，十幾年來，教育部學費政策在部分立法委員壓力下，被限制得幾乎沒有調漲，而政府的補助日漸減少，如與美國比較，1986－2013年，美國GDP增加1.21倍，但學費增加5.38倍，辦學績效優良的公立大學，如加州大學，目前學費已超過每年一百萬，但台灣學生趨之若鶩；在政府財政困難之際，唯有鬆綁，才能讓優質大學有生存發展的空間。未來我們要與王校長共同努力，掙脫教育部的桎梏，才有可能大展鴻圖。

最後我要寄語東海大學的師生校友們，不可諱言的，東海大學近十幾年來，風波不斷，在台灣前段公私立大學中少見，應集中智慧有所匡正。大家經過縝密的遴選程序，喜獲一位理想的校長人選，理應全力支持，校長是學校最重要的資產，讓校長發揮長才，則為校為己，甚至為台灣的高等教育幸。

▲①認真負責，識見卓越，思慮周密
　②求真、篤信與力行
▼③勇於任事，執行力強，為人誠懇，親和
　力強

接受台灣鍍膜科技協會「終身成就獎」致詞

2018年10月12日　星期五

　　首先我要恭賀「台灣鍍膜科技協會」慶祝成立二十周年。從大會會場協會時光走廊展示的協會發展歷史。可見協會歷年來舉辦各種有意義活動，蓬勃發展，協助台灣鍍膜產學研界更上層樓，厥功至偉，可喜可賀。

　　在協會二十周年慶特殊時刻，多蒙諸先進抬舉，頒贈最高榮譽「終身成就獎」。本人雖然是鍍膜科技老兵，但成就實屬有限，領起獎來有些心虛；要特別感謝獎章委員會主任委員杜正恭教授說明這獎項有以勵來茲的意義，同時承蒙協會獎章委員會以及理監事們的抬愛，本人深感榮幸。

　　個人與鍍膜結緣，始於1980年在美國康乃爾大學擔任訪問學者之時，當時的研究群主持人J.W. Mayer教授是世界從事金屬矽化物薄膜研究的先驅，因而展開金屬鍍膜與矽晶反應研究；由於我在攻讀博士階段，主要是以穿透式電子顯微鏡研究矽晶中的缺陷，從事金屬鍍膜與矽晶研究可謂天作之合；次年返國後，時逢台灣半導體產業正萌芽發展，金屬矽化物薄膜很明顯地是決定積體電路元件性能中關鍵因素之一，不論在國際學界與業界都受到相當的重視；再加上國科會的長期在研究計畫上的支持，教育部與國科會補助購置貴重儀器，如國內第一部原子分辨電子顯微鏡（ARTEM），附有臨場偵測反射式電子繞射儀超高真空雙電子槍蒸鍍機（UHV Dual E-Gun + REHEED），附有臨場偵測低能量電子繞射儀超高真空電子槍蒸鍍機與掃描穿隧式電子顯微鏡（UHV STM + LEED），附有雙電子槍蒸鍍機之超高真空電子顯微鏡（UHV TEM + dual E-Gun），以及球面像差校正原子分辨電子顯微鏡（Cs-corrected TEM）等貴重製程與分析設備，同時又有豐沛的優質博士生人力，所以得以在領域前沿有相當優良的成果；由於明天下午我將在年會大會中報告所從事鍍膜研究的

經驗與心得，考慮「終身成就獎」有鼓勵後進的原旨，我謹在此約略反思一下我個人的鍍膜研究對台灣學術界與產業界可能的影響。

第一是階段性扮演在頂尖期刊發表論文的衝刺開路腳色；如1971－83年，台灣在應用物理領域很難被接受發表論文的頂尖期刊Applied Physics Letters共發表18篇論文，到1980－84年，增加到30篇論文，而我的研究小組發表13篇，但到2007年一年中，台灣作者即發表389篇論文；又如2001－2006年台灣在奈米科技領域頂尖期刊Nano Letters共發表16篇論文，在2007－2010年增加到34篇論文，而我的研究小組發表12篇，各約占三分之一。同時台灣作者在2011－2014發表已增加到100篇論文，在2014年一年中，即達32篇。

第二是協助創辦國際期刊「材料化學與物理」（Materials Chemistry and Physics，MCP）；本人在1990年年中接受「中國材料科學學會」委託，籌辦國際期刊，經與國際多家學術期刊出版商聯繫與晤談，最後與當時並迄今世界學術期刊最大出版商Elsevier簽約敲定自1992年一月起接辦該公司旗下已進入「科學引文索引」（Science Citation Index，SCI）選刊的MCP，並擔任首任主編，至2003年卸任。MCP自「中國材料科學學會」接辦後一直維持其國際期刊特色，自次年起迄今連續獲得國科會（現科技部）「傑出期刊獎」，近年來其影響因子（Impact factor）更一直維持在2.0以上。巧的是杜正恭教授將於明年一月接任MCP主編，在此也預祝杜教授鴻圖大展。

第三是積極參與國際學術活動，爭取國際能見度與肯定；在我參加的四個國際性學會中，均得到相當的榮譽。包括獲頒美國礦冶與材料學會（The Mineral, Metallurgy and Materials Society, TMS）的William Hume-Rothery獎，美國電化學學會（The Electrochemical Society, ECS）電子與光子學門獎，美國材料研究學會會士（Fellow, Materials Research Society, MRS）以及美國真空學會會士（Fellow, American Vacuum Society, AVS），在國際學術界得到相當的肯定。同時也獲選為世界科學院院士（Member, The World Academy of Sciences, TWAS）與俄羅斯國際工程學院院士（Member, Russian International Academy of Engineering）。

第四是培育許多優秀的人才，到今年為止，培育了105位博士生以及相當多的碩士生，畢業生除少數在國外發展外，遍佈國內學術界與產業界，有二十幾位在國內外大學任教，許多在國內外創業成功或在重要企業擔任高級主管。

這些成就無一不與鍍膜研究息息相關，因此說鍍膜研究「惠我良多」可謂毫不為過。如果要探究原因，我個人除一向抱持為學須勤而專的想法，長期努力耕耘，也深深受益於前述的「天時、地利、人和」，也就是不論是金屬鍍膜或奈米材料研究，都是當時學界與業界重視的研究，有優良研究環境的清華大學位於世界矚目的半導體重鎮，新竹科學園區之中，也有幸與許多傑出學者與優秀的學子共同研究，堪稱受有相當福報的人；如果要算年齡，我國古代大教育家孔子享壽73歲，我今年剛好屆孔子享壽之年，處於半退休的狀態，對未來的期許，是繼續對社會有所貢獻；另一方面，深覺個人所以有一個總體而言，令人滿意的生涯，要感謝的人很多，以後主要是我回報之日；再次感謝協會的抬愛，頒贈令我深以為榮的「終身成就獎」。最後祝大家健康快樂。

▲ ①協助台灣鍍膜產學研界更上層樓
　　②鍍膜研究「惠我良多」
▼ ③對未來的期許，是繼續對社會有所貢獻
　　④結緣鍍膜五十年

就任「中華教育文化基金會」董事致詞

2018年11月9日　星期五

　　承蒙各位董事抬愛，聘請本人擔任最新一屆董事。「中華教育文化基金會」在我國教育文化發展上，扮演關鍵性推動及提升角色，具有歷史性的地位，各位董事望重士林，造詣精深，本人得附驥尾，忝列衣冠，深感榮幸。

　　「基金會」早於1924年成立，負責保管與支配美國第二次退還之庚子賠款餘額；自1929年起尚保管運用由美國第一次退還之庚子賠款成立之「國立清華大學基金」；該基金其年收入除本會收取的管理費外，均交付新竹國立清華大學運用。

　　本人於1977年加入新竹國立清華大學，是與「基金會」結緣之始。雖然了解「基金會」長年支持清華大學，並耳聞在新竹建校初期，教師待遇得到「基金會」款項實質補貼，得天獨厚的環境，使清華積聚優異的師資，在學術表現上，傲視全台。另外則是在1979年台美斷交時期，為防止管理權爭議，曾將「基金會」會址自美國遷至台北，但對「基金會」具體資助清華大學方式並不清楚。因此在2010年有幸接任清華大學校長時，首先詢問在學校校級單位擔任行政主管多年的副校長，發現他也不清楚；最後才了解「基金會」目前將「國立清華大學基金」每年收入除收取管理費，均交付新竹國立清華大學運用。而我在擔任四年校長期間，也確實每年接獲「基金會」寄來的支票，併入校務基金使用。所以我也要趁此時機，感謝「基金會」的妥善保管「國立清華大學基金」，穩健投資，長年支持清華校務發展。另外值得一提的是，「基金會」會址自1972年9月遷至台北後，曾長期租用清華大學台北辦事處，位於金華街的「月涵堂」作為辦公場所，直到前幾年，配合「月涵堂」改建作業，才搬到和平東路現址。

　　由於清華的成長，每年預算約六十億，目前「國立清華大學基金」每年

對清華的挹注，已經不足以「辦大事」，但極具歷史象徵性的意義。近年來，深感歷史紀錄之重要，「沒有紀錄就等於沒有發生」，同時要把握時機，有些事蹟要當事人才可能釐清；例如許多人對當年清華梅貽琦校長夫人未隨梅校長回台建校以至擔任教育部長來台，一直大惑不解；今年七月中梅校長親侄梅祖麟院士乘回台參加院士會議之便，應邀到清華大學訪問，到梅校長陵墓致敬，同時在其父梅貽寶校長（原燕京大學校長，梅貽琦校長幼弟）為紀念梅貽琦校長捐建之「月涵亭」憑弔；據告其姑母乃因其長公子梅祖彥在之前自美返回中國大陸，如返台可能有諸多不便，甚在情理之中，也讓大家多年疑惑有了一個合理的解答，可謂「一語定音」；本人擔任董事後，有意爬梳「基金會」自保管運用「國立清華大學基金」後，歷年來對清華的挹注，整理珍貴的資料，為「基金會」與清華大學的重要歷史作一見證與紀錄，尚望「基金會」同仁多所協助，使能圓滿完成工作。

CHINA FOUNDATION 2018 SECOND BOARD MEETING, NOV. 9 .2018

▲ 在我國教育文化發展上，扮演關鍵性推動及提升角色

ECS理事長郭育教授演講引言

2018年11月9日　星期五

　　身為美國電化學學會（ECS，原為Electrochemical Society）終生會員（Life-time member），學會理事長蒞臨當然應該躬逢其盛，所以今天很高興來聆聽郭育教授的演講。ECS是美國重要的大型學會之一，自1902年成立至今已有一百多年，目前有約一萬會員，遍佈全球八十餘國，創始會員中包括發明電燈的愛迪生，以摩爾定律出名的Gordon Moore以及多位諾貝爾獎得主，都曾在ECS中活躍過。郭育教授是第一位獲選ECS理事長的華人，堪稱「華人之光」。相信等一下郭育教授除報告多功能高介電常數氧化物薄膜（The multi-functional high-k thin films）研究成果外，也會介紹ECS的現況。

　　我因為年齡較長，所以頒獎給別人的機會很多，但郭育教授是少數近年來曾頒獎給我的人。場合是在2010年於溫哥華舉行的ECS年會，很感謝郭教授以ECS電子與光子學門主席（Chair of Electronics and Photonics Division，EPD）身分頒給我EPD Award。如果大家有興趣的話，可上清華網站2010年首頁部分看到相關報導。另一方面，我也利用EPD Award的獎金轉而支付ECS長期會費，因而得以成為終生會員。郭教授雖然客氣的說EPD主席並不在Award評審委員會中，所以不是他的功勞，但幫助一定很多，是我要在此深致謝意的。

　　我與郭教授結緣，也是在ECS活動中。我曾在2001－2006年連續六年都在ECS年會擔任其中一個研討會的共同主辦人（Co-organizer），同時也多次在不同的研討會擔任受邀講員，所以很自然地與郭教授結識。另一層淵源，則是因為郭教授的兄長，正是清華的傑出校友郭位；如果大家熟讀四書之一的《中庸》的話，一定知道其中有云：「致中和，天地位焉，萬物育焉」，可能會聯想到他們的關係。郭位教授現任香港城市大學校長，我剛好上一次與郭育教授見面，也是在香港。當時是在他主辦的ULSI-TFT研討會擔任主題演講人

（Key-note speaker），這裡要特別一提的是，郭育教授是ULSI-TFT的頂尖專家，而ULSI-TFT研討會系列，今年已是第二十八屆，是世界上ULSI-TFT領域歷史最久，而持續舉行的重要研討會。

ULSI與TFT是同源的技術，但ULSI追求電晶體尺寸小，而TFT追求大面積成品，分別反映在台灣的積體電路（IC）產業以及面板產業上；台灣的IC產業由台積電領軍，在世界上擁有舉足輕重的地位；台灣面板產業由於IC產業技術的根基，雖曾風光一時，自中國大陸大舉投入，變得非常辛苦，譬如說中國大陸已開出全世界唯一的第十一代面板生產線，其面積高達3×3平方米，成本效益要比台灣量產前世代面板高很多，所以台灣未來必需要走尋求高附加價值路線，以免滅頂，這是在座同學未來就業必需要注意的。

另一方面，郭育教授是積極參與學術團體最好的典範。尤其講求國際化時，不僅參加學會舉辦的會議，更要參與學會中各委員會的工作，爭取或協助主辦會議等，才有機會獲得肯定與榮譽。在國內學者參與的國際學會中，很明顯的是以電機資訊領域的電機電子工程師學會（Institute of Electrical and Electronics Engineers，IEEE）最為成功，光是獲選IEEE會士的國內學者據估計即達百人以上，非常可觀，很可以給各位老師參考。

▲ 積極參與學術團體最佳典範

▲ 獲頒美國電化學學會「電子與光子學門獎」

十三、科學科技講座

收錄2014年至2018年所
參加各科學科技講座之演講
講稿，包含個人求學經歷與
生涯規劃；台灣高等教育問
題與對策；全球化、數位化
及人工智慧對科學科技發展
等議題進行分享與探討。展
現個人對人生、教育及科學
的思考與認知。

全球化與數位科技雙重推力對人類社會的衝擊

2014年10月1日　星期三

「紡織科技國際論壇暨研發成果展（Textile International Forum and Exhibition,簡稱TIFE）」演講講稿

在以「多元與接軌（Diversification and Connection）」為大會主題的國際論壇演講，「全球化與數位科技雙重推力對人類社會的衝擊（Social Impacts of the Twin Force of Globalization and Digital Technology）」也許是還算適當的講題，畢竟在多元的世界裡，全球化與數位科技是接軌的重要推力。

人類現在正處於一個迅速變動的時代，面對許多錯綜複雜而難解的問題；1996年諾貝爾獎化學獎得主Richard Smalley在2003年一次演講中，提出未來五十年人類面對的十大問題（Top Ten Problems of Humanity for Next 50 Years），依序為能源、水、食物、環境、貧窮、恐怖主義與戰爭、疾病、教育與民主（Energy、Water、Food、Environment、Poverty、Terrorism & war、Disease、Education，Democracy、Population），而在當時，尤其是現在，帶動世界變動的推動力與趨勢，應是數位科技的飛速進步與全球化，而這兩項推動力，又互為表裡，促成更大的變動，值得密切關注、了解並因應。

首先是數位科技的發展，1982年，美國《時代》雜誌以「個人電腦」為年度封面風雲人物，顯示數位時代的來臨；年初美國麻省理工學院教授Erik Brynjolfsson與Andrew McAfee合著出版《第二次機械時代》（The Second Machine Age）新書中，列舉人類歷史中最重要的發展，如馴養家畜、農耕、建立聚落、成立帝國、發展宗教、哲學思想、試行民主、書寫文字等，對社會

發展與世界人口成長的效應，遠不及約兩百年前，以發明蒸汽機等機械為代表的工業革命，也是該書所稱展開「第一次機械時代」，當時人類約花兩千年時間，世界人口自約兩億增加約十億，自此急遽增加至現在的七十億；「第一次機械時代」是以機械克服人力限制，而「第二次機械時代」則以數位技術超越人類智力限制；而正如蒸汽機自首先發明，不斷改進，需經約幾十年的時間，才成為推動工業革命的引擎，至今已開始展現強大的潛力，它的特性是指數化成長、資訊數位化、趨於組合綜效質變，用英文來說，是exponential, digital and combinatorial.

Google工程總監、未來學家Ray Kurzwell用一則西洋棋棋盤故事說明數位科技飛速成長的威力；西洋棋在公元六世紀，由印度人所發明，據說發明人將此發明獻給一位國王時，這位國王非常高興，以為發明人要求不多，答應依發明人提議方式獎賞，也就是照棋盤從第一格放一顆穀粒開始，逐格加倍，一直到第六十四為止，不料填到第三十二格的時候，所需穀粒已達231顆，也就是約二十億顆，如要填滿棋盤，穀粒數目要比人類有史以來所生產的穀粒還多，很明顯的使國王無法遵守承諾；而在數位科技中著名的摩爾定律，正確的預測約五十年來積體電路的運算能力每一年半增加一倍，也番了三十幾番，而這種進展，正如在棋盤後半盤格子中加填穀粒一樣，進入超越人類經驗與想像的境地。

摩爾定律所揭示的指數變化，使數位科技進展讓人目眩神迷，例如美國政府為氣象研究，發展ASCI Red電腦，1996年完成時，占地約網球場大小，造價五千五百萬美金，十年後，Sony推出Playstation 3電動玩具系統，具有相同運算能力，只占十分之一平方米面積，售價僅五百美金；同時2011年Apple推出售價低於一千美金的iPAD II，其運算能力相當於往年造價三千五百萬美金的Cray II超級電腦。不僅如此，諸多電腦周邊設備都以指數形式快速進步。

以往一般人會認為電腦在明確指令下，擅長做運算，做簡單而重複的動作，對模式辨認、感應運動、較複雜溝通等則遠不如人，但近年數位科技發展，讓人必須刮目相看，舉例而言，Google無人駕駛汽車，自2010年上路以來，車隊已開行數十萬英里，而達到零肇事率的記錄。讓人期待的是他的偵測系統Cyclopean LIDAR，在公元2000年時，造價達三千五百萬美金，在2013年中期，已降至八萬美金，製造商並聲稱，一旦量產，售價可降至數百美金。

在Amazon倉庫中，除有少數真人引導外，外號Kiva的機器人熙來熙往，做各種倉儲工作；由Boston Dynamics公司開發，外號BigDog，如大狗的四腳機器人，可負重約兩百公斤，在超過35度崎嶇山坡、雪地、泥沼、岩塊中行走，在結冰地面被推動而得以挺立，更能在平地上以每小時八公里速度跑動，有些機器人能跳上十公尺高的屋頂上，也些則能爬牆、爬樹，所謂飛簷走壁，運動能力遠非昔比。

另一方面，繼1997年，IBM深藍電腦擊敗世界棋王，2011年，名為Watson的電腦又成為Jeopardy益智遊戲盟主，最新與醫學機構發展的Watson醫生，更具有相當高明的診斷與處方的能力，顯示其模式辨認的超強能力。

在語言溝通方面，Apple Siri已具備相當水準的會話智慧，美國富比士集團已採用純電腦自動撰寫「公司盈利預覽」，Google Translate可在線翻譯六十四種文字，十五種語言，也展示在文字語言溝通上的快速進步。

與此平行的發展是所有資訊的全面數位化（Digitization of Everything），將所有文字與多媒體資訊，如文本、聲響、圖畫、照片、影片、儀器與感應器的數據等全面數位化；由於數位化的資訊屬於用之不竭可重複共同使用，再製容易而且幾乎不花成本；網路科技、無線通訊科技無疑是建立在數位科技上，導致傳輸革命，讓世人共享數位化資訊，使近年來成為顯學的「大數據」（Big Data）得以發揮；舉例而言，Google到1912年三月為止，已掃描幾世紀以來兩千萬本書，其中包括自十九世紀以來的五百萬本英文書，由一個跨領域團隊研究顯示，英文字彙在1950－2000年間增加了70%，名人的起落加速，在二十世紀，世人原對演化漸失興趣，而在Watson及Crick發現DNA結構又再掀起熱潮；在文本研究上，中研院鄭錦全院士曾分析莎士比亞等文豪著作，用字多在五、六千以下，金庸多部著作，最長的《天龍八部》、《鹿鼎記》兩部書，各約一百萬字，用字都不超過4500字，約與長約73萬字「一百二十回紅樓夢」相當，其中代表正面情緒的喜、樂、笑、愉、悅、愛、親等字遠多於代表正面情緒的怒、哀、悲、憤、怨、恨、怒等字；研究都直接受惠於數位科技。

數位科技無疑正深刻的改進物理世界，賦予民眾更多在經濟能力範圍內的選擇（Bounty）與便利，但也有相當的負面影響，例如贏者全拿（Winner-Take-All）、貧富差距加大、社會階層化，都會造成很大衝擊，尤其在工作機會上，會取代許多現有的人力，英國牛津大學Carl Benedik Frey and Michael

A. Osborne兩位學者於2013發表〈電腦化對未來工作的影響〉（Future of Employment: How Susceptible Are Jobs to Computerization？）研究論文中指出，電腦化對美國勞工市場702細分的職業中，有高達47%的業別受到威脅，同時工資與教育所能達成的職涯目標與一業別的電腦化有負面的關係。他們由文獻中有關機器學習（Machine Learning, ML）與行動機器人（Mobile Robotics, MR）的進展，發展出將職業受電腦化影響的分類方法，同時估計電腦化對美國勞工市場702細分的職業中，受到威脅的程度以及影響。

該文提到經濟學大師凱因斯（John Maynard Keynes）常被引用的對廣泛由科技導致失業的預言：「由於發現的節省勞力方法的運用，超過為汰換勞力找到新用途的速率」（due to our discovery of means of economizing the use of labor outrunning the pace at which we can find new uses for labor, Keynes, 1933）高速公路電子收費剝奪了約九百位收費員的工作即為最近的例證，而隨著數位科技更趨成熟，電腦的功能更擴大，讓人擔憂；在此沛不可禦的強大趨勢下，Erik Brynjolfsson與Andrew McAfee的建議是：

一、與數位科技攜手並進，而非一昧抗拒。

二、思索並致力從事或創造電腦及機器人不容易取代的工作：例如具有創意、創新、多面向、感知以及非常複雜的交流工作等。

三、關照社會的公平正義。

數位科技無疑加速與深化全球化的趨勢，進而使數位科技無遠弗屆，在全球市場遍及各行各業，有充分的誘因與動力，吸引世界菁英爭相投入，形成良性循環；全球化不僅是財貨的移動，而更是資訊與服務的流通，讓跨國公司更形壯大，1995年美國網景公司上市，緊接著有桌面圖形化用戶介面Windows95問世，揭開了互聯網時代的序幕，天涯若比鄰已不再是文人騷客的憧憬而已，譬如說全世界據估計使用手機的數目達六十億，許多人可輕易的隨時隨地透過高畫質的影像面對面通訊，資訊的便利流通，對全球化產生了推波助瀾的作用；美國著名專欄作家Thomas Friedman在2005年出版《世界是平的：一部二十一世紀簡史》（*The World Is Flat: A Brief History of the Twenty-first Century*）一書，書中分析了21世紀初期全球化的過程。他列舉全球化的十大推力：

一、1989/11/9柏林圍牆的倒下；電腦視窗的開啟，拜政治開放、經濟改革、自由貿易、開放市場以及傳真、電腦等工具之賜，資訊流通障礙

大幅降低。

二、1995/8/9網景上市。它所代表的是從PC為主的平台走向網際網路為主的平台。今天我們將瀏覽器視為理所當然，它卻是科技史上的一大發明之一。Windows95問世與普及，使電腦與網路便利使用。

三、互通工作軟體發展，使數位的資料能在不同的軟體之間連接，讓網路的應用軟體彼此溝通無礙，如此一來，製作團隊可以跨國工作，或電腦訂購系統可以互通。

四、資源共享，讓許多的人可以輕易在網路上免費取得資料，如維基百科、Youtube、各種百科全書、辭典都是顯例。

五、外包：如「詢問中心」（Call Center）、口述翻譯等客戶服務大量外包。

六、海外生產：整廠外移到工資較為低廉地方。

七、供應鏈：在供應商、零售商、顧客之間創造價值的方法。如Wal-Mart Wal-Mart直接向製造商大量訂貨，並讓製造商將貨送到Wal-Mart自創的物流中心，並充分掌握顧客需求以降低存貨，如此可以省下相當成本，因量而可觀，增強競爭力。

八、內包：如UPS不只是單純的快遞，也在幫許多公司規劃全球供應鏈服務。

九、資訊搜尋：如Google公司的使命就是把網路資訊組織起來給世人使用，讓所有人隨時隨地都可以搜尋到世界上所有知識。

十、創新科技：可以加強其他推力的威力，如居家辦公，到處都能處理並蒐集資料，而且把聲音和資料傳到任何地方去。

這十大推力，無一不與數位科技息息相關，甚至可以說是奠基於數位科技。

全球化無疑能促進國際間社會、文化、經濟、政治、科技交流，共享知識與資訊、加強貿易、使全球貨物、資源、人口、資本與資訊移動更為利便，削弱國家權力，壯大跨國公司的影響力，使國家間關係更為緊密；但也有不少負面效應；如《世界是平的》書中主要的論點是「世界正被抹平」，有「四海一家」氣象，但世人也漸有「世界很平我不平」、「對有些人來說，世界一點都不平」之說；全球化助成工作機會由工資較高移轉到較低地區，例如台灣在「四小龍」時代，受工業國家產業外移以及日本雁行政策所賜，得以有三十年

時間，以每年8－10%成長率快速發展經濟，但在中國大陸以及東南亞國家興起後，喪失低廉工資優勢，產業轉型不及，製造業也紛紛外移，國內經濟成長大幅趨緩至3－4%；直接的後果，是讓台灣近十幾年，薪資成長停滯；同時數位科技進展，導致在工作機會上，會取代許多現有的人力，例如在《世界是平的》書中，所舉述的美國公司「詢問中心」（Call Center）外包大量到印度的情形，目前又因為更先進的自動化發展而回流；另一方面，原來是地方問題，如美國次級房貸危機，因全球性的對沖或風險基金波及，席捲全球，釀成金融海嘯，或極權世界；未來世界「數位科技的飛速進步與全球化」兩大沛不可禦趨勢合流，將加劇對社會的衝擊，必須及早積極因應。Friedman認為未來要工作要不可取代（unfungible），必須很突出，很專業、根深蒂固以及（very special, very specified, deeply anchored and very adaptable），是很寶貴的建議。

台灣在缺乏自然資源的條件下，反全球化不是國家發展的可行途徑，而數位科技產業正是主力產業，加速產業轉型，透過稅制安排和社會福利措施來緩解分配惡化，是必須嚴肅面對的。當然全球化代表挑戰也代表機會，培養人才流動能力也是各級學校教育應多加關注的重點。

同時世界正面臨全球化與資本主義發展的困局，1992年，在蘇聯瓦解、柏林圍牆倒塌後不久後，美國作家及政治經濟學人法蘭西斯・福山（Francis Fukuyama，1952年10月27日－）出版了《歷史之終結與最後一人》一書；他認為，隨著冷戰的結束，「自由民主」和資本主義被定於一尊，再由全球化深化與擴散，是謂「資本陣營」的勝利，人類歷史的前進與意識形態之間的鬥爭正走向「終結」，這種想法，普遍為東西方知識界所接受。

但世事的發展，與福山的論點產生了很大的歧異，一方面資本主義的運作已現疲態，導致貧富不均的現象，日趨惡化，法國經濟學者皮凱提（Thomas Piketty）在今年三月出版新書《21世紀資本論》（*Capital in the Twenty-First Century*），被諾貝爾經濟學獎得主克魯曼譽為本世紀經濟學的傑作，Piketty分析美、英、法等先進國家，上世紀或前兩世紀來的財富累積及經濟成長統計數據，顯示資本獲利率大於國民生產毛額增加率，資本所創造的所得成長率是經濟成長率的好幾倍，亦即所得流向工資的比率持續縮小，以致於工資成長率鮮少超過經濟增長率。以近30年的情況而言，資本的年報酬率達到4%或5%，而經濟年成長率僅1.5%左右，如以每年報酬率4.5%與1.5%計，30年的累積，

將造成資方增加了280%，而勞方僅60%，而非常實質的擴大了貧富差距。因此長期貧富不均現象，可主要歸因於資本作為一種生產要素的偏高報酬，富者以錢滾錢，迅速累積，成為現代世襲特權階級（Patrimonial Class），將使先天的優勢比後天的努力與才能，更為重要。

另一方面，全球化代表資本跨國界的運作，各國爭相吸引投資，資本家得以選擇最有利的環境，有時會繞過法規限制，消耗該地龐大社會成本，獲取最高的報酬，會在國家與國家之間，以及各個國家的內部，造成貧富差距的擴大，尤其1980年代美、英等國在新自由主義大旗帶頭下，對金融業等跨國大企業，放鬆限制；2008年全球性的金融海嘯，波及全世界，正是其嚴重的後果一例；皮克提因而擔心，這樣的形勢如果持續下去，將對民主政治的公平與正義造成巨大傷害，因而作出了一些具體的政策建議，其中最主要的是透過妥善規劃的稅收，重新分配財富，對實質財富（扣除負債）全面課徵累進稅，限制財富的過度集中。在二十世紀，西方國家曾出現GDP增加率與工資所得成長率約略相等的現象，除因兩次世界大戰帶來極大的摧毀資本影響，推行高累進稅率與社會福利制度，也證明是有效的措施，紓解貧富差距擴大問題。

今天的演講主題是數位科技與全球化，對多元世界無疑有促進接軌之效益；由於數位科技與全球化互為表裏，因此從數位科技談到全球化，進一步討論這兩大推力共同對資本作為一種生產要素的偏高報酬推波助瀾，對全球社會發展會產生深遠的影響，對未來面對的世界發抒一已之見，與各位共享，希望世人能藉了解問題，從個人與社會角度，思索因應的方法。

▲ 在多元的世界裡，全球化與數位科技是接軌　▲ 數位科技與全球化互為表裏
　的重要推力

領導力——清大領袖材子營演講

2015年3月7日　星期六

領導力

在領袖材子營裡，賴主任希望我談談與「How to become a leader」有關的問題，我在行政領導工作上曾擔任過清華大學材料系系主任、工學院院長、校長，國科會副主任委員、台灣聯合大學系統副校長以及材料科學學會、顯微鏡學會理事長，大概是賴主任覺得還有些值得稱述的績效，才以此命題，我也就不客氣地談談自己的看法與分享以往的經驗。

領袖是從衣服的領子和袖子引申而來，一件衣服的最外圍、最前端部分是衣領與衣袖，因此用「領袖」指團體裡面身居最高位或是最具影響力的人。領袖做的工作是領導，領導顧名思義是率領與導引，段玉裁《說文解字注》之詮釋：「領導」含有治理引導之義，《牛津英語字典》則以leadership為ability to lead；可以就優秀的領導須具備甚麼條件，如何成為好領導來討論。

在英文裡，正巧有三個很接近的字代表領導力的三大支柱（Three Pillars of Leadership），即passion、vision與mission。Passion是熱情，具有使命感（Purposeful）、奉獻精神（Dedication）、強烈企圖心（Aspiration）以及決心毅力（Determination），能夠全心投入（Commitment）、積極主動（Proactive）、任勞任怨（Responsibility）、樂在其中。

Vision指願景，是希望、願意看到的前景、境界、景象，是理想（Ideal）與核心價值觀（Core Value）的表達，領導人要善於規劃願景，掌握大勢（Momentum）與趨勢（Trend, See the future），擬定明確長期目標（Goals），主要是對團體成員的昭示。

Mission即使命，在社會、國家發展中所應擔當的角色和責任。關係到基本理念、原則（Principle）、方向（Direction）、定位（Positioning），在容許的時空環境中，據此制定具體目標、策略與藍圖，強調的是行動，也是對團體成員與社會大眾的宣示。

清華大學以世界級卓越大學的四個願景來凝聚共識：「人文薈萃的學術殿堂」、「博雅與專業人才的培育場域」、「創新科技的發展重鎮」，以及「多元進步社會的推動基地」，充分運用優勢，積極建構優勢研究教學環境，進行前瞻研究，豐富教育內涵，同時進行組織再造，強化經營體質，善用社會資源，奠定良好基礎，以朝向世界級卓越大學之目標邁進。清華大學期望在5年內可進入世界百大，10－20年內進入世界前50名，並將有5－6個具潛力成為世界級之頂尖重點學術領域。

清華大學以培育德、智、體、群、美五育兼優，具備科學與人文素養，能慎思明辨、具責任感與敬業精神，對社會具影響力的領導者和社會公民為己任。重視學生「堅實深厚的專業素養、自我瞭解與溝通表達、多元觀點與宏觀視野、邏輯推理與批判思考、科學思維與反思、藝術與人文涵養、資訊科技能力與素養、社會反思與實踐」的基本素養與核心能力。

優秀的領導必需要具備強烈熱誠，釐訂與闡明願景與界定與完成使命；國立清華大學在徵求校長候選人時，所列應具備條件包括：

1. 國際觀之卓越領導能力。
2. 前瞻之教育理念及科技人文兼容之素養。
3. 公認之學術成就與聲望。
4. 崇高品德、民主風範、社會關懷。
5. 協調、溝通、規劃之行政能力。

據此以及我個人的認知，優秀的領導素質可歸納為下列幾項：

自強不息

《易經》首掛之乾卦繫辭謂：「天行健，君子以自強不息。」意思是說：君子要效法天道運行恆常持久的道理與規律，發憤圖強、鍥而不捨，不斷革故鼎新。領導人於己盡其在我，於事力求達到最高境界，追求卓越，具有一定的

成就與聲望，才能帶領團體向上提升，如領導學大師John Maxwell所說：「領導的信譽從自身的成功開始。」、「自己先有成功的經驗，才能帶領別人登上山頂。」、「有能力的領導，贏得別人尊敬。」

領導人必須有卓越的學養與見識，才能夠明瞭現況、洞察世事、掌握大事與趨勢，了解卓越的內涵，釐訂適切的願景與界定與規劃感召力崇高、明確、具有可行性的使命，主動積極，力求實現。

有人說：學識好不一定有領導能力，有相當的真實性，但對知識含量高的學術單位與高科技產業而言，學養不足，見識有限，缺乏宏觀視野與國際觀，具有前瞻之教育理念及科技人文兼容之素養，就很難掌握大方向而有好的領導能力；以大學為探索、創造、累積與傳承知識的學術及教育機構觀點來看，學術領導應該是大學校長的一個主要工作。校長不具有「公認之學術成就與聲望」則很難「眾望所歸」，對學術研究的精神所在、學術生態及發展的遠景有深切的理解，善用資源，進而帶動提升學術的工作。民國七十四年美國麻省理工學院講座教授柯亨教授（Morris Cohen）接受教育部委託考察我國大學系所教學研究狀況時，曾經在公開場合述說以其當時在麻省理工學院工學院任教近四十年的經驗，最有成就的工學院院長還是以「學術卓越」而非僅以管理見長的院長，頗足發人深省。在多年前一次「大學校長遴選與治校風格」研討會中，林孝信先生提出：「依統計指出，負責美國大學校長遴選的校董的組成以企業經理及專業人士（如醫生、律師、會計師等）占絕大多數。不僅促成了美國大學的管理企業化，在校長的遴選標準上，也深受美國企業管理的影響。相對地，學術領導的比重就下降了。六、七零年代，美國大學水平的平庸化，正和美國大學領導的高度企業化傾向同步的。」論點雖然略失之「以偏概全」，但也相當程度的說明大學校長「學術卓越」的重要性。

另一方面，領導人如有多方興趣，樂於持續學習，學識持續進步，在工作中日新又新，不斷成長，自然有助於領導力的提升。

開物成務

《易‧繫辭上》有「開物成務」語，也就是：「能開通萬物之理，成就天下之務。」拿破崙說：「規劃得好很好，說得好更好，做得好才最好。」，領

導人能看到前景，也有能力執行、達成目標。提出腳踏實地的執行方案，把理想及願景付諸實現，展現，傑出的執行能力才能讓人信服，樂於追隨。

說得好可指對內、對外的溝通愈協調，闡明理念，確定方向，激勵成員，傾注熱情和心血、盡心盡力以做到盡善盡美，也用以尋求內外支持，爭取校友與社會人士認同，注入資源。

管理學大師彼得杜拉克對領導力下的定義是：「激勵和組織人力資源去實現使命。」領導除要知人善任，組成堅強團隊，能集思廣益外，也要確保團隊合作、分層負責，群策群力，達成任務。

領導學大師John Maxwell認為：「領導必須努力不懈地以實際行動證明以下三件事，方能贏得別人的信賴：1.主動：你必須起身，才能前行。2.犧牲：你必須有捨，才有所得。3.成熟：你必須成長，才能進步。」

清華大學為強化行政效能，自2010年推動「精實管理」（Lean Management）行動方案。藉由全校動員，由上而下課責，先針對全校一、二級主管進行「精實管理主管一日營」，再以秘書處及總務處的同仁為先鋒種子團隊，進行密集的精實管理教育訓練，以組（中心、室）為單位，選定一項以上的業務，依精實管理的原則及工具進行實際操作，六個月後，檢討實施成效及進行回饋修正，再將全校職技人員及行政育訓練與評審，以及組成「全面品質管理顧問小組」，協助持續推動品質提升。自2012年起導入全面品質管理與策略規劃以建立「中長程校務發展策略規劃」之機制，並和每年定期舉辦「校務發展諮詢委員會」和「校務發展規劃顧問委員會」的檢討與建議整合，定期更新中長程校務發展規劃報告，並使校務卓越經營目標和各教學行政單位的長期策略規劃結合，達到「綱舉目張」的層級展開和PDCA的改善循環。由於持續的努力，清華大學經過嚴謹的評審過程，於2013年8月，榮獲第23屆「國家品質獎－機關團體獎」殊榮。「國家品質獎」為我國最高經營品質榮譽，除了必須貫徹「精益求精、追求卓越」之永續價值，使組織邁向高卓越經營及高附加價值化目標。挑戰國家品質獎，必須通過嚴謹的評審程序及標準檢驗，榮獲國家品質獎的得主，堪稱是全方位優質的企業體及研究推廣的實踐者，可謂台灣業界的領導指標，經營管理的最高品質典範。

《大學》中揭櫫「物有本末，事有終始，知所先後，則近道矣。」由於人力、物力、精力等限制，推動工作，須依本末先後，考慮可行性，排定優先

順序；例如大學首重學生學習效果，而成績往往影響學習過程，清華自建校以來，始終以百分制計分，但也使部分同學「分分計較」鑑別度常不到1、2分些微成績之差異，而花費不成比例的學習時間，因此清華從九十九學年度第一學期起，校內學業成績評量將從百分制改成等級制，在適宜的級距區分下，讓學生不以追求高分為唯一目標，而更願意致力於學習效果的提升，得以在大學時有機會與時間接觸更多其他有義意的事務。清華大學近年來積極推動之服務學習（到山區、災區、弱勢家庭之課輔……）、國際志工等各種活動，推動繁星入學，推展暑期到世界各國大學之交流，皆是沿著此一教育理念主軸之不同作法。希望能培育有堅實的學術基礎，具有領導者所須有的同理心、溝通領導能力、以及視野與氣度。

在研究卓越方面，台灣在多年努力下，發表學術論文，在量方面有相當的成績，但受到高度注目的論文偏少，針對此問題，清華於2011年修正獎勵辦法，著重獎勵出版優質論文，論文品質有顯著提升。尤其發表在「科學」與「自然」指標性期刊頂尖論文，2013與2014年共八篇，超過2007－2012年共七篇之數，最為突出。

西諺有云：Activity is not equal to achievement，許多活動，看是熱鬧，其實成效可疑，譬如教育部看到台灣近年出國人數銳減，推出新制公費出國留學制度，與以往不同的是並不要求錄取學生在未來回國服務，可謂資源錯置的經典之作。

開物成務就字面而言也可以解釋成「開發資源，達成任務。」在國內高教資源普遍不足的情況下，如何爭取認同，取得資源成為領導一項重要工作；由於台灣社會對支援高教風氣不盛，要爭取認同而慨予支持，除人脈因素外，訴求與時機都很關鍵；例如清華大學最早的體育館落成於1971年，較新的體育館於1993年完工；當年在校生不到六千人，近年來，學生人數倍增，體育館舍設施嚴重不足；在2011年清大百周年校慶時，結合校友的力量，成立清大百人會，以每位校友捐贈一百萬元的方式，共同募集建造總經費達一億七千萬元的多功能體育館，在校友的熱烈響應下，順利達陣，經命名為「校友體育館」已於2012年11月啟用，可謂集天時、地利、人和的大成，是一個高度成功凝聚校友向心力的募款活動。

以德服人

　　《論語》中說：「政者，正也，己身正，不令而從。」孟子《孟子・公孫丑上》有云：「以德服人」，〈梁惠王篇〉又云：「仁者無敵」，領導有崇高品德、格局與風範，言行如一，言而有信，才能上下一心，眾志成城，是無人可敵的。如《孫子兵法》中說「上下同欲者勝」，領導人有哲人說：「格局決定結局，個性決定命運，態度決定高度。」是很有道理的。

　　在歷史上成就偉大功業而可能並無崇高品德的例子，自管仲以降，所在多有，但在資訊透明，民主意識普及的現代，領導人身教更勝言教。如在私德上讓人質疑，最輕也會影響工作的推行，不得不慎。

　　古樂府〈君子行〉裡有「君子防未然，不處嫌疑間。瓜田不納履，李下不整冠。」詩句，意思是說：不要讓人誤會或懷疑。領導人在做決策時，凡對自己有利者，應該迴避，否則即使有很好的理由，也會讓非利害人生疑，不滿者藉以批判，讓良法美意大打折扣。正直無私，以身作則，才能令人信服，為人表率，領導眾人。

　　「行所當行，言所當言。」領導人要顧慮的面向較廣，也要作長遠考量，凡事不免有人不滿，雖然要避免不必要的對立，但必要時，必須「行所當行，言所當言」，以免混淆視聽，不利團體發展；有些事，不在位時，說起來較為容易，在位時，動見觀瞻，堅持原則，恪守價值觀，適時發言或行動，才能發揮應有的影響力。

　　例如台灣施行民主政治，雖已有相當時間，但成熟度仍有待加強，亂象叢生；近年來，相對純潔的校園也不免受到政治紛爭的波及，部分師生呼應校外政治人物的訴求，一方面高喊公民政治口號，另一方面經常嘗試打壓不同意見者發言，不願意理性對話，是典型的「打著民主反民主。」由於這部分師生較有組織，人雖不多，但聲音不成比例的大；此時領導人更應「行所當行，言所當言。」勇於面對不理性的行為，才能振聾發聵，發揮教育功效。

　　台灣高教由於二十年前教改「廣設大學」政策的錯誤，導致以僅有兩千三百萬人口之地，擁有超過一百六十所大學，高等教育資源遭到嚴重稀釋，而在民粹氣氛濃罩，在教育部限制下，已有十年之久，學費無法合理調漲，侵蝕教

育品質，呼籲合理調漲學費應是負責任校長分內之事，但僅有少數校長願意挺身而出，殊為可惜。

止於至善

《大學》開宗名義有三綱之說：「大學之道，在明明德，在親民，在止於至善。」領導除要有高度的自我要求外，對所引領的團體要具有強烈的認同感與熱忱，對遠大目標有旺盛的使命感、企圖心；使命感（Strong sense of purpose）是在一定時空環境下，對賦予的使命的感知和認同，讓人不斷的自我鞭策，正如孟子所云：「舍我其誰？」。使命感和責任感是成就偉大事業的強大動力。領導雖有光鮮的一面與時刻，但身負重任，也有相對的重擔與壓力，地位越高，越「高處不勝寒」，「名滿天下，謗亦隨之。」要任勞任怨，必需要對所從事的工作，充滿熱忱（Desire）與使命感，遇到頓挫時，才不致心灰意冷，而是堅強的面對挑戰；台灣現今，許多學者出身政務官深苦：「官不聊生」，而有「大不了回學校教書」之嘆，是典型的反面教材。能人志士，能做的事很多，如果喚不起熱情，就不容易有決心毅力，勇於承擔，全力以赴，還是不要勉強為之為宜。

如何成為好領導？

領導不是人人都適合、都有機會，最理想的情況當然是「有能者居之」，一旦因緣際會成為領導，也要珍惜把握機會；但如何成為好領導？有些與天賦有關，更重要的是後天的努力與養成。

美國前總統杜魯門曾說；「除非你先成功領導自己，否則你無法領導別人。」如何成為好領導？針對優秀領導人的四大特質，加以增進補強，中國傳統中對君子的要求，可做參考，要點是修身與學習；

中國文化科舉制度在南宋大儒朱熹之後有約七百年時間，四書成為基本教材，如果看四書共58,941字中，《大學》、《中庸》、《論語》、《孟子》各1,827、3,756、16,114、37,244字，字數相差許多，相當不平均；而朱熹所以如此制定，應是認為《大學》、《中庸》是儒家學說的精華，由於大家對中華文

化的熟悉度，要遠勝其他文化，我推薦不如以《大學》、《中庸》兩篇的要義為起點，收效會較大。

《大學》中有所謂八綱，即「格物、致知、誠意、正心、修身、齊家、治國、平天下」，有謂：「欲治其國者，先齊其家；欲齊其家者，先修其身；欲修其身者，先正其心；欲正其心者，先誠其意；欲誠其意者，先致其知；致知在格物。」講求修身，必先窮究事物而獲得知識、念頭真誠、無私、端正自己的心意。

在學習方面，《中庸》講到求學必須具備——博學、審問、慎思、明辨、篤行五層工夫。「博學」是廣博學習；「審問」是仔細追問；「慎思」是審慎思考；「明辨」是明白辨別；「篤行」是確實執行。

在學習上，除專業能力的培養，多所涉獵，吸收古今中外賢人智慧，了解世界歷史與時事，國際大勢，掌握現代思潮，加強文字、語言、溝通、協調能力，都相當重要。

聯華電子講座：數位科技引導的未來

2016年5月17日　星期二

　　數位科技經數十年的發展，近年來在軟硬體方面更突飛猛進，一方面豐富、改善與繁榮人類生活，一方面在經濟、社會與政治面造成許多未來將更加劇烈的負面效應。本演講將自數位科技的歷史與發展現況談起，一窺未來的趨勢；分析其在現在與未來對人類社會多面向的衝擊，特別是大量白領工作被「有思考能力」的機器取代所引致普遍失業系統性問題的威脅，自烏托邦、反烏托邦以及非線性觀點，思索人類應如何迎接、調適與因應數位科技強大的顛覆能力之道。

　　數位科技對現在與未來對人類社會多面向的衝擊，以「機器人」（robot）為代表，但一般所謂的「機器人」（robot）不見得是有形體的機器人，而是泛指所有人工智慧軟體，具有機器學習能力（machine learning），能深入分析學習人類工作紀錄、累積經驗，繼而取代人們工作。由正面來看，數位科技的效應包括：

　　一、有龐大的商機，相關產業需求擴大，網購風行，工業機器互聯成形。

　　二、有助人類福祉：

　　　　1. 瞬時、隨地（Smart Phone）、幾乎免費通訊（Skype），訊息傳遞迅速，社交媒體發達（Facebook、Twitter）。

　　　　2. 生活上的便捷：（Google, Wikipedia）查詢、跨國網路交易、自動提款（ATM）、翻譯、自動通關、無人駕駛汽車。

　　　　3. 機器人擅長做辛苦、危險、艱困（採礦）、無法達成（太空、深海機器人）工作，精細外科手術。

　　　　4. 教育功能，網上教學，開放式課程學習。

　　　　5. 伴侶、娛樂、虛擬實境。

三、國防、軍事用途。

四、智慧製造，提升生產力。

五、大數據分析，協助防疫、醫療建議、察覺商業趨勢、判定研究品質、打擊犯罪或測定即時交通路況等。

六、人類壽命增長，先進國家都呈現急遽老化現象，又面臨長期照護人力等問題，由機器人協助幾乎是必須接受的選項（機器管家、看護），又如日本農人平均年齡偏高，也積極發展機器人從事農事。

但也製造許多嚴重問題：

一、大量白領工作被「有思考能力」的機器取代：目前世界正面臨「白領階級」員工大量被機器取代如排山倒海的趨勢，而這已是進行式。英國津大學在2013年發表的一項研究即顯示，有三分之二的工作受到相當威脅，有近半工作，將首當其衝。如美國一些司法大案，原先需要動員數百位律師，已經年時間，翻查上千萬頁文件，了解相關法規判例，現在絕大多數此類工作已被電腦取代，相似的現象，正逐漸擴展到各行各業；機器人不再只能取代技術含量較低、重複性高、偏重勞力性質的工作了，就連白領工作也一樣無法倖免。而這不是現在受良好大學教育、努力工作的人所容易克服的困難。

二、失業導致喪失收入，消費降低，威脅經濟成長，社會安全網也消失。

三、已開發國家人口老化，退休工作年齡人口比率降低，使安養問題雪上加霜。

四、促進全球化，贏者全拿，惡化貧富不均、失業問題，影響社會穩定。

五、跨國公司更趨壯大與普遍，受租稅優惠、法規鬆綁、獎勵措施等吸引，擇地而居，政府管制與調控經濟能力降低。

六、徵稅困難，各地競以各種方式吸引所需人才，難以防止經濟移民、節稅、避稅與逃稅。

七、有顛覆民主之虞：網路的快捷與普遍傳佈，使謠言可如星火燎原，引發社會盲動，成為煽動民粹或群眾暴力的溫床，散布仇恨言論，形成群體極化，激化意識形態，助長政治極化、制度崩壞，社會主義、宗教偏見、種族主義乘機而起。八、倫理哲學問題：奴役、強迫、歧

視、壓抑自主意識，半機器人（cyborg）、機器人執法。

九、道德層面：判斷對錯、同情心、同理心、製造有道德的生物的問題。

十、安全：駭客侵襲、竄改程式、有意識對抗、犯罪、預謀以及實施叛變，避免從機器人革命演變成機器人革人類的命。

十一、便捷的行動通訊，由高頻率通訊和複雜的社群關係對大腦形成沉重的負擔，據研究，有約百分之十五的人就經常處在這種緊張、壓迫，以及無法自制的衝動狀態。媒介多靠影音，窄化和淺薄化思維模式。

十二、沉迷網際網路遊戲、群體通訊，當前八卦、小道、影視新聞為社群網路的主流，浪費有限精力資源，影響學習與人際關係。

十三、助長犯罪活動：如網路詐騙、提供商人製造或販賣武器資訊。

十四、宗教衝突：某些宗教禁止有偶像或崇拜偶像，何況製造擬人機器人，創造（生）物、造神等。

　　就長遠看，數位科技強大的顛覆能力將深刻影響未來世界的面貌。對於未來，在各個文化中都是充斥著引人入勝的預測，主要有烏托邦、反烏托邦的兩大主流，烏托邦出於希臘語，原意為不可能出現的地方。英語中的同音詞意為「完美的地方」，偏向對未來有美好的憧憬，一般出現於工業時代以前。中國文化中較為熟知的為文本為《禮記》中〈禮運大同篇〉、陶淵明的〈桃花源記〉、清代李汝珍《鏡花緣》中的「君子國」等，描繪理想社會，近代則有康有為專書《大同書》，毛澤東統治下共產中國「人民公社」，雖以失敗告終，也可視為建設理想社會的一種嘗試。

　　在西方文化中，希臘哲學家柏拉圖（Plato）著有「理想國」（The Republic），通過蘇格拉底闡述的觀點，建造一個理想的城市。他認為綜合了君主政體的智慧和德性，民主政體的自由，是最好最穩定的政體。英國政治家與哲學家托馬斯·摩爾（Thomas More, 1478－1535）則著有《烏托邦》一書，虛構了一個大西洋上的小島，在農業與手工業時代，小島上的國家依階級分工和公有財產的理念，發展出完美的社會、政治和法制體系。十七世紀時，受到文藝復興浪潮，科學漸露曙光影響，英國政治家、科學家和散文作家法蘭西斯·培根，（Francis Bacon, 1561－1626）在《新大西島》（New Atlantis）中，體現了培根對未來理想社會的憧憬，道出了培根畢生懷抱的科學改善人類

生活的志向。

到工業革命時代，科技的演進，迅速改變人類生活的常規，對未來的預言，多趨悲觀，具代表性的有「反烏托邦三部曲」（Dystopian Trilogy），即喬治・歐威爾（George Orwell, 1903－1950）出版於1948年的《一九八四》（1984），英國作家、新聞記者和社會評論家阿道斯・赫胥黎（Aldous Huxley, 1894－1963）著於1932年的《美麗新世界》（Brave New World），俄國小說家葉夫根尼・薩米爾欽（Yevgeny Zamyatin, 1884－1937）在1920－1921年間寫成的《我們》（We）三本科幻小說，都根源於科技進展，政府對人民的監控能力，大為提高。

歐威爾批判假社會主義之名、行泯滅人性的極權主義之實的史達林主義；而其預言在之後多年中也不斷地為歷史印證，直至蘇聯共產主義於一九八零年代末期瓦解才告一段落。《美麗新世界》故事設定在公元2540年（書中的福特632年）的倫敦，諷刺新世界雖然外表似美，其實科技並沒有在社會的總體精神進步，反而讓小說中的社會文化倒退。《我們》最先寫成，採用筆記形式，假借一個生活在西元二十六世紀模範公民之口，虛擬一高度數位化，集中統一管理的國家「聯眾國」，所有的人民都以字母及數字編號，身穿制服，隨時遵守著作息表。描寫各色人等的生活與心態，人們按照著理性歸納的「幸福」方程式，過著無慾無求的生活，充滿「含淚的幽默」。《一九八四》與《美麗新世界》的寫作都受到直接影響。

以現在眼光來看，不管烏托邦或反烏托邦的預言，皆有其真實性、侷限性，具有啟發性；但面對新世界必須具備的關鍵概念是其複雜性。正如喬舒亞・雷默（Joshua Ramo）在其2009年出版的《不可思議的年代》（*The Age of Unthinkable*）中提出，現代最大的特徵就是「高度不可預測性」。由於時間與距離極度壓縮，過去彼此孤立的事件與互不干涉的群體，現在都可能因為快速的傳導過程而相互牽連，啟動複雜而難以意料的連鎖反應，尤其是科技的創新更可能釋放驚人的社會改造能量，在短時間內向四面八方擴散。「沙堆」是當代社會的正確模型，世間萬象存在於複雜系統中，創成由落沙式的交互作用來決定，牽一髮而動全身，因此簡化的邏輯必須被放棄，必須從多重角度看待事物，要習慣辯證式、逆向式、批判性、全方位的思考，尤其要注意事物間複雜而曲折的連結關係。

在如此思考下，未來將無法以現狀做線性的推演，但影響巨大的總體的趨勢將可作為重要的參考，而同時數位科技並非改變現代社會的唯一動力，面對世界主要問題，如失業、經濟不穩定、主權國家式微，民主制度陷入困境、社會疏離等，有推波助瀾的效果。未來學家鄂文·拉胥羅（Ervin Laszlo）在《混沌點：2012》（*Chaos Point 2012 and Beyond：Appointment with Destiny*）一書中直陳人類的文明發展已然危機四伏，高度不穩定，世界變得極其敏感，「混沌點」已然來到。我們處在一個關鍵的轉型期的「決定窗口」。他引愛因斯坦（Albert Einstein）名言「我們不能再用製造問題的思維來解決問題了」（We cannot solve our problems with the same thinking we used when we created them.）我們可以決定自己的命運，從征服（conquest）、殖民（colonization）和消費（consumption）至上的過去，走向聯結（connection）、溝通（communication）和意識（consciousness）至上的未來。在人類文明重要「混沌點」出現的此刻，在意識與作為上、採納全新的道德、想像願景中的新世界，並進化自己的意識——為新文明的到來做好準備，開啟人類社會的新頁。

面對未來，人類社會必須預想在現實世界中可能會出現的問題並找到解決的方法；尤其是重新探討人力在經濟中扮演的角色，從現在開始研究與設計因應未來科技衝擊的政策。如我們接受馬克思「經濟力量主導社會發展」看法，集中在經濟面，看未來的趨勢。首先是人力被具高度智能機器大量取代、流失海外造成的失業問題，以及貧富差距越趨嚴重的現象。約兩千年前，羅馬時代歷史學家普魯塔克Plutarch即曾說「貧富不均是共和國最老而致命的病狀」（An imbalance between rich and poor is the oldest and most fatal ailment of all republics.）。是古早以來，即存在的問題，但於今為烈。「全球化」讓財富移動更加便捷，而主權國家失能，社會普遍瀰漫不滿氣氛，民粹容易當道。英國未來學家伊恩·安吉爾（Ian Angell）早在2000年所出版《新野蠻人宣言》（*The New Barbarian Manifesto*）書中指出數位科技根本不是在創造通往「烏托邦」的道路，反而會為多數人帶來貧窮，僅給予少數人不受管制的財富。預言知識經濟中的贏家，即擁有知識，才能與權力的人（新野蠻人），將聚集於世界「聰明地區」（smart regions），大發其財，逃避納稅。至於落敗者，將面對冷酷的未來。工作是工業時代機制，在新時代漸趨瓦解；在工作為機器人取代，或外移時，社會主義，種族主義和宗教偏見等三大惡魔，會利用群眾的

經濟不安全感，趁勢而起。這些現象，有很大一部分，已經浮現，亟待尋找妥善方案因應。

　　法國啟蒙時代哲學家伏爾泰曾說：「工作讓人免除匱乏、無聊與犯罪」，對於人力閒置問題樂觀者如2014年初Erik Brynjolfsson與Andrew McAfee在《第二次機械時代》（*The Second Machine Age*）書中認為人類可藉生產力大增，施行配套社會福利，釋放辛苦工作的時間，來做更有意義的事，但社會上許多人「無所事事」，是否會導致無聊生事與犯罪孳生，是必需要深入探討的問題。尤其是關照社會的公平正義，研議施行配套社會福利措施。馬丁・福特（Martin Ford）近作《被科技威脅的未來》（*Rise of the robots-technology and the threat of jobless future*），呼應經濟學家海耶克、弗里曼等人的建議，建立「基本收入」（basic income）制度，或「負稅率」制度，可疏解失業衝擊甚至揚棄人必需要有賺取工資的工作觀念，但要得到社會接納，有相當的難度，同時如何降低可能的負面效應，如具有購買力，較容易被誘使吸食毒品、為歹徒詐騙等，也需要深入研究。

　　在個人方面，面對未來，我們自己又該具備哪些能力？首先要培養不易被機器取代的能力，選擇更有創意而非例行性、非可預測性的工作，需要宏觀視野分析、多面向、多視角、多感知，以及深刻細緻的溝通的技能，具有創意、創新組合能力，努力讓自己更有附加價值；另一方面，也要積極學習善用機器人、與機器人共同工作能力，同時持續關注人與機器人互動問題，不僅讓自己安身立命，也能造福社會，達到永續經營的目標。

　　另一方面，與數位科技攜手並進，而非一昧抗拒，積極投入到智慧型機器人的研發與應用之中，以人類的智力，誘發培育機器人的「想像」力，使明天的機器人成為真正造福人類的智慧化類人機器人，使人類的生活充滿更加豐富的美好想像。同時在倫理哲學、道德層面、安全、宗教等方面做全面的探討、研究、討論，擬訂因應方案。

　　當機器人具有如人類般的智能，機器人是否安全問題就必須多加考量，有「機器人之父」稱譽的科普作家艾西莫夫曾就此訂出三定律，廣為各界討論研究，此三定律為：一、機器人不得傷害人，或由於袖手旁觀，讓人受到傷害。二、機器人必須服從人類給它的命令，除非這命令與第一定律相衝突。三、機器人必須保護自己的存在，只要這種保護不與第一或第二個定律衝突。後來又

另加第零定律，亦即機器人不得傷害人類，或通過不採取行動，讓人類受到傷害。從對人類友善安全機器人著眼，但仍有相當疏漏。對於發展超級智慧機器人，連現今許多科技巨擘都充滿相當的疑慮，確實需要集思廣益，縝密考量，在軟硬體的發展，確保人類甚至整個文明的安全。

從plasmonics談科學發展
——2016田家炳光電講座

2016年3月25日　星期五

今天很榮幸來參加田家炳光電週盛會，當初孫教授邀請我來給演講時，希望我能與大學部以及研究同學，分享人生中重要的經驗或是學術之路的心得，讓同學們對未來有更多的思考空間。因此我今天的演講也循此方向進行。

今天所以選「從plasmonics談科學發展」為題，是因為近年來不經意地發現所從事的研究常與Plasmonics（等離子光學）有關，而Plasmonics正是光電領域目前熱門題目，同時我這幾十年來的工作也一直與科學發展有關。

Plasmonics是近年才發展的領域，事實上，Plasmonics之名，也是近十幾年才有的。在資訊時代，電子元件尺寸越來越小，但由於電子移動速度較慢，其操作速度受到限制；另一方面，光速度很快，光子元件如光纖傳輸速度高，但受光波波長所限，尺寸居高不下，Plasmonics結合電子元件尺寸小、光子元件速度快的優點，有潛力將資通訊科技推向另一高峰。

我與Plasmonics的淵源，可溯及上大學的時候，在固態物理學課程中，學到Plasmon一詞；plasma意思是等離子系統，在金屬中，有相同電荷數的原子核和自由電子，經激發而引起的集體運動（collective motion），波動經量子化後稱為等離子或電漿子，當時印象並不深刻；後來到美國讀博士班時從事電子顯微鏡相關研究，在同一個實驗室中，有一位台大電機系畢業的學長，博士論文主題是發展量測在電子顯微鏡以電子照射材料，因激發Plasmon而喪失的能量的技術，也就是現今習知的電子能量喪失能譜（Electron Energy Loss Spectroscopy，EELS）技術之先聲。在此又牽涉到我的研究生涯最常用的分析工具，電子顯微鏡，而電子顯微鏡的核心技術，電磁透鏡，是電子光學的代表作；同樣在我大學時代，僅在電子學課本中，看到以約半頁篇幅對電鏡之

描述，所以當年初到美國時，對Plasmonics與電鏡可謂都沒有甚麼概念，但這兩領域都與我後來研究息息相關；因此我今天要給大家的第一個經驗談是：「未來常是你現在無法想像的。」正如文學大家George Eliot說：「Among all mistakes, prophecy is the most gratuitous.」（在我們所犯的錯誤中，預言是最無稽的。）這裡我並無意鼓吹「船到橋頭自然直」，而是未來既不可知，不如集中精神，把目前的工作做好。

電鏡的發展可追溯到1930年代，到我在1970年代初期，開始從事利用電鏡分析材料研究時，已相當成熟；由於在台灣讀大學物理系的時候，迫於實驗設備的老舊與匱乏，同學們幾乎都是以從事「理論物理」研究為標的，到美國後，發現作「理論物理」研究可謂與前途黯淡劃等號，有意轉作實驗時，剛好與在材料系專長電鏡的指導老師「一拍即合」，從此進入一個陌生的領域；幸運的是，這也成了我一輩子受益無窮的領域，電鏡則成了我在研究界安生立命的工具。如果現在看台大物理系前後十幾年「一代菁英」後來的成就，我的第二個經驗談是：「選擇領域很重要，保持彈性為上策。」

對於缺乏實驗經驗以及做好實驗必需要具有的細心與耐心磨練的研究新兵，初期難免會有一陣艱困期，尤其在當年，儀器全靠手動操作，事後又要細心清理因實驗污染的零件、重新啟動歸零、沖洗底片，如在比較容易爭取到的夜間時段作實驗，回到住處時，常常已是東方既白時刻，幸好當時有足夠的體力與毅力，順利的完成博士研究。

在研究所階段，對我未來也產生重大影響的是，立意未來要往大學教書方向發展。由於當年台灣大學師資物理系很貧乏，讀書幾乎全靠自習，相當辛苦，在美國則碰到不少好教授，上課能把握重點，清楚地闡述觀念，猶如畫龍點睛，修起課來，輕鬆不少，被視為天書的教科書變得不是那麼困難，習題解起來也大都「得心應手」，深深感受到一位好教授的價值，也成為我憧憬的工作。如今我將屆退休之年，回首過去四十年，幾乎沒有離開過大學，生活過得充實而有意義，對於自己能及早發現自己真正志趣所在，深感幸運。

要往學術界發展，一般須經過博士後研究員（Postdoctor）階段；我在將完成博士論文研究時，獲得了一個到UCLA材料系做postdoctor的機會；當時我剛開始求職，指導教授有位在UCLA材料系擔任教授的朋友，正有一個postdoctor空缺，一試之下，對方反應極快，所以我也很快的接受了，後來UC

Berkeley材料系另一位老師也提供了一個隨他做postdoctor的機會，很有吸引力；最後主要基於「重信然諾」的古訓，還是去了UCLA，這項決定，同樣引發了日後各種際遇的連鎖反應，影響很大。

以當年UCLA和UC Berkeley的環境比較，UC Berkeley在各方面要略勝一籌；尤其在設備與人力上，由於我是研究小組中唯一的postdoctor，而所從事的核能材料輻射損傷研究，主要設備需要自己設計、組裝、測試、維修，費時而辛苦，同時所使用的電鏡也比較老舊，但也訓練出一身功夫，這對後來回台灣任教，同樣面對儀器設備較為落後的環境，有莫大的幫助，所謂「塞翁失馬，焉知非福」、「功不唐捐」。

對1970年代留美學生而言，畢業後都面臨回國或留美就業的抉擇，我則因私人的因素，在比較沒有掙扎的情況下選擇回國；這樣的選擇在當時是很多人很難理解的；如果從現在來看，我選擇到UCLA工作，再隨緣返台，這幾十年來，事業生活大體順利美滿，夫復何求？應是相當正確的抉擇，所以我要分享的第三個經驗是：「未來既未可知，選擇最主要把握的原則是讓自己心安理得。」

返國後到清華任教，在選擇研究題目時，除考量本身專長外，大致遵循兩個原則，一是因地制宜，另一是因時制宜，當時國科會配合政府發展半導體產業政策，正推行「大型電子計畫」，在該計畫項目下，清華得以購置一台離子佈植機，也就是一台可以產生高能量三、五價摻雜離子的加速器，半導體離子佈植研究與核能材料輻射損傷研究方向與方法上甚為相似，主要分別探討產生於不同材料中缺陷以及尋求消除或減緩破壞效應的方式。剛好清大材料系已有一台適用的穿透式電鏡，再添置簡單的熱處理與製備試片設備，也就具備我在UCLA相似的實驗條件，研究也就可以開始上路了；幸運的是，在往後幾年，也做出不錯的研究成果。

在返國三年後，我有機會到美國康乃爾（Cornell）大學材料系由Jim Mayer教授主持的研究室做一年研究，Jim Mayer教授是半導體離子佈植與金屬接觸先驅與巨擘，也引導我進入半導體金屬接觸研究，由於當時研究分析方法主要是用X光繞射以及Rutherford背向散射法，有所不足，正好與我擅長的電鏡分析互補，利用電鏡分析半導體與金屬接觸界面反應，當時並不多見，因此很有利基；另一方面，由於半導體元件技術遵循摩爾定律，突飛猛進，元件尺

寸不斷縮小，每個世代常須面對不同的金屬接觸問題，連帶著也影響了我未來約二十年的主要研究取向。

　　台灣在1980年代初期，研究能量還相當薄弱，這可反映在發表於一流期刊《應用物理快訊》（Applied Physics Letters）的論文數目上，譬如說1984年全台僅兩篇，1984－1988五年間全台亦僅四十篇，即平均每年八篇，相對於2007年有近四百篇論文的情況，有很大的差別。做研究，當然希望「出人頭地」，在台灣當時大環境下，要具有競爭力，需要運用策略，充分利用利基，我的思考方向是針對重要而具備研究條件的問題，做廣泛而深入的探討，而半導體金屬接觸研究是很恰當的課題，如充分利用台灣國科會長期支持、清華大學豐沛優秀的人力，再加上在1980年代末期，有機會購置原子分辨電鏡以及超高真空雙電子蒸鍍機，更如虎添翼，在研究上，漸趨領先，而台灣半導體產業在世界上漸具舉足輕重的地位，也更有助相關研究受到舉世注目，有好幾位美國教授曾對我表示，他們無法在此領域與我的團隊競爭，而也有多位日本教授則曾表達欣羨之情。

　　到了本世紀初期，在研究上出現了一個新的轉折點，也就是隨著奈米科技研究的風行，研究者會面臨是否離開舒適圈（comfort zone），積極投入新領域的抉擇，在受到一位前輩提點研究未來性的重要一席話影響後，決定一試，導致奈米材料與元件成為我近十幾年研究的主要方向。觀諸這段期間，有十幾位我所指導的博士生，部分原因是由於具有此領域專長，得以為國內外優良大學延攬任教，應是一正確的抉擇，

　　這期間，我曾有機會主持教育部補助一長達五年的「追求卓越」計畫，題目是「原子尺度臨場動力學研究」，也因此有經費購買一部「超高真空臨場蒸鍍與加熱電鏡」以及「掃描穿隧式電鏡」，這兩項利器，在幫助我們的研究更上層樓，貢獻很大，協同出了很多傑出論文，特別是在2008年，以「直接觀測含雙晶銅膜中原子擴散」為題的論文，為頂尖的《科學》期刊接受刊載。這裡值得一提的是，從事奈米材料研究，在某種程度上來說，也同時將我們先前金屬接觸研究發揚光大，只不過是轉為專注於微奈米結構金屬接觸界面反應。由於以往累積的經驗，也較容易切入與發揮。

　　在研究上另一亮點則是在2011年底參與「奈米雷射」研究，說來有相當巧合，當時清大材料系原子分辨電鏡正汰舊換新，升級為「球面像差校正原子分

辨電鏡」，而我指導的博士畢業生，本在國科會「千里馬」計畫項下在美國擔任博後研究員，因故提前返國，因而共同參與了物理系果尚志教授主持的研究，協助製作了當時世界最小的雷射，成果論文發表於次年出版的《科學》期刊中。

「球面像差校正原子分辨電鏡」與「奈米雷射」的發展，都代表科學的典範轉移（paradigm shift），電鏡中電磁透鏡球面像差校正，長久以來，被認為不可能，雷射也被認為受光波波長限制，尺寸無法進一步縮小，如今都成迷思，所以科學研究應儘量避免斷然說：「不可能。」（Never say never.）以往認為不可能，如化為可能，正是科學研究最珍貴的突破。

回到Plasmonics，奈米雷射正是因為Plasmonics的發展而成為可能。Plasmonics（等離子體光學）可以定義為探討非常小（次波長）區域電磁場現象與其應用的學問；推究其成為今日顯學原因，與近年奈米科技發展有很密切關係，包括奈米製程、鑑定技術、計算與模擬能力之突飛猛進，也由於其創新性，同時也與其「小規模科學」，也就是不需要太多資源但可得到新奇有趣成果之特性有關；另一方面，其應用潛力無窮。

在我近年研究中，與Plasmonics有關的，首先是金奈米粒子陣列的合成，研究過程中，每每得到「意外」的結果，而「意外」正是創新的開始。其後也利用等離子增益（Plasmonic enhancement）原理，製作出奈米光偵測器、奈米金陣列天線、太陽能電池、燃料電池、光催化效應的應用等。這豈是當年對plasmon一詞建立粗淺印象時所能想像（You never know.）。這也是科學特別的地方，在接觸一個概念幾十年後，推陳出新，創造新知識。

由於我目前忝任國家同步輻射中心董事長，最後我要一提國內光電科技最令人興奮的發展，也就是台灣光子源的落成，台灣光子源也就是同步輻射光子源；是由台灣本身團隊與技術建造的最大型與先進科學儀器，在去年年底，產生光束電流已達到最佳的520mA，預計於今年九月啟用，光束電流品質將領先全球兩年以上，一方面是台灣之光，另一方面也是光電研究難得的契機，歡迎大家多家把握利用。

今天我與大家分享以個人與光電科技發展交會的經驗，最重要的有幾點領悟總結於下：

一、未來既不可知（You never know.），不如集中精神，把目前的工作

做好。

二、選擇領域很重要，保持彈性為上策。

三、及早確定志趣所在。

四、面對重要抉擇時，最主要把握的原則是讓自己心安理得。

五、功不唐捐。

六、研究方向應考慮環境、資源、能力、興趣，針對重要而具備研究條件的問題，做廣泛而深入的探討。

七、解問題有適當工具（專業與資源）很重要。

八、掌握並充分發揮利基：國科會長期支持、清華大學豐沛優秀的人力，台灣半導體產業在世界上漸具舉足輕重的地位。

九、科學研究較儘量避免斷然說：「不可能。」（Never say never.）以往認為不可能，如化為可能，正是科學研究最珍貴的突破，也是科學美妙的地方。

十、研究可貴的特質：Curious（好奇，喜歡新奇），versatile（多面相能力，不受侷限）、agile（敏捷，隨時而進）、persistent（持久性）、forward-looking（前瞻性）、cooperative（善於合作）。

十一、健康的身體、和樂的家庭、知恩惜福的心態是事業順利的基礎。

由於時間限制，我所做的結語，部分或在演講中有所遺漏，或言有未盡，諸君如有興趣，容許讓我有機會在接下來的問答時間加以補充。

▶ ①Plasmonics 有潛力將資通訊科技推向另一高峰
②選擇領域很重要，保持彈性為上策

「生涯規劃——奇景光電菁英論壇」
「人生思考題」演講

2017年11月14日　星期二

　　今天很高興來成功大學擔任黃肇瑞教授開設的「生涯規劃－奇景光電菁英論壇」授課講師。黃肇瑞教授在約半年前發想精心設計此一通識必修課程，希望講員們能將社會菁英可貴且激勵人心的歷程，與年輕的學子們分享。以過來人的身分將過去累積的智慧和經驗作為教材，現身說法，告訴同學們人生是否可預作規劃？如何做生涯規劃？當面臨人生轉折點的時候如何做出好的選擇？如何做好機會來臨之前的準備？希望能鼓勵同學跨域學習，終身學習、拓展視野，提升國際競爭力，在授課講者與學生的近距離接觸及言談互動之間，輔以科技教學的網路平台，期望開拓下一代的視野、激發年輕人的潛能和企圖心，為即將踏入社會的學子們點一盞明燈，為迎接未來的挑戰，也為日後成為服務貢獻社會的菁英預做準備。希望是一門對於學生有終生影響和啟發的很不一樣課程。

　　今天我的演講，是以「人生思考題」為題目，不僅這是我依照課程要求，推薦同學看的兩本書之一的書名，而且也正對應課程的期許，與同學們思考人生大問題。今天我的演講主要分三部分，第一是從我的求學與工作經驗，帶出我對人生的感悟，供大家參考；第二是與大家分享，我閱讀向大家推薦的兩本書的心得，最後是對大家的臨別贈言，強調讀書的樂趣，希望大家能終生享受。

　　個人在中、小學求學過程中，相當的幸運，受到比較健全的教育。這主要受到兩位在台灣非常著名的教育家的影響，一是竹師附小的高梓校長，另一則是新竹中學的辛志平校長。他們都延攬優良師資，強調正常教學，注重音樂、美術、體育，鼓勵課外活動，這些都對本課程希望能鼓勵同學跨域學習、終身

學習、拓展視野、提升國際競爭力，非常有幫助，只是當時年紀小，還不太能體會罷了。

小學時代，有兩位老師，特別令人懷念，一是教美術的周邦鎮老師，還記得他跟剛啟蒙的兒童，講述達文西「蒙娜麗莎神祕的微笑」之美沉醉的神情；另外則是教數學的賈銓老師，他常以電影票獎賞月考滿分的學生，而我應是最大的受益人。他在我的畢業紀念冊上題詞：「滿招損，謙受益，又俗謂驕則必敗，希三復斯言」，當初頗不以為然，但確實給了我很大的警惕，成了我成年後的人生準則。

高中階段，是我自己感覺心智漸趨成熟的時期，遇到許多好老師，讀起書來得心應手，而且培養了許多樂趣，包括文學、歷史、音樂、藝術，學會了游泳，體能也有進步，辛校長在新竹中學全心辦學，施惠眾多學子，偉大人格的感召，成為我一生的典範，他對我的許多稱讚，給予我莫大的鼓勵，另外我也受益無窮的是，是他的叮嚀：「在公眾面前講話前，先要在腦中將思緒整裡一番」，這對我以後常有機會在公眾面前講話，有很大的幫助。同時他在我的畢業紀念冊上題詞：「為語橋下東流水，出山要比在山清」，是我往後銘記的箴言。

高中畢業時，興高采烈的進入獲得保送第一志願的台大物理系。但當年台大物理系師資貧乏，設備簡陋，圖書缺乏，無實驗訓練可言，學習環境堪稱惡劣；另一方面，期間養成獨立學習能力、拓展視野、結交到一些終身益友，還是收穫良多。在專業科目上，受益最多的老師是教「近代物理」與「量子力學」的方聲恆教授，而讓「量子力學」在大學與研究所成了我的拿手科目。

大學時，更能體會知識的樂趣，在這方面對自己的期許，正如與達爾文同世代的生物學家赫胥黎（Thomas Henry Huxley）所言：「To learn everything about something, something about everything.」也就是精與博，養成對各種學問都想要涉獵的習慣，但到年齒漸長，又遇到知識爆炸時代，了解是「不可能的任務」，只能盡力而為，仍是樂趣無窮。

一九六零年代，台灣經濟還未起飛，政治則未解嚴，大多數台大理工科系的畢業生，都到美國留學，有「來來來，來台大，去去去，去美國」之說。大學畢業後，我也順著潮流，到美國留學。美國當時經濟正處全盛期，社會富裕，遠超過台灣，科技、學術軍領先世界。我很幸運的能到世界一流的柏克萊

加州大學就讀。由於在台灣讀大學物理系的時候，迫於實驗設備的老舊與匱乏，同學們幾乎都是以從事「理論物理」研究為標的，到美國後，發現作「理論物理」研究可謂與前途黯淡劃等號，有意轉作實驗時，剛好與在材料系專長電子顯微鏡學的指導老師Gareth Thomas「一拍即合」，從此進入一個陌生的領域；幸運的是，這也成了我一輩子受益無窮的領域，電鏡則成了我在研究界安生立命的主要工具。

在我大學時代，僅在電子學課本中，看到以約半頁篇幅對電鏡之描述，所以當年初到美國時，對電鏡可沒有甚麼概念，因此我今天要給大家的第一個經驗談是：「未來常是你現在無法想像的。」正如文學大家George Eliot說：「Among all mistakes, prophecy is the most gratuitous.」（在我們所犯的錯誤中，預言是最無稽的。）這裡我並無意鼓吹「船到橋頭自然直」之意，而是未來既不可知，不如集中精神，把目前的工作做好。同時如果現在看台大物理系前後十幾年「一代菁英」後來的成就，我的第二個經驗談是：「選擇領域很重要，保持彈性為上策。」這裡要特別提醒，在歷練較為豐富的成年之後，選擇專心致力的志業，與在青少年時期的規劃，可能是有相當差異的。

電鏡的發展可追溯到1930年代，到我在1970年代初期，開始從事利用電鏡分析材料研究時，已相當成熟；對於缺乏實驗經驗以及做好實驗必需要具有的細心與耐心磨練的研究新兵，初期難免會有一陣艱困期，尤其在當年，儀器全靠手動操作，事後又要細心清理因實驗污染的組件、重新啟動歸零、沖洗底片，如在比較容易爭取到的夜間時段作實驗，回到住處時，常常已是東方既白時刻，幸好當時有足夠的體力與毅力，順利的完成博士研究。

在研究所階段，對我未來也產生重大影響的是，立意未來要往大學教書方向發展。由於當年台灣大學物理系師資很貧乏，讀書幾乎全靠自習，相當辛苦。在美國則碰到不少好教授，尤其是Eugene Cummins教授，上課能把握重點，清楚地闡述觀念，猶如畫龍點睛，修起課來，輕鬆不少，被視為天書的教科書變得不是那麼困難，習題解起來也大都「得心應手」，深深感受到一位好教授的價值，也成為我憧憬的工作。如今我將屆退休之年，回首過去四十年，幾乎沒有離開過大學，生活過得充實而有意義，對於自己能及早發現自己真正志趣所在，深感幸運。

要往學術界發展，一般須經過博士後研究員（postdoctor）階段；我在

將完成博士論文研究時，獲得了一個到UCLA材料系做postdoctor的機會；當時我剛開始求職，指導教授有位在UCLA材料系擔任教授的朋友，正有一個postdoctor空缺，一試之下，對方反應極快，所以我也很快的接受了。後來UC Berkeley材料系另一位老師也提供了一個隨他做postdoctor的機會，很有吸引力；最後主要基於「重信然諾」的古訓，還是去了UCLA，這項決定，同樣引發了日後各種際遇的連鎖反應，影響很大。

以當年UCLA和UC Berkeley的環境比較，UC Berkeley在各方面要略勝一籌；尤其在設備與人力上，由於我是研究小組中唯一的postdoctor，而所從事的核能材料輻射損傷研究，主要設備需要自己設計、組裝、測試、維修，費時而辛苦，同時所使用的電鏡也比較老舊，但也練出一身功夫，這對後來回台灣任教，同樣面對儀器設備較為落後的環境，有莫大的幫助，所謂「塞翁失馬，焉知非福」、「功不唐捐」。

對1970年代留美學生而言，畢業後都面臨回國或留美就業的抉擇，我則因私人的因素，在比較沒有掙扎的情況下選擇回國；這樣的選擇在當時是很多人很難理解的；如果從現在來看，我選擇到UCLA工作，再隨緣返台，這幾十年來，事業生活大體順利美滿，夫復何求？應是相當正確的抉擇，所以我要分享的第三個經驗是：「未來既未可知，選擇最主要把握的原則是讓自己心安理得。」

返國後到清華任教，在選擇研究題目時，除考量本身專長外，大致遵循兩個原則，一是因地制宜，另一是因時制宜，當時國科會配合政府發展半導體產業政策，正推行「大型電子計畫」，在該計畫項目下，清華得以購置一台離子佈植機，也就是一台可以產生高能量三、五價摻雜離子的加速器，半導體離子佈植研究與核能材料輻射損傷研究方向與方法上甚為相似，主要分別探討產生於不同材料中缺陷以及尋求消除或減緩破壞效應的方式。剛好清大材料系已有一台適用的穿透式電鏡，再添置簡單的熱處理與製備試片設備，也就具備我在UCLA相似的實驗條件，研究也就可以開始上路了；幸運的是，在往後幾年，也做出不錯的研究成果。

在返國三年後，我有機會到美國康乃爾（Cornell）大學材料系由James Mayer教授主持的研究室做一年研究，Jim Mayer教授是半導體離子佈植與金屬接觸先驅與巨擘，也引導我進入半導體金屬接觸研究，由於當時研究分析方法

主要是用X光繞射以及Rutherford背向散射法，有所不足，正好與我擅長的電鏡分析互補，利用電鏡分析半導體與金屬接觸界面反應，當時並不多見，因此很有利基，另一方面，由於半導體元件技術遵循摩爾定律，突飛猛進，元件尺寸不斷縮小，每個世代常須面對不同的金屬接觸問題，連帶著也影響了我未來約二十年的主要研究取向。

台灣在1980年代初期，研究能量還相當薄弱。做研究，當然希望「出人頭地」。在台灣當時大環境下，要具有競爭力，需要運用策略，充分利用利基，我的思考方向是針對重要而具備研究條件的問題，做廣泛而深入的探討，而半導體金屬接觸研究是很恰當的課題，如充分利用台灣國科會長期支持、清華大學豐沛優秀的人力，再加上在1980年代末期，有機會購置原子分辨電鏡以及超高真空雙電子蒸鍍機，更如虎添翼，在研究上，漸趨領先，而台灣半導體產業在世界上漸具舉足輕重的地位，也更有助相關研究受到舉世注目，有好幾位美國教授曾對我表示，他們無法在此領域與我的團隊競爭，而也有多位日本教授則曾表達欣羨之情。

到了本世紀初期，在研究上出現了一個新的轉折點，也就是隨著奈米科技研究的風行，研究者會面臨是否離開舒適圈（comfort zone），積極投入新領域的抉擇，在受到中研院何志明院士提點研究未來性的重要一席話影響後，決定一試，導致奈米材料與元件成為我近十幾年研究的主要方向。觀諸這段期間，有十幾位我所指導的博士生，部分原因是由於具有此領域專長，得以為國內外優質大學延攬任教，應是一正確的抉擇，

這期間，我曾有機會主持教育部補助一長達五年的「追求卓越」計畫，題目是「原子尺度臨場動力學研究」，也因此有經費購買一部「超高真空臨場蒸鍍與加熱電鏡」以及「掃描穿隧式電鏡」，這兩項利器，在幫助我們的研究更上層樓，貢獻很大，協同出了很多傑出論文，特別是在2008年，以「直接觀測含雙晶銅膜中原子擴散」為題的論文，為頂尖的「科學」期刊接受刊載。這裡值得一提的是，從事奈米材料研究，在某種程度上來說，也同時將我們先前金屬接觸研究發揚光大，只不過是轉為專注於微奈米結構金屬接觸界面反應。由於以往累積的經驗，也較容易切入與發揮。

在研究上另一亮點則是在2011年底參與「奈米雷射」研究，說來有相當巧合，當時清大材料系原子分辨電鏡正汰舊換新，升級為「球面像差校正原子分

辨電鏡」，而我指導的博士畢業生，本在國科會「千里馬」計畫項下在美國擔任博後研究員，因故提前返國，因而共同參與了物理系果尚志教授主持的研究，協助製作了當時世界最小的雷射，成果論文發表於次年出版的「科學」期刊中。

「球面像差校正原子分辨電鏡」與「奈米雷射」的發展，都代表科學的典範轉移（paradigm shift），電鏡中電磁透鏡球面像差校正，長久以來，被認為不可能，雷射也被認為受光波波長限制，尺寸無法進一步縮小，如今都成迷思，所以科學研究應儘量避免斷然說：「不可能。」（Never say never）以往認為不可能，如化為可能，正是科學研究最珍貴的突破。

今天我與大家分享以個人與科技發展交會的經驗，最重要的有幾點領悟總結於下：

一、未來既不可知（You never know），不如集中精神，把目前的工作做好。

二、選擇領域很重要，保持彈性為上策。

三、及早確定志趣所在。

四、面對重要抉擇時，最主要把握的原則是讓自己心安理得。

五、功不唐捐。

六、研究方向應考慮環境、資源、能力、興趣，針對重要而具備研究條件的問題，做廣泛而深入的探討。

七、解問題有適當工具（專業與資源）很重要。

八、掌握並充分發揮利基：國科會長期支持、清華大學豐沛優秀的人力，台灣半導體產業在世界上漸具舉足輕重的地位。

九、科學研究較儘量避免斷然說：「不可能。」（Never say never）以往認為不可能，如化為可能，正是科學研究最珍貴的突破，也是科學美妙的地方。

十、研究可貴的特質：Curious（好奇，喜歡新奇），versatile（多面相能力，不受侷限）、agile（敏捷，隨時而進）、persistent（持久性）、forward-looking（前瞻性）、cooperative（善於合作）。

十一、健康的身體、和樂的家庭、知恩惜福的心態是事業順利的基礎。

以下我將依照黃老師的安排，將我推薦的兩本書《人生思考題》、《十八項修練》，略為講述一下心得，而將重點放在鼓勵閱讀上（另載，此處略過）。

▲①為語橋下東流水，出山要比在山清
▼②未來常是你現在無法想像的
　③最主要把握的原則是讓自己心安理得

合勤講座——台灣高等教育問題與對策

2018年8月6日　星期一

前言

　　台灣高等教育發展至今，可謂問題重重，而且由於受到各種有形無形力量衝擊，糾結於今為烈，何去何從是很值得探討而尤其提出對策是當前迫切的挑戰。

　　台灣社會是個承繼儒家傳統，極為重視教育的社會。包括你我，家長們「望子成龍」，第一步都是儘量讓子女受到良好的教育。政府在憲法第一百六十四條更明定、科學、文化之經費不得少於其預算總額一定比例下，對教育投資，不遺餘力[1]，在民國四十至八十年代，培育出許多各級人才，一方面成為中華文化的燈塔，一方面造就「亞洲四小龍之首」的經濟奇蹟，高等教育也欣欣向榮，但近年來，各方面不進反退，產生了諸多問題。從國際間兩大世界大學排名，泰晤士報與QS高等教育排名來看，台灣台、清、交、成等大學排名近年來可以「節節退步」形容，反觀同處東亞地區的大陸、韓國、香港、新加坡則突飛猛進。[2]另據「高等教育重要議題民意調查」，受訪民眾壓倒性表達對高等教育的憂心，7成8民眾認為「學生缺乏國際競爭力」，7成7認為「大學和產業脫節」，7成2認為「優秀學生流失嚴重」，7成6認為「大學過多，品質平庸化」，高達8成表示「畢業即失業問題嚴重」，2/3民眾認為我國大學優秀教授外流情況嚴重。針對我國科技人才被大陸挖角的情形，受訪民眾覺得擔心的比例更高達7成6，近九成的民眾認為政府應加強人力規劃的功能，作為科系設置的依據，以配合台灣經濟的發展。顯示高教問題儼然已成為燎原之火。[3]何以致之？孰以致之？

高等教育問題

　　台灣高等教育問題主要來自五方面：一是教改廣設大學政策，二是少子化現象，三是財務不健全，四是教育部微管理，五是民粹當道。[4]

　　一、教改廣設大學政策：首先是開始於1994年的教改，一方面倡導廣設大學，一方面將普通與技職高中比例由三比七改變為七比三；前者使大學院校1995－2005年間由60所驟增為145所，專科學校由74所減為17所，其中職校改制專科14所，專科改制技術學院或科技大學75所，同時新設學校僅15所，集中於1996－2001年間達14所。[5]最明顯的是專科改制技術學院或科技大學，就地改制，水準未見提升，反而幾乎催毀了專科教育；在高中方面，則大大挫傷技職教育。

　　二、少子化現象：而弔詭的是廣設大學政策正擬定於台灣社會少子化現象已見明顯的背景下。導致未來八年內，大一學生預估將減少三分之一，即從目前逾25萬人減為少於18萬人。[6]可以想見，不僅必然會有倒閉潮，而且導致許多大專院校學校學生水準極為低落。後段班大學面對生存問題，遲遲不願退場，師資設備水準不足，教育品質低落，對多數來自弱勢家庭的學子，學位貶值，畢業後，就業困難，薪資停滯，極不公平，也造成嚴重的社會問題，必須及早補救。

　　三、財務不健全：雪上加霜的是，政府對高等教育的投資，並未因學生人數的增加，而相對成長。例如1995－2005年間，學生人數增加84%，而高等教育經費僅成長27%。[5]在於1997年5月18日憲法第一百六十四條經修憲國民大會完成三讀凍結之修憲程序，再加上2000年7月5日行政院院會通過「教育經費編列與保障基準法」草案，對於教育經費，決定不做比率下限保障後，對高教支持的力道，可謂每況愈下。[7,8]

　　「教育經費編列與保障基準法」雖明定教育經費預算成長率，應不低於中央政府歲出總預算成長率。但據學者研究，將2000年《教育經費編列與管理法》公告實施作為一個分界點，1990－1999年之教育經費支出及大專校院教育經費支出總額之成長率為1.44倍及1.29倍，2000－2014年之教育經費及大專校院教育經費支出總額之成長率為52%及58%，則可看出訂定經費支出下限標

準，顯然會限制經費支出之成長性。[9]

四、教育部微管理：另一不利的因素是，在高教自主高唱入雲的今天，教育部對高教作微管理，因而「台灣所有大學都是教育部大學」之譏是有相當的根據的。大學是社會進步的力量，除了傳授知識，還要創造新知，福國利民，培養人才，同時就各種議題作客觀學術探討，自主獨立就非常重要。台灣高等教育問題千絲萬縷，首先要認清不一樣性質的高校有不同的問題，要想以一套方案，解決所有問題，所謂「One size fits all」將會治絲益棼，必需要掌握要點。

大學自主，是讓學識均達相當水準的高教工作者，就其擅長的專業，作自由而有效率的發揮。而教育部以極為有限的人力與專業，管得多，管得細，常常顯得沒有章法，長年來，從招生、學程、師資員額、學費都設下重重限制，讓大學幾乎動彈不得。尤其在廣設大學資源稀釋及短缺與少子化的衝擊下，更讓公私立大學發展受到嚴重的阻礙。

舉例而言，教育部對公私立大學學費都嚴格管制，以致近二十年來學費幾乎未曾調漲。根據教育部的資料，2000年迄今，公立大學平均學費漲幅共約13%，也就是每年不到1%，而私立大學則更低。相對於許多先進國家，台灣的大學學費偏低，同時如美國2003－2013年間，大學學費平均共調漲約79.5%，遠高於其物較指數增幅。[10]大學經費雖與其競爭力有相當的正對應的關係，而台灣的大學在學術指標以及世界排名表現均不理想，也相當程度反應了經費成長落後的情況。高品質的高教昂貴，適度反應成本其理甚明。在政府財力無法充分支援情況下，對學費的管制，尤其需要解除，才有可能維持在世界舞台的競爭力。前教育部部長黃榮村即直言：「反而在人才濟濟的大學，多方限制其發展，用政策、民粹與質問來限縮其功能，用中小學的公平正義法則，來要求應以國際性及競爭力為主流思想的大學。」[2]

台灣的大學學費，即使考慮平均收入，也要比先進國家低很多；低學費政策，無法反應教研成本、有害教研品質與競爭力，降低大學與大學生素質。尤其讓人嘆息的是不受家長與學生珍惜，延畢風行，空耗薄弱的大學資源。同時另一奇異現象是，私立大學學費約為公立大學的一倍，而根據多項資料顯示，私立大學來自中低收入戶的遠高於公立大學，是相當嚴重的「反分配」社會不公現象。

五、民粹當道：台灣社會在民主化後，不幸漸成民粹的溫床。普遍有「便宜又大碗」、「又要馬兒跑，又要馬兒不吃草」的心態。同時「一人一把號，各吹各個調」。多元社會，本來對各種事務，都有很多不同意見，但如都自居專家，堅持己見，則會讓各種改革方案「卡住」，無法施行。人人有大學念，忽略社會需要各類人才，不能適才適性，反而稀釋可貴資源；教育部對高教作微管理，一方面是由於保守心態積習，很大一部分是受到民粹氛圍的影響。超低學費政策，無法反應教研成本，而遷就均貧社會氛圍。如黃榮村教授所說：「社會不免民粹，公權力經常媚俗」，「台灣最可怕的民粹與平均主義興起，將追求卓越的精神打成平均或甚至平庸化，這股趨勢到現在還無止歇的現象」。[2]

須知「羊毛出在羊身上」．台灣社會有部分人，鼓吹高教公共化，姑不論所需經費要比現有高教經費多好幾倍，財源何來？即使勉力施行，也必須由稅收而來，這對「租稅正義」、「階級正義」如何交代？而高唱此論調之部分人士，又往往是經常抨擊「社會不公」的同一批人，是否可行？是否「自相矛盾」？則似不在考慮之列，讓「公民對話」益發困難。以低資源的社會主義國度心態經營高教，導致有益社會民生的優質高教，進步停滯，一般大學，士氣低迷，後段班大學，招生困難，學位貶值，面臨倒閉危機，可謂沉苛甚深，亟待整治。[4]

整體來看，台灣高等教育正處於危機之中。正如香港城市大學郭位校長在所著《高教怎麼辦？》一書中，對兩岸高等教育的觀察是：「台灣高等教育事前規劃最少，非專業涉入最深，事後埋怨最多，目前遇到麻煩最大。」、「社會大眾隨興批評指揮政策，政府官員控制財政、解釋繁複法令，新聞媒體隨意解讀輿情，家長隨便發表一時感言，樂於參加公審，張冠李戴，學生不時大鳴大放，指揮高校教研、管理，外行人擬定高教政策，政治摻和高教。」頗為傳神，以致「校園紛亂、損失慘重、補救乏力、怨聲載道。」另一方面「大學自主性不足，學術行政受法規或情緒化社會牽制，假社會公民之名，動輒對高教說長道短，濫情胡謅。」、「不當措施，如對歧視陸生的招生限制，少有魄力，採取修正措施。」社會風氣的改善與政治人物的引領，息息相關，是台灣社會必須努力以赴的地方。[11]

台灣高教問題目前千糾百結，總體績效已在「四小龍」諸國中殿後。統

括來說，是整個社會、政經與文化的產物，複雜的問題，要有效的整治，是無法以即興式、切刀式，一體全面處理，尤其不是目前失能行政當局所能單獨做到的，需要政治人物、輿論、社會各界，尤其高教從業人員，拋棄「政治算計」、「本位主義」，由心態改變做起，達成基本的共識，審慎規劃，逐步推行，才有「力挽狂瀾」，有所改進之可能。

對策

　　台灣高教約一百六十所大學院校，學校類型結構、規模、環境紛雜，面對各種問題，我們或可寄望政府投入足夠資源，僅作政策導向，訂定相應獎勵機制，遠離微管理，而放手交給專家執行，社會則能尊重教研專業；但在現今各項無法有效調製的因素衝擊下，改進方案容易流於空談。具體而言，在政經各種限制下，針對高教頂尖大學，落實高教自主可能是唯一活路。大學是人文薈萃的學術殿堂、博雅專業的人才搖籃、前瞻創新的科技重鎮以及社會進步的推動基地。大學是社會進步的動力，創造新知，培養人才，可以福國利民，同時就各種議題作客觀學術探討，深化文化內涵。大學強則國家強，同時能對人類文明有更進一步的貢獻。大學自主是充分發揮大學功能的不二法門。

　　根據歐洲大學協會（European University Association，EUA）衡量大學自主（University Autonomy）項目，包括組織、財務、人事與學術四大面向、二十三個項目，[12]即：

　　　一、組織自主（Organizational Autonomy），包括遴選校長的程序、標準、罷免校長的程序、校長任期、在治理機構的組成與規則，決定學術結構以及創建各種法人的能力。
　　　二、財務自主（Financial Autonomy），包括公共補助資金的期限和類型、保持盈餘的額度、借款的額度、擁有自己的建築物、對本國或者歐盟的學生收取學費的自主能力以及對非歐盟國家的學生收取學費的自主能力。
　　　三、人事自主（Staffing Autonomy），包括決定高階學術人才和高階行政管理人才的招聘程序、薪酬、解聘和晉升的能力。

四、學術自主（Academic Autonomy），包括學生總體人數、挑選學生、引入或者終止學程、選擇教學語言、選擇品質保證機制和提供者以及設計學位學程內容的自主。

以這些準則來看，目前台灣各大學幾乎無自主性可言。大學自主自遴選校長始。台灣於2005年在朝野努力下，新修「大學法」，將原來「二階段遴選」，改成「一階段遴選」，是正確的方向。但自本年1月5日台大遴選委員會選出校長後，教育部在半年後仍遲遲不發聘，可見大學自主最基本的準則也沒有受到尊重。

在台灣高等教育諸多問題中，錯誤的廣設大學政策積重難返，少子化趨勢也非短期作為足以改善。目前可以施力的，是針對某些有些長期辦學績優，力爭上游的大學，政府要能有魄力疏導「假平等」民粹呼聲，拋棄微管理的作法，對各校創新與突破採取鼓勵而非阻礙的立場。教育當局，在無法兼顧下，不如在法規上鬆綁，授予部分大學自主之權，以鼓勵試辦、實驗方式，勇於創新，如見實效，再設法擴大推行。

結語

教育是立國之本，直接關係一國之發展。尤其在全球化時代，國際上競逐人才。以世界性大學評比而言，台灣各大學有普遍下滑趨勢，與鄰近日本、中國大陸以及「其他三小龍」即韓、港、新加坡相比，更是獨憔悴。由於數位科技的快速進展，一方面有龐大的商機，一方面讓世界面臨「白領階級」員工大量被機器取代如排山倒海的趨勢，台灣自然不能免於浪潮的衝擊，而這不是現在受良好大學教育、努力工作的人所容易克服的困難；另一方面，人類壽命增長，先進國家都呈現急遽老化現象，又面臨長期照護人力等問題，由機器人協助幾乎是必須接受的選項，[4]這些都是台灣高等教育界必須引領社會，面對劇變，及早因應的責任，可謂「刻不容緩，時不我與」。否則日後高教在國際間更趨邊緣化，要面對的，將是國家社會永續發展的危機。

「真正重要的還是要向上發展，國內外聲譽、學術競爭力、教學與教育品質，絕對是要全力以赴的積極作為，捨此就難以奢談要如何促進大學最主要的功能，也就是要培育社會各行各業的領導人才，以及提升國家競爭力了。」[2]

落實大學自主，不是萬靈丹，也不足以解決現今高教面對的所有難題，但是現今台灣制度與環境下，唯一的突破點，假以時日，或可擴大施行，逐漸掃除各種陳疴，讓台灣高教重見曙光。

參考資料

[1] 憲法第一百六十四條關於教育、科學、文化之經費，在中央不得少於其預算總額百分之十五，在省不得少於其預算總額百分之二十五，在市、縣不得少於其預算總額百分之三十五之規定，旨在確定各級政府編製平常施政年度總預算時，該項經費應佔歲出總額之比例數。直轄市在憲法上之地位，與省相當；其教育、科學、文化之經費所佔預算總額之比例數，應比照關於省之規定。

[2] 黃榮村：《在困境與危機中做決策：學術、政治與領導的糾葛》，新北：印刻文學，2018年。

[3] 黃昆輝教授教育基金會整理：〈高等教育重要議題民意調查〉，2018年7月29日（2018）。

[4] 陳力俊：〈清華大學「台灣高等教育危機：亞洲其他國家的經驗比較」研討會引言〉，2016年。

[5] 呂木琳：〈我國高等教育發展的幾項思考〉，教育部，2006年。

[6] 李彥儀：〈高等教育的挑戰與因應〉，清華大學「台灣高等教育危機：亞洲其他國家的經驗比較」研討會，2016年。

[7] 修憲國民大會於86年5月18日完成三讀凍結憲法第一百六十四條之修憲程序。

[8] 行政院院會2000年7月5日通過「教育經費編列與保障基準法」草案，對於教育經費（中華民國憲法第164條），決定不做比率下限保障，惟明定教育經費預算成長率，應不低於中央政府歲出總預算成長率。

[9] 池俊吉：〈臺灣大專校院教育經費變動趨勢分析〉，《評鑑雙月刊》第70期，2017年11月，http://epaper.heeact.edu.tw/archive/2017/11/01/6859.aspx

[10] 司徒文：*Education and Money*，清華大學「台灣高等教育危機：亞洲其他國家的經驗比較」研討會，2016年。

[11] 郭位：《高等教育怎麼辦？：兩岸大學心件的探討》，台北：天下文化，

2016年。

[12] E.B. Pruvot and T. Estermann, *University Autonomy in Europe III, The Scorecard 2017,* European University Association (2017)

▲ 落實大學自主「刻不容緩，時不我與」

▲ 成為中華文化的燈塔

淡江大學大師講座——「人工智慧對科技經濟社會政治產業領域的挑戰與影響」

2018年12月19日　星期三

　　人工智慧（AI）近年來蓬勃發展，已漸影響世人生活各層面。我個人今年八月到英國與愛爾蘭旅行，從機場的自動通關、自助式托運行李、利用手機個人助理叫早、查詢資料、購物、觀看Youtube影片、用Google Map找路、攝影後照片整理、花木辨識，旅伴利用無人機空拍，都很能感受到AI的威力。在坊間，有本頗為暢銷的書書名就叫《人工智慧來了》，內容相當豐富，是相當真實的寫照。

　　今天的演講題目或也可以改成「一個非AI專家看AI對未來的衝擊」。數位科技以致AI是我近年來很關注的問題，而其影響層面之深廣在幾年之間，有飛速的成長。今年二月，我協助財團法人「中技社」舉辦了一個「人工智慧對科技經濟社會政治產業領域的挑戰與影響」研討會，請了許多名家主講，相當精彩。所以今天的演講我打算就其中個人感受最深的心得，來向大家報告。這裡另向大家預告，明年三月，「中技社」擬舉辦一個後續的研討會，將涵蓋教育、國防軍事、醫療（診治　預測　防疫）、金融、法律、倫理、藝術、行政管理與傳播等領域。屆時歡迎大家參加。

　　該「研討會」是國內首次透過重量級專家視角，多方位且深入探討AI可能影響與挑戰，作通透的分析。AI目前雖然已是人人關心的議題，但特別希望讓目前從事發展AI的科技人員以及學生，能有較整體、全面而深刻的體認，在研發過程中，能多就發展選項有所思考，對負面效應能有所警惕，在與人分享成果時，抱謹慎態度，而不要在充分了解其風險前，廣泛散布相關技術。有助台灣產官學研界思考出更周延的政策，從而協助導引優先目標訂定和最大化AI發展潛力。為避免較技術性議題在開始時分散大家注意力，我的報

告順序與「研討會」略有出入。

　　林建甫教授在「AI對社會經濟的影響」演講中，從經濟問題開始，談AI的新發展、經濟生活、經濟制度。近三十年來，世界經濟歷經資本主義大勝，全球化把世界推平，但2008年，金融海嘯又使人類對經濟學的思維重新改變，美國施行量化寬鬆，以鄰為壑，另一問題，是科技是否停滯，幸好有AI的新發展，展開數位科技革命、平台經濟的時代。最重要的是AI的應用到萬物相聯，亦即什麼東西都可以相聯。

　　在AI影響經濟生活方面，最重要的，要掌握大數據，能夠精準的行銷、生產，經濟學的理論已經沒有長期成本曲線的概念，同時可能發展成壟斷性競爭。共享經濟的風起雲湧，每個人可以是生產者也是消費者，可以讓資源更有效應用，則讓共產主義以新型態重生。另一方面，很多問題不見得是AI有辦法解決的，但是AI可以幫助人們解決這些問題。

　　薛承泰教授從社會學、消費者、世代的差異觀點來看「人工智慧對社會領域的挑戰與影響」。從消費者的角度來看，現在家庭的智慧管理系統已相當進步，應多思考未來的問題，而對於缺少與人之間的互動的感覺跟默契的發展，相當存疑。

　　從人口角度，可以知道未來很精準，情況會很險峻；AI應用很明顯有世代差異，而且知道AI到2020年在各個世代裡面都會有極大的影響力。可預見貧富擴大、人力短缺、未來勞動力需求變化，教育的方式跟品質、婚姻跟家庭，會有很大的衝擊。人要面臨價格跟價值的取捨，最終還是要追求人性跟靈性。夢想不在於有多偉大，而在於有沒有實踐的決心。

　　朱雲漢院士有系統的論述「AI在政治領域的的影響跟挑戰」。首先是已經產生的一些影響，包括民主政治運作以及國家職能、政府機器，它的運作的整個影響。

　　對於民主政治運作，就技術上來講，運用AI的技術的運用對於選舉，已經展現出其優越性，另一方面，社交媒體的風行，造成嚴重問題。AI的技術跟大數據也可以把政治過程、政治人物的言行更透明化。一方面國家的管理能力可以跳躍式的升級，人力可以大幅精簡，同時假設沒有隱私權保障的邊界，國家將來可以對社會做無死角全覆蓋性的動態管理。另外一方面，他帶來前所未有的挑戰，將來網路戰爭形勢會非常可怕，這些都是AI革命帶來國家職能

裡面各種不同、可能的巨大影響。

AI技術跟潛能帶給我們人類社會非常大的政治難題。面對社會變遷，或社會制度變革的選擇難題，不僅是社會內部的貧富差距會變成極為可怕，富裕國家跟落後國家之間的差距也會成為比今天更大的鴻溝。反過來說，AI的積極面，如果能夠有新的社會契約跟新的國際規範，讓數位科技的生產力快速提升，以及我們講滴漏或普惠性的效益能夠全面釋放，有可能透過AI革命把人類社會帶向分享經濟跟社會主義的大餅。

其次是簡禎富教授，針對「AI對產業的影響跟挑戰」演講，分享對製造面的觀察，以及實際經驗，內容以作業面為重點。簡教授提出製造是台灣AI的機會之鑰，先進製程控制能夠智能化的提前去解決問題，如此就可以讓製造更精準。智慧工廠是讓機器也能夠智能化的互相協作，結合AI或是新的工具，隨時優化決策。動態整合製造數據調整、銷售配置，是應該注意的趨勢。例如，半導體的測試，擁有大數據，AI可以讓幾個重要的參數儘量留在良率高的點，做出來的結果可以隨時繼續學習，因為資料在累積，就知道將來應該怎麼去改變。

他認為德國所提出的工業4.0，傳統的製造商，是希望掌握很多資料的傳統製造商變成是一個平台，掌握很多資料，然後集成或是整合很多資源，獲得比較高的利潤。工業4.0不是純粹的只是用機器人去取代人的問題，也是一種國家間競爭的關係。為製造要落地，製造要跟實體結合，它不是純粹的數位，台灣還有一些專門知識，現階段較適合發展介於工業4.0跟3.0之間工業3.5。根本目標在彈性決策，與領域專家合作，利用AI就近解決管理或生產上決策的問題。

孔祥重院士以「變革型技術：人工智慧、區塊鏈與元件（Transformational Technologies:AI, Blockchains and Devices）」為題演講。內容分三個重點，第一個是元件功能變得很強大，第二個是AI對於帶給產業的復興（renaissance）的機會，尤其是對於製造業的影響很大，而數據是最重要的，幸虧台灣製造業有很多數據，所以有相當機會。第三個是系統會因為AI的原因，有很多系統會變成非常多元而有用（ambitious），比如說一個系統可以自動，越來越強大，對於整個社會，經濟、包括產業模式會有很深遠的影響。但是這種系統要怎麼設計，作得好，要做很多實驗，區塊鏈（Blockchain）就幫你做這

個實驗。即AI跟blockchain把一些元件的功能，變得遠更為與人類需求息息相關。目前進步非常快的AI、萬物互聯網（Internet of things, IOT）、區塊鏈blockchain三種變革型技術，在一起互動的時候就會產生不可思議的力量。

在「人工智慧對科技領域的挑戰與影響」演講中，本人強調演講重點在科學與技術發展，主要涵蓋大數據與大科學面向，不限於實驗自動化，而包括機器學習元素。在科學研究上，以AI輔助，而有明顯效益之例，包括在基本粒子研究上，尋找到又名上帝粒子的希格斯玻色子；美國航太總署利用谷歌（Google）的AI發現了一顆遙遠的恆星周圍的第八顆行星；谷歌使用最新的AI技術，從測序數據中構建出一幅更準確的人類基因組圖像；生物學家和數據科學家使用利用整合知識工具系統來鑑定修飾p53的蛋白質。顯示能從文獻分析中，就已知的知識，推理、預測並導致新的發現。在材料科技方面，美國所推動的「材料基因組計畫」五年有成，發布了一系列成就和技術成功，在國內努力上，則有工研院材料化工所建立起國內領先團隊，已開始結合電腦模擬與AI機器學習加速產業創新研發。

最後談到在AI興起的時代，如何才能在競爭中立於不敗之地？李開復先生認為隨著科技進步，AI技術將在大量簡單、重複性、不需要複雜思考就能完成決策的工作中，取代人類。不斷提升自己，善用人類特長，善於藉助機器的能力，這將是在未來社會裡，各領域人才的必備特質。他並提出AI時代最核心、最有效的學習方法，包括：

- 主動挑戰極限
- 做中學
- 關注啟發式教育，培養創造力和獨立解決問題的能力
- 雖然面對面的課堂仍將存在，但互動式的線上學習，將會愈來愈重要
- 主動向機器學習
- 既學習「人－人」協作，也學習「人－機」協作
- 學習要追隨興趣

是很值得參考的。

▲ ①一個非AI專家看AI對未來
　的衝擊
　②《人工智慧來了》，是相
　當真實的寫照
▼ ③多方位且深入探討AI可能
　影響與挑戰

國家圖書館出版品預行編目

一個校長的思考. 三：科學技術與人文藝術 / 陳
力俊著. -- 臺北市：致出版, 2019.05
　　面；　公分
　　ISBN 978-986-97549-5-8(平裝)

1. 教育　2. 文集

520.7　　　　　　　　　　　108006435

一個校長的思考（三）

科學技術與人文藝術

作　　者／陳力俊
編　　輯／黃鈴棋
出版策劃／致出版
製作銷售／秀威資訊科技股份有限公司
　　　　　114 台北市內湖區瑞光路76巷69號2樓
　　　　　電話：+886-2-2796-3638
　　　　　傳真：+886-2-2796-1377
網路訂購／秀威書店：https://store.showwe.tw
　　　　　博客來網路書店：http://www.books.com.tw
　　　　　三民網路書店：http://www.m.sanmin.com.tw
　　　　　金石堂網路書店：http://www.kingstone.com.tw
　　　　　讀冊生活：http://www.taaze.tw

出版日期／2019年5月　　定價／500元

致 出 版

向出版者致敬